君臣之際

中國古代的政權與學術

祝總斌　著

商務印書館

本作品原由北京大學出版社有限公司出版。經北京大學出版社有限公司授權香港商務印書館於中國內地以外地區獨家出版發行繁體中文版。保留一切權利。未經書面許可，任何人不得複製、發行。

責任編輯： 徐昕宇
裝幀設計： 郭梓琪
排　　版： 肖　霞
責任校對： 趙會明
印　　務： 龍寶祺

君臣之際 —— 中國古代的政權與學術

作　　者： 祝總斌
出　　版： 商務印書館（香港）有限公司
香港筲箕灣耀興道 3 號東匯廣場 8 樓
http://www.commercialpress.com.hk
發　　行： 香港聯合書刊物流有限公司
香港新界荃灣德士古道 220-248 號荃灣工業中心 16 樓
印　　刷： 中華商務彩色印刷有限公司
香港新界大埔汀麗路 36 號中華商務印刷大廈
版　　次： 2025 年 3 月第 1 版第 1 次印刷

ISBN 978 962 07 6749 4
Printed in Hong Kong

導　讀

陳蘇鎮

本書所收 17 篇論文，是從祝總斌先生生前發表的近百篇文章中遴選出的。依據內容，我們將其分為五編，並分別擬題為“論皇權”“說宰相”“評吏胥”“談取士”“讀史記”，以便集中呈現先生在這些方面的研究成果。祝先生是我的老師。他的這些文章，我之前大多讀過，從中學到很多東西。現在重讀一遍，如同再次聆聽先生的教誨，依然感到很有收穫。下面，我簡要介紹這五組文章的主要內容和學術價值，並對其中體現出的研究方法和學術風格略作說明，供讀者特別是剛剛步入史學大門的青年讀者參考。

第一編“論皇權”包括三篇文章，集中探討秦漢以來皇權的發展趨勢。祝先生自 20 世紀 80 年代起便開始思考一個問題：“兩千多年來，我國封建君主專制權力，從總體上看，究竟是不斷加強，還是不斷削弱？”當時學界的普遍看法是不斷加強，而祝先生認為是不斷削弱。

《試論我國封建君主專制權力發展的總趨勢》一文，為這一判斷提出三方面的根據。一是皇帝雖享有至高無上的權力，但在行使權力時會受到各種政治制度的制約，而這些制度正是歷代士大夫們“限制皇帝獨斷專行的權力，儘可能防止它的弊病、危害”的產物。二是隨着制度的發展，皇帝下達詔書、發佈命令，所受限制越來越多。如魏晉以後，詔書須由中書省起草，還須經門下省審署，並有權提出異議。唐以後，不經中書起草、門下審署，便不得稱詔敕。明清兩代的詔書則由內閣或軍機處代為起草。多數情況下，是內閣或軍機處先對六部、百司的奏請文書進行批答，然後上報皇帝批准。這一制度使皇帝行使權力受到更多限制。三是明清所設六科給事中，負責對詔書進行詳審，發現不妥，可以封還，從而又增加了一層限制。

在君主專制權力的上述發展過程中，“人治”雖然一直佔主導地位，但比重逐漸縮小，“法治”的比重則相應增加。這一變化主要體現在國家機器的運行機制中。《略論中國封建政權的運行機制》從決策、執行、監察、諫諍、吏胥、人事等方面，深入探討了這一機制的運行方式和特點，具體描述了統治集團如何通過詔敕下達，各級官府遵照執行或據以頒發各種官文書，及各地各部門向上反饋信息等方式，推動國家機器的有效運行。

《古代皇太后“稱制”制度存在、延續的基本原因》則揭示了太后臨朝稱制現象在中國古代反復出現的原因，指出在幼主即位的情況下，與同姓貴族和異姓大臣相比，皇太后具備“極力維護幼主君位”的主觀條件，而且更加名正言順。

第二編“說宰相”包括四篇文章。《說宰相》是一篇知識性的短文，基於作者對這一問題的深入、系統的研究，簡要介紹了中國古代宰相制度的主要特徵和演變過程。另外三篇則分別討論西漢、唐初及明朝的宰相制度。祝先生所著《兩漢魏晉南北朝宰相制度研究》一書，早已是大家熟悉的史學名著。這幾篇文章是對該書的補充和延伸。

學界長期流行一種觀點，將中國古代宰相制度的變化歸因於君權、相權之爭。祝先生"以為不然"。《西漢宰相制度變化的原因》仔細分析了傳統觀點所依據的史料，證明西漢的君相矛盾"並非所謂相權過大引起的"，因而皇帝沒有削弱宰相權力的動機。進而指出，西漢改革宰相制度主要是為了提高統治效率。一方面，選拔有才幹的士人置於左右，以尚書台為中心，建立領尚書事和中朝官制度，令其協助皇帝制定決策。另一方面，建立三公鼎立制度，讓三位宰相分工負責，以便更好地處理各種日常政務。唐太宗時，尚書僕射、侍中和中書令作為宰相，因品位崇高不輕易授人，於是出現"以他官居宰相職，而假以他名"的制度，"參議朝政""同平章事""同中書門下三品"等都成了宰相頭銜。流行的觀點也認為，"皇帝要抓權"，故藉此分散相權。《唐初宰相制度變化原因試探》對此質疑。文章首先以房玄齡、魏徵、長孫無忌等宰相為例，證明太宗對他們信任有加，不存在嫌其權重的問題，進而指出太宗此舉"主要是為了廣泛任用人才，使之參與宰相事務，以提高統治質量與效率"。

《試論明代內閣制度的非宰相性質》一文，主旨是證明內閣大學士不是宰相，而是秘書咨詢官員。理由是，明代以前的宰相都握有議政權和監督百官執行權，而明代的內閣大學士只有議政權，沒有監督百官執行權，基本等同於過去的秘書咨詢官員。無論內閣是不是宰相，明代中央政權的運行方式和以往不同，應是事實。

第三編"評吏胥"由兩篇文章組成。所謂"吏胥"，也稱"胥吏"或"吏"，指官府中負責經辦各種文書的低級辦事人員。他們是從普通百姓中選拔錄用的，地位卑下，但握有一定權力，為國家機器的有效運行發揮着重要作用。

《試論我國古代吏胥的特殊作用及官、吏制衡機制》指出，胥吏制度有許多弊端，因而屢遭抨擊，但在君主專制制度下又是不可或缺的。特別是唐宋以後，國家為了保證全國政令的統一，不斷頒佈大量的法，要求各級官員嚴格遵守，不得各行其是。但科舉出身的官員，熟讀"四書""五經"，具備較高的道德和政治素質，對獄訟、錢穀等日常瑣事和與之相關的大量法、例卻比較生疏。吏胥的情況剛好相反。他們長年在基層處理各種具體事務，對相關法、例的熟悉程度遠勝官員。因而在具體執法過程中，負責查找和提供相關法、例並提出初步處理建議的是吏胥。官員做出判斷時，不能不受吏胥的影響。因此，吏胥具有督促官員奉行王朝法、例的作用。但其政治、道德素質普遍低下，"知利不知義"，容易發生貪污受賄、敲詐勒索等現象，故被置於官員的嚴格管束之下。二者互相制衡。

《試論我國古代吏胥制度的發展階段及其形成的原因》將吏胥制度的發展過程分為三個階段。兩漢階段，吏和官身份無別，故"吏""官"二字內涵相同。士人從基層小吏做起，可以升至二千石、三公等高位。魏晉至唐宋階段，吏和官出現了身份區別，並逐漸加深。在魏晉南北朝的門閥制度下，士族是"君子"，世代高官，庶人是"小人"，多任吏胥。吏胥的身份因此下降，受到歧視。到了唐宋，科舉出身的官員隊伍取代士族，繼續擔任各級官員。吏胥則由普通百姓充任，大多不學無術，"不知大體"，總體素質進一步下降，身份地位也隨之下降。及至金、元、明、清，"吏職"和"官職"變得界限分明。金、元重視軍功與吏事，吏胥的身份有所提高。明、清繼承了吏職、官職明確區分的制度，同時規定充吏是服“役”，與官員之“仕”截然不同，致使吏胥身份進一步低落。

第四編“談取士”包括四篇文章。《〈後漢書・黨錮傳〉太學生“三萬餘人”質疑》對東漢太學生曾有“三萬餘人”一說進行了考證，認為當時的太學房舍容納不了這麼多人，“三萬”可能是“三千”之訛。另外三文所論，都是明清時代的八股文取士制度。近代學人對這一制度幾乎全持否定態度，甚至斥為愚民政策。祝先生則認為，它在當時歷史條件下有不可忽視的積極作用。

《論八股文取士制不容忽視的一個歷史作用》指出，科舉考試原以“五經”為主，明清的八股考試則以“四書”為主。這一變化降低了考試難度，吸引大量平民努力識字、讀書，擺脫文盲、半文盲狀態。加之在“鄉試”外增加了“童試”，使科舉出身的士人數目，從之前的數十萬人驟增至二三百萬人。整個明清社會的文明程度因此得到很大提高。

《“四書”傳播、流行的社會、歷史背景》系統梳理了科舉考試從重“五經”到重“四書”的發展過程及其原因。文章着重指出，宋代選拔官員更看重“思想道德品質的好壞”，強調“退小人”“用君子”，程朱理學由此而生。“四書”及其章句、集注簡明扼要，逐漸發展為理學的基本教材，成為士人“明天理，滅人慾”，使“心術群歸於正”的有力手段。《正確認識和評價八股文取士制度》則對八股文考試的經義、代聖賢立言、八股對仗這三項內容做了系統論述。明確指出，科舉以八股文取士，是宋代以後，特別是明清兩朝，經過長期摸索，總結經驗教訓，最後確定、沿用下來的制度。其目的不是為了陷士人於愚昧無知，而是力圖以此培養、選拔能掌握孔孟之道、程朱理學，合乎規格的統治人才，以鞏固自己的江山。

第五編“讀史記”有四篇文章。《〈史記〉導讀》是一篇通俗的介紹文章，主要講了四個問題。一是司馬遷的人生經歷，二是《史記》的指導思想，三是《史記》在史學和文學方面的傑出成就，四是辨明《史記》中存在的某些非正統思想。另外三篇都是研究論文。

《說“史記”—— 兼試論司馬遷〈史記〉的得名問題》是一篇考證文章，主要內容是用史料證明先秦兩漢文獻中出現的“《史記》”，都應理解為“史《記》”或“《史〈記〉》”，亦即史官所作的《記》。而“記”則是當時國史的通稱。司馬遷的《史記》原來叫《太史公書》《太史公記》等，直到東漢末年才被簡化為《史記》。

《有關〈史記〉崇儒的幾個問題》圍繞《史記》是“崇儒”還是“以正相反的‘異端思想’為指導”這一存在爭議的問題，提出三個觀點。一是肯定《史記》符合儒家思想，其主旨是為西漢獨尊儒術的政策張目。二是《史記》否定“天命”和批判“仁義”虛偽的說法，看似違背儒家思想，實則“是在極力宣揚、體現儒家思想”。三是《史記》“崇勢利而羞賤貧”“退處士而進奸雄”，確實偏離了正統儒學的軌道，但不能因此將其視為“與儒家思想對立的‘異端’”。《有關〈史記〉歌頌漢王朝的幾個問題》則對《史記》“旨在揭露、批判漢武帝”，是“反對漢代專制統治之作”的觀點進行了反駁，認為司馬遷一生追求“事親孝，事君忠”，即使遭受宮刑後，也未改變對漢武帝的忠誠，《史記》的基本政治傾向則是歌頌、肯定漢王朝、漢武帝。

上述文章深入探討了和中國古代國家權力結構有關的五個

問題。初學者研讀此書，不僅可以獲得相關知識，還可體會祝先生的學術風格和研究方法。祝先生在《我與中國古代史》一文中，總結他一生從事科研與教學的經驗，提出做學問應"厚積薄發""精細讀書""論從史出"。這幾點在本書中都得到充分體現。

所謂"厚積薄發"主要指知識面要寬。祝先生一生勤奮讀書，除中國古代政治史和政治制度史外，在目錄學、文獻學、音韻學、歷史地理學等領域也下過功夫，對文字學、訓詁學、考古學、天文曆法、哲學宗教、文學藝術等都有所涉獵。就本書內容而言，涉及的時代包括秦漢、魏晉、唐宋、明清。我們知道，祝先生最為熟悉的領域是秦漢魏晉南北朝史，其一生授課和發表論著大多是關於這一時代。但當論及唐宋明清的問題時，他同樣可以熟練利用各種原始資料和前人的研究成果，對有關史實進行深入考證和分析，從而提出令人信服的觀點。如此寬廣的知識基礎，在當代學人中並不多見。唯其如此，他才能駕馭像中國封建政權的運行機制和中國古代的宰相制度、吏胥制度、取士制度等時間跨度如此之大的問題，並得出系統、深刻、全面的結論。

"精細讀書"是老一代學者經常教導我們的話，意指讀書特別是閱讀原始資料時要重視細節，抓住有價值的小問題深察、深究。本書的許多精彩之處，便是祝先生"精細讀書"的結果。如《史記》載：丞相田蚡"入奏事，坐語移日，所言皆聽。薦人或起家至二千石，權移主上。"武帝對此頗為不滿。這條史料常被用作"君權、相權矛盾尖銳"的證據。不去深究其他相關記載，僅依據此類言辭誇張的材料發議論、下結論，也是學界常見的做法。祝先生不是這樣。他全面搜集了涉及武帝與田蚡之間關係的材料，並加以客觀分析，指出田蚡是武帝"尊儒"的重要幫手，得到武帝的重用和信任，作為丞相舉薦二千石官也並未越權，武帝對田蚡的不滿另有緣由，並非嫌他權重。又如司馬遷在《太史公自序》中說他作《史記》的目的是“拾遺補藝，成一家之言”，具體方法是“厥協六經異傳，整齊百家雜語”。有學者從字面理解，認為“六經異傳”指對儒家經典的不同解說，“百家雜語”指諸子百家的不同學說。祝先生結合上下文及其他相關史料，認為“六經異傳”應指六經各傳中“用以詮釋經文的不同古史傳說”，“百家雜語”則指諸子百家著作中的“各種古史傳說”，司馬遷所欲“整齊”的，是這些古史傳說，而非儒家內部和諸子百家的不同學說。掌握這種方法，有助於避免輕率解讀史料，也常能幫助我們從常見史料中發掘新的歷史信息。

“論從史出”是祝先生特別強調的研究方法。改革開放前，“以論代史”在史學界長期佔據主導地位。祝先生從那個時代走來，曾身受其害，因而對其弊端有深刻認識。改革開放後，大環境變了，祝先生便努力追求“論從史出”的境界，“力圖大處着眼，小處着手，宏觀與微觀相結合，將宏觀建立在微觀基礎之上。”本書的內容處處體現出這一研究路數。

如：中國古代的君主專制權力總體上在不斷削弱；宰相制度發展的主要動力，不是君權和相權之爭，而是提高統治效率；吏胥制度既有弊端，又不可或缺，為國家機器的運轉發揮着特殊作用；八股取士之制，受到的批評很多，但對當時社會文明程度的提高和滿足國家對統治人才的需要，也有重要的積極作用；《史記》的指導思想是歌頌漢王朝和宣揚儒家思想。這些宏觀的“論”，都是從具體的“史”中分析、歸納出來的。而本書的絕大部分內容都是對史料的搜集、排比、考證，為上述結論提供了扎實可靠的基礎。歷史學未必只是史料學，但首先是史料學。通過對史料的處理，在史實層面推陳出新，提供新的知識和信息，是史學研究的基本功。

以上是我重讀祝先生文章的一點體會。掛一漏萬，不能充分揭示其學術價值。讀者諸君可自行研讀、體會、揣摩。

目 錄

第一編　論皇權

第二編　說宰相

第三編　評吏胥

第四編　談取士

第五編　讀史記

第一編

論皇權

略論中國封建政權的運行機制 *

中國古代封建政權，兩千多年來一直實行君主專制制度，又處在一個生產、經濟發展比較緩慢，幅員廣袤，交通、聯繫薄弱，而且人口眾多、民族複雜的社會裏，這就決定了它和西方封建政權比起來，具有一種獨特的運行機制。

一　決策

所謂決策，主要指的是由封建政權制定行政、軍事、經濟、人事等各方面的法律、法令、條例等，習慣統稱為“法”。在君主專制制度下，面對千差萬別的情況，只有靠頻繁的決策，頒佈大量的“法”，方能指揮全國政務，以保證統治之鞏固與國家的統一。正如顧炎武所說，實行君主專制制度後，“盡天下一切之權而收之在上。而萬幾之廣，固非一人之所能操也，而權乃移於法，於是多為之法以禁防之……”[1] 固然，此法要靠官員參與決策，更要靠官員執行，可是在長期的演變中，連這些官員的參與決策和執行，也都有法約

* 原載馬克垚主編《中西封建社會比較研究》，學林出版社，1997 年。

1 《日知錄》卷九“守令”。

束。[1] 葉適曾說："吾祖宗（指宋初諸君）之治天下也，事無小大，一聽於法，雖傑異之能（指某些官員），不得自有所為，徒藉其人之重以行吾法耳。"[2] 其實，兩千年封建政權全都推行這一統治方法，而且越往後代越嚴密。當然，這並不意味當時已是法制社會，因為法雖繁密，卻可隨君主意志朝令夕改，包括由臣下隨時奏請，君主隨意批准之更動，從而難免造成前法後法之矛盾衝突。為救此弊，便再立新法來彌補。可是由於社會種種條件以及封建政權本質的作用，君主及參與決策的大臣都高高在上，一般說情況了解不可能深入，新的決策、立法或許可解決舊法某些弊病，但又可能產生一些新的弊病，於是又要再決策、再立法，形成惡性循環。[3] 可見實質上封建政權還是"人治"，[4] 只不過以強調執行決策、立法的形式出現而已。由於本文是探討運行機制問題，所以不得不着重從形式上切入，而首先研究"決策"這個封建統治機器運行最關鍵的一環。

決策，是君主專制權力的具體運用和體現。在西方，封建王權雖然也具有專制主義特徵，但由於種種原因，總是不同程度地受到各種社會力量（教會、貴族、領主、市民等）的限制。而在中國，封建君主卻擁有至高無上的權力。士大夫階層為

---

1 連君主的行動也有法的約束，只不過如果他要擺脱，可以隨意擺脱，這是君主專制的特點。參拙作《試論我國封建君主專制權力發展的總趨勢》，載《北京大學學報》1988 年第 2 期。

2 葉適《水心別集》卷三《官法上》。

3 《清經世文編》卷一二盧崇俊《法令應歸簡易疏》便說："國之大弊在於法令繁多。……夫一法立則一弊生，故法愈多而弊愈滋。"

4 以刑法為例，早在西漢已極繁密，極便有關人員上下其手，《漢書》卷二三《刑法志》成帝詔："今大辟之刑千有餘條，律令煩多，百有餘萬言。奇請它比，日以益滋，自明習者不知所由。"漢武帝時，法令相互矛盾，"或罪同而論異。奸吏因緣為市，所欲活則傅生議，所欲陷則予死比。"後代律條雖漸減少，但"例"（明、清）大量增加，情況還是一樣。如清代"有例不用律，律既多成虛文，而例遂愈滋繁碎。……甚且因此例而生彼例。……輾轉糾紛，易滋高下"（《清史稿》卷一四二《刑法志一》）。此亦"人治"反映之一。

了整個王朝的利益，雖然想方設法，包括說服教育君主本人，對王權進行了某些有成效的限制，[1] 但因為在中國社會條件下，士大夫階層的力量主要就來自王權，他們並未形成一支獨立、強大的社會力量，因而直到明清，這種限制還是很不穩定的。君主如果不願接受某一限制，按制度他就可以隨時擺脫。這一特點也就決定了任何決策，其關鍵人物是君主，最後必須由君主拍板定下來。朱熹說君主"以制命為職"，[2] 便反映了這一特點。

可是由於"人君……一身之精神有限，耳目之見聞不周，人不能盡識也，事不能盡知也，故必擇大臣而信任之"，[3] 使之參與決策。他們主要是宰相，同時還有秘書咨詢官員。

宰相最重要，是"君之輔。一日非其人，天下受其害矣。"[4] 其權力有二：一是議政權，一是監督百官執行權。所謂議政權，就是輔佐皇帝決策。"共議國政，此宰相職也。"[5] 以趙宋為例，"舊制，宰相早朝，上殿命坐，有軍國大事則議之。"[6] 議政形式雖遠不止這一種，但原則歷代是一樣的。議論後，一般便由君主拍板決定。

不過，君主與宰相總是處在矛盾的統一之中，一般情況下是統一的。君主挑選比較滿意的大臣為宰相，對他們的建議往往採納，並據以作出決策。但有時難免相互又發生矛盾，政見不一，於是君主便會向左右近臣做些咨詢，這是很自然的。咨詢多了，他們便逐

---

1 參拙作《試論我國封建君主專制權力發展的總趨勢》，載《北京大學學報》1988 年第 2 期。

2 朱熹《朱文公文集》卷一四《經筵留身面陳四事札子》。

3 丘濬《大學衍義補》卷一《總論朝廷之政》。

4 《胡宏集・中興業》"官賢"。

5 《新唐書》卷四六《百官志一》。

6 《宋朝事實類苑》卷二七《官職儀制・宰相上殿命坐賜茶》。

漸形成一支政治力量。這類左右近臣，各朝分別有宦官、外戚、佞幸、侍從等，但從整個封建政權歷史看，起作用最經常，許多時期還有制度、法令依據的，是秘書咨詢官員。如西漢的中朝官，東漢的尚書，魏晉南北朝的門下、中書官員，唐宋的翰林學士、中書舍人等。[1] 晉制明白規定門下侍中"備切問近對，拾遺補闕"；[2] 唐代翰林學士稱"內相"，可以"朝夕召對，參議政事"，[3] 即其例。

這樣，在決策這一最關鍵環節上，便逐漸形成兩組基本的制衡機制，力圖保證決策之正確：

一是君主與宰相之間的制衡。君主才幹有限，決策失誤，宰相可以通過議政，儘量予以糾正；宰相謀略失誤，君主可以拒絕接受，另行決策。這是最主要的制衡。

二是如果秘書咨詢官員得寵，常受顧問，就形成君主、宰相和秘書咨詢官員三者之間的制衡。宰相謀略失誤，君主可通過顧問，據秘書咨詢官員意見決策；秘書咨詢官員謀略失誤，宰相可通過議政、諫爭，促使君主予以擯棄。由於此故，宰相與秘書咨詢官員難免發生矛盾，但基本上，二者彼此彌補缺陷，相輔相成，這正是封建統治機器運行的一種特殊機制所在。

為了防範於萬一，儘可能保證決策質量，即使決策已經君主、宰相議定，秘書咨詢官員也無異議，並起草文書下達，有關官員（主要是給事中）還可行封駁之制。

---

1 明清內閣閣臣、軍機處大臣基本上是秘書咨詢官員，但在君主倦勤，懶於過問政事時，由於當時特殊制度的決定，有時實際上又等於宰相。此處不具論。

2 《晉書》卷二四《職官志》。

3 《文獻通考》卷五四《職官八》按語。《冊府元龜》卷五五二稱翰林學士等"詞臣"有"獻可替否，弼違箴闕"之責。

所謂封駁，含義有一發展過程。唐宋以後主要指如下內容：

其一，按制度，體現決策之詔敕必須經給事中審署，頒下執行。如給事中認為詔敕內容亦即決策對統治不利，便可封還詔敕，或駁正其某些違失，送回君主重新斟酌。如《宋史》卷一六一《職官志一》給事中條講的“若政令有失當，除授非其人，則論奏而駁正之”，[1] 便是一例。雖然如果君主堅持不改，詔敕仍需頒下執行，但畢竟可促使君主再一次考慮此決策之利弊得失。

其二，百官所上各類奏章，如經君主批發，即作為決策的一種，付諸實行。[2] 為保證其質量，在這類奏章送交君主前，必須先經有關官員評審。唐宋以後則由給事中“讀署奏抄，駁正違失”，“凡章奏……考其稽違而糾治之”。[3] 明代以後又略有變化，凡奏章，均先呈上君主審閱（實際上往往先由內閣“點檢題奏，票擬批答”[4]），如蒙批准發下，必須經給事中抄發有關部門執行。[5] 在這個過程中，給事中可以駁正此奏章中之違失，送君主重新考慮，實際上也是幫君主把決策的質量關。所以明太祖針對中外奏章太多，批發不可能都很細緻的情況，諭給事中說：“朕代天理物，日總萬幾，豈能一一周遍，苟政事有失宜，豈惟一民之害，將為天下之害；豈惟一身之憂，將為四海之憂。卿等能各悉心封駁，則庶事自無不當。”[6]

封駁，同樣涵蘊着一種封建政權運行不可缺少的機制。

---

1 參《歷代職官表》卷一九。

2 《春明夢餘錄》卷二五：“本章者，臣工所以代面對而陳其衷悃也。一經聖斷，大政大法於是寄焉，事綦重也。”《唐律疏議》卷九《職制》：“其奏抄御親畫聞……理與制書義同。”

3 《通典》卷二一《職官三》、《宋史》卷一六一《職官志一》。

4 《明史》卷七二《職官志一》。這一職權，有似於以往的奏前平審。

5 在內閣票擬之後往往還有一些程序，如先經“部議”，然後題覆等。此處從略。

6 《春明夢餘錄》卷二五。

二　執行

王朝決策的執行，是封建政權運行決定性的一環。再好的決策，如不能按期、有效地執行，其作用必將大打折扣，甚至起負作用，所以歷代王朝無不十分重視這一環節。明代張居正便說："君者，主令者也；臣者，行君之令而致之民者也。君不主令，則無威；臣不行君之令而致之民，則無法，斯大亂之道也。"[1] 清代魏雙鳳也說："人君所以鼓動天下者，在乎詔令。而詔令之敷佈於天下者，尤貴遵行。苟發之不妄，而持之必行，堅如金石，信如四時，則敷天之下，莫不竦聽而悅服。"[2] 在這一方面，歷代總結出以下基本經驗，並見之於制度、律令：

一是強調執行的效率、質量。歷代王朝的決策除上面提到的草擬詔敕、批發奏章等形式外，就內容說，有的普遍頒行於全國，有的則僅適用於某些地區和部門；有的形成律令、會典等，長期有效，有的則是臨時措施，任務完成即自動失效。然而不管怎樣，全都要求迅速下達、嚴格執行、保證質量，至少原則上是如此。如"廢格明詔"，即阻礙詔敕推行，在西漢要處死刑。[3] 如果是"稽""失"（指未能按期完成詔敕規定的任務，以及雖完成而有失誤），在唐代，有關官吏都要受處罰。[4] 如《唐律疏議》卷九《職制》規定：執行詔敕"失錯"，杖一百，"故違"，徒二年；甚至"稽緩"詔敕下達，重者也要徒一年。由於各地、各部門情況不同，為執行各類決策，各

---

1 《明經世文編》卷三二四《陳六事疏》。

2 《清經世文編》卷九《請詔令宜信疏》。

3 《史記》卷一一八《淮南王安傳》。

4 參王永興《唐勾檢制研究》(一)，上海古籍出版社，1991 年。

級官府往往自行頒下文書，佈置具體任務，泛稱“官文書”，數量極其龐大。下級官府收到後，必須認真執行，如有“稽程”“增減”（指改動內容）等，也要受懲罰。[1] 清代大臣陳宏謀曾強調執行這種官文書的重要性說：“上司雖有美意良法，由院司（指具體辦事部門）遞行，尚係空文。州縣接到，則需措辦。如州縣肯實心措辦，則空文無非實事；不然，則實事亦成空文……所關吏治不淺。”[2]

二是注意各地區、各部門特點，允許變通。就是說，如果詔敕（包括律令）、官文書的規定或某些內容不適合當地情況，無法執行，或原來可以執行，由於情況發生變化，無法繼續執行時，有關官員就必須將情況、問題及時上奏或上申（重要者上奏，次要者上申上級官府）。宋職制令便規定：“諸奉制書，及事已經奏，而理有不便者，速具利害奏；事涉機速者，且行且奏”，“諸被受尚書六曹、御史台、寺、監指揮（官文書的一種），而事有未便者，聽實封論奏”。[3]《明律・公式》還規定：“若軍務、錢糧、選法、制度、刑名死罪、災異，及事應奏而不奏者，杖八十；應申上而不申上者，笞四十。”[4] 還規定必須“明白奏聞”，“若有規避，增減緊關情節，朦朧奏准施行，以後因事發露，雖經年遠，鞫問明白，斬。”其中因不奏不申，產生嚴重後果者，要加重懲罰。如軍情發生變化，“不速奏聞”，“因而失誤軍機者，斬。”[5]

對於這些上奏、上申問題，君主與宰相等或有關上司商議後便

1　參《大明律》卷三《吏律・公式》。清律同。

2　《清經世文編》卷二二《吏政八・申飭陝屬不閱文稿檄》。

3　《慶元條法事類》卷四《職制門一》。

4　清律文字全同。《大清律例增修統纂集成》此條下注釋說：“其事皆嚴重，應合奏聞。”

5　此條見《大明律》卷一四《兵律・軍政》。清律同。

可另行或改動決策、決定，特殊對待。如地方上本應按詔敕、法令規定，如數交納錢糧租稅，但若遇到各種災害，上奏或上申後，視情況就可予以減免。唐代賦役令便規定：田地發生災害，"州縣檢實，具帳申省（指尚書省）"，十分損四以上免租；損六以上免租、調；損七以上，課役俱免。[1] 明太祖時，饒陽知縣"見邑中大饑，民食草實木皮，遂以上聞。帝覽其奏，復咨訪得晉、冀等州皆饑，乃命尚書劉仁等往各州縣振之，蠲其租賦。"[2] 再如《新唐書》卷一九五《孝友傳》：太宗時即墨人王君操為父報仇，殺死仇人，詣州刺史自首。依律本應處死，但因這事涉及孝道，與一般殺人情況不同，"州上狀，帝為貸死"。

對於上申問題，上級官府包括宰相機構在收到下級官府申稟（也是官文書的一種）後，一般必須在自己權力範圍內作出決定，及時答覆。清律便規定："若各衙門遇有所屬申稟公事，隨即詳議可否，明白定奪回報。若當該（上司）官吏不與果決，含糊行移，互相推調，以致耽誤公事者，杖八十。"[3] 以保證上申問題儘快解決，詔敕（包括律令）得以貫徹。當然，如果下級官府並無特殊情況而上奏、上申，也是不允許的，違者受罰。唐律規定，"不應奏而奏者"，杖八十；"不應言上而言上"者，杖六十。清律規定，下級"將可行事件不行區處，而作疑申稟"，以致"耽誤公事者"，杖八十。[4]

另外，對於上奏、上申問題，有些比較複雜，另行做出決策、決定不可能很快，為保證質量，還需要另下文書向有關中央、地方

---

1 仁井田陞《唐令拾遺》，《賦役令》第十一條，長春出版社，1989 年。

2 《明會要》卷五四《食貨二》。

3 《大清律例》卷七《吏律・公式》。

4 分見《唐律疏議》卷一〇《職制》、《大清律例》卷七《吏律・公式》。

部門，包括上奏、上申單位了解情況或徵求意見。如明清君主將上奏文書發交有關"部議"，即其形式之一，如錢糧問題發交戶部部議，軍事問題發交兵部部議，再由各部提出可否意見覆奏，由君主最後拍板，而各部在某些情況下又會向其他部門以至地方上巡撫、巡按發去文書，了解情況，以決定部議意見。[1]

這樣，整個封建統治機器的運行，就形成由君主詔敕下達，各級官府遵照執行或據以頒發種種官文書，到各地各部門上奏或上申等上下級、平級間的縱向橫向頻繁交叉的文書網，體現着保證決策執行之效率、質量，以及遇到特殊情況能夠靈活變通貫徹的機制。

三　監察與諫諍

任何決策及其執行，往往難免存在這樣、那樣甚至重大的問題，如不揭露、解決，統治質量就無法保證和提高。而參與決策和執行的君主、宰相以及其他各級官員，或因"當局者迷"，難以發覺；或即使發覺，由於利害關係，諱疾忌醫，又不願承認、揭露，甚至利用手中權力，壓制他人揭露；再加上行政官員事務繁忙，即使有人敢於揭露，也往往是心有餘而力不足，無法深入追究。為解決這一矛盾，封建政權經過長期摸索，逐步在決策、執行機構之外，另行設立、發展了監察機構和諫諍機構。

監察機構最主要的官員為御史，被視為君主的"耳目之官"。其職責:(一)監察百官，即監察從宰相到各級官員，在決策、執行上的質量、效率問題，這是關於"才"的內容。(二)監

1　參《春明夢餘錄》卷二五《六科》、《明會典》卷二一三《六科》。

察百官的政治、道德品質，是否忠於君主和王朝，遵守法律、法令，廉潔奉公等，這是關於"德"的內容。所以《元史》卷八六《百官志二》明確說：御史台"掌糾察百官善惡，政治得失"。《清會典》卷六九意同，說都察院（明代改御史台為都察院）監察百官是"辨其治之得失，與其人之邪正"。而"人之邪正"之所以成為監察內容，就因為被監察者是參與決策或執行的官員而不是平民，其"人之邪正"關乎"治之得失"。所以監察機構不斷擴大，在統治者心目中地位越來越重要，以至如唐文宗所說："御史台朝廷綱紀。一台正，則朝廷治。朝廷正，則天下治。"[1]

諫諍機構最主要的官員，先後有諫議大夫、拾遺、補闕、正言、司諫、給事中。其職責和御史監察鋒芒指向百官不同，而是向君主進諫。如唐代諫議大夫"掌侍從規諫"。[2] 所謂規諫，主要指向君主的決策，涉及由此造成的大政失誤和用人不當。宋代元豐改制後，左右諫議大夫的職責為"掌規諫。凡朝政闕失，大臣至百官任非其人，皆得諫正"，[3] 便反映了這一精神。由於君主決策是封建統治機器運行最關鍵的一環，發生問題，及時通過規諫解決，關乎統治利益至巨，所以"諫官"在原則上被看得極重要，"天下之得失，一時之公議繫焉"。[4] 司馬光便說："夫以天下之政，四海之眾，得失利病，萃於一官，使言之，其為任亦重矣。"[5] 從君主的角度，

1 《新唐書》卷一一五《狄兼謨傳》。

2 《通典》卷二一《職官三》。

3 《文獻通考》卷五〇《職官四》。

4 歐陽修《上范司諫書》，見《宋文鑒》卷一一三。

5 司馬光《諫院題名記》，見《宋文鑒》卷七九。

因此便有了“自古納諫昌，拒諫亡”[1]的說法。

這兩個機構最根本的特點，就是獨立於決策和執行機構外，以便集中精力毫無牽掛地發揮監察和諫諍作用。明丘濬《大學衍義補》卷八說：“六部之職，各有攸司，而都察院惟所見聞，不繫職司，皆得以糾察焉。”所謂“六部之職”，按明人用法，實泛指行政百官；而“不繫職司”云云，乃指因無具體行政職務，沒有得失顧慮，又不分散精力，故可自由彈劾，不限範圍。《宋史》卷二九二《孫抃傳》載其以右諫議大夫權御史中丞，後又被“命知審官院（負責人事任免等）”，“辭以任言責，不當兼事局，乃止”。明人馮琦指出，對地方行政長官，“直指（巡按御史）糾察之，以其身在事外也。今事事皆關白直指，則直指反身在事內，非糾察之旨”。[2]這些都反映了“不繫職司”的特點。《草木子》卷三《雜制》：“（元）世祖嘗言，中書朕左手，樞密朕右手，御史台是朕醫兩手的。”元代中書省掌行政，樞密院掌軍事，故這話也是監察機構超脫一般軍政事務，從而可以有效彈劾之意。當然，在封建政權具體運行中，由於種種原因，包括在君主專制制度下無真正法制可言，御史、諫官兼職者並不罕見，但“不繫職司”、不當兼職這一原則的正確性，是始終沒有動搖的。[3]

1　《新唐書》卷一五二《李絳傳》。

2　《明經世文編》卷四四〇《答呂新吾方伯》。

3　所以歷代可據此原則判定是非，如金代陳規上疏，指責當時不重“諫官御史”，“或兼他職，或為省（尚書省）部所差（指從事行政雜事），有終任不覿天顏，不出一言而去者”，因而建議諫官御史“不許兼職及充省部差委”。見《金文最》卷一七《條陳八事疏》。另一方面，據此原則，台諫官也不應過問具體行政事務，明代給事中劉斯琜就曾上疏說，御史、諫官“於兵、刑、財用之屬，惟察其舉否，而白簡繩之（指如不勝任，予以彈劾），庖祝不相代也。”指責當時御史、諫官“任者少，而（就兵、刑等事）議者多，章滿公車，強半藉條陳（行政之事）為職掌（御史諫官之事）矣。”認為此“不可訓”。見《春明夢餘錄》卷二五。

監察機構與諫諍機構的另一重要特點，就是允許“風聞”舉彈和言事。所謂“風聞”，本道聽途說、無確鑿證據之意，最早僅適用於彈劾官員，後來也發展到向君主進諫，目的就是以此消除御史、諫官害怕說錯話、受懲罰的顧慮，鼓勵他們大膽地對決策和執行中存在的問題和有關官員進行揭發。[1]雖然在這一制度的演變過程中，有些御史、諫官利用“風聞”，或陷害他人，排斥異己，或竊名要譽，因而曾經實行過“風聞”後尚需“核實”的辦法，但因為事實上在彈劾、言事之初，勢難一一核實，過於嚴格要求核實，又會阻礙言路，於統治不利，所以原則上“風聞”制度一直存在。明穆宗下諭指責“科道官（即過去的御史諫官）一向放肆，欺亂朝綱”，命令吏部等嚴加追究、貶黜。閣臣趙貞吉上書曰：“我祖宗之制，設立科道，許其風聞言事，或是或不是，尚有執政諸臣酌量可否，取自上裁。”縱有不當，亦止一般“懲戒”，不應“一網打盡”，請求穆宗“收回成論”。穆宗雖不同意，但從他繼續委任趙貞吉參與主持考察科道官，未再強調“風聞言事”應予以批駁看，原則上他是不得不承認這一制度的。[2]

“不繫職司”和允許“風聞言事”同時也體現了鼓勵監察與諫諍，力圖保證正確決策與執行的機制。

附帶一說，明清的諫官給事中，除“封駁”“言事”外，還有一項經常任務，就是督促百官在執行君主決策和上級官文書中提高效率。凡詔敕或批准的章奏下給事中，經審核同意（不予“封駁”）

1 詳參拙作《魏晉南北朝尚書左丞糾彈職掌考》，載《文史》總第32輯，中華書局，1990年。

2 分見《春明夢餘錄》卷四八《都御史》、《明史》卷一九三《趙貞吉傳》。又，清初為防挾仇報復、黨同伐異，曾禁止風聞言事，其後御史等“畏縮”不言，康熙二十六年（1687）十一月又恢復此制，見《清聖祖實錄》卷一三一。

署名後，由他們抄發有關部門執行，同時進行督促。《清會典》卷六九規定，六科給事中不但“掌發科鈔”，而且“稽察在京各衙門之政事，而注銷其文卷”（御史也有此職掌）。所謂文卷，係指各衙門每月兩次所造文冊。內容是關於是否按規定時限，完成君主決策或上級官文書所下達任務的情況報告，“其逾限有因者，皆令於冊內聲明；無故逾限者，由科指參”。其實這種督促百官提高統治效率的制度，早在漢代已經出現，叫“錄文書期會”。[1] 錄，總領；期，要約，指規定任務完成時間；會，合也，到時會合，即完成後登記、注明之意。在很長一個時期內，這一職責都由執行機構本身的官員來掌管，如唐代尚書省的左右丞、左右司郎中、員外郎，九寺五監的主簿、錄事等。[2] 很可能由於這些官員本身就是執行機構的成員，履行職責，進行糾彈，難免要受本部門執行長官的左右，所以逐漸便為決策、執行機構以外的御史、給事中所代替。如《唐會要》卷五七《尚書省諸司上・尚書省》所載：開元二年敕，尚書省有關部門理冤案，“若稽延致有屈滯者，委左右丞及御史台訪察聞奏”。這是於原來的左右丞之外，又增加了監察機構官員之例。至明清，更全由“不繫職司”的科道官給事中、御史來“稽察”“注銷”了。這也從一個角度反映了“不繫職司”所含蘊的機制。

四　吏胥的作用

封建統治機器之所以能有效運行，還有一個不可或缺的環

1　《後漢書》志第二六《百官三》。

2　參王永興《唐勾檢制研究》（一）。

節——吏胥的存在與作用。

這裏所說的吏胥，指的是中央和地方官府中，具有一定文化水平、遵照官員命令處理具體政務特別是經辦各類文書的人員，而不是從事雜務、廝役的一般小吏。這類吏胥兩千多年來有一個發展變化的過程。他們與官員在漢代只有官職高低的不同，社會地位則並無差異，由吏胥升官員沒有任何歧視與限制。[1] 直到兩晉南北朝前期，雖然吏胥地位已經低落，地位最高的也是"濁官"，多由被士族輕視的寒族充任，但其中主要成員如三省令史等畢竟仍是流內品官。[2] 由南北朝後期至唐宋，他們絕大多數又演化為流外官，即便制度上是流內八九品，在官場中仍被視為流外官，歸入卑賤的吏職行列。[3] 而至明清，吏胥更進一步跌落成為與官員系統（包括流內、未入流即過去的流外）完全不同、界限分明的另一特殊群體。他們由平民作為職役考取或募充，沒有官品，役滿後（明代規定為九年役滿，清代為五年役滿），除一部分人通過考核或考試出職為小官外（清代只允許充任從九品和未入流），便須退役為民，"役滿不退者……皆治以法"。[4] 這和官員（無論流內或未入流）一經入仕，終身遷轉，截然不同。

在君主詔敕和各級官文書的執行中，雖然起決定作用的是官員，但吏胥也不可或缺，並且原則上、制度上是相輔相成的。

一般說，官員特別是中高級官員，應具有較高的封建儒學、道

1 參陳登原《國史舊聞》第一分冊卷一三《以吏為師》，生活・讀書・新知三聯書店，1958 年。

2 如《通典》卷三七《職官十九》"晉官品"，三省令史等均流內八品。

3 參張廣達《論唐代的吏》，載《北京大學學報》1989 年第 1 期；王曾瑜《宋朝的吏戶》，載（台灣）《新史學》第四卷第一期。

4 參《清會典》卷一二、《明會典》卷八。

德修養和政治、文化素質（見後），其中高官多經過長期磨煉，統治經驗豐富，中高級官員或適合參與王朝決策，或適合在一個地區（如省、道、府、縣），一個部門（如部、司）充任長官或佐官，統籌全局，負責根據律令、詔敕內容結合本地區和本部門具體情況作出決斷，將律令、詔敕付諸實施。由於各地區、各部門情況千差萬別，律令、詔敕內容又往往多樣、複雜，這種決斷若沒有較高的政治、文化素質和統治經驗，是無法符合統治利益的。也就是說，這種決斷一般只有官員方能作出。

可是僅有官員，統治機器仍無法運轉。因為如前所述，以君主為首的封建統治集團必須通過頒佈詔敕、官文書指揮全國各地政務。越往後代，這些詔敕、官文書數量越龐大，而且千頭萬緒、千差萬別，涉及稅收、司法等等方面。如在宋代，“因一言一事，輒立一法”，[1] 以致有關官員“搖手舉足，輒有法禁”。[2] 直到清代，群臣依然在呼吁“中外簿書太繁”。[3] 對於這些“法”，各級官員必須嚴格遵守，無論做出任何決斷，都不允許與之抵觸，[4] 否則將受上司駁斥、懲罰。然而，實際上對這些“法”，官員又絕對無法全面掌握，以致如葉適所說，即使官員精明能幹如伊尹、傅說，也“仍為不曉”。[5] 除了細密、煩瑣，官員特別是長官，以一人之身勢難周知

1 《宋史》卷一九九《刑法志一》。

2 《水心別集》卷一二《法度總論二》。

3 《清經世文編》卷一五《吏政一》王安國《請省簿書以課農桑疏》。

4 極個別因與本地情況差距過大，專門上疏請求變通執行，又蒙批准者除外。見本文第二部分。

5 《水心別集》卷一四《吏胥》。

外，[1] 還因為官員，特別是中上級官員不能久任，需要經常調動。[2] 其所以如此，從積極方面說，是為了培養、鍛煉官員作為通才的統治本領。這就是葉適說的："一人之身，內外之官無不遍歷，較之以資，取之以望，然後其大者為政事之臣，而其小者亦為侍從之官。其人既已周旋眾職，詳練世事……其人尚德而寡過……是故可以造居通選而無疑。"[3] 同時也符合封建士人希望不斷升遷、飛黃騰達的心理。從消極方面說，經常調動，是為了防止官員久任，容易與所任地區、部門形成不正常關係，有害於政務。[4] 特別是對地方最高級官員（如清代總督、巡撫）來說，則還有防止久任以形成割據的作用。歸根到底，全由封建統治利益決定，是長期形成的統治經驗。然而這樣一來，這些官員對所歷地區、部門之各類文書，便只可能有一個概括性、原則性的了解，勢難全面、細致掌握。為了解決這個矛盾，自古以來便設置了吏胥。所以清代陳宏謀說"有官則必有吏"，宋人葉適則說吏胥"雖堯舜不能廢"。[5]

吏胥的作用為何？就是"行文書，治刑獄、錢穀"。[6] 這主要是就地方之吏胥而言的。如果再概括一點說，那就是"處官府，職簿書"。[7] 關於吏胥"行文書"或"職簿書"之職責，其與官員決斷的相輔相成關係，從唐律可看得很清楚。《唐律疏議》卷五《名例》"同

---

1 宋哲宗時司馬光便針對大量敕令格式、尚書六曹文書說："雖有官吏強力勤敏者，恐不能遍觀而詳覽，況於備記而必行之。" 見《續資治通鑑長編》卷三八五元祐元年八月丁酉。

2 陸世儀稱：古來士人"遷轉不常，歷官如傳舍"。見《清經世文編》卷三《學術三・思辨錄論學》。

3 《水心別集》卷三《官法上》。

4 《元史》卷二一《成宗紀四》：大德七年（1303）十月，"行省官久任，與所隸編氓聯姻，害政。詔互遷之。"《日知錄》卷九：監臨地方之官不可以久任，"久則情親而弊生，望輕而法玩"。

5 分見《清經世文編》卷二四《吏政十・分發在官法戒錄檄》、《水心別集》卷一二《法度總論三》。

6 《文獻通考》卷三五《選舉八》引蘇軾語。

7 參許凡《元代吏制研究》"緒言"，勞動人事出版社，1987 年。

職犯公坐”條規定：“長官為一等，通判官為一等，判官為一等，主典為一等，各以所由為首。”這裏的前三“等”為官，而主典則是吏胥。所謂“各以所由為首”，就是說這四“等”官吏在處理一項事務（刑事、錢穀等）出錯時，都有責任，但誰的環節首先出錯（“所由”），誰就負主要責任。這是因為，唐代官府處理一項事務，一般說有四道程序。最早開始的也可以說是基礎的一道程序，是在官員指揮下由主典將涉及這一事務的有關資料（情況、問題所在等），以及處理這類事務應適用的法律條文、判例收集齊全，提供官員參考、決斷，這就叫“檢、請”。[1] 然後由判官、通判官、長官依次下“判”，即作出決斷（如刑事案件，即判決被告是否犯罪，應判幾年等）。如果處理錯了，是官決斷錯了，則由官員負主要責任（具體說，三“等”官中哪一“等”首先決斷錯了，就以哪一“等”為首，其餘為從）。如果是主典的“檢、請”錯了（如資料不全，法律條文、事例、判例搞錯等），因而導致官的決斷出錯，則首要責任由主典負。關於同職犯公坐的責任誰首誰從，這裏不擬深論，援引此律，只是想說明統治機器運行中吏胥的機制，它與官員是相輔相成的。在處理一件事務時，亦即具體執行詔敕、律令、官文書，完成某一任務中，沒有決斷固然不行，可是正確決斷的前提是要資料齊全、情況清楚，應依據的法律條文、判例、事例周詳準確，這便絕對離不開吏胥的作用。吏胥人數大大多於官員，有較細的分工。如一般縣府，明清時的吏胥分為六房：吏、戶、禮、兵、刑、工，[2] 因而對

1 參王永興《關於唐代流外官的兩點意見》，載《北京大學學報》1990 年第 2 期；盧向前《牒式及其處理程式的探討（三）》，載《敦煌吐魯番文獻研究論集》第 3 輯，北京大學出版社，1986 年。

2 如《宛署雜記》卷二《署廨》載：明代宛平縣即有“六房”，其中兵、刑、工因事務多，還各分“南科”“北科”。

所在房的律令、案例精通、熟悉，從而可以迅速"檢、請"，效率較高地輔助官員做出決斷。另外，吏胥多為本地人，了解風俗民情，也有利於為經常調動的官員出謀劃策。[1]

這樣，經過以上一系列手續，最後方形成了一件文書，將所處理的事務終結。在這一文書中，除了最核心的決斷是官員作出，並署名以示承擔責任外，其他部分包括草擬文稿等全靠吏胥辦理。[2]這就是所謂吏胥的基本任務"行文書"或"職簿書"。毫無疑問，在這文書的形成中，決斷是最關鍵環節（如刑事案件中最後判死刑還是流刑，關係至巨），必須由具有較高政治、文化素質，對詔敕、律令、官文書精神有着較深入理解的官員作出。但其他環節也起着相當重要的作用，特別是在官員出仕不久，缺乏經驗，或者沉溺於清閒生活，無心理政的情況下，更是如此。例如在兩晉，在玄學清談影響下，由士族充任之官員對日常政務，往往"望白署空"，即由吏胥收集資料，了解情況，並依法提出處理意見，做成文書送來，官員不看全文，就在預先留下的空白處署名畫行。[3]正如《梁書》卷三七《何敬容傳》所說，魏晉以後，"尚書丞郎以上，簿領文案，不復經懷，皆成於令史（吏胥）"，就是說，連官員的決斷也是吏胥代替作出的。可見，在這段時期，吏胥的作用更大，形成了封建統治機器運行的一個特色，但從總體上看，對吏胥的作用，包括負作用，也不能誇大。雖說由於吏胥政治文化素質、道德修養比較差，

---

1 《紅樓夢》卷四：賈雨村授應天府尹，判一殺人案，一個小吏（"門子"）為他出謀劃策，包庇罪犯薛蟠。雖係小說，也是大量官府實情的反映。

2 在唐代，將涉及某一事務的有關文書收集到，並"連"（粘連）在一起，供官員決斷參考，也是吏胥職責，參前揭盧向前文。

3 參拙作《兩漢魏晉南北朝宰相制度研究》第六章第二節（五），中國社會科學出版社，1990年。

在各級官府中，藉熟悉律令、案例和情況之機，弄權舞弊之事，所在皆有，遠遠超出官員所犯同類問題，因而從唐宋以降，指責吏胥危害封建統治的文章、奏疏不勝枚舉，可在這同時也必須看到，其中不少都出自士大夫官員因權力不同程度地受到吏胥侵奪而發出的憤慨，往往過甚其詞，是不能理解得太實的。最主要的是，按制度處理任何事務，吏胥沒有決斷權，只是具體辦事人員，需聽從官員指揮。官員握有指揮權特別是決斷權，再加上官員的德、才一般都遠過於吏胥，因而在與吏胥的關係中，原則上處於主動地位。當然，官員初入仕時，對律令、案例都不熟悉，易為吏胥左右，但是歷官一久，情況往往發生變化，不少精明官員便反過來駕馭吏胥，使其為己所用，[1] 對其中委實惡劣、跋扈者，還可依法懲辦。[2] 像兩晉那樣厭煩政務、聽任吏胥決斷的一些官員，從整個封建統治時期來看，畢竟是極少數。何況吏胥中也有正人，並非個個營私舞弊，全對封建統治有害。[3]

總之，在封建統治機器的運行中，官員起主要作用，吏胥起配合作用，二者相輔相成，不可或缺。由於官員處於主動地位，政務出了問題，主要責任也應由官員承擔，過於誇大吏胥的負作用，不但開脫或減輕了官員的責任，而且也等於否定了吏胥在封建統治機器運行中的積極作用。

1　參鄧小南《宋代文官選任制度諸層面》第二章第三節，河北教育出版社，1993 年。

2　《名公書判清明集》卷一一《公吏門》中此例頗多。

3　參鄧小南《宋代文官選任制度諸層面》第二章第三節。

五 人事機制

早在戰國時已有人說："明王立政，不惟其官，惟其人。"[1] 意思就是，要治理好國家，不重在機構之龐大，而重在得到和合理地使用人才。所以最後必須探討人事機制。人事機制最主要的，一是激勵機制，一是更新機制。[2]

激勵機制主要體現在歷代官員的考績制度上。《尚書・舜典》中說：通過"考績"，"黜陟幽明，庶績咸熙"。這一原則成為"萬世考課之祖"。[3]

漢代每年進行考績，共分九等，"歲盡，則（由宰相）奏其殿、最，而行賞罰"。[4] 唐代也是每年考績，分九等（上上、上中……下下），但除考在"私罪"下中、下下，"公罪"（因公事失誤違法）下下者，當年即解除官職外，[5] 一般都要將考績積至三年（或四年、五年），方行賞罰、黜陟。[6] 明代延長考績時間，三年進行一次，並需六年再考、九年通考後，分三等（稱職、平常、不稱職），方行黜陟。[7] 清代也是三年考績一次，但同時即進行黜陟，沒有六年再考、

1 見偽古文《尚書・周官》。

2 《大學衍義補》卷一一《嚴考課之法》按語："吏部職任之大者，莫大於銓選、考課。……自古求賢審官之法，不外乎此二途而已。"按銓選雖非更新機制之全部，然更新機制最後必通過銓選方能體現，故將銓選理解為更新機制也未始不可，而考課即激勵機制的主要體現。

3 《大學衍義補》卷一一《嚴考課之法》。

4 《後漢書》志第二四《百官一》。每年考績，又見于豪亮：《〈居延漢簡甲編〉補釋》，《于豪亮學術文存》，中華書局，1985 年。考績分九等，據《漢書》卷七八《蕭望之傳附蕭育傳》"君課第六"下王先謙《補注》引沈欽韓說。

5 《唐令拾遺・考課令》第三九、四四條。

6 參《唐會要》卷八一《考上》、《冊府元龜》卷六三五《銓選部・考課一》。

7 《明史》卷七二《職官志一》。

九年通考之制。[1]

其所以逐漸延長考績、賞罰、黜陟時間，當因時間短了，無法檢驗出有關官員的真正能力，率爾黜陟，對統治不利。早在東漢，朱浮已說，地方長官“視事日淺，未足昭見其職。”左雄更是明確反對“責成於期月（章懷注：謂一歲）”的做法。[2] 曹魏時，劉廙“以為長吏皆宜使小久，足使自展。歲課之能，三年總計，乃加黜陟”。[3] 均其證。

歷代考績的標準，原則上是德、才。這從唐代制度看得最清楚。唐規定德的標準有四，曰“四善”（如“德義有聞”等）；才的標準有二十七，曰“二十七最”（如“決斷不滯，予奪合理為判事之最”等）。二者相互配合，加上“善、最不聞”等，構成前述上上、上中至下下九等。[4] 明清兩代沒有這麼複雜。《明會典》規定考績一般但稱“察其行、能，驗其勤惰”。[5] 清代具體化為“四格”——守、才、政（指勤惰）、年。[6] 其中守即操守，指居官清廉的程度，乃屬德的範疇。和唐代比，德的標準已嚴格限制在居官的操守（以及政事勤惰）上，緊緊圍繞着統治質量和效率，而不泛指官員品行好壞，如是否“德義有聞”等，從體現激勵機制、促進統治機器的有效運行

1　參《清會典》卷一一《考功清吏司》。按：明初雖行九年考滿黜陟之制，但它不符合官員希冀迅速升遷之心理，其後政治逐漸昏亂，事務煩雜，為調動官員積極性，便出現了“推升之例（不次拔擢。不等九年、六年，甚至三年，即升遷）”。由於標準越來越鬆，到明代中期已是“九年考滿者鮮矣”，“間見翰林、史官、衛經歷等，而餘不復聞”，見高拱《論考察》，載《明經世文編》卷三〇二。清代改為三年黜陟，大體是承認明中後期現狀。

2　分見《後漢書》卷三三《朱浮傳》、《後漢書》卷六一《左雄傳》。

3　《三國志》卷二一《劉廙傳》注引“別傳”。

4　見《唐六典》卷二。丘濬說“蓋善以著其德行，最以著其才術”。見《大學衍義補》卷一一《嚴考課之法》按語。

5　《明會典》卷一二。此單就“考滿”之制言。卷一三曰“內外官考滿之外，復有考察”，此處不論。可參王天有《明代國家機構研究》第三章第一節，北京大學出版社，1992 年。

6　參《清會典》卷一一《考功清吏司》。

來說，這是一個進步。另外，清代對不稱職官員用“六法”來衡量。[1]如“不謹”(指操守不謹，但未到貪污程度)、“罷軟無為”(指懲辦不力)等，同樣體現上述精神。至於官員有“貪”“酷”之目，則將予以“特參”，“不入於六法”，因可能判刑，是犯罪問題，[2]故與一般考績區別。這也是統治經驗積累的結果。

激勵機制，主要體現在根據考績所進行的黜陟制度上。以清代為例，凡考績“入於六法”者，有降級、革職等處分。考績合格，分三等：稱職、勤職、供職。根據等第高下實行記錄、加級等賞功之法(具體又分十二等)。如能覲見皇帝，得旨“即升”，便歸入“即升班”，指日可以遷官。這一考績，其主要精神就是激勵。主要通過對考績優異者的提升，激勵全體官員，調動他們的積極性，以推動統治機器的有效運行。同時，對不稱職官員的處分，目的也在通過處分，激勵其他官員勤於職守和改正錯誤。所以同時又規定“開復之法”，相當寬大：“降級留任者，三年無過則開復；革職留任者，四年無過則開復。”[3]清人曾說，嚴格黜陟，方能使“人才競奮”，否則，“激勸無憑，治效曷睹”，[4]這和犯貪、酷罪，一般要交刑部判刑，其性質是不同的。

在晉升制度上，在漢代，由於社會經濟、文化的限制，統治人才比較少，考績高第，晉升得實職的比例大。《漢書》卷八三《朱

---

1 《明會典》卷一二《六法》，乃明代中期“考察”(非“考滿”)官員的標準，見《萬曆野獲編》卷一一“大計年分條款”“京官考察”“外官考察”等條。後發展為“八法”。清乾隆時尚沿用，作為一般三年考績衡量不稱職等官員之標準。嘉慶改為“六法”，將貪、酷剔除。

2 《大清律例增修統纂集成》刑律有“受贓”諸條，是針對貪的；有“斷獄”及“故禁故勘平人”等條，是針對“酷”的。

3 參《清會典》卷一一《考功清吏司》。

4 《清經世文編》卷一七梁清標《敬陳用人三事疏》。

博傳》載："故事，選郡國守相高第，為中二千石（九卿等）；選中二千石為御史大夫，任職者為丞相。"[1] 是其一證。及至後代，社會經濟、文化不斷發展，統治人才增多，而實職官位有限，於是便不得不創立或大量推行其他制度，如唐代的爵（王、國公等）、勛（上柱國、柱國等）、散官（開府儀同三司、特進等）。[2] 它們與實職相互搭配、調劑，以達到體現激勵機制，推動統治機器有效運行之目的。

當然，激勵機制雖大量體現於官員考績、黜陟上，但也不僅如此，還體現於其他臨時重大獎懲上，特別是對經常接近君主的大臣、近臣來說，尤為明顯。

除了官員，對吏胥的激勵主要表現在出職制度上。如明清吏胥，作為平民服職役期滿後，經過一定手續（清代一律需考試合格），便可"注冊入於銓選"，成為下級官員（明代上限從七品，清代上限從九品）。[3]

封建統治機器為了維持自己能長期、不斷地運行，含蘊着一定的更新機制，這主要體現在察舉、科舉制度，即選拔現職官員的接班人上。其特點之一，就是選拔標準十分注重政治、文化素質。

如唐代高宗以後進士科共考三場。一場為帖經，即將體現古代統治經驗和道德規範的儒家經書，掩上某頁前後，中間露出一行，再裁紙貼去幾個字，令考生補出貼去之字，對此，考生只有平時熟

---

1 如"河南守吳公，治平為天下第一，徵以為廷尉"，"朱邑為北海太守，以治行第一，入為大司農"，參《西漢會要》卷三九《職官九・考課》其他升遷實職例。

2 參《文獻通考》卷六四《職官十八》。檢校官又參岑仲勉《金石論叢》，上海古籍出版社，1981年，第474頁。

3 參《明會典》卷八、《清會典》卷一二。

讀這一經書，達到滾瓜爛熟程度，方能辦到。另一場為試雜文（後只考詩賦），是對考生文化素養、文學水平的測試，詩賦“雖曰雕蟲小技，而非通知古今之人不能作”。[1] 第三場是對時務策，要求就古今一些重大政治、經濟問題，提出自己的見解。[2] 此外，吏部還要對科舉及第者進行“身、言、書、判”的考察和考試，“四者之中，則判為尤切。蓋臨政治民，此為第一義。必通曉事情，諳練法律，明辨是非，發摘隱伏，皆可以此覘之。”[3] 一般必須四者全合格，方可銓選入仕。

很明顯，如嚴格按照上述標準要求，及第者必定具有一定的政治、文化素質和處理具體政務的能力，入仕後再經過實際的歷練，一般說，應該能對封建統治機器的運行起積極、推動作用。

再如清代科舉也考三場。乾隆以後第一場考“四書”文及試貼詩，第二場考“五經”文，第三場是策問五道，內容涉及經史、時務、政治。[4] 其中最為關鍵的一場是考“四書”文。[5] 所謂“四書”文，內容有三：第一，就“四書”，即《論語》《孟子》《大學》《中庸》出題。這“四書”，是宋代以來從大量煩瑣的儒家經典中精選出來的，簡明扼要，比較通俗，而又集中體現儒家君臣、父子之綱，修身、齊家、治國、平天下之道，十分適合培養封建官員接班人的需要。正如朱熹所說：“若理會得此‘四書’，何書不可讀，何理不可究，何事不可處！”“果然下工夫，句句字字，涵泳切己，看得透徹，

1 《日知錄》卷一六“經義論策”。宋畢仲游《西台集》卷一“理會科場奏狀”說“習詩賦者，必須涉獵九經，泛觀子史，知其節目精華，始可從事”，亦此意。

2 參吳宗國《唐代科舉制度研究》第七章，遼寧大學出版社，1992 年。

3 《文獻通考》卷三七《選舉十》按語。

4 見商衍鎏《清代科舉考試述錄》第二章第三節，生活・讀書・新知三聯書店，1958 年。

5 錢大昕《十駕齋養新錄》卷一八《科場》。

一生受用不盡。”[1]用它們來取士，就可鼓勵、促使天下士人精心鑽研，注意道德修養，學習統治經驗，同時通過考試，將其中優秀者錄取，作為封建官員接班人。很顯然，這對封建統治十分有利。第二，考“四書”文（“五經”文同），要求“代聖賢立言”，意即根據題目涉及的古人（如孔子、孟子等），揣摩其心意，代替他發言。由於不許聯繫該古人以後（包括清代）的事情，不許發表自己的見解（否則就不成其為“代聖賢立言”），所以這種辦法常被今人批評為脫離實際、禁錮思想。可是就制定它的意圖看，卻是為了以此督促天下士人認真閱讀“四書”“五經”，鑽研朱熹等人的注釋，努力體會原著精神，防止束書不讀，拿到題目後望文生義、信口開河、胡亂聯繫現實的弊病；並且在一定時期，或一定程度上也起到了這個作用。[2]對於封建官員接班人的培養、選拔來說，這還是頗為重要的。第三，考“四書”“五經”文，還需要在文句上按段落進行對仗。一般需要四組文句，每組兩個段落，相互對仗。因共有八個段落，故稱八股文。由於是整段整段對仗，難度較大，常被今人批評為限制士人自由表達思想。可是在當時考生眾多、錄取名額有限的條件下，八股對仗是否工穩，這一標準很具體，容易掌握，因而有利於考官對答題內容大致達到要求的考卷決定錄取與否，以及區別等第高下。可以說，這是一種沒有辦法的辦法。正因如此，一俟登第入仕，就可將八股對仗棄之如敝屣，封建王朝不再過問，官府上下也不行用這一文體，道理便在這裏。

1 《朱子語類》卷一四《大學一》。

2 清儒管世銘便說：只有代聖賢立言，方能使對聖賢本意的體會，“逼入深細”。梁章鉅《制義叢話》卷一引。

總之，就清代科舉說，應該全面分析八股取士的指導思想，對八股取士體現更新機制，旨在選拔合格的官員接班人的積極作用，不能一概抹殺。當然，和任何制度一樣，行之既久，弊病自生，而且很嚴重，但這無妨於對它的肯定。二者可以並存。否則便無法解釋為何八股取士早在明代已迭遭反對，到清代批評者也從未中斷，可它前後仍然行用四五百年了。[1]

更新機制還體現在其他制度上，如致仕制度等。

六　結語

決策、執行、監察與諫諍以及吏胥行文書的過程，體現着封建統治機器的種種機制，從而使以君主為首的統治集團意志，得以以下達詔書、官文書的形式，支配、推動着整個龐大機器的循環往復，有效運行。而人事方面所體現的機制，則從另一角度，即官吏配備的角度，保證着這一機器運行和長期運行。

必須指出的是，由於封建統治機器畢竟不是真的物質機器，而是由人，即君主、各級官吏構成的一種特殊社會群體，因而它所含蘊的機制之體現，便受着人的種種因素的影響與支配，具有極大的不確定性。例如在決策上，君主、宰相、秘書咨詢官員本應相互制衡，以保證決策的質量，可也不少見君主獨斷專行、肆意妄為，根本不聽宰相、秘書咨詢官員建議，或宰相與秘書咨詢官員相互爭寵、攻訐、掣肘的情形。

1　明清批評八股取士者，參《日知錄》卷一六"經義論策""擬題"諸條；陳登原《國史舊聞》第三分冊卷四八《八股文》，生活・讀書・新知三聯書店，1980 年。堅持行用八股取士者，參《清代科舉考試述錄》第 63 頁引乾隆年間"禮部覆奏"，生活・讀書・新知三聯書店，1958 年。

在執行上，中央和地方官員本應嚴格、迅速、準確地執行決策，及時、如實反映執行中發生的情況與問題，可也不少見執行中的"稽、失"，效率極低，或相互"踢皮球"推卸責任，特別是上下包庇、隱瞞實情等種種現象。

在監察、諫諍上，有關官員本應鐵面無私，按封建原則大膽彈劾、諫諍，可也不少見彈劾一味迎合君主、權臣意願，或按黨派、門戶利益，無中生有、排斥異己，或遇諫諍則畏葸不前的。

在吏胥行文書上，吏胥本應輔助、配合官員處理政事，可也大量見他們上下其手、營私舞弊、貪污納賄，起着拆台作用。

在人事上，體現激勵機制的考績制度之執行，本應嚴格按照德、才標準衡量功過，可也不少見只重年勞、有獎無罰、有升無降，或者相反藉此歪曲真相、假公濟私，以打擊政敵。而體現更新機制的察舉、科舉制度，如八股取士，在許多情況下，由於營私舞弊，不但不能選拔人才，反而"敗壞人才"。[1]

總之，由於人的種種不同因素的影響與支配，封建統治機器運行機制的外在體現，有時是比較準確的，有時則大打折扣，有時甚至基本沒有體現，從而從一個重要角度反映了封建王朝的盛衰興亡。這種不確定性，是封建統治機器運行機制的特質。也就是說，上述的全部內容，只是泛論，只是勾勒一個大致輪廓，如要進一步深入探討各類具體機制，必須把握這一特質，充分研究在不同歷史背景下人的種種不同因素及其影響、作用，然後方能通過機制，找到各個時期封建統治機器的運行規律所在。

---

1 《日知錄》卷一六"擬題"。

試論我國封建君主專制權力發展的總趨勢
—— 附論古代的人治與法治 *

兩千多年來，我國封建君主專制權力，從總體上看，究竟是不斷加強，還是不斷削弱？

按照一般看法，這一權力是不斷加強的，至明清而尤甚。可是如果仔細探究一下，便會感到歷史事實未必如此。

一

為了論述這個問題，首先得分清兩種不同的情況：

一種情況是君主按照通行的具體政治制度行使權力，這種政治制度是在長期統治中經過無數政治家、思想家反復總結經驗教訓，逐步固定下來的。

另一種情況是君主享有至高無上的權力，在實際行使中他不但可以超越任何前代君主、大臣留下來的政治制度，而且也可以隨時揚棄他自己和大臣制定的任何政治制度。換言之，他的權力不受任何制度、法律的約束。他可以“任心而行”。[1]

---

* 原載《北京大學學報》1988 年第 2 期。

1 《三國志》卷三《明帝紀》“評曰”。

如果就後一種情況言，可以說，從封建君主專制制度建立起，兩千多年全都一樣，並無變化。試看：

秦始皇統治之時已是："天下之事無小大皆決於上"，"丞相諸大臣皆受成事，倚辦於上"。[1] 這話雖有誇張，天下小大之事極多，秦始皇一個人精力不管怎樣充沛，也是處理不過來的，可是它卻說明，皇帝擁有這種權力。至於他平時行不行使，以及行使到甚麼程度，那是另一回事。也就是說，只要他想行使，他就可以撇開周圍的"丞相諸大臣"，為所欲為。早在戰國之時，申不害、韓非等已強調，君主決不能將手中權力分給臣下，必須最大限度行使，實行"獨斷"，宣揚"能獨斷者，故可以為天下主"。[2] 在秦始皇之後，李斯又總結說：君主必須"獨制於天下而無所制也"；"明君獨斷，故權不在臣也。……故能犖然獨行恣睢之心而莫之敢逆"。[3] 這些表明，秦始皇"獨斷"所反映出來的制度，並非偶然出現，是有思想基礎、理論根據的。

如果認為秦代統治時間短，我們再來看漢代的君權：

《漢書》卷六十《杜周傳》載，杜周漢武帝時為廷尉，"善候司。上所欲擠者，因而陷之；上所欲釋，久繫待問，而微見其冤狀。"有人責怪他"不循三尺法，專以人主意指為獄。"周曰："三尺安出哉！前主所是，著為律；後主所是，疏為令。當時為是，何古之法乎！"這條材料充分反映了一個根本事實："人主意指"是淩駕一切的，君主愛怎麼辦就得怎麼辦，過去一切制度、律令，都必須依據

1 《史記》卷六《秦始皇本紀》。

2 參《韓非子》卷一三《外儲說右上》、卷一四《外儲說右下》。

3 《史記》卷八七《李斯列傳》。

在位君主承認與否，而決定是否繼續生效。《漢書》卷六六《劉屈氂傳》載其漢武帝時為丞相。戾太子起兵叛亂，戰敗，“會夜，司直田仁部閉城門，坐令太子得出。丞相欲斬仁，御史大夫暴勝之謂丞相曰：‘司直，吏二千石，當先請，奈何擅斬之？”丞相釋仁。上聞而大怒，下吏責問御史大夫曰：‘司直縱反者，丞相斬之，法也，大夫何以擅止之？’勝之皇恐，自殺。”其實，自漢高祖以來便存在着官吏有罪先請制度。[1] 當時，戾太子已敗，大局已定，暴勝之以為不當擅斬田仁，是對的。可是漢武帝因為是兒子造自己的反，憤怒已極，哪裏管過去有甚麼制度，他認定這時丞相斬司直就合“法”，於是暴勝之便只得自殺了。這是杜周“當時為是，何古之法乎”這話的一個例證。試看漢武帝一生，除年青時受到太皇太后、皇太后一點約束外，完全是獨斷專行，為所欲為，宰相無不唯命是從。這不就是秦代“獨制於天下而無所制也”制度的繼續嗎？！

東漢也是一樣。史載漢光武帝“總攬權綱”，“政不任下”；明帝“總攬威柄，權不藉下”。[2] 以至於有人說宰相（三公）變成“備員而已”。[3] 這和李斯所說“明君獨斷，故不在臣也”，也沒有多少區別。

試問：對於秦漢兩代皇帝這種獨斷專行之權，後代君主和制度加強了些甚麼呢？

當然，由於社會進步，經濟發展，全國各地交通聯繫越來越密切，後代一些愛攬權的皇帝，手伸得很長，所處理的統治事務，數

1　參程樹德《九朝律考》卷一《漢律考四》，商務印書館，1935 年，第 118 頁。

2　分見《後漢書》卷一下《光武帝紀》中元二年、卷四九《仲長統傳》、卷二《明帝紀》“論曰”王先謙《集解》引華嶠書。

3　《後漢書》卷四九《仲長統傳》。這話有誇張，但宰相權力縮小，確是事實。

量增多，範圍擴大，[1] 為保證“獨斷”，控制臣屬的手段也進一步嚴密和多樣化（如明代皇帝對臣下行廷杖等），表面看來似乎權力加強了。其實，這只是封建君主專制權力在不同歷史條件下，在具體行使中，多行使一些，還是少行使一些；方法高明一些，還是粗疏一些的發展變化。至於這一權力本身，自封建君主專制制度形成以來所具有的至高無上、不受任何制度法律約束的特點，並沒有甚麼變化。就是說，權力沒有任何加強，也不可能再加強。

後一種情況既然如此，要討論封建君權不斷加強與否的問題，便只能根據前一種情況來考慮。

如所周知，為了保證封建君主專制權力的有效行使，更好地保護整個地主階級利益，兩千多年的具體政治制度是不斷發展變化的。對於這些制度，主要是宰相制度，有的皇帝遵守，有的皇帝擺脫，擺脫時便表現為“任心而行”，大權獨攬，出現上面我所提到的情況。可是就歷代王朝絕大多數一般君主而言，還是遵守遠多於擺脫。如果考慮到這個基本事實，則應當承認：兩千多年的封建君主專制權力，其發展總趨勢，不是加強了，而是削弱了。

二

提出上述看法首先的一個根據便是：隨着社會的進步，文明程度的提高，以及對歷史上各王朝興亡之經驗教訓的反復汲取，地主階級政治家、思想家在總體上不得不擁護君主專制制度的前提下

1 如隋代以前，州郡屬官皆長官自行辟除，而自隋代起，改歸吏部銓授，由皇帝批准，即一例。參陳寅恪《隋唐制度淵源略論稿》第三章《職官》，生活・讀書・新知三聯書店，1954 年，第 87 頁。

（因為沒有新的生產關係和階級力量出現，只有這一制度能統一各地主階級統治集團的意志與行動），對它與皇位世襲制度結合所產生的弊病與危害，[1] 也看得日益清楚。因而他們在原則上幾乎全都要求君主信用宰相與大臣，虛心納諫，克制“私”心，遵守各種由長期統治經驗凝固而成的具體政治制度特別是宰相制度，實際上就是想限制（實即削弱）皇帝獨斷專行的權力，儘可能防止它的弊病、危害。

我們知道，皇帝並非自封，要靠地主階級通過官吏擁立；[2] 政治制度也不是個人意志所能決定，歸根結底得看能否適應整個地主階級利益之需要，而決定是曇花一現，還是較長期行用。現在既然反映整個地主階級利益的政治思想、輿論，越來越強烈地要求通過具體政治制度限制君主專制權力，則縱然少數英主、暴主例外，絕大多數君主就不可能不受這種思想、輿論的影響，而遵守具體政治制度；而這些制度的發展變化，從總趨勢看，也就不可能不是限制和削弱君權的。

下面我們來看歷代有關這一問題的政治思想。

早在春秋末年，孔子已提出一個思想：“巍巍乎，舜、禹之有天下也，而不與焉。”[3] 戰國時孟子也引用了這話，並作了發揮。[4] 後代儒家多理解為這是指君主之任務在於任賢使能，放手讓大臣去幹，而不必親自參與具體政事之處理，將“而不與焉”之“與”，釋

1 參拙文《從〈宋書・蔡興宗傳〉看封建王朝的廢昏立明》，載《北京大學學報》1987 年第 2 期。

2 參同上文。

3 《論語・泰伯》。

4 《孟子・滕文公上》。

為參與。[1] 這種理解大概是對的。因為荀子也宣揚同樣的思想。他說："彼持國者，必不可以獨也，強固榮辱在於取相矣。"如得到賢相，由他"要百事之聽"，自己便清閒了。這就叫"勞於索之（指賢相），而休於使之"，"垂衣裳而天下定"。例如"湯用伊尹，文王用呂尚，武王用召公，成王用周公旦"，齊桓公用管仲便是。[2]

儒家的這一政治思想是鑒於戰國時期各國變法，廢棄了世卿世祿制以後，雖君位世襲無法選擇，然相位不世襲，尚賢使能，可以選擇，這一基本情況提出的。[3] 隨着漢代以後儒家學說逐漸在思想領域佔據統治地位，[4] 隨着秦漢以後不少世襲皇帝獨斷專行，胡作非為，帶給整個地主階級統治的嚴重危害日益明顯，上述政治思想便成為後代限制君權的一個主要思想武器，反映了越來越多的政治家、思想家的意志和願望。

需要指出的是，在漢代曾經流行"天人感應"說，宣揚"以人隨君，以君隨天"，[5] 它的企圖之一便是用"天"，用"災異"來限制君主濫用權力。[6] 這也是一個重要思想武器，而且反映了封建政治家、思想家為了限制君權絞盡了腦汁。不過隨着社會生產發展，天文學

1　參《論語・泰伯》劉寶楠《正義》及引毛奇齡說。

2　見《荀子・王霸》。戰國法家也講君道無為、君逸臣勞，但指導思想和手段不同。參《韓非子》之《主道》《揚權》。如強調君對臣耍權術、嚴刑峻法，造成"明君無為於上，群臣竦懼於下"的局面等。

3　參馮友蘭《中國哲學史新編》第二冊第二十二章第八節，人民出版社，1984 年，第 401 頁。

4　當然，這一儒家學說已不是純粹先秦儒家學說，而是不斷綜合了法家、陰陽五行家等其他學說而形成的新的儒家學說。

5　《春秋繁露・玉杯》。

6　參馮友蘭《中國哲學史新編》第三冊第二十七章第八節，第 70 頁。

進步，這種思想武器日益退居次要地位。[1]魏晉以後，在不同的情況下，不斷被用來宣揚限制君權的，主要仍是上述儒家政治思想，以及歷史上的政治得失、經驗教訓。

《三國志》卷二四《高柔傳》：魏文帝即位，大權獨攬，三公（宰相）"希與朝政"。高柔上疏曰："天地以四時成功，元首以輔弼興治。成湯仗阿衡之佐，文、武憑旦、望之力。逮至漢初，蕭、曹之儔並以元勛代作心膂。此皆明王聖主任臣於上，賢相良輔股肱於下也。今公輔之臣，皆國之棟樑，民所具瞻，而置之三事，不使知政，遂各偃息養高，鮮有進納，誠非朝廷崇用大臣之義，大臣獻可替否之謂也。……自今之後，朝有疑議及刑獄大事，宜數以咨訪三公。……庶有裨起天聽，弘益大化。"這就是要宰相在重大政事上出謀劃策、把關，防止文帝專斷可能發生的弊病、危害，以"弘益大化"。這話文帝無可反駁，只得"嘉納焉"。晉代儒學地位進一步尊崇，這種主張更加流行。《群書治要》卷二九引臧榮緒《晉書・百官志》稱：西晉裴頠"以萬機庶政，宜委宰輔，詔命不應數改"，上疏歌頌"堯舜勞於求賢，逸於使能……無為而治"，反對皇帝"親細事，躬自聽斷"，建議"尊崇宰輔，動靜咨度，保任其負"。裴頠上疏時間已不可考，但要求用宰相限制君權的意圖十分清楚。

值得注意的是，甚至有的英主也看到皇帝獨斷專行的危害。范祖禹《唐鑒》卷三記載：唐太宗便批評隋文帝"事皆自決，不任群臣。天下至廣，一日萬機，雖復勞神苦形，豈能一一中理。群臣既

1　因為東漢以後乾象曆、景初曆、大明曆等推算曆法、日月食、五星會合周期日益精確，見陳遵嬀《中國天文學史》第三冊（上海人民出版社，1984 年）第四編第四章第六節，第六編第二章第一節、第四節（元嘉曆五星會合周期）。這樣便進一步動搖了"天"的地位。所以魏孝文帝說："日月薄蝕，陰陽之恒度耳，聖人懼人君之放怠，因之以設誡……"（《魏書》卷七下《高祖紀下》）。

知主意，惟取決受成（即聽任他獨斷專行），雖有愆違，莫敢諫爭，此所以二世而亡也。”《貞觀政要》卷一又記他接着說：“朕意則不然。以天下之廣，四海之眾，千端萬緒，須合變通，皆委百司商量，宰相籌畫，於事穩便，方可奏行，豈得以一日萬機，獨斷一人之慮也。”同書卷二又記唐太宗對宰相房玄齡等說：“自古帝王多任情喜怒，喜則濫賞無功，怒則濫殺無罪，是以天下喪亂，莫不由此。朕今夙夜未嘗不以此為心，恒欲公等盡情極諫。”這些話表明唐太宗之所以歡迎“極諫”，不敢“獨斷”，並非着眼於人民疾苦，而是總結歷史教訓，為了避免自己的統治垮台，是從整個地主階級利益出發的，但他畢竟看到了這個問題，而且成了一個實行前述儒家政治思想的楷模。他的言行對後代君主起着不小影響，同樣推動着限制君權的活動。

人們都說，隨着封建經濟的發展、繁榮和全國交通聯繫的進一步加強，從北宋起，中央控制地方日益嚴密，而且為改變五代王朝頻繁更迭之局面，宋太祖“杯酒釋兵權”，採取許多措施，防微杜漸，總攬權柄，以致一般認為，從此中國古代君主專制制度得到進一步突出發展。[1] 可是兩宋的儒家政治思想是否也隨之變化了呢？沒有。它們依然反對皇帝“獨斷”，主張信用宰相與大臣。如前引《唐鑑》唐太宗批評隋文帝攬權的話下，范祖禹評論說：“不明之君，不能知人，故務察而多疑，欲以一人之身，代百官之所為，則雖聖智，亦日力不足矣。故其臣下，事無大小，皆歸之君，政有得失，不任其患，賢者不能行其志，而持祿之士得以保其位，此

1 如李俊《中國宰相制度》說：“人徒知宋懲唐與五代之弊，收地方之權歸於中央，而不知中央之權又集於皇帝一人之手也。”商務印書館，1947 年，第 151 頁。

天下所以不治也。”他還舉“聖君”舜為例說：“當舜之時，禹平水土，稷播百穀，土、穀之事，舜不親也。契敷五教，皋陶明五刑，教、刑之事，舜不治也。伯夷典禮，夔典樂，禮、樂之事，舜不與也。……禹為一相，總百官，自稷以下分職以聽焉。”“君不可以不逸也……臣不可以不勞也……”需要指出的是，這部《唐鑒》還是進奏宋哲宗閱讀，供他汲取歷史經驗教訓，並為“當世所重”的一部著作。[1] 這些說明甚麼呢？它說明雖然北宋初年由於統治尚未穩定，一度能幹的宋太祖獨斷專行，並且起了很大作用，可是等到統治穩定，繼位君主並非個個有這種才幹之時，當時的思想、輿論界，仍然推崇君逸臣勞的政治模式，因為這種模式最適合一般的、絕大多數中主的情況，何況從唐太宗的言行看，即使英主，獨斷專行也不是都能給封建統治帶來好處的。

不僅北宋范祖禹，以大造“尊君”之輿論著稱的南宋大儒朱熹，也反對皇帝“獨斷”。他在《經筵留身面陳四事札子》中說：“上自人主，以下至於百執事，各有職業，不可相侵。蓋君雖以制命為職，然必謀之大臣，參之給、舍，使之熟議，以求公議之所在，然後揚於王庭，明出命令而公行之。……此古今之常理，亦祖宗之家法也。今者陛下（宋寧宗）即位未能旬月，而進退宰執，移易台諫……皆出於陛下之獨斷，而大臣不與謀，給、舍不及議。正使實出於陛下之獨斷，而其事悉當於理，亦非為治之體，以啟將來之弊，況中外傳聞，無不疑惑，皆謂左右或竊其柄，而其所行又未能盡允於公議乎。”[2] 為甚麼要斬釘截鐵地說即使“（獨斷）悉當於理，

1 《四庫全書總目》卷八八。

2 《朱文公文集》卷一四。

亦非為治之體”呢？就因為君主一個人才幹畢竟有限，如做出一個決定不與大臣、宰相商議，不經過給事中、中書舍人審核、草擬便下達，“悉當於理”只能是一次、兩次，如形成定制，長期沿用下去，遲早將會出亂子而危害整個統治。所謂“以啟將來之弊”，含義即在於此。而前引唐太宗聲稱不願“獨斷”，其理由實際上也在於此。朱熹如不是根據儒家政治思想，總結無數歷史教訓，並且為了整個統治利益，具有無畏精神，是不可能也不敢向皇帝作出這種斷言的。

這一類思想、輿論，在明太祖廢除中書省和宰相，獨攬大權之後，依然繼續流行着。最能說明問題的一個例子，便是明代丘濬的言論。他在《大學衍義補》卷一《總論朝廷之政》中說：“（人君）一身之精神有限，耳目之見聞不周，人不能盡識也，事不能盡知也。故必擇大臣而信任之，俾其搜訪人才，疏通壅蔽，時加詢謀以求治焉。”在卷六《敬大臣之禮》中又說：必須重視有盛德的大臣，“人君誠能得斯人而付倚毗之任，以正朝綱，以敦雅俗，垂衣拱手以仰其成，尚何政教之不孚，強暴之不服哉。”丘濬乃明代弘治年間的文淵閣大學士，《大學衍義補》是他呈進給皇帝，供經筵日講和太子學習的一部著作。孝宗曾稱讚此書“有補於政治”，[1] 後來明神宗還親為御製序，“蓋皆甚重其書也”。[2] 然而，和明太祖指導思想與措施不同，丘濬依然鼓吹君主應委任大臣，甚至垂拱仰成的思想。這就再一次證明，這種思想經過兩千年正反面經驗的反復提供，理論上更趨成熟，在儒家經典中又有根據，明太祖帶有時代和個人

1　見《大學衍義補》書前周洪謨題本引。

2　《四庫全書總目》卷九三。

特點，獨斷專行的做法和由此形成的政治制度，並不能壓服這種思想；相反，這種思想因為符合整個封建統治利益，連孝宗、神宗這些一般君主，也不得不承認它有道理。在這種情況下，便逐漸將明太祖所建立起來的制度，發展成同樣可以體現諸大臣統治經驗，實際上起着限制君主獨斷專行作用的內閣等制度，並一直沿用到清朝滅亡。這個問題，將在後面論述。

《明史》卷二一五《駱問禮傳》載，穆宗時駱問禮上疏說："陛下躬攬萬幾，宜酌用群言，不執己見，使可否予奪，皆合天道，則有獨斷之美，無自用之失。"這段話準確地反映了明代，也是戰國以來封建政治家、思想家的一個理想境界：使君主行使至高無上權力，成為廣泛吸取群臣意見基礎上的"獨斷"，成為"皆合天道"，即完全符合整個封建統治利益的"獨斷"，實際上也就是成為限制了自己獨斷專行（"不執己見""無自用之失"）的"獨斷"。大概由於明太祖高度"獨斷"的緣故，明代臣子常使用"獨斷"這個詞，可是如上所述，它已是被改造了的"獨斷"，其實際含義，和朱熹反對"獨斷"的意思，已沒有甚麼不同了。

既然兩千多年逐漸佔統治地位的政治思想如此，既然絕大多數統治集團成員的願望如此，而皇帝歸根結底又必須靠他們的擁立與支持而維持統治，則從總趨勢上，君主專制權力怎麼可能不斷加強呢？

三

提出封建君主專制權力發展總趨勢是不斷削弱的這一看法，其次一個根據是：這一權力必得通過具體政治制度方能實現，而兩千多年具體政治制度特別是宰相制度的演變，從總體上看，一個突出特點便是不斷限制（實即削弱）君主專制權力。[1] 這是在前述儒家政治思想影響下，廣大官吏以至一般君主都接受了這種思想所不可避免的結果。因為這些政治制度是他們自覺不自覺地參與制定或批准的。少數君主及其政策支持者雖曾制定、實行了一些有利君主獨斷專行的制度，但在隨後的演變中，仍被扭回到原來限制和削弱這一權力的軌道上去了。

關於具體政治制度演變的這一特點，請看以下史料。

1. 秦漢、魏晉南北朝

在秦及西漢初年，皇帝行使權力，將意志化為詔書，見諸實行，程序比較簡單：或與宰相議定，交御史起草、下達；或直接命令御史起草、下達，即可生效。制度上受到的限制很少。雖然西漢初年政事多經宰相奏請，皇帝"靡有不聽"，似乎相權重，君權輕，其實那是因為當時實行無為而治政策，特別是皇帝缺乏教育，缺乏統治經驗，而宰相卻富有統治經驗的緣故。[2] 可以說西漢初年是特殊條件下構成的特殊君臣關係，絲毫沒有改變君主握有至高無上權力，宰相奏請不經批准，便不能生效的君主專制制度。只有這樣，才可解釋為甚麼在這之前的秦始皇，在這之後的漢武帝，全都大權獨攬，政由己出。道理很清楚，這兩人統治之時的條件與西漢初年不同。由於按君主專制制度所享有的至高無上權力，受到具體政治

1　具體政治制度特別是宰相制度的演變歸根結底是為了適應新的形勢，鞏固整個封建統治。限制君權是為達到這個目的的一個主要措施，他如擴大統治機構、加強中央對地方的控制等，這裏不具論。

2　《漢書》卷三九《曹參傳》：曹參為相國，不問事，惠帝便不知所措。卷四十《陳平傳》：文帝連丞相任務是甚麼也不知。相反，曹參、陳平都很能幹。周勃木訥，便被換掉。均其證。

制度的限制本來就很少，加上雄才大略，便使他們最大限度地行使了當時種種條件下所可能行使的權力。

由於以上緣故，在很長一個時期內，皇帝頒下詔書差不多都以“制詔”二字開端，反映經過前述簡單程序，即成正式詔書，交宰相機構執行，無需再經甚麼部門審核了。而從東晉初年開始，詔書開端逐漸改用“門下”兩字，[1] 意思是在形成正式詔書、實行之前，要先交門下省審署，門下省有權對內容提出異議，請皇帝重新考慮是否修改或取消這一詔書，[2] 這就是後來習慣稱呼的“封駁權”，這時從文書格式上固定下來了。在北朝，大約在魏、齊之際，又出現了門下省的覆奏制度，規定在重大政事上，門下省雖同意詔書內容，卻不能直接署名行下，還需再送回皇帝審批一次，請他重新慎重考慮，以防草率從事。[3] 這一制度固然首先是為了保證統治質量，實際上在某種程度上也是對君主專權的一種限制。[4]

不僅如此，在詔書起草過程中逐漸也出現了限制。在秦及西漢，並沒有詔書必須經過哪一機構起草、頒下方才算作正式詔書的規定。而至東漢，尚書台逐漸成了這種機構。[5] 魏晉南北朝這種機構又換成了中書省。不經中書省起草的皇帝“手詔”“中詔”等，雖然往往也能發生效力，這是因為皇帝畢竟握有至高無上權力，有關官員不敢拒絕執行，但由於這種手詔內容往往由皇帝自行決定，起

1　見《文館詞林》卷六六六《晉元帝大赦詔》。

2　如桓玄代晉為帝，下一詔，屢遭門下拒絕，第四次下詔，方才通過。見《弘明集》卷一二。

3　參《北齊書》卷一二《琅邪王儼傳》、《北齊書》卷三九《祖珽傳》。

4　歷史上不少皇帝意氣用事時會作出荒謬決定，如不馬上執行，等他冷靜下來，再請他審批一次，或許便會改變決定，覆奏的一個作用便在於此。參《唐會要》卷四十《君上慎恤》唐太宗錯殺張蘊古後，行三覆奏一事。

5　《後漢書》卷五四《楊震傳》：楊震為太尉，耿寶傳安帝旨，要他辟除一個人，震曰：“朝廷欲令三府辟召，故宜有尚書敕。”“遂拒不許。”此證“敕”得由尚書台起草、頒下。

草和頒下過程中受到的監督少，容易出錯，危害整個統治利益，所以一直不能算正式詔書，在制度上的效力也就無法與中書省起草的相比。[1] 實際上這也是給予皇帝恣意妄為的一個限制。

2. 唐、宋

正是在上述演變的基礎上，形成唐代不經中書、門下，不得稱詔敕的制度。《舊唐書》卷八七《劉禕之傳》：劉禕之任鳳閣（中書）侍郎，同鳳閣鸞台（門下）三品，為宰相，被人誣告，武則天"特令"王本立審問此事。"本立宣敕（中敕）示禕之。禕之曰：'不經鳳閣、鸞台，何名為敕？'則天大怒，以為拒捍制使，乃賜死於家。"所謂不經鳳閣鸞台，即指未與宰相商議，未經中書起草和門下審署。武則天只含糊罪以"拒捍制使"，[2] 而不駁斥從中所下之敕不得名敕之說，也證明劉禕之所說，確為唐代制度。《資治通鑒》卷二九〇：唐睿宗常"別降墨敕除官"，而不經中書、門下兩省，稱"斜封官"，凡數千人。吏部員外郎李朝隱拒絕執行這種墨敕任命，"前後執破一千四百餘人，怨謗紛然，朝隱一無所顧。"後來陸贄曾上疏曰："伏詳令式及國朝典故，凡有詔令，合由於中書；如或墨制（即手詔）施行，所司不須承受，蓋所以示王者無私之義，為國家不易之規。"[3] 從李朝隱事後並未受到打擊來看，陸贄所說是有根據的。而且將詔書由中書、門下出視為"無私"，等於將下手詔視為"私"，又反映在道德觀念上也對皇帝獨斷專行進行了限制。

宋代限制皇帝濫下手詔、獨斷專行的材料更多。《續資治通鑒》

---

1 《資治通鑒》卷八二：西晉楚王瑋接惠帝"手詔"，殺掉汝南王亮等，事後被誣矯詔，下廷尉，懷中雖有此手詔，並無效力，仍被處死。

2 見《唐律疏議》卷一《名例一・十惡》。

3 李肇《翰林志》引。

卷四七記載：北宋仁宗時杜衍為宰相，“務裁僥倖。每內降恩，率寢格不行，積詔（手詔）至十數，輒納帝前。諫官歐陽修入對，帝曰：‘外人知杜衍封還內降邪，凡有求於朕，每以衍不可告之而止者，多於所封還也。’”所謂內降，亦稱內批，即手詔。用手詔用人（即“內降恩”），因事先未通過中書、門下，未經正常銓選途徑，堅持制度的宰相便可拒絕執行，明理的皇帝也承認他的做法正確。南宋寧宗時雖屢降內批，強迫臣下執行，但諫諍者仍相繼不斷。前引朱熹反對寧宗“獨斷”，提出皇帝發出詔令必謀之大臣等，乃“祖宗之家法”，證明這確是宋代通行之制度。後來游仲鴻又上疏說：“（陛下）御批數出，不由中書。前日宰相留正去之不以禮，諫官黃度去之不以正，講官朱熹去之不以道。自古未有捨宰相、諫官、講官，而能自為聰明者也。”王介又上疏說：“陛下即位未三月，策免宰相，遷移台諫，悉出內批，非治世事也。崇寧、大觀間，事出內批，遂成北狩之禍。杜衍為相，常積內降十數封還，今宰相不敢封納，台諫不敢彈奏，此豈可久之道乎！”[1] 至宋度宗時，劉黻又上疏：“論內降恩澤曰：治天下之要，莫先於謹命令，謹命令之要，莫先於窒內批。命令，帝王之樞機。必經中書參試，門下封駁，然後付尚書省施行。凡不由三省施行者，名曰斜封、墨敕，不足效也。……故政事由中書則治，不由中書則亂，天下事當與天下共之，非人主所可得私也。”[2]

從這些疏文，一方面可以看到宋代內批甚多，但另一面又可看

1　兩疏均見《續資治通鑒》卷一五三。

2　《宋史》卷四〇五《劉黻傳》。

出宋代下詔需經中書、門下之制度更加完備，[1] 因而反對內批，反對君主獨斷專行的理由，也就更加充足。或從制度上、道理上批評濫用內批是違反“禮”“正”“道”；或從歷史經驗教訓上批評濫用內批會導致“禍”“亂”；或從道德上批評濫用內批是出於“私”心。而皇帝堅持下達內批，卻沒有甚麼理由可說。有趣的是，有的皇帝一面頒下內批，一面又命令宰相大臣不必一一照行，要酌情辦理。如宋仁宗康定元年“詔自今內降指揮（意同內批），與臣僚遷官及差遣者，並令中書、樞密院具條執奏以聞。”皇祐二年又“詔：內降指揮，百司執奏，毋輒行。敢因緣干請者，諫官、御史察舉之。”為甚麼要這樣自我矛盾呢？原來“帝性寬仁，宗戚、近幸有求內降者，或不能違故也”。[2] 這就表明，在當時政治思想和政治制度的影響和約束下，有的皇帝思想存在矛盾。一方面從道理上深知違反具體政治制度，個人獨斷，濫下內批，並不符合自己的統治利益；另一方面從感情上又往往自己不能控制自己，加上外力推動（如某些近幸蠱惑、慫恿），一時難以盡改，以致出現了宋仁宗這種邊下內批，邊求宰相把關，不許徑直執行的情況。這正是我前面說的，絕大多數君主會遵守具體政治制度，君主專制權力從總趨勢上不可能不受到限制的一個範例。

3. 明、清

從明代起，廢除了中書省和宰相，由皇帝直接掌管六部百司的政務，實際上等於兼任宰相，把君主獨斷專行擴大到了頂峰。可

1 如唐代只有給事中得封還詔書，北宋仁宗時起，中書舍人也可“繳還詞頭”，拒絕草詔。見《續資治通鑒》卷四三慶曆元年。

2 分別見《續資治通鑒》卷四二、卷五一。

是，這只是明初形勢下，明太祖採取的帶有個人特點（如權力慾極強、猜疑心重、統治經驗豐富、精力充沛等）的措施。作為制度，後代不具備這些特點的皇帝是沒有能力也不願意照樣執行的。可是“祖訓”又不便公開違背，在這種情況下，經過改造，內閣制度便逐漸形成，以一種新的形式起着限制君主獨斷專行的作用。[1]

我們知道，明代內閣諸大學士，和以往宰相不同，在制度上始終沒有監督六部、百司執行皇帝詔令之權。直到明末崇禎年間，一些閣臣為推卸責任仍在說：“昭代本無相名，吾儕止供票擬。上委之聖裁，下委之六部。”[2] 清代官方著作《歷代職官表》也說：“內閣職司票擬，其官創自明初，原不過如知制誥之翰林，並非古宰相之職。”[3] 這些話並不錯。這正是明太祖這個歷史上個別傑出人物廢宰相後，給後代政治制度所打上的深深烙印。可是由於限制君主獨斷專行這一歷史總趨勢不可遏止，後來的君主和臣屬自覺不自覺地逐漸把內閣塑造成了實際上代替宰相的機構。其權力和特點如下：

第一，內閣擁有“票擬”之權。這就使它對皇帝權力的限制，超過了過去的宰相。所謂票擬，便是代皇帝草擬各種文書，大量是關於六部、百司各類政務奏請文書的批答。它可以是先與皇帝共同討論，做出決定後再草擬成文字，[4] 更多的是內閣先擬好批答文字，連同原奏請文書一起送皇帝審批。由於票擬要比以往各朝輔佐君主

---

1 內閣作用更主要的是輔佐君主，更有效地治理國家，這裏不論。

2 《明史》卷二五七《馮元飆傳》。

3 紀昀等撰《歷代職官表》卷二《內閣》表下案語，上海古籍出版社，1989 年。

4 如《明史》卷一八一《徐溥傳》載其孝宗時入閣。一日帝召見閣臣，拿出諸司題奏曰：“與先生輩議。”“溥等擬旨上，帝應手改定。”事情複雜者，閣臣想回去詳閱，帝曰“盍就此面議”。“既畢，賜茶而退。”

處理政務的制度更加細緻、周到，[1] 特別是過去（如唐宋）草擬下行詔令和審核上行奏章的機構，有中書，有門下，有翰林院，比較分散，明代全都歸口於內閣，[2] 這就給大多數中主單純倚靠內閣票擬，自己可以不怎麼關心政事，提供了極大方便。其結果便是：表面上宰相廢去，皇帝直接指揮六部、百司政務；實際上多半依靠"票擬"定奪，皇帝的意志和權力受到內閣諸臣極大的左右和限制。如果說儒家的"君逸臣勞"要找一種理想模式的話，那麼明代內閣票擬便是這種模式。[3]

《明史》卷一八一《劉健傳》載其孝宗時與李東陽、謝遷俱在內閣，"三人同心輔政，竭情盡慮，知無不言。（孝宗）初或有從有不從，既乃益見信，所奏請無不納，呼為先生而不名。"武宗即位，劉健等提出幾條壓制近幸的辦法，"擬旨上，不從，令再擬。健等力諫，謂'……所擬四疏，不敢更易，謹以原擬封進'。不報，居數日又言'……伏乞聖明矜察特賜退休'。帝優旨慰留之。疏仍不下。越五日，健等復上疏，歷數政令十失……因再申前請。帝不得已，始下前疏，（仍未批准，而是）命所司詳議。健知志終不行，首上章乞骸骨，李東陽、謝遷繼之，帝皆不許。既而所司議上，一如健等指，帝勉從之。"這是內閣經過鬥爭，終於將自己意志強加於皇帝的例子。明武宗是個十分任性的人，為甚麼他不行使至高無上的皇權，徑直否決劉健等的票擬呢？就因為發展到明中葉，一般情況

1 如唐、宋門下省審核百官上行文書，並無連批答文字也草擬好的規定。

2 明代雖仍設翰林院，"其實即歷代國史著作之任，與唐宋之典內廷書詔者，迥不相同矣"（《歷代職官表》卷二三《翰林院》按語）。

3 阮葵生《茶餘客話》卷一"論明代之相權"條甚至說：發展到嘉靖時，"則大柄全歸政府（內閣），君若贅旒"。

下如同孝宗那樣，照批票擬已成慣例，要想否決，便得提出理由；武宗又提不出理由，於是便只有拖，拖來拖去，被迫批准。

《明史》卷一六八《陳循傳》載，陳循在比孝宗還要早的景帝時入閣。“帝欲易太子，內畏諸閣臣，先期賜陳循及高穀白金百兩，江淵、王一寧、蕭鎡半之。比下詔議，循等遂不敢諍（而遵旨票擬）。”為甚麼景帝更易太子要向閣臣行賄，而不徑直行皇權決斷呢？正像武宗一樣，就因為缺乏理由，所以害怕閣臣不同意，拒絕擬旨。景帝雖達到了目的，但那是由於閣臣腐化怯懦，未盡到職責，屬於另一問題；而行賄本身，卻正足以說明內閣和票擬確是對君主的獨斷專行、胡作非為，起着很大限制作用的制度。明末馮元飆曾針對一些閣臣自稱只供票擬，不是宰相，以推卸責任的話批駁說：“夫中外之責，孰大於票擬？”[1] 這在一定意義上是符合事實的。

第二，由於票擬是下達皇帝詔令的正常途徑，所以明代內閣限制皇帝濫下手詔、中旨的鬥爭，更加制度化。當時一般的做法是：各類文書全歸口於內閣票擬，疑難者由皇帝召閣臣一起商議決定；但必要時皇帝也可在禁中主動提出自己關於政事和用人的意見，通過手詔、中旨（或宦官傳口諭）下內閣票擬。對於這類手詔等，內閣可以奉行，也可以拒絕，全都合法。《明史》卷一八一《徐溥傳》載其入內閣後，弘治五年，孝宗“中旨”給一革職者復官，溥等言：陛下“即位以來，未嘗有內降（意即全都通過正常途徑由內閣票擬），幸門一開，末流安底，臣等不敢奉詔。”八年溥等又言：“數月以來，奉中旨處分，未當者封還，執奏至再至三，願陛下曲賜聽從……”“奏入，帝嘉納之。”同書卷一九〇《楊廷和傳》載，世宗

1　《明史》卷二五七《馮元飆傳》。

以孝宗姪、武宗堂弟身份嗣位，欲崇生父（興獻王朱祐杬，已死）為"皇"，群臣反對。帝召閣臣楊廷和等，"授以手敕，令尊父母為帝后。"廷和退而上奏說明理由後曰："臣不敢阿諛順旨"，"仍封還手詔"。世宗堅持己見，"當是時，廷和先後封還御批者四，執奏幾三十疏。帝常忽忽有所恨。"廷和因乞退休。繼任者蔣冕、毛紀繼續不肯奉行旨意，毛紀且上言曰："曩蒙聖諭：國家政事，商確可否，然後施行。此誠內閣職業也。臣愚不能仰副明命，邇者大禮之議，平台召對，司禮傳諭，不知其幾，似乎商確矣，而皆斷自聖心，不蒙允納，何可否之有。"[1] 這是指斥世宗口頭上表示與內閣商量，實際上拒絕眾議，獨斷專行。

就在這僵持過程中，有一進士張璁上疏支持世宗，提出一套應尊崇興獻王為"皇"的理由與歷史根據，"帝方扼廷議，得璁疏，大喜曰'此論出，吾父子獲全矣！'亟下廷臣議。"[2] 後又有人支持璁議。以此為起點，經過討論和施高壓手段（給抗拒者廷杖等），世宗達到了目的。可是從此事也可看出，當張璁議奏上前，世宗雖是一個剛愎自用的人，卻不敢硬性貫徹個人意志，獨斷專行，原因就是他理由和根據不足，不知道自己的要求是否違反儒家經典、禮制、祖訓、故事，而這些正是內閣和大臣藉以限制皇帝獨斷專行的法寶。君主專制制度的歷史越長，這類法寶積累得也就越多。在尊崇興獻王這事上，如果沒有張璁等議，世宗光憑手中皇權，是很難勝利的。而且即便有了張璁等議，拒絕中旨的鬥爭此後又延續了兩年多。這就足以說明，明代皇權受內閣、廷議的限制何等之大了。

---

1 《明史》卷一九〇《毛紀傳》。

2 《明史》卷一九六《張璁傳》。

也正因如此，在此之後，應信用內閣而不應濫發中旨的意見，仍接連不斷，沒有一個皇帝在原則上加以拒絕。同書卷一九六《夏言傳》載其世宗時上疏言："今陛下維新庶政，請日視朝，後御文華殿，閱章疏，召閣臣面決；或事關大利害，則下廷臣集議。不宜謀及褻近，徑發中旨。聖意所予奪，亦必下內閣議而後行，絕壅蔽矯詐之弊。""帝嘉納之。"所謂"聖意所予奪，亦必下內閣議而後行"，等於說皇帝的決定要經過內閣討論同意，方得實行。同書卷二四〇《葉向高傳》載其熹宗時復入閣，疏言"臣事皇祖（神宗）八年，章奏必發臣擬。即上意所欲行，亦遣中使傳諭。事有不可，臣力爭，皇祖多曲聽，不欲中出一旨。陛下虛懷恭己，信任輔臣，然間有宣傳滋疑議，宜慎重綸音，凡事令臣等擬上。""帝優旨報聞。"這條材料和上面夏言疏文精神完全一致，且用事實證明了這一制度的存在。

當然，由於君主擁有至高無上權力，各個君主的性格並不相同，每屆內閣成員又各有特點，所以君主與內閣矛盾後，越過內閣，徑發中旨處理政務之事也不少。如同書卷一八一《李東陽傳》載其武宗時在內閣，"帝欲調宣府軍三千入衛，而以京軍更番戍邊。東陽等力持不可，大臣台諫，皆以為言。中官旁午（向內閣）索草敕，帝坐乾清宮門趣之，東陽等終不奉詔。明日，竟出內降行之"，即其一例。然而另一方面從此例又可看出，處理政務的正規途徑應是通過內閣，所以才會發生中官旁午催促，武宗親自焦急督陣的情況，只是由於不得已，第二天才下內降，而李東陽等拒絕中旨，安然無恙，也是合法之證明。《明會要》卷三〇《職官二》記載：萬曆末，帝"遣內使至工部侍郎林如楚私寓宣敕旨，以奉御汪良德奏准修咸安宮也。輔臣言'明旨傳宣，定例必由內閣下科臣，然後發鈔。

若不由內閣，不由科發，不經會極門（紫禁城南部通往內閣之門），不由接本官，突以二豎傳宣（中旨）於部臣之私寓，則從來未有之事。向來（如君主）建議諸臣，以旨從中出，猶且慮之，況臣等竟不與聞乎？' 不省。" 這就是說，不先經票擬的中旨只是皇帝個人意見，隨意性大，容易出錯（故"猶且慮之"），所以早已定例必下內閣，由內閣決定是否奉行。奉行，則通過六科給事中，依正常途徑下達；不奉行，大概便得封還中旨。不經內閣，皇帝徑下中旨傳宣部臣執行，則是違例的。由此可見，明代皇帝雖有時徑下中旨處理政務，似乎由他獨斷專行，實際上並不合乎慣例、制度，皇帝自己心理上大概也得承受很大負擔，怕成不了"明君"，所以明神宗對閣臣的抗議，只得以"不省"了之。反過來也就證明，一般情況下，必得受內閣的限制。

第三，和內閣相配合，還有六科給事中也在制度上直接起着限制皇權的作用。給事中在唐宋時期本屬門下省，金廢門下省，明初設六科（吏、戶、禮、兵、刑、工）給事中，成為獨立機構（清改隸都察院）。其重要權力之一就是：皇帝所下中旨，內閣未反對，草成敕詔；或內閣票擬，合皇帝心意，批准執行，都得再發至給事中處詳審。如以為有害整個統治利益，同樣可以封還詔書。[1]《明史》卷九《宣宗本紀》云："諭六科，凡中官傳旨，必覆奏始行。" 前面已講，覆奏約始於北魏、北齊之際，宣宗此諭實際上某種程度也是對君主自己專權的一種限制。《明會要》卷三七《職官九》載：嘉靖年間，"都察院疏請差御史巡鹽，不下閣票擬，（中旨）批答稍誤，（徑下六科），戶科給事中黃臣諫曰：' 我朝設立內閣，凡百章奏，

1 《明史》卷七四《職官三》。

先行票擬。今使內閣虛代言之職，中貴肆專擅之奸。[1]關係匪細，漸不可長。容臣封還原本，以重命令。疏入，即加批如制。”同上《駱問禮傳》載其上疏穆宗，“言詔旨必由六科諸司，始得奉行，脫有未當，許封還執奏。”證明此制一直存在。這樣，除內閣外，便又多了一重對皇帝獨斷專行之限制。[2]

通過以上三點便可看到，在明代，表面上廢去宰相，君主獨斷專行更加厲害，實際上發展的結果是，君主行使權力時在制度上受到的限制比過去更大，想要獨斷專行的困難更多了。

必須指出，以上都是就集中了地主階級統治經驗的制度規定而言，實際上在執行中這些制度總要受到各種因素的影響而發生偏頗，甚至極大偏頗。就明代說，這種因素中最重要的一個便是皇帝往往不上朝。本來按祖制他們應該“無日不朝”，甚至一日再朝或早、午、晚三朝。[3]可是由於貪於逸樂，照辦的時候很少，如明神宗甚至二十年未上朝。[4]皇帝逐漸對內閣票擬也懶於審批，而讓身旁宦官“批紅”，致使有時大權旁落。這是明代的一個秕政。但有些著作過於誇大了這一秕政，似乎明代內閣等制度全受宦官操縱，“內閣之擬票，不得不決於內監之批紅，而相權轉歸之寺人。”[5]這基本上不符合事實。因為內閣票擬從明成祖以後逐漸形成，貫穿於明亡前二百多年，從不間斷，而宦官之掌權，則要視皇帝是否委任而定，並非制度。如世宗在位四十多年，不但未曾委任宦官，而

1 此指明代皇帝讓宦官代筆批答之事，實際上他們多數仍是秉承皇帝意志，但諫諍者總是攻擊宦官，避免正面觸犯皇帝。

2 六科還有監督內閣、六部、百司之作用，此處從略。

3 參《大學衍義補》卷四五。

4 《明史》卷二三〇《馬孟禎傳》。

5 《明史》卷七二《職官志序》。

且制馭甚嚴。[1] 同時即就批紅言，按規定只能遵照內閣“票（擬）來字樣，用朱筆楷書批之”，[2] 執筆者等於一個謄錄人，並不允許摻雜個人意見。這情況，正好是前述皇帝意志受內閣限制的一個具體反映。只有少數幾個宦官，得到皇帝特殊寵信，對票擬之審批發生影響。可是其中能算上毫無顧忌，任意改動票擬，甚至另行票擬者，只有武宗時的劉瑾（由正德元年至五年）和熹宗時的魏忠賢（由天啟元年至七年），[3] 加在一起不過十二年。這和二百多年的內閣比時間很短。因而應該承認，整個明代在政治上起主要作用的是內閣等政治制度，是內閣的票擬，而宦官造成的偏頗，則是次要的。

至於清代，以少數民族入居中原，由於滿漢矛盾的存在（開始還很尖銳），滿族貴族不得不把大權集中於君主手中，以維持對廣大漢族穩定的統治。再加上康熙、雍正、乾隆三帝全都雄才大略，類似明太祖，因而把君主獨斷專行發展到又一個頂峰。可是由於處理全國政務的基本機構及制度，仍然是內閣（後主要為軍機處）及其“票擬”，[4] 所以無論就整個清代近三百年大多數君主言，或者即使就康、雍、乾三帝統治的大多數時間言，皇帝受內閣、軍機處左右和限制的局面，和明代比，雖有不同（如很少看到明代那樣內閣拒絕擬旨的情況），卻沒有根本變化。[5] 茲為節省篇幅，此處不具論。

---

1 參趙翼《廿二史札記》卷三五《明代宦官》。

2 劉若愚《酌中志》卷一六《內府衙門職掌》。

3 參趙翼《廿二史札記》卷三五《明代宦官》。

4 《歷代職官表》卷二《內閣》表下案語。

5 參鄧之誠《談軍機處》，載王鍾翰《清史雜考》附錄，人民出版社，1957 年。如稱“其權力之大，在完全操用人之權”，高級官吏之任用，“皆由軍機大臣開單請旨……一手操縱”。至於很少看到拒絕擬旨，以及清帝自我吹噓一切“斷自宸衷”（《樞桓記略》卷一），臣下也異口同聲“無不欽承宸斷”（《歷代職官表》卷二《內閣》表下案語），“不能稍有贊畫於其間”（《簷曝雜記》卷一《軍機處》），這當係滿漢矛盾存在，清帝極力使自己威嚴不可侵犯，以及文字獄的威懾作用，臣下特別是漢臣誰也不敢冒犯的緣故。這和實際上權力是否受左右、限制，不是等同的。

四

綜合以上三部分論述，得出的結論便是：

1. 就君主行使權力受到具體政治制度特別是宰相制度，以及與之相適應的政治思想、輿論的限制而言，兩千多年的總趨勢是逐漸由少變多的。可以肯定，秦始皇、漢武帝的恣意妄為，要比明武宗、清高宗方便得多。從這一方面說，我國封建君主專制權力，不是逐漸加強，而是逐漸削弱。

2. 至於君主專制制度，從一建立起，其基本點便是君主享有至高無上，超越一切制度、法律的權力。來自臣下的任何限制，如果他想拒絕，都有權拒絕；他的任何荒謬決定，只要堅持，臣下都不得不執行。這一權力並不因宰相權力的大小，宰相對百官控制的強弱而發生變化。後者乃宰相、百官之間的權力分配問題。如果就這一方面而言，則兩千多年全都一樣。明太祖、清聖祖手中所擁有的對臣下生殺予奪大權，並不比秦始皇有所增加。這裏不存在權力加強與否問題。

3. 必須將以上兩種不同情況加以區別。決不能因為看到後代某些英主或昏暴之主，運用手中至高無上權力，無視各種制度的限制，任心而行，便忽視了第一種情況的存在，因為這些君主畢竟是少數。就兩千多年絕大多數君主言，具體政治制度的限制，儒家政治思想、輿論（包括越來越多的歷史經驗教訓）的約束，仍是起着重大作用的。

最後，附帶想談點對古代人治、法治的看法。

在封建君主專制制度下，君主統治國家，擁有至高無上，超越一切制度、法律的權力，其實這是最大的人治；儒家宣揚的各級官吏的人治是從屬於它的。而逐步建立各項具體政治制度、法律制度等，與約束官吏、統治人民的同時，也對君主行使權力進行限制，則屬於法治的範疇。

人治、法治的發展趨勢是怎樣的呢？

大體上越是古代，法治比重越小。先秦法家雖力主法治，秦代並將這一思想付諸實踐，可是在當時社會種種條件下實際上仍是也只可能是人治：

第一，如第一部分材料所提供，既然秦始皇超越任何"法"，"獨斷"一切，自無法治可言。[1]

第二，既然秦始皇"任心而行"，則秦朝中央百官處理政務自得看他的臉色行事，即所謂倚辦於"上"，而不是倚辦於"法"。這也就是西漢杜周的"專以人主意指為獄"（均見前引）。

第三，對地方官吏雖有法律條文約束，可是從出土秦簡看，限於當時條件，這些條文比較具體，概括力並不強，因而很自然，許多律外情況，仍得地方官吏另行決斷。如果經濟發展，交通聯繫密切，自可要求他們及時向京師請示，然而當時遠不具備這種條件。再加上當時中央對地方的監督、控制，地方上郡對縣的監督、控制，都十分薄弱，則這些官吏怎麼可能不是不同程度地進行人治呢？[2]

後代逐漸發生了變化。

雖然由於一直實行君主專制制度，在封建社會，人治是貫徹始

1 《管子・任法》主張"君臣、上下、貴賤皆從法"。可是並沒有力量可使君主"從法"，所以法治無法包括君主。

2 直到漢代，地方官權力仍很大，獨立性頗強。參陳登原《國史舊聞》第一分冊，卷一三《兩漢地方官》，生活・讀書・新知三聯書店，1958 年。

終、佔主要地位的，可是如前所論，逐步建立各種制度、法律，其作用之一就是對君主行使權力進行限制，從這一方面看，法治的比重是逐步增加的。君主和官吏的人治，自覺不自覺地在為法治所代替。其所以發生這種變化，最根本的是生產、經濟發展，各地交通聯繫加強，整個社會文明程度提高，然從我上面論述的問題看，促成法治比重增加，至少以下三點不可忽視：

第一，是君主和官吏教育的不斷加強。首先是君主教育。歷代王朝的總趨勢是，不但注意加強儲君太子的教育，而且從趙宋起，還在中國歷史上第一次設立"經筵講讀官"，定期向皇帝講授儒家思想和歷代統治經驗教訓，[1] 一直沿用至清代。當君主的統治經驗和文化素養提高後，絕大多數君主為了整個統治利益，便會不同程度地克制自己，[2] 按制度與法律行事。同樣，當官吏的教育水平普遍提高後，在正常情況下，從整個統治利益出發，對君主違反制度、法律的行為，抵制者便會逐漸增加（如明代之例），而且自己處理政務遵守制度、法律的觀念也會逐漸加強。

第二，是制度和法律的逐漸周到、完備。[3] 當秦始皇、二世之時，是無所謂"手詔""中旨"與國家正式文書之區別的。因此他們為所欲為，不但群臣不敢諫，而且本人也沒有任何思想壓力。後代制度逐漸完備，皇帝任心而行，違反制度便有了壓力了。前述宋仁宗下內批後又命宰相不得一概執行，便是一例。此外，制度逐漸完

1　參拙文《從〈宋書・蔡興宗傳〉看封建王朝的廢昏立明》，載《北京大學學報》1987 年第 2 期。

2　《史記》卷八七《李斯列傳》引《申子》，主張君主應"恣睢"，不能"以天下為桎梏"。秦二世也認為當了君主，便應該"悉耳目之所好，窮心志之所樂"，沒有克制問題。後代君主則有變化。《貞觀政要》卷二《納諫》附"直諫"貞觀十二年條下按語："夫太宗之納諫，豈其天性之本然哉？良由目睹煬帝之亡，矯揉勉強而行之也。"這是道中了君主之所以克制自己的實質的。

3　這裏的"周到""完備"僅就其維護封建統治達到的程度而言。

備後，群臣諫諍、抵制也就有了依據。劉禕之之所以敢於大膽頂撞武則天，道理便在這裏。就法律言，也是一樣。《唐會要》卷三九載，唐太宗問大理寺卿劉德威"近來刑網稍密，何也？"對曰："誠在君上，不由臣下。主好寬則寬，好急則急。律文失入減三等，失出減五等。今則反是（指太宗違反律文），失入則無辜，失出則獲大罪，所以吏各自愛競執深文，畏罪之所致耳。""太宗然其言，由是失於出入者，各依律文。"這是皇帝違反符合統治利益的法律後，終於恢復之例。《明史》卷二二〇《舒化傳》載，舒化為刑科給事中，時穆宗"旨多從中下"，化上言"法者，天下之公。大小罪犯，宜悉付法司。不當，則臣等論劾。若竟自敕行，則喜怒未必當，而法司與臣等俱虛設。""詔是其言。"這是群臣以法律和司法制度為依據，進行諫諍之例。[1] 這些表明，當法律逐漸周到、完備後，儘管某些君主在某些時期，或某個事件上，可以任心而行，自搞一套，但總的來說，他們不同程度地自覺不自覺要受到約束和限制。至於官吏，即使比較偏遠地區的地方官吏，隨着交通聯繫加強，監督制度嚴密，受約束將更大。

第三，是儒家關於這方面政治思想的逐漸完備，有說服力。除第二部分已提到的思想外，如宋儒還將儒家學說概括出"明天理，滅人慾"的思想，[2] 常用以作為限制君權的理論武器。《大學衍義補》在卷首首先要求君主"謹理慾之初分"，並說君主如能"擴充"天理，"遏絕"人慾，"由是以制事，由是以用人，由是以臨民，堯舜之君，復見於今……"實際上就是要求君主處理政事，以整個封建

1 這類事例明代就不少，參《明會要》卷六四《刑一・律令》。

2 《朱子語類》卷一二。

統治利益為重，克制私慾，克制獨斷專行。用前引駱問禮的話說，前者便是“皆合天道”，後者便是“不執己見”“無自用之失”。這些概括性強的思想的一再宣揚、灌輸，再和輿論壓力相結合，也是限制君權，促成法治比重增加的一個重要因素。

當然，如前所述，封建社會人治一直佔主要地位。要使君主、官吏真正遵守一切制度、法律，光靠以上辦法而沒有廣大人民的覺醒、推動、監督，是絕對不行的。總體上說，真正的法治，只有在社會主義制度之下通過總結經驗教訓，才能逐漸實現。不過，封建社會人治、法治之演變規律，對我們或許還是有藉鑒作用的。

古代皇太后“稱制”制度存在、延續的基本原因 *

一

如所周知，儒家經典《尚書・牧誓》有“牝雞無晨，牝雞之晨，惟家之索”的斷言。它是我國古代男尊女卑，帝位由男子繼承，排斥女子掌握統治大權在意識形態上的反映，影響深遠。[1] 後代也存在一些與之精神完全一致的言行。如《史記・外戚世家》記載：漢武帝將立少子劉弗陵（昭帝），而先譴死其母鈎弋夫人，曰：“往古國家所以亂也，由主少母壯也。女主獨居驕蹇，淫亂自恣，莫能禁也。女不聞呂后邪？”《魏書・皇后列傳》也記載：“魏故事，後宮產子將為儲貳，其母皆賜死。”此“故事”始於魏道武帝之時，他將立太子，先將其母劉貴人賜死，曰：“昔漢武帝將立其子而殺其母，

* 原載《北京大學學報（哲學社會科學版）》2008 年第 2 期。

1 如唐太宗曾與長孫皇后論及賞罰之事，對曰：“牝雞之晨，惟家之索。妾以婦人，豈敢豫聞政事？”（《舊唐書》卷五一《后妃列傳上・太宗長孫皇后》）胡三省還以之評價東漢和熹鄧太后，曰其“臨朝之政，可謂牝雞之晨，惟家之索矣！”（《資治通鑒》卷五〇安帝建光元年胡注）

不令婦人後與國政，使外家為亂”，“吾遠同漢武，為長久之計”。[1] 然而在兩千多年中同時又存在、延續着許多皇太后“稱制”（或曰“臨朝”“垂簾聽政”），即掌握全國統治大權的制度。可以說，凡幼主繼位，正常情況下基本上採用、沿用的便是這一制度。[2]

關於皇太后“稱制”制度，其專門記載最早見於東漢蔡邕的《獨斷》：

> 秦漢以來，少帝即位，后代而攝政，稱皇太后詔，不言制。……后攝政則后臨前殿，朝群臣，后東面，少帝西面。群臣奏事上書，皆為兩通，一詣太后，一詣少帝。[3]

但《漢書·高后紀》作為個案，記載則與“不言制”之說不同：

> 惠帝崩，太子立為皇帝，年幼，太后臨朝稱制。師古曰：天子之言，一曰制書，二曰詔書。制書者，謂為制度之命也，非皇后所得稱。今呂太后臨朝行天子事，斷決萬機，故稱制詔。[4]

---

1 《魏書》卷三《太宗紀》。此即子貴母死之制，詳細研究請參李憑《北魏平城時代》第三章第一節，社會科學文獻出版社，2000 年，第 139—159 頁；田餘慶《關於子貴母死制度研究的構思問題》，《拓跋史探》，生活·讀書·新知三聯書店，2003 年，第 92—107 頁。

2 非正常情況是指由同姓貴族或異姓大臣控制王朝大權後立幼主，自己“輔政”，作為篡位過渡，自均與皇太后無關。前者如《南齊書》卷五《海陵王本紀》蕭鸞之與幼主海陵王，後者如《宋書》卷一《順帝紀》蕭道成之與幼主順帝。有時權臣也打着皇太后臨朝招牌，實際大權全在自己手中，如《南齊書》卷八《和帝紀》蕭衍之允許幼主和帝繼位，“宣德太后監朝”，《新五代史》卷一一《周紀》郭威之允許後漢李太后“臨朝聽政”等。

3 《蔡中郎集·外集》卷四《獨斷》，《四部備要》本，第 144 頁。按早在戰國時，據《史記》卷七二《穰侯列傳》，秦昭王立，年少，“宣太后自治（事）”，《後漢書》卷一〇上《皇后紀上序》以為這就是“攝政事”。但《史記》卷四三《趙世家》也只說“趙王新立，太后用事”。“治事”“用事”似均指實際行為，而尚未形成攝政制度。

4 《資治通鑑》卷二二漢惠帝七年胡注引“師古曰”，其“故稱‘制詔’”作“故稱‘制’”，無“詔”字。

《史記·呂太后本紀》則說得更明白：

> 號令一出太后。太后稱制。……（周）勃等對曰：……今太后稱制……

可見，至少呂后時是"稱制"的。

不過，據大量史料，是否"稱制"，僅是名義，只要皇太后稱"攝政""臨朝"，其實全都同樣握有最高決策大權。如《後漢書·皇后紀上》："殤帝生始百日，后（鄧太后）乃迎立之。尊后為皇太后，太后臨朝。"雖未言"稱制"，但她有權決策"迎立"殤帝，殤帝死，又有權"定策立安帝"，這不是握有最高決策大權又是甚麼？故范曄在傳"論"中說："鄧后稱制終身，號令自出。"與上引"號令一出（呂）太后"同，自然意味着"臨朝"與"稱制"實質無異，全是皇太后"行天子事，斷決萬機"。"臨朝"，後代還有"垂簾聽政"之名。

這一制度，後代長期存在、延續着，直至清末。如東晉成帝四歲繼位，庾太后"臨朝稱制"；穆帝兩歲繼位，褚太后"臨朝稱制"。[1] 北魏因幼主先後繼位，馮太后（非生母）兩次"臨朝聽政"。[2] 遼聖宗繼位年十二，蕭太后"攝國政"。[3] 宋仁宗繼位年十三，劉太后"稱制凡十一年"。[4] 元順帝繼位年十三，文宗皇后為太皇太后，"稱制臨朝"。[5] 清同治皇帝五歲繼位，兩太后（慈安、慈禧）"垂簾聽政"；

---

1 分別見《資治通鑒》卷九三明帝太寧三年、卷九七康帝建元二年。

2 《魏書》卷一三《皇后列傳·文成馮皇后》。

3 《遼史》卷七一《后妃列傳·景宗蕭皇后》。

4 《宋史》卷二四二《后妃列傳上·真宗劉皇后》。

5 《元史》卷一一四《后妃列傳一·文宗皇后》。

同治死，光緒四歲繼位，兩太后“復垂簾聽政”。[1]

現在的問題是，這一制度既然與儒家經典“牝雞無晨”說，以及上引著名的漢武帝、魏道武帝言行相抵觸，為甚麼仍會長期存在、延續？

二

總的來說，它是古代實行家天下、君主專制制度所不可避免的產物。

在這一制度下，一方面因“少帝即位”，無法處理全國政務，如果同時還存在內憂外患，統治危機嚴重，必須立即有人代替少帝攝政，“行天子事”，穩定人心、政局，保證家天下即王朝統治的延續，這便是古代所以實行皇太后“稱制”制度的客觀條件，或曰客觀需要。

但是另一方面，代替少帝攝政當國者，可以是同姓貴族，如秦漢以前的周公輔成王，也可以是異姓大臣，如霍光輔漢昭帝，為甚麼歷史上最多見的反而是皇太后稱制，正是所謂“牝雞之晨”呢？這便是因為皇太后稱制具備無可替代的優越主觀條件。情況是這樣的：

歷史上體現《牧誓》“牝雞無晨”精神，激烈反對少帝繼位其母可能攝政之例，如前引漢武帝及魏道武帝之言行，由於其處理手段過於殘忍、野蠻，後世王朝並未襲用。除了這一手段與儒家孝道尖

1 《清史稿》卷二一四《后妃列傳・文宗孝欽皇后》。

銳衝突外，[1]更重要的是因為其所以反對女子掌權，最最重要的理由只不過是害怕會導致女子父兄權重篡位。[2]然而大量歷史事實證明，“女主”掌權後儘管因為統治才幹的限制，往往會重用父兄輔政，以鞏固幼主和自己的統治，但主觀上卻絕不同意父兄篡位。一方面是因為“母子之愛，有異常倫”，母親總是力圖維護親子君位，[3]而反對任何人篡奪的；而且即使幼主非親子，由於二者在制度上仍是母子關係，“女主”同樣因幼主方能取得至高無上地位，因而必然要極力維護其君位。另一方面是因為作為“女主”，如果讓父兄篡位，建立新王朝，則自己只能淪為旁支地位，與皇太后之尊遠遠無法比擬，從個人利益考慮，她們也是絕不甘心的。試舉下例：

武則天曾作為皇太后“臨朝稱制”，後來雖代唐建周，寵用諸姪，但因是“女主”，實際統治與“稱制”時無異，同樣維護親子未來君位，仍以親子原皇帝李旦為“皇嗣”，“以（原）皇太子為皇孫”。[4]當時有洛陽人王慶之等上表請立武承嗣（則天姪）為皇太子，被武則天杖殺，理由是“此賊欲廢我皇嗣，立武承嗣”。大臣李昭德說：“陛下身有天下，當傳之子孫為萬代業，豈得以姪為嗣乎！自古未聞姪為天子而為姑立廟者也！”史稱“太后亦以為然”。[5]過

1 立子殺母同時也斷絕夫妻恩情，全都嚴重違背儒家禮教。故後人有以為漢武殺鉤弋“事不可解”，“不近人情”者，見王士禛《古夫于亭雜錄》卷一《鉤弋夫人》，中華書局，1988 年，第 10 頁。由於此故，在北魏，至孝文帝、宣武帝之時，隨着王朝逐漸儒家化，此制實際上已不行：宣武帝胡妃生子立為太子（孝明帝）而不死，即其證。

2 漢武帝指責呂后，雖未提“后族”，但呂后統治並無大過（《史記》卷九《呂太后本紀》：“高后女主稱制……天下晏然”），所謂國家之“亂”，實際上指向呂后死後，“諸呂……欲危劉氏而自立”（灌嬰語，同上《呂太后本紀》）。北魏道武帝則明白說，子貴母死是為了避免“使外家為亂”。

3 《宋大詔令集》（以下簡稱《詔令集》）卷一四《皇太后降軍國政事進入文字手書》，中華書局，1962 年，第 67 頁。此手書還說，由於此故，宋真宗“遺制”便“權令（皇太后）處分軍國事”（當時幼主宋仁宗才十三歲）。

4 《資治通鑒》卷二〇四則天后天授元年。

5 《資治通鑒》卷二〇四則天后天授二年。

了幾年，武承嗣、武三思（亦則天姪）又"營求為太子"，武則天有點老糊塗了，"意未決"，宰相狄仁傑用同一理由進言："姑姪之與母子孰親？陛下立子，則千秋萬歲後，配食太廟，承繼無窮；立姪，則未聞姪為天子而祔姑於廟者也。"史稱："太后意稍寤……由是無立承嗣、三思之意。"[1] 這和一般皇太后不同意父兄篡立新朝之思路完全一致，儘管出於武則天的特殊情況，她的着眼點只是身後的"立廟""配食"。

類似"女主"，不同意自己家族篡奪幼主帝位之例，還可舉出西漢末年元帝的王皇后。當時平帝立，僅九歲，她作為太皇太后臨朝，信任王姓諸弟姪，"委政王莽"，賦予大權，但當王莽羽毛已豐，時機成熟，欲代漢建"新"朝時，"太后大驚"，自稱是"漢家老寡婦"，"怒罵"王莽"而屬父子宗族蒙漢家力，富貴累世，既無以報，受人孤寄，乘便利時，奪取其國，不復顧恩義。人如此者，狗豬不食其餘，天下豈有而兄弟邪！"[2] 這說明，她作為皇太后，儘管由於政治上的幼稚與輕信，促成王莽篡漢，但主觀上畢竟仍願隨夫隨子，維護"漢家"天下。[3] 而且《漢書・元后傳》認為，早在漢成帝時已大封皇太后同母諸弟為侯，"分據勢官滿朝廷"，特別是王鳳

1 《資治通鑒》卷二〇六則天后聖曆元年。又如遼聖宗欽哀皇后代親子興宗"攝政"同樣寵幸外家，"雖漢五侯無以過"，後來且對興宗不滿，但也只是"欲立少子重元"，與"外家"無關。《遼史》卷七一《后妃列傳》本傳，《續資治通鑒》卷三八宋仁宗天聖九年、卷三九宋仁宗景祐元年。

2 《漢書》卷九八《元后傳》。

3 西漢初呂后立場當亦如此。雖然漢武帝點名斥責她，但呂后之所以賦予諸姪權位，主觀上只是想通過封王讓他們輔佐劉氏諸帝，共享富貴，而並無使取而代之之意。其證有四：一、惠帝死，呂后接連立少帝，始終維持漢家皇統。二、諸呂封王，雖違背劉邦"非劉氏不得王"之約，亦僅此而已，宗族中從未涉及代漢之議。三、呂后病重，告誡二姪只說："呂氏之王，大臣弗平……大臣恐為變"，擔心的只是呂氏的王位和富貴如何能保住。四、正因如此，呂祿握北軍兵權，當周勃、陳平派酈商子騙呂祿"歸將印"，"之國"，"高枕而王千里"時，他竟老實地交出兵權，隨即導致諸呂覆滅，此證呂氏從無"自立"之謀，否則豈能交出兵權？所謂諸呂"欲危劉氏而自立"，乃是灌嬰等大臣藉機消滅諸呂所捏造之罪名。《資治通鑒》卷一三高后八年。

位高權重，所謂“王氏之興自鳳始”。同傳末班固還引其父“班彪曰”，同樣認為長期以來元后“群弟世權，更持國柄，五將十侯，卒成新都（指王莽篡位，王莽初封新都侯）”。這就是說，在班彪父子看來，王莽篡漢是漢成帝寵用諸舅，王氏子弟封侯與政、勢力強大的必然結果，實際上認為，主要責任並不在元后。這反映了東漢初年統治集團的普遍看法。[1] 至於元后，儘管被譏為“婦人之仁”（班彪語，指元后已失天下，猶不肯交傳國璽），但畢竟仍是“漢家”立場，是反對篡漢的。可能有鑒於此，東漢光武帝所定“建武制度”僅規定“後宮之家不得封侯與政”；漢明帝繼之，“防慎舅氏，不令在樞機之位”。[2] 即僅防備外戚權重篡位，而不及幼主繼位母后臨朝之事。東漢一代所以形成皇太后“稱制”制度，便與這一指導思想分不開。[3] 也可能正因此故，三國時魏文帝雖頒一嚴厲之詔，依《牧誓》精神，強調“夫婦人與政，亂之本也”，且說“以此詔傳後世，若有背違，天下共誅之”，但它具體規定的乃是“群臣不得奏事太后，后族之家不得當輔政之任”。[4] 後者只是“建武制度”的延續，前者則因當時魏文帝在位，並非幼主，而群臣奏事太后，使政出二門，所以要反對；如是幼主在位，則不在此限。後來魏明帝詔曰“先帝著令，不欲使諸王在京都者，謂幼主在位，母后攝政，防微杜漸……”即其證。[5] 就是說，儘管東漢一代外戚專權，曹魏依然肯定“幼主在位，母后攝政”之制，原因當在於相信“母后”最關心、維

1 《後漢書》卷一〇上《皇后紀上・明德馬皇后》載明德馬皇后詔曰：“昔王氏五侯同日俱封（均在成帝之時），其時黃霧四塞……”下面接着講因此明帝防範外戚云云，亦是一證。

2 分別見《後漢書》卷二《明帝紀》、《後漢書》卷一〇上《皇后紀・明德馬皇后》。

3 至於皇太后“稱制”後，為求父兄竭力輔佐，而使封侯與政，不遵“建武制度”，則屬另一問題。

4 《三國志》卷二《魏書・文帝紀》。

5 《三國志》卷三《魏書・明帝紀》。至於明帝死而未能行此制，有其具體原因，此處不論。

護“幼主”君位，而秦漢以來的歷史則還沒有“母后”同意父兄篡立之先例（見後）。

關於“母后”這一立場，試再舉一證：北周宣帝死，皇后楊氏為皇太后，“以嗣子幼沖”，初聞父親楊堅總一切大權，“甚喜”，“後知其父有異圖，意頗不平，形於言色，及禪位，憤惋逾甚。”楊堅“內甚愧之”，也只能“改封樂平公主”。[1] 由於楊太后並非靜帝生母，二人只是制度上的母子關係，則楊堅所愧自不涉及血緣親情，而應是指奪去了女兒所極其重視的皇太后崇高地位，[2] 而從楊太后來說，如果靜帝是親子，則對父親篡位的“不平”“憤惋”肯定是會更加強烈的。

司馬光曾在一奏疏中就皇太后攝政問題概括說“臣聞婦人內夫家而外父母家”，對后妃來說更是“與國同體，休戚如一”；他認為皇太后（曹氏）攝政如能使天下“治安”，皇帝（英宗）統治穩固，以後便可“自居長樂之宮，坐享天下之養”，品德名聲“冠絕前古，光映後來”。[3] 撇開誇張字句不論，哪一位皇太后願意放棄這一崇高地位，去同意父兄篡立新王朝，自己下降為一個公主呢？何況如果皇帝是親生的，則還有“母子之愛”，怎忍心陷他於被廢、被殺之境地？這些便決定了皇太后“稱制”的特點：必然要極力維護幼主君位和現有王朝的統治。

---

1 《資治通鑒》卷一七五宣帝太建十三年。

2 《資治通鑒》卷一七五宣帝太建十三年：“久之，欲奪其志。”即要她改嫁，“公主誓不許，乃止”。可見楊太后不同意父親篡位，恐怕還包括對丈夫周宣帝、周王朝的情感因素。前述西漢元后反對王莽篡位，怕也有這一因素。

3 《續資治通鑒長編》（以下簡稱《長編》）卷一九八宋仁宗嘉祐八年四月，中華書局，1985 年。

三

下面再以實例進一步分析上述皇太后"稱制"所具備的無可替代的優越主觀條件。

歷史上的皇太后稱制、臨朝、垂簾聽政，是歷代統治集團通過兩種形式推出的：

一是皇帝去世，幼主繼位，雖無遺詔規定，但在群臣擁護或默認下，由皇太后稱制、臨朝，或垂簾聽政，以統一政令，穩定政局。

1. 東漢章帝死，和帝年幼，"皇太后（竇氏）臨朝"。當時外戚竇氏家族並無左右朝政的勢力，[1] 推行此制由於並不違背"建武制度"，自是統治集團（群臣）擁護、默認的結果。所以雖然竇憲後來專權不法，大臣郅壽、何敞、樂恢等上書抨擊，甚至"引王莽以誡國家"，請求免去諸竇大權，[2] 但從無人對皇太后臨朝持異議。後來竇憲被和帝處死，亦無人因此怪罪竇太后，原因當是群臣知道太后雖重用竇憲，但主觀上還是與他不同的。[3] 這裏還有一強證：和帝本梁貴人所生，竇后養為己子。梁貴人父遭竇后陷害死，梁貴人"以憂卒"。及竇太后去世，此事揭發，三公上奏"貶竇太后尊號"，和帝手詔卻說："竇氏雖不遵法度，而太后常自減損。"並以西漢"上官太后"未參與其父上官桀謀反事，因而免於"降黜"為例，否

1　竇太后父竇勳於明帝時因罪死；太后兄竇憲於章帝時因罪"不授以重任"；家族中"久歷大任"的竇固，也早因後嗣無人而"國除"。俱見《後漢書》卷二三《竇融（憲、固）傳》。

2　分別見《資治通鑒》卷四七和帝永元元年、三年。按引王莽為戒，其前提便是認定竇太后如同西漢元帝王皇后一樣，主觀上是維護漢室、和帝統治的。

3　如竇憲有不法行為，"太后怒，閉憲於內宮，憲懼誅"云云。樂恢抨擊竇憲，"書奏，不省"，但對恢也未怪罪，而後來竇憲卻私自迫害恢致死等。分別見《資治通鑒》卷四七章帝章和二年、和帝永元三年。

決三公議。[1] 這時和帝已知竇太后非生母，生母及家族且受其迫害甚或致死，如果竇太后有意支持竇憲等不法行為，怎麼可能還替她辯護而否決三公議？

2. 在這之後，和帝死，殤帝、安帝先後立，鄧太后臨朝；安帝死，北鄉侯立，閻太后臨朝；順帝死，沖帝、質帝先後立，梁太后臨朝；桓帝死，靈帝立，竇太后臨朝；靈帝死，少帝立，何太后臨朝。這一系列"臨朝"，都無去世皇帝遺詔規定，但如上引《獨斷》所記，卻形成制度，對此，從無一大臣反對。它的前提當即歷史事實一再表明的：皇太后臨朝，統治水平雖有高低，但都可以穩定人心和政局，而絕無包庇父兄諸姪圖謀篡立之事。除章帝竇后情況已見上外，不僅威望最高的鄧太后（和帝皇后），其兄冤死的鄧騭從無篡立之謀，[2] 即使東漢末年最為專橫貪婪，曾毒死質帝的梁冀及其妹梁太后（順帝皇后）、梁皇后（桓帝皇后），也都只是想方設法討好幼主桓帝（十五歲），以鞏固自己的權位，同樣毫無欲以梁氏篡立之跡象，[3] 都是明證。

3. 在北魏雖有子貴母死之制，已如前述，但後來卻不得不實行

---

1 《資治通鑒》卷四八和帝永元九年。上官太后事見同書卷二三昭帝元鳳元年。

2 按鄧太后死，安帝掌權後，即使當時對鄧悝（鄧騭弟）等"大逆無道"的誣告言論，也只是説他們要廢安帝，另立平原王劉得，而不是"自立"；後來朱寵為鄧騭等訟冤，上書肯定他們"兄弟忠孝，同心憂國"，史稱"安帝頗悟"，並予以平反，證明以前確是誣告。見《資治通鑒》卷五〇安帝建光元年。

3 如梁太后立桓帝，以妹妻之，即梁皇后，以示親近；梁冀雖跋扈，不少行為也只是"欲以自固恩寵"，最突出的是及梁皇后死，竟想方設法將入宮之貴人鄧猛（鄧香之女）認為己女，改其姓為梁，成為梁貴人，以討好桓帝，固恩寵。所有這些都是以肯定東漢皇統為前提的（梁冀毒死九歲的質帝，是因為質帝當朝臣面説他"跋扈"，他怕質帝長大自己權位會喪失，故另立桓帝，努力討好）。分別見《資治通鑒》卷五三質帝本初元年、桓帝和平元年，卷五四桓帝延熹二年。故桓帝討梁冀，僅"收冀大將軍印綬，徙封比景都鄉侯"；又追廢已死梁皇后所葬"懿陵"為"貴人塚"，而未涉及梁太后，如果梁冀欲篡立，而梁皇后、梁太后又預謀，處理絕不會如此之輕。《資治通鑒》卷五四桓帝延熹二年。

幼主繼位，非生母之皇太后臨朝攝政之制，因為即使是制度上的母子或祖孫關係，皇太后為了維護自己的崇高地位，同樣極其關心幼主君位的鞏固。如獻文帝繼位十二歲，丞相乙渾謀逆，幸虧非生母馮太后"密定大策，誅渾，遂臨朝聽政"；獻文帝死，孝文帝九歲即位，太皇太后馮氏"復臨朝聽政"，[1] 推行均田制等政策，為後來孝文帝改革，打下扎實基礎。[2] 宣武帝死，孝明帝六歲即位，是時子貴母死制已漸破壞，竟然出現完全相反的情況，即由"群臣奏請皇太后（孝明帝生母胡氏）臨朝稱制"。[3] 當時胡氏家族在朝中並無勢力，[4] 其所以胡太后會被推出"臨朝稱制"，當是大臣間矛盾重重，需要她以幼主親母，又最關心幼主帝位，這一無可爭議的地位來統一決策，穩定人心、政局的緣故。[5]

4. 清咸豐死，同治五歲繼位，慈禧皇太后等經過與贊襄政務大臣肅順等的殊死鬥爭，取得勝利，實行"垂簾聽政"，[6] 其間情況複雜，包括肅順專橫，與群臣不和等因素，[7] 此處不論。但有一點可以肯定，即在當時內憂外患，統治危機嚴重，需要權力集中這一客觀條件下，慈禧等與同治乃母子關係，主觀條件勝過其他任何王公大臣，當起了決定作用。大學士賈楨等上疏，請求"皇太后親操出治

---

1 均見《魏書》卷一三《皇后列傳・文成馮皇后》。

2 參何茲全《北魏文明太后 —— 中國歷史上一位女政治家》，《讀史集》，上海人民出版社，1982年，第235—241頁。

3 《資治通鑒》卷一四八梁武帝天監十四年。

4 宣武帝時胡氏只是貴嬪，祖淵僅位刺史，父國珍也只是虛銜伯爵，無實職，原來地位都不高，在朝中並無勢力。胡氏是親子孝明帝繼位後方漸升至皇太后的。《魏書》卷九《肅宗紀》、卷八三下《外戚列傳下・胡國珍傳》。

5 參《資治通鑒》卷一四八梁武帝天監十四年，如大臣于忠與高陽王元雍等存在尖銳矛盾等。

6 《清史稿》卷二一四《后妃列傳・文宗孝欽皇后》。

7 參《清史稿》卷三八七《肅順列傳》。又薛福成《庸庵筆記》卷一《咸豐季年三奸伏誅》，商務印書館，1937年，第16—23頁。可知肅順雖承咸豐"顧命"，但在群臣中較孤立，於是慈禧等得以乘機奪權。

威權”，並舉“漢和熹鄧太后”等“臨朝”作為歷史依據，且說“倘大權無所專屬，以致人心惶惑，是則大可憂者”。[1] 即其明證。

採用、沿用皇太后“稱制”制度的另一種形式是直接由去世皇帝遺詔規定。

1. 唐高宗死，中宗繼位已二十八歲，並非幼主，卻是“孱主”“下愚”，[2] 故遺詔雖以宰相裴炎“輔政”，但又強調“軍國大事有不決者，兼取天后（武則天）進止”，[3] 實際上等於賦予最高決策大權，故兩《唐書・中宗紀》俱稱由此“皇太后臨朝稱制”。而這正是長期以來高宗觀察武則天，重視她的統治才幹，相信她必定會維護親子中宗帝位的必然結果。試看很早以來高宗已讓武則天參與政事。如高宗方三十二歲時，因病，“百司奏事，上或使皇后決之，后性明敏，涉獵文史，處事皆稱旨。由是始委以政事，權與人主侔矣”。[4] 過了幾年，又進了一步，“上每視事，則后垂簾於後，政無大小，皆與聞之。天下大權，悉歸中宮”。[5] 從此以後近二十年間，雖有大臣郝處俊曾引曹魏文帝令，等於建議“不許皇后臨朝”，[6] 但高宗並未真正聽進去（如廢太子賢為庶人這一極重大之事，仍違心地從武則天之見[7]），所以遺詔才會強調上述決定。其實際結果便是，

---

1 《清史稿》卷三九〇《賈楨傳》。又《十葉野聞・肅順獄異聞》：“及帝（咸豐）大漸……諸大臣見慈禧已有子，託孤寄命為當然之理，乃不得不效忠於慈禧。”中華書局，2007 年，第 90 頁。

2 《舊唐書》卷七《中宗紀》“史臣曰”及《新唐書》卷四《中宗紀》“讚”。

3 《資治通鑒》卷二〇三高宗弘道元年、《舊唐書》卷五《高宗紀下》、《新唐書》卷四《則天皇后紀》。《唐大詔令集》卷一一《大帝遺詔》，商務印書館，1959 年，第 68 頁。

4 《資治通鑒》卷二〇〇高宗顯慶五年。

5 《資治通鑒》卷二〇一高宗麟德元年。

6 《資治通鑒》卷二〇二高宗上元二年。按郝處俊原話是“雖有幼主，不許皇后臨朝”，其“雖有幼主”四字魏文帝詔無此意，且有魏明帝詔為證，已見前文。

7 《資治通鑒》卷二〇二高宗永隆元年。

中宗無權，輔政大臣成為空名。史稱中宗即位，“尊天后為皇太后，政事咸取決焉”。[1] 雖然後來武則天一度代唐建周，但從她堅持以親子為皇嗣，使得唐朝國號終於能較快地恢復；[2] 且在她統治下社會經濟發展，國力繼續強大，在這個意義上，必須承認唐高宗的眼光還是高明的。

2. 宋真宗死，仁宗十三歲繼位，遺詔“尊皇后為皇太后……軍國事權兼取皇太后處分”。[3] 劉太后開始“不許”，經臣寮三上表請求，方才答應。[4] 形成“帝與太后五日一御承明殿，帝位左，太后位右，垂簾決事”或“太后稱制”的局面。[5] 其實，在這之前，“真宗退朝，閱天下封事，多至中夜，后皆預聞”；後來“帝久疾居宮中，事多決於（皇）后”；[6] 去世前兩年，真宗又對輔臣說“欲令太子蒞政於外，皇后居中詳處”，[7] 隨即“詔皇太子開資善堂（原為宮內太子學習之地），引大臣決天下事，后裁制於內。”[8] 這些說明，遺詔賦予劉太后大權，是真宗長期觀察、考驗，對其統治才幹信任的結果。同時，劉后並非仁宗生母，遺詔卻說“保茲皇緒，屬於母儀”，[9] 又反映他是信任劉后會愛護仁宗的。在此之前，還有一事則反映大臣態度。副宰相王曾就太子理事，皇后裁決，中外擔心會發生權力之爭

---

1 《資治通鑒》卷二〇三高宗弘道元年。

2 即《舊唐書》卷六《則天皇后紀》史臣曰：“初雖牝雞司晨，終能復子明辟。”

3 《乾興遺詔》，見《詔令集》卷七，第 30 頁。又《長編》卷九八宋真宗乾興元年二月。

4 三表均見《詔令集》卷一四，第 68 頁。此證群臣是擁護“牝雞之晨”的。

5 《宋史》卷二四二《后妃列傳上・真宗劉皇后》。

6 同前注。

7 《長編》卷九六宋真宗天禧四年十一月。

8 《宋史》卷二四二《后妃列傳上・真宗劉皇后上》。又《長編》卷九六天禧四年十二月宋真宗手書：太子幼，須大臣翊贊，“自今要切時政，可召入內（侍省）都知會議聞奏，內廷有皇后輔化宣行，庶無憂也”。

9 《乾興遺詔》，第 30 頁。

問題，告誡劉后說：“太子幼，非中宮不立；中宮非倚皇儲之重，則人心亦不附。后厚於太子，則太子安，太子安，乃所以安劉氏也。”劉后出身貧寒，聽到此話後更關心太子，“兩宮由是益親，人遂無間”。[1] 史稱劉太后雖“晚稍進外家”，難免歷代“女主”之弊，但總體上說，“保護”仁宗“盡力”，而且“號令嚴明，恩威加天下”，[2] 沒有辜負宋真宗遺詔之託和群臣的信任與擁護。附帶一說，還有一種皇帝並非幼主，亦非下愚，而是因病自己主動或應群臣議，請求皇太后臨朝的情況。如宋仁宗死，英宗三十歲繼位，有疾，主動詔“請皇太后（曹后）權同處分”，[3] 於是曹太后（與英宗）“御內東門小殿（垂簾）聽政”，後英宗疾愈，太后“即命撤簾還政”。[4] 又神宗晚年病，應群臣請，詔“皇太后（英宗高后）權處分軍國事”，[5] 於是“皇太后垂簾（聽政）於福寧殿”。[6] 可見這些“女主”聽政，也都是皇帝、群臣同意擁護，以“詔”定下來的。不久神宗死，哲宗繼位方十歲，於是方又回到幼主繼位，“遺制……尊皇太后為太皇太后……應軍國事並太皇太后權同處分”的制度上來。這一聽政前後竟達九年，史稱統治質量高，“朝廷清明，華夏綏定”。[7]

3. 明太祖曾下諭“后妃雖母儀天下，然不可俾預政事”，又說“歷代宮闈，政由內出，鮮不為禍”。[8] 這與前引魏文帝詔意圖相同，

---

1 《長編》卷九六宋真宗天禧四年十二月。

2 《宋史》卷二四二《后妃列傳上・真宗劉皇后上》。

3 《皇太后權同聽政制》，《詔令集》卷一四，第 68 頁。

4 《宋史》卷二四二《后妃列傳上・仁宗曹皇后》。

5 《皇太后權處分軍國事詔》，《詔令集》卷一四，第 69 頁。又《宋史》卷一六《神宗紀三》。

6 《宋史》卷一七《哲宗紀一》。據《長編》卷三五一元豐八年二月，高太后始辭讓，群臣有言“皇太后且為國家社稷事大，不宜固辭”，經群臣“請至於再三，皇太后泣許”。

7 《長編》卷三五三元豐八年三月，又《宋史》卷二四二《后妃列傳上・英宗高皇后》。

8 《明史》卷一一三《后妃列傳一序》。

指的當是君主在位，而後宮干政（即所謂“政由內出”），並未涉及幼主繼位，皇太后臨朝之事，所以後代仍有行其制者。如明宣宗為仁宗張皇后所生，病死時所下遺詔稱：“大事白皇太后（即張太后）行。”[1] 時英宗即位方九歲，“宮中訛言將召立襄王（朱瞻墡，英宗叔，亦張太后所生）”，張太后急召大臣，果斷地肯定英宗“新天子”地位，“群臣呼萬歲，浮言乃息”。在此情況下，“大臣請太后（實為太皇太后）垂簾聽政”。只因張太后拒絕，方無此名義，但它說明在宣宗及大臣心目中有此必要，且張太后具備主觀條件。故史稱張太后拒絕名義的同時，“悉罷一切不急務，時時勖帝向學，委任股肱，以故王振雖寵於帝，終太后世，不敢專大權”；太后臨終前召大臣楊士奇、楊溥入宮，“命中官問國家尚有何大事未辦者”，士奇未及舉第三事，太后已死。[2] 可見實際上群臣一直遵守宣宗遺詔“大事白皇太后行”，而張太后確也不放鬆“大事”，死而後已，符合統治集團（宣宗及群臣）對她的要求。[3]

總之，以上實例無不具體反映皇太后“稱制”無可替代的優越主觀條件，即極力維護幼主（親子或非親子）君位，而俱無任何同意“外家”篡立的意圖與跡象。正由於最關鍵的人物皇太后“稱制”

1　《明史》卷一〇《英宗前紀》。

2　以上均見《明史》卷一一三《后妃列傳一・仁宗張皇后》。臨終所問大事，亦見祝允明《野記二》，三事略有出入，《野記》且曰前二事太后“首肯”，舉第三事畢見太后“未答”，即“叩頭言臣等謹受顧命”。又《天順日錄》稱：英宗初年“有詔：‘凡事白於太后然後行。’”又《謇齋瑣綴錄一》：“張太后存，總攬威福，權不下移。”以上三書均收入《國朝典故》，北京大學出版社，1993 年，先後見上冊卷三二，第 539 頁，中冊卷四八，第 1141 頁，中冊卷五三，第 1257 頁。

3　有時皇太后雖未被賦予決策大權，在特殊情況下群臣仍支持她決定國家大事。如英宗出征，被瓦剌俘虜北去，皇太后下諭以郕王監國，不久又傳旨“郕王宜早正大位，以安國家”。於是群臣“交章勸進”，是為景帝。見《明史紀事本末》卷三三《景帝登極守禦》，中華書局，1977 年，第 477—479 頁。又如穆宗死，高拱等“受顧命”，但因統治集團內部矛盾，不久，皇后（隨即尊為皇太后）等下旨，斥拱“攬權擅政”，罷閣臣，將他趕回原籍，群臣無持異議者，見同上書卷六一《江陵柄政》，第 937—938 頁。

時立場如此，所以歷史上實行這一制度所產生的"外家"權重簒位是極少發生的，[1] 遠不如同姓貴族簒位和圖謀簒位來得多，因而後者更受猜忌；[2] 同時，比起異姓大臣輔政可能因互不服氣引發統治危機或動亂來，[3] "女主"稱制，作為幼主母親攝政，名正言順，權力集中，又無此弊害。這就是説，實行此制，和其他辦法相比，在維護幼主帝位免遭簒奪和保證王朝統治的延續上，保險係數要大得多。一句話，是利大於弊。[4] 歷代統治集團正是有鑒於此，才會主動地通過上述兩種形式，不斷推行這一制度。這便是為甚麼儘管古代男尊女卑，又有着"牝雞無晨"之説與漢武帝、魏道武帝之例，皇太后"稱制"制度依然得以長期存在、延續的基本原因。

---

1 就"外家"簒位言，其曰"女主"臨朝稱制，掌握大權促成者，秦漢以來歷史上只有兩例：漢元帝王皇后促成王莽代漢，及武則天代唐建周，但後者僅改國號而皇嗣依舊，並不典型。多數外戚簒位，實際上或是權臣先握大權而演化為外戚（如曹操女為漢獻帝皇后、高歡女為東魏孝靜帝皇后等），或由外戚因功升遷，演化為權臣（如女為北周宣帝皇后之楊堅等），皇后、皇太后從未成為"女主""臨朝"，最後簒位自與她們無關。

2 如南朝劉宋時蕭道成為地方都督，威望高，宋明帝調他回京師，部下勸勿去，怕遭殺害。道成説，不妨，"主上自誅諸弟，為太子稚弱（八歲），作萬歲後計，何關他族！"這是典型的誅殺同姓貴族，以防幼主帝位被簒奪之例，見《南齊書》卷一《高帝紀上》。劉宋類似誅殺同姓貴族，還可參《廿二史札記》卷一一《宋子孫屠戮之慘》，中華書局，1984 年，第 240—241 頁。在這之前，曹魏之指導思想是寧願"母后攝政"，也不讓宗室諸王停留於京師，怕他們就近簒奪帝位，參《三國志》前引魏明帝詔及《三國志》卷一九《魏書・陳思王植傳》。又西晉武帝因為太子（惠帝）愚昧，而把親弟齊王攸從京師趕走，也是一例，見《晉書》卷三八《齊王攸傳》。後來又是宗室趙王倫廢惠帝而自立，見《晉書》卷五九《趙王倫傳》。清初多爾袞在戰爭環境下方得以代姪順治攝政，死後竟以生前"謀簒大位"而削爵等，見《清史稿》卷二一八《多爾袞傳》。所以《萬曆十五年》（中華書局，1995 年）第一章第 17 頁説：明代"以前各個王朝，凡君主年幼，必定有他的叔父、堂兄這樣的人物代為攝政"，基本上是不符合歷史事實的。

3 如魏明帝死，少帝立，以曹爽、司馬懿輔政。曹爽專權，司馬懿"不能禁，與爽有隙"，最後發動政變，將爽打倒，掌握大權，為晉代魏奠定基礎，見《資治通鑒》卷七五。晉武帝死，惠帝立，以楊駿為輔政大臣（楊駿雖外戚，因女楊太后不攝政，而司馬氏同姓貴族勢力強大，故等於一異姓大臣），因缺乏才幹威望，眾心不服，由此出現政變，隨即開始八王之亂，見《資治通鑒》卷八二。清初順治死，康熙立，四大臣"受顧命輔政"，其一鰲拜"結黨專擅"，誅戮大臣，甚至濫殺另一顧命大臣，導致八旗內部矛盾加劇，見《清史稿》本傳，又參商鴻逵《關於康熙捉鰲拜》，收入《明清史論著合集》，北京大學出版社，1988 年，第 147—157 頁。固然，《三國志》卷三五《蜀書・諸葛亮傳》載亮後主時為丞相，"政事無巨細，咸決於亮"，他望高權重主弱，而忠心耿耿，人無異議，這在歷史上極少見。

4 所謂弊，除了皇太后父兄可能會攬權，甚至胡作非為外，主要是由於歷史社會原因，"女主"本人一般來説統治才幹較弱，需要由得力大臣來輔佐。

第二編

說宰相

說宰相 *

"宰""相"之稱，分別見於殷、周、春秋之時，但連稱則始於戰國。如《韓非子・顯學》:"宰相必起於州部。"秦漢以後，宰相制度確立，自此延續了兩千多年，在歷代統治事務中發揮了僅次於君主的、極其重要的作用。

一、宰相設置的必要性

所謂宰相，在中國古代除遼朝外一直不是正式官名，而只是約定俗成的一個習慣用語，用以指一個或數個經過精選、富有統治經驗、"掌丞天子，助理萬機"的大臣。[1] 如漢代的三公，魏晉南北朝的尚書令、僕射，唐宋的同平章事等。

為甚麼要設置宰相？這是古代的君主專制制度所決定的。在這一制度下：一則君主獨斷一切，而政務複雜，且千變萬化，沒有宰相"助理萬機"，很難保證統治質量。唐太宗便說："以天下之廣，四海之眾，千端萬緒，須合變通，皆委百司商量，宰相籌畫，於事

* 原載《文史知識》2012 年第 1 期。

1 《漢書》卷一九上《百官公卿表》。

穩便，方可奏行，豈得以一日萬機，獨斷（於）一人之慮也。”[1] 二則君位世襲，無法選擇。開國君主雖有治國才幹，而世襲子孫一般說多是中才、下才；[2] 有的繼位時還是孩童或嬰兒，自難有效處理政務，從這一角度言，也不得不有宰相輔佐，甚至委以決策權。《三國志》卷三五《諸葛亮傳》記載：蜀國後主無能，“政事無巨細，咸決於（宰相）亮”，即其著例。當然，有時宰相沒有選好，德才不勝任，但宰相是可以隨時更換、另用高明的，這樣便可彌補君位世襲無法選擇的缺陷。三則君主是終身制。即使他雄才大略，勵精圖治，到了老年，也難免精力衰退，甚或厭倦萬機，從而需要宰相承擔更多政務。

宰相對國家、君主的重要性，前人多有論斷。如“乾坤以陰陽化成，后王以輔弼興理（治）”，[3] 甚至“國之安危，寄於宰輔”。[4]

二、宰相的職權及其特點

宰相如何“助理萬機”？其職權有二：

首先是議政權。凡是國家大事（政治、經濟、軍事、人事等），一般由宰相入宮朝見君主，共議處理辦法，宰相要竭盡智力，出謀劃策，最後由君主“獨斷”決定，下詔執行。這被概括為“入（宮）則參對（君主）而議政事”，[5] 是宰相的直接議政權。但宰相不能事事

---

1 《貞觀政要》卷一。

2 如唐代君主共 21 名，除太宗、武則天、玄宗，均中、下之才；明代君主共 16 名，除太祖、成祖，亦無一非中、下之才，皆其例。

3 《唐大詔令集》卷四四《張說同三品制》。

4 《蘇東坡集》內制集卷七《賜新除太中大夫守尚書右僕射兼中書侍郎范純仁辭免恩命不允詔》。

5 《後漢書》卷四六《陳忠傳》。

入宮。平時君、相不見面，日常政事則由宰相奏上文書，提出處理建議，供君主斟酌、決策；也可能君主先下非正式的手詔給宰相，提出措施，宰相如無異議，便成為決策。[1]這些是宰相的間接議政權。總之，整個統治機器的運轉，便是從君主、宰相的議政、決策開始的。

其次是監督百官執行權。再好的決策，如不能有效實行，便等於一紙空文。偽古文《尚書・周官》早已總結這一經驗說："慎乃出令，令出惟行，弗惟反。"宋蔡沈注"反者，令出不可行而壅逆之謂。"[2]明丘濬便強調："人君詔令之出，不可不詳審於未頒之前，尤不可不踐行於既頒之後。"[3]而"踐行"的關鍵，就在於宰相對百官的監督、指揮。這被概括為"出（宮）則監察（百官）而董（正）是非"：[4]如向全國下達詔令（決策）；規定實施步驟、完成時間；特別是實施過程中委派屬官督促、檢查，並要求被監督的官員通過文書報告執行情況；如發現問題，宰相需及時研究解決；年終則根據政績，對被監督官員進行考課，奏行賞罰（此即"董是非"）等。為保證效率，只要不違反詔令的基本精神，宰相還有權不經過君主，自行發佈文書（晉曰"符"、唐曰"堂帖"等），處理發生的一般問題。[5]這樣，通過這一職權，宰相便使統治機器的運轉得以繼續，詔令（決策）得以"踐行"，從而全面地做到"助理萬機"。為了有效地監督中央和地方百官執行決策，宰相下面設有龐大的宰相機構。如漢代有三

1 宰相雖有異議，但君主堅持己見，仍成決策，因為根本制度是君主專制。

2 《書經集傳》卷六《周書》。

3 《大學衍義補》卷三"謹號令之頒"。

4 《後漢書》卷四六《陳忠傳》。

5 當然，大事仍需上奏君主，另頒"詔令"解決。

公府，唐初主要有尚書省等。以唐初尚書省為例，宰相（僕射等）下主要官員是吏、戶、禮、兵、刑、工六部尚書。他們上承君相之詔令，分別制定各自領域內之政令、制度，通過眾多屬官，監督中央、地方百官具體執行各項任務；後者則將執行結果上報六部，最後達於宰相。[1]

以上兩個權力是互相聯繫的。只有參與了與君主議政事，才能深入理解有關決策的精神，從而有效地監督百官執行；同時也只有平日監督百官執行各種決策，廣泛地掌握全國特別是地方上反饋上來的情況、問題，才能在與君主議政事時恰當地出謀劃策。即必須同時擁有這兩個權力，宰相才能成功地輔佐君主，治理國家。如果宰相不能有效地掌握這兩個權力，便將失職。

以上兩個權力又是君主專制制度下的宰相權力，特點是可被君主根據情況和需要擴大或限制。其一，擴大：有時君主"倦勤"，對宰相又十分信任時，便可把一切大權交給宰相，對決策、執行結果的批准、承認，只是走形式。如唐玄宗"晚年自恃承平，以為天下無復可憂，遂深居禁中，專以聲色自娛，悉委政事於林甫。"這時李林甫所擁有的已不僅是相權，實際上已幾乎擴大到了君權，所以"自皇太子以下，畏之側足"。[2] 前述諸葛亮在蜀國決斷一切政事，也是相權被擴大之一例。其二，限制：當君主對宰相不滿意甚或猜忌，而又未達到將其罷免之地步時，往往便不同程度地限制其權力。一是限制宰相的議政權，見下節；一是限制其監督百官執行權，如《後漢書・朱浮傳》：漢光武時，"舊制：州牧奏二千石長吏

1 以上參嚴耕望《唐僕尚丞郎表》卷一《述制》，中華書局，1986 年，第 3 頁。

2 《資治通鑑》卷二一六天寶十一載十月己亥。

不任位者，事皆先下三公（宰相）。三公遣掾史案驗，然後黜退。帝時用明察，不復委任三（公）府”，而由他直接處理。此即限制宰相這一權力之一例。又隋文帝“疏忌”宰相楊素，便下令使之“不知省（尚書省，隋宰相機構）務”，更是幾乎剝奪了宰相的監督百官執行權。[1]

中國古代歷史上一些複雜的君相、政治關係，往往便是通過宰相權力這一特點 —— 可被擴大或限制來體現的。

三、宰相與秘書咨詢官員的關係

中國古代長期設立秘書咨詢官員，[2] 如漢代的中朝官、尚書，魏晉南北朝的侍中、中書監令，唐宋的翰林學士等皆是。他們的一個極重要的職掌，便是在重大政事上供咨詢，替君主出謀劃策。如晉代侍中“備切問近對，拾遺補闕”；[3] 唐代翰林學士“實掌詔命，且備顧問”。[4] 可是如前所述，宰相本握有為君主出謀劃策的議政權，為甚麼又要另設秘書咨詢官員“備顧問”，實際上限制了宰相的議政權呢？原來這也是君主專制制度所決定的。

歷史上的情況大致是這樣：當君主經過精選，任命宰相之初，對宰相多半是滿意的或基本滿意的，君相關係融洽。但由於種種原因（君主或宰相的德、才缺陷等），逐漸君相發生了如上節所述之

1 《隋書》卷四七《楊素傳》。

2 古代無此官名或習慣用語，是今人根據其職掌性質概括的。秘書與咨詢有別，有時又很難分。就其與君主、宰相關係言，重點在咨詢。

3 《晉書》卷二四《職官志》。

4 《文苑英華》卷七九七杜元穎《翰林院使壁記》。

矛盾，怎麼辦呢？君主最常用的一個辦法便是：在君相共議大事最後決策時，否決宰相的某些建議，提出己見，下詔執行。而限於個人才能、經驗，事先君主很自然地便會向周圍近臣不同程度地徵求意見，以保證決策質量。於是，經過多次重複與摸索，慢慢便形成正式制度，於宰相之外，選拔若幹秘書咨詢官員設於宮廷內，“備顧問”，使二者相互制衡：絕大多數情況是君主認為宰相某些謀劃不當，便可徵求、採納秘書咨詢官員的意見決策，以保證其質量；當然，有時宰相認為君主所採納的秘書咨詢官員意見有誤，也可堅持己見，請君主重新決策。唐穆宗時李逢吉為宰相“勢傾朝野”，“惟翰林學士李紳每承顧問，常排抑之。擬狀至內庭，紳多所臧否；逢吉患之……”[1] 這是君主以秘書咨詢官員制衡宰相，限制其議政權之好例。從中雖可看出二者就個人而言，由此產生矛盾，但從君主角度，從創立制度的意圖而言，主要只是為了防止決策出現紕漏，總體上說，二者所起的實是互相配合、保證決策質量的作用。

和宰相比，秘書咨詢官員一般資歷淺，比較年輕，有銳氣，官府又設在宮廷內，君主咨詢，十分方便，用他們與宰相制衡，乃是君主專制制度下一項極重要的統治經驗，故長期沿用。

由於有時有些秘書咨詢官員得到君主信任，經常被顧問，參與議政，特別是在人事任免賞罰上言聽計從，權勢極重，於是歷史上便產生一種看法，將某些秘書咨詢官員視為宰相，今人也有類似觀點。其實二者存在嚴格區別。最根本的區別是：凡宰相按制

1 《資治通鑒》卷二四三長慶三年九月丙辰。胡注：“擬狀，謂進狀所擬除目（官員任用名單）也。翰林學士院在內庭，蓋李逢吉所進擬者，穆宗訪其可否於李紳，故得言之。”

度全都握有兩個權力，即議政權與監督百官執行權。越往後代，社會發展，人口增多，政事日益繁雜，監督百官執行權也就越重。故《宋史》卷一六一《職官志一》強調這一權力說："宰相之職，佐天子，總百官，平庶政，事無不統。""總百官"云云便包括可以自行下達文書的監督百官執行權。隋文帝疏忌宰相楊素為何要使之"不知省務"，明太祖猜忌大臣為何要廢除兩千年來一直存在的宰相制度，着眼點都在這一權力。[1]而所有秘書咨詢官員全都沒有這一權力；其中個別或少數人握有某些議政權，頂多只能算"內相"，而非宰相。陸贄為翰林學士，唐德宗時朱泚叛亂，政務繁雜，"雖有宰臣，而謀猷參決，多出於贄，故當時目為內相"。內相，意思就是沒有監督百官執行權，與按制度握有兩個權力的"宰臣"是不同的。[2]

值得注意的是，即就議政權言，秘書咨詢官員所握，也與宰相有別。

第一，宰相的議政權是主動的，而秘書咨詢官員的議政權則是被動的。因為統治全國（執行決策）每天發生的一切重要問題，都要以文書形式上報宰相機構，由宰相考慮好處理意見，通過直接、間接議政，最後由君主"獨斷"決定。這就是說，宰相必須主動找君主議政，這是他或他們的職責所在。秘書咨詢官則不同。他們無權主動找君主議政。一般說是要在君主對宰相某些謀劃不滿、自己又想不出好辦法時，方向某些秘書咨詢官員徵求意見，所以後者是被動的。前引唐宰相李逢吉進"擬除目"，這是間接議政，是主動

1 因為議政權是靈活的，只要君主對宰輔的重大謀劃不理會，宰相這一權力便大為削弱。

2 《文獻通考》卷五四《職官八》宋翰林學士"不當預外司公事"，為一證。

的，而翰林學士李紳則要等穆宗“訪其可否”於己，方得言之，此參與議政就是被動的。

第二，宰相的議政權是穩定的，而秘書咨詢官員的議政權則是不穩定的。全國一切政務，按制度宰相必須過問，出謀劃策，這是他們的權力，也是責任。而秘書咨詢官員“備顧問”，就意味着也可能不被顧問。而且秘書咨詢官員一般人數稍多，如魏晉南北朝有中書監、令二人，侍中四人等。縱使君主顧問，一般只找一兩個人，史書往往用“預機密”去形容，其他未被顧問者也就與議政權毫不相干。當然，君主如對宰相不太滿意，也可能相當長一段時間不見宰相，不直接與之議政，但因全國一切“時事”均上報宰相機構，宰相必須分別提出處理意見，通過文書，啟奏君主決定，實際上這仍在穩定地進行議政，只不過形式不同，是間接議政而已。而秘書咨詢官員則無此權力。

第三，宰相的議政權是全面的，而秘書咨詢官員的議政權則是部分的。因全國向宰相機構所報“時事”，包括政治、經濟、軍事、人事等各個方面，宰相全都要做出反應，提出處理意見，其議政權自然是全面的。而秘書咨詢官員則不同，如前所述，由於他們是在君主對宰相某些謀劃不滿意時被顧問的，因而涉及的只是一部分問題，多半還是人事問題，因而議政不可能全面。

以上三點表明，將某些秘書咨詢官員視為宰相，不僅是不了解宰相需要擁有監督百官的執行權，而且也沒有弄清秘書咨詢官員的議政權與宰相議政權的區別。嚴格地說，秘書咨詢官員的存在，主要只是在某些重大政事特別是人事問題的決策上彌補宰相才幹、經驗之不足（有時則反映君主對宰相的猜忌），其作用固然十分重要，但仍然遠不能與全面執政的宰相相比。

四、明清內閣大學士、軍機大臣不是宰相

如所周知，中國古代宰相制度到明代發生了一個根本的變化：由於種種原因，特別是認定宰相權力（主要指監督百官執行權）太重，明太祖廢宰相，一般說重大政務全由他個人謀劃、獨斷，並自行統轄、指揮百官（主要是吏部、戶部等六部尚書）去執行，據其政績，決定賞罰；執行中發生問題，也由有關官員分別奏請明太祖直接處理，其間不復存在宰相這一層次。也就是說，經此改革，君主把宰相政務全攬在自己手中，君權把相權吞併了。

可是這一改革是和明太祖的個人特點（權力慾極強、猜忌心極重、精力充沛、統治經驗豐富）緊密關聯的。明成祖以後諸帝不具備或不完全具備這些特點，便無法堅持下去。於是，大體從明宣宗起，逐漸形成內閣制度：於翰林院設殿、閣大學士若干人（後來一般由大臣兼任）值文淵閣，"參預機務"，[1] 即握有議政權，為君主處理政務出謀劃策，包括草擬詔令（"擬旨"）；其地位後且淩駕於六部尚書之上，"人亦稱為宰相矣"。[2]

可是這一內閣制度並不是宰相制度的恢復，內閣大學士也不是宰相。最主要的根據是：內閣大學士類似過去的秘書咨詢官員，只有議政權，而無監督百官執行權。執行權主要掌握在六部尚書手中，制度上歸君主直接指揮，內閣無權過問。明世宗時，曾任刑部尚書、"習國家典故"的鄭曉說："入內閣預機務……不得專制九卿

1 《翰林記》卷二。

2 《雙槐歲鈔》卷四"文淵閣銘"。

事，九卿奏事亦不得相關白。”[1] 此處“九卿”主要即指六部尚書。這話等於說他們不受內閣統轄，只向君主奏事。明末曾任六科都給事中，同樣“習掌故”的孫承澤在《春明夢餘錄》卷二三《內閣一》中照抄鄭曉這話後，在另一處又說：“內閣之職……主票擬（即‘擬旨’）而不身出與事。”“不身出與事”即不得出宮干預、指揮外朝百官執行事，與上引鄭曉的話意思一致。可見這是直到明末尚未變化的制度。所以明穆宗時的言官駱問禮，竟視稱內閣大學士為“宰相”者為“道路無知之人”，斬釘截鐵地說“不知大學士非宰相也”。[2]

至於清代，雖然提高內閣大學士品級為正一品，[3] 後來的軍機大臣權勢更重，但直到清末，和明代一樣，在制度上始終沒有賦予他們監督百官執行權。故乾隆欽定的《歷代職官表》卷二案語說：“內閣職司票擬（按即草擬文書），其官創自明初，原不過如（唐）知制誥之翰林，並非古宰相之職。”乾隆自己也在一道諭旨中說：大學士之職“僅票擬承旨，非如古所謂秉鈞執政之宰相也”。[4] 乾隆年間曾任軍機章京的王昶說：“軍機處，蓋古知制誥之職。……其職掌在恭擬上諭……為至要。”[5] 鄧之誠先生在 1937 年的一次學術報告中便說：“軍機大臣與皇帝之關係，頗似今之秘書廳”。[6] 這些都表明：清代同樣不存在宰相制度。內閣大學士、軍機大臣基本上仍是秘書咨詢官員，用現代話說，他們只不過是皇帝最親近的參謀長、

1　《明史》卷一九九《鄭曉傳》、《今言》卷四第三四三條。

2　《明經世文編》卷四七〇《喉論》。

3　按明代內閣大學士在制度上始終歸屬翰林院，僅是“正五品衙門”，見《大明（萬曆）會典》卷二二一。

4　《清實錄》第二十三冊卷一一二九，乾隆四十六年四月辛酉。

5　《樞垣記略》卷二二。

6　見《談軍機處》，收入王鍾翰《清史雜考》附錄，人民出版社，1957 年，第 276 頁。

秘書長，如得到皇帝信任，可以權勢極重，但在制度上始終無權直接監督、指揮握有軍政實權的百官，與“古宰相”是不同的。當然，由於明清兩代未設如漢唐那樣的正式宰相，官場上為填補這一空缺，再加上內閣大學士、軍機大臣有時得到皇帝信任，言聽計從，權力極重，於是也有人稱他們為“宰相”，乾隆斥這種人為“獻諛者”，[1] 屬非制度問題，學者務必分清。

1 見《清實錄》第二十三冊卷一一二九，乾隆四十六年四月辛酉。

西漢宰相制度變化的原因 *

史家論及漢代宰相制度變化，大多都追溯到漢武帝在位之時，而歸因於君權、相權之矛盾。[1] 事實是否如此？我以為不然。

一

公元前 128 年，謀士徐樂與漢武帝談論為政之道時說："臣聞天下之患在於土崩，不在瓦解，古今一也。何謂土崩？秦之末世是也。陳涉……偏袒大呼，天下從風……何謂瓦解？吳、楚、齊、趙之兵是也"，"故賢主……其要期使天下無土崩之勢而已矣"。[2] 這裏，徐樂重點在提醒武帝減輕賦稅、徭役，以防止和消弭農民起義；對統治集團內部的吳楚之亂不過舉為陪襯，至於君權、相權的矛盾則隻字未提。與徐樂同時上書、召見、封官的主父偃、嚴安，為武帝所劃各策也同樣沒有涉及君權、相權關係。如果主、相之間爭奪權力，武帝確係有意用左右近臣削弱相權，善於見風使舵、迎合君主心意的主父偃之流能對這個問題不置一詞嗎？這就從反面證明，漢

* 原載《歷史研究》1986 年第 2 期。

1 參葉適《習學紀言》卷二三；曾資生《中國政治制度史》第二冊，重慶南方印書館，1943 年，第 14、146 頁；聶崇岐《宋史叢考》上冊，中華書局，1980 年，第 207、213 頁。

2 《漢書》卷六四上《徐樂傳》。

初七十年君權、相權之間沒有甚麼重大矛盾，所以當時的政治家並未予以注意。

漢武帝的政策、法令也沒有反映這方面的問題。就統治集團內部矛盾言，當時重點在防範和削弱諸侯王，“時大臣議者多冤晁錯之策，務摧抑諸侯王……諸侯王莫不悲怨”。[1] 為此頒佈了推恩令、左官律、附益法。它們均以律、令形式，作為長久適用的規範、措施出現，而非尚在摸索中的一時權宜之計。

宰相制度的變化則不同。漢武帝雖然處死過丞相，貶黜過御史大夫，卻從未頒佈過一條律令改革整個制度。許多事實表明，自漢初以來，皇帝不但不想削弱宰相權力，相反倒極力放手讓宰相行使權力。

《史記》卷五四《曹相國世家》：曹參為相國，政尚清靜無為，惠帝“怪相國不治事”，讓參子曹窋質問他為何“無所請事”？

《史記》卷五六《陳丞相世家》：惠帝、呂后時一度仿秦制，丞相分左右。文帝初，右丞相周勃辭職，文帝竟讓陳平“專為一丞相”，此後西漢一直沿用不改。[2]

《史記》卷一〇《孝文本紀》：“罷太尉官，屬丞相。”後代基本沿用。[3] 文帝曾命丞相灌嬰率軍八萬五千擊匈奴，武帝曾命丞相劉屈氂率大軍平定戾太子叛亂，證明丞相掌握兵權，集文武大權於一身。

《史記》卷五七《周勃世家》：周亞夫為丞相，竇太后欲封王信

---

1 《資治通鑒》卷一七武帝建元二年。

2 漢武帝晚年，一度想恢復左右丞相之制，但未成事實。見《漢書》卷六六《劉屈氂傳》。

3 參《文獻通考》卷四八《職官考二》引石林葉氏之統計。葉夢得的結論是：“太尉官自高祖以來，有事則置，無事則省，不以為常也。”

為侯，景帝猶疑不決說："請得與丞相議之。"

《史記》卷一〇七《武安侯列傳》：田蚡於武帝時為丞相，"入奏坐語移日，所言皆聽"。

以上史實，用漢初以來君權、相權矛盾逐步尖銳，皇帝處心積慮想改革舊制、削弱相權的觀點是很難解釋得通的。當然，也有一些事例表面看來似乎有利於上述觀點，可是仔細分析，便會發現它們並不屬於相權過大，與君權衝突的性質。

其一是漢景帝與丞相周亞夫的矛盾。據《史記》卷五七《周勃世家》，本來景帝很器重周亞夫，後來所以失和，原因有二：一是景帝廢太子榮，周亞夫固爭不得，景帝"由此疏之"；二是匈奴王徐盧等六人降漢，景帝"欲侯之以勸後"，周亞夫反對又未成，"因謝病"，被免相。這兩件事本屬不同政見之爭。周亞夫力諫，並非相權膨脹，相反，正好符合建立宰相制度，要求宰相對皇帝做出的重大決策進行諫諍的精神。另一面，景帝否決周亞夫之議，也是君主專制下宰相制度所允許的。如果兩人都有度量，關係本不該受到影響。然而不幸兩人度量狹窄，周亞夫竟憤而"謝病"，景帝藉口將他打擊致死。很明顯，景帝所惱火的不是丞相權力的大小，而是周亞夫固執己見，觸犯皇帝尊嚴。正因如此，他雖打擊周亞夫，卻絲毫沒有想到要調整制度，削弱新上任丞相的權力。這固然也是君臣之間的一種矛盾，但和制度上的君相權力之爭卻不是一回事。

其二是漢武帝與丞相田蚡的矛盾。此事見於《史記》卷一〇七《武安侯列傳》。田蚡"入奏事，坐語移日，所言皆聽。薦人或起家至二千石，權移主上。上乃曰：'君除吏已盡未？吾亦欲除吏。'"這是常被引用作為君權、相權矛盾尖銳的史料，然而事實並非如此。

第一，田蚡是漢武帝的舅舅，好儒術，與武帝氣味相投。雖因武帝祖母竇太后好黃老，一度免田蚡太尉職，但竇太后一死，武帝立即起用他為丞相。他也以武帝之"肺腑"自居。武帝對他"所言皆聽"，甚至他貪得無厭，"請考工地益宅"時，也只說了句"君何不遂取武庫"的氣話了事，並不深究。

第二，田蚡作為丞相，薦人為二千石官，從制度上說並未越權。[1] 由於此故，在所薦人中即便有個別的（"或"）起家至二千石，也談不上"權移主上"。司馬遷這麼形容，大概是對田蚡奏事太久，薦人太多所用的一句誇張之詞，不能理解得太實。[2]

第三，至於武帝說"君除吏已盡未？吾亦欲除吏。"從上下文及後來二人關係分析，恐怕並非嫌田蚡權重，而是因為主相二人議事，田蚡"坐語移日"，武帝心情煩躁，而有上語。如果嫌他權重，就不必"所言皆聽"。當時武帝二十多歲，即位已五年，早在此事之前已讓左右近臣與大臣辯論政事，否決過田蚡意見（見下），則這時對田蚡不駁，應推定是建議符合其心意。如果武帝最後兩句話是針對"權移主上"而發，則此後應逐步限制田蚡權力，而田蚡看到武帝發火亦當收斂一些。然而田蚡卻進一步擺丞相威風，"由此滋驕，治宅甲諸第……"，甚至"請考工地益宅"。在與魏其侯竇嬰、前中郎將灌夫有隙後，又向武帝控告灌夫，"請案"，而武帝竟回答

1 如武帝初年，竇嬰為丞相，與太尉田蚡推薦趙綰為御史大夫（中二千石），見《史記》卷一〇七《魏其武安侯列傳》；又如黃霸為丞相，薦史高為太尉，宣帝派人責問："將相之官，朕之任焉……君何越職而舉之？"證明除將相外，御史大夫以下官，丞相均可推薦，見《漢書》卷八九《黃霸傳》；胡三省甚至認為，按制度丞相推薦太尉也不算越職，見《資治通鑒》卷二七宣帝五鳳三年胡注。

2 對"起家至二千石"句，據現有史料，似未見漢初有人從布衣起家即至二千石官的。景帝時鄧公"起家為九卿"，是因為他早已是城陽中尉（二千石），乃免職後再起用，見《史記》卷一〇一《晁錯列傳》。韓安國甚至"起徒（犯人）中為二千石"，也是因為他原已為梁國中大夫，見《史記》卷一〇八《韓長孺列傳》。起家的這種情況至三國尚存在。如杜恕原為太守，以疾免，"起家為河東太守"，見《三國志》卷一六《杜恕傳》。

"此丞相事，何請！"可證二人關係到這時為止還是融洽的。史書記二人不和始於田蚡陷害竇嬰、灌夫致死，所謂"上自嬰、夫事時不直蚡"云云，[1] 反證在此之前，包括薦人起家至二千石這事在內，武帝與田蚡尚沒有甚麼隔閡。

以上三點，說明武帝與田蚡的上述矛盾並非所謂相權過大引起的，不能以此證實武帝存在削弱相權的思想。

此外，如漢文帝與周勃的矛盾，性質略同。[2]

二

那麼漢代宰相制度變化的主要原因何在？

我以為，在於漢初以來的宰相制度越來越不符合新形勢的需要，為了進一步鞏固漢王朝統治，維護地主階級的政治經濟利益，不得不對它做某些改革。

如所周知，漢武帝以前，西漢王朝基本上是以黃老的清靜無為思想制訂國策，只求遵守劉邦、蕭何定下的政策、法令、制度，皇帝垂拱深宮，由宰相主持日常政務。對宰相的要求不高，只要能照章辦事就行，即使是武人也無妨。從漢武帝開始，這種局面無法繼續下去了。因為經過七十年休養生息，經濟恢復，國力強大，漢武帝又是一個雄才大略、不甘寂寞的君主。在他的指揮下，內外政策發生劇變，清靜無為轉為積極有為，對主要輔佐宰相之要求也隨之

1 《漢書》卷五二《田蚡傳》。

2 漢文帝入繼大統前，張武曾斷言諸功臣有異志，當即遭宋昌駁斥。後來事實證明張武是過慮。所以文帝雖對右丞相周勃驕傲不滿，卻在周勃免相後讓陳平一人獨相；其後又讓另一功臣灌嬰獨相，率大軍出征，都不嫌他們權重，這就證明文帝、周勃矛盾並非君權、相權之爭。

發生變化。怎麼變呢？是感到他們權力太大，加以削弱嗎？是認為他們出謀劃策太多，“權移主上”，而故意擱置不用嗎？否！恰恰相反，是比漢初諸帝更迫切需要統治經驗豐富的宰相多行使權力，多出謀劃策，以贊襄自己大展宏圖。然而，當時的宰相制度卻愈加不適應這一形勢的變化。

首先，按舊制，主、相之間見面次數較少。《漢書》卷八九《循吏傳・序》：漢宣帝“厲精為治，五日一聽事，自丞相以下各奉職而進。”“厲精為治”方五日一聽事，則在此之前必在五日以上，或許是一月一朝或二朝。[1] 間隔時間如此之長，對於迫切需要聽取“古今治道”的武帝來說如何等得及？[2]

其次，為彌補此缺陷，皇帝固然可以多召見宰相議事，可是按舊制禮節隆重，“丞相進見，聖主御坐為起，在輿為下”，還有謁者為之贊唱。[3]《史記》卷一二〇《汲鄭列傳》：汲黯為主爵都尉，“大將軍（衛）青侍中，上踞廁（牀側）而視之。丞相（公孫）弘燕見，上或時不冠。至如黯見，上不冠不見也。上嘗坐武帳中，黯前奏事，上不冠，望見黯，避帳中，使人可其奏。”此事既說明武帝不喜煩瑣禮節，甚至見丞相都不冠；另一面又說明禮制畢竟約束很大，武帝對丞相也只是“或時”不遵行，而且限於“燕（宴）見”和冠飾；一般情況下丞相朝見，商議政事，必得一絲不苟。因此，限於禮制，武帝不會屢召宰相朝見。

1　一月一朝，見《後漢書》志第五《禮儀志中》“朝會”條。一月二朝，叫“朝朔望”，見《漢書》卷七八《蕭望之傳》、卷八一《張禹傳》。

2　《資治通鑒》卷一七武帝建元元年。

3　《漢書》卷八四《翟方進傳》及顏師古注引《漢舊儀》。

再次，也是最重要的，按舊制，“常以列侯為丞相”。[1] 列侯多武將，不一定能勝任宰相之職（如周勃）；而且到文帝末年已死亡略盡，不得不先以關內侯申屠嘉為丞相，然後封列侯。另一方面，列侯的第二代、三代多為紈絝子弟，除個別人（如周亞夫）外，才幹往往較差。《史記》卷九六《張丞相附申屠嘉列傳》：自嘉死後，“景帝時開封侯陶青、桃侯劉舍為丞相。及今上（武帝）時，柏至侯許昌、平棘侯薛澤、武強侯莊青翟、高陵侯趙周等為丞相。皆以列侯繼嗣，娖娖廉謹，為丞相備員而已，無所能發明功名有著於當世者。”此外以列侯或列侯後嗣為武帝丞相者還有：建陵侯衛綰，係以軍功封侯，“醇謹無他”，因“不任職”免。魏其侯竇嬰，是外戚，雖有才幹，但因得罪竇太后而被趕下台，後來又與田蚡不和受到排擠，至死未再進用。武安侯田蚡也是外戚，因好儒術合武帝意，然“所好音樂狗馬田宅……所愛倡優巧匠之屬”，思想偏於保守，政治上無所作為。樂安侯李蔡，“為人在下中”。原南窌侯公孫賀，“以鞍馬騎射為官，材誠不任宰相”。列卿的子弟石慶，“醇謹而已，在位九歲，無能有所匡言。”[2] 這些人當丞相，用王國維的話便是“皆以中材備員”[3] 一句話，按舊制任用的宰相多半不稱職，起不到雄心勃勃的武帝之左膀右臂的作用。

最後，按舊制，武帝自己也無從發揮作用。因為天下文書資料從漢初以來皆保存在丞相府和御史大夫寺，[4] 宰相才幹差，固然不能

1 《漢書》卷五八《公孫弘傳》。

2 分別見《史記》《漢書》本傳。

3 《觀堂集林》卷一一《太史公行年考》。

4 《漢書》卷三九《蕭何傳》、卷四二《張蒼傳》載，秦丞相、御史府收藏“律令圖書”，可據以了解“天下厄塞”等情況，漢初承用此制。

充分利用這些文書資料；而武帝在宮中，離兩府較遠，參考它們很不方便，必然要影響到決策。

基於以上情況，漢武帝為實現自己的抱負，逐步摸索出以下辦法來彌補舊制之不足。

第一，即位的第一年即“詔舉賢良方正直言極諫之士”，並“親策問以古今治道”，應對者達百餘人。由於實行這一措施，幾年中“四方士多上書言得失，自眩鬻者以千數”。至前 130 年又“徵吏民有明當世之務，習先聖之術者，縣次續食，令與計偕”。這次對策者又有百餘人。[1]《漢書》卷六四上《嚴助傳》：“是時征伐四夷，開置邊郡，軍旅數發，內改制度，朝廷多事，婁舉賢良文學之士。”證明武帝是因為“朝廷多事”，所以要廣泛聽取全國士人的謀略。《史記》卷一一二《主父偃列傳》：主父偃上書闕下，“朝奏，暮召入見”，與徐樂、嚴安在一起。武帝說：“公皆安在？何相見之晚也！”愛才若渴之狀躍然紙上。《史記》卷一二六《東方朔列傳》：東方朔上書公車，“凡用三千奏牘，公車令兩人共持舉其書，僅然能勝之。”東方朔在大政方針上估計不會有甚麼高明見解，然而武帝竟花了兩個月時間把奏牘耐心讀完，可見他是如何注意聽取四方士人意見。這樣一來，就大大彌補了幾個宰相所提供的謀略之不足。

第二，為了把種種建議仔細研究，付諸實施，武帝進一步從對策及上書人中“簡拔其俊異者寵用之”，“待以不次之位”。[2] 像主父偃，甚至歲中四遷。有些則用為相當於後來中朝官的中大夫、侍中

1　分見《資治通鑒》卷一七武帝建元元年、建元三年；卷一八武帝元光五年。

2　《資治通鑒》卷一七武帝建元三年。

等官，“並在左右”，成為“出入禁門腹心之臣”。[1] 這些官吏往往出身一般地主，有才幹，多智謀，可以給武帝制定內外政策提供寶貴意見。另一面，為了共同研究和決策需要，或許原歸丞相、御史兩府保管的一部分資料也逐漸轉歸近臣尚書了。[2] 同時這些“腹心之臣”因為常在左右，遇到緊急情況可以及時召見，共商對策。加上他們官位低，禮節簡便，甚至可以“俳優畜之”。[3] 特別重要的是，在重大決策上還可以讓他們與宰相大臣辯論。通過辯論，既可對雙方建議的利弊再做衡量，然後決定取捨；同時，如果這些近臣正確，以此方式否定宰相大臣意見也比較委婉。《漢書》卷六四上《嚴助傳》：嚴助拜為中大夫，“上令助等與大臣辯論，中外相應以義理之文，大臣數詘”。如建元三年閩越舉兵圍東甌，東甌向漢告急，武帝問太尉田蚡，田蚡力主不救；嚴助和他辯論，理由充足。於是武帝曰：“太尉不足與計。”堅決出兵援救。由此可見，將有才幹而身份低的人置於左右，主要是武帝為彌補宰相制度之不足的又一措施。後來昭帝、宣帝的中朝官以及重用尚書的制度，便是在此基礎上形成的。

第三，有了好的決策，按制度仍得通過宰相執行，如果宰相才幹差，統治效率仍然不高，所以武帝又從對策者和一般官吏中，經過考驗，將最傑出的人才提拔為宰相。這一類宰相的代表便是公孫

1 《漢書》卷六四上《嚴助傳》。中大夫後改光祿大夫，是外朝官，見《漢書》卷七七《劉輔傳》王先謙《補注》。但從他們此時“並在左右”來推測，應相當於後來的中朝官。

2 《史記》卷一〇七《武安侯列傳》僅記尚書保管遺詔；而《漢書》卷五九《張安世傳》、卷六八《霍光傳》、卷七四《魏相傳》則記尚書之權已發展為接受吏民上書，保管並審閱各種文書，估計應是從武帝時開始變化的。而按舊制，不但文書資料之保管歸丞相、御史兩府，而且“受公卿奏事（文書）”之權也在御史中丞，參《漢書》卷一九上《百官公卿表》。

3 《漢書》卷六四上《嚴助傳》。

弘。他出身貧窮，因賢良對策第一得到武帝賞識，由博士起家，最後擢升丞相。按舊制，常以列侯為丞相，漢文帝已破格擢升，以關內侯申屠嘉為丞相，再封列侯，但申屠嘉畢竟仍是功臣；這次漢武帝進一步打破舊制，提拔"布衣"公孫弘為丞相，然後封侯，"其後以為故事"。這是針對列侯為相多無能的狀況，採取的一項大膽改革。類似情況還可舉出張湯。張湯原為刀筆小吏，得武帝賞識，一直升到御史大夫，"數行丞相事"。此外，倪寬貧窮，"時行賃作，帶經而鋤"，因武帝奇其才，由小吏擢中大夫，升至御史大夫；韓安國出身並不高貴，"為人多大略"，遷御史大夫，"天子以為國器"，曾行丞相事，本已準備用為丞相，因墜車傷腳而罷。[1] 可見，凡武帝賞識的有才幹的人，只要中間不出問題，都先後用為宰相，並不害怕會構成對君權之威脅。

對於以上三項措施，過去有另一種解釋，即主張簡拔士人為近臣，使與大臣辯論，是武帝嫌相權太重，有意收其權於左右；而提升布衣公孫弘為丞相再封侯，則是武帝壓制列侯的一種手段。認為在此之前，列侯已發展成政治上"對抗皇帝的一個勢力"，常以列侯為丞相，"不是君主的專制政治，而是列侯的共和政治"。[2]

這種解釋並不符合武帝的指導思想。

首先，如前所述，從漢初以來基本上沒有產生這種指導思想的政治基礎。即就武帝在位期間而言，據《漢書》卷一九下《百官公卿表》，前後十三任丞相，有哪一任丞相的才幹和威望足以與武帝

1　分見《漢書》本傳。

2　見薩孟武《中國社會政治史》第二章第四節，獨立出版社，1945 年，第 151、152 頁；曾資生《中國政治制度史》第二冊，重慶南方印書館，1943 年，第 14、16、63、125 頁。

對抗，或與武帝在政治上發生尖銳衝突，形成了對君權的威脅呢？沒有，一個也沒有。既然如此，武帝有甚麼必要處心積慮採取一個又一個措施去打擊、削弱相權呢？

其次，漢武帝也沒有削弱相權的具體表現。就近臣與大臣辯論言，如果武帝存在上述思想，人事問題應是君、相權力之爭的主要內容，辯論場合應該最多。然而，除田蚡奏事、薦人和武帝發生點矛盾外，現有史料能看到的辯論，沒有一件涉及人事，全屬新形勢下遇到新問題，想通過辯論尋找新對策。如嚴助與田蚡之辯論是要不要救東甌；朱買臣與公孫弘（時為御史大夫）之辯論是要不要罷新置的朔方郡；吾丘壽王與公孫弘之辯論是為平定所謂盜賊，要不要禁民挾弓弩。辯論結果，武帝往往支持近臣，因為近臣年輕一些，偏於進取，與武帝意合；而大臣年紀大，思想保守一些，與武帝意左。全都和君權、相權的大小無關，而屬於採取哪種措施方能鞏固中央集權、統一國家之爭。也正因如此，武帝對持不同政見的大臣並未歧視或打擊。如田蚡為太尉反對出兵救東甌，並不妨礙他升丞相。韓安國為御史大夫，極力反對王恢出擊匈奴之議，武帝雖從王恢議而仍派韓安國率軍出征，並欣賞他為“國器”。[1]公孫弘在是否罷朔方郡之爭上站在武帝和近臣朱買臣的對立面，仍被武帝破格提為丞相。這種政治氣氛，從某種意義上說，正好反映武帝鼓勵宰相大臣行使權力，出謀劃策。公孫弘深知這一點，當丞相後，起客館，“開東閣以延賢人，與參謀議”，“每朝覲奏事，因言國家便宜，上亦使左右文學之臣與之論難”；[2]張湯也深知這一點，出任御

1　《漢書》卷五二《韓安國傳》。

2　《資治通鑒》卷一九武帝元朔五年。

史大夫後更是“每朝奏事，語國家用，日旰，天子忘食”。[1] 公孫弘、張湯都是善於察言觀色，窺測上意的人，如果武帝確嫌宰相權重，把在重大問題上積極出謀劃策看成是相權膨脹，以致到了設立近臣給予壓制的地步，他們還敢這樣觸犯忌諱嗎？當然不敢。

再次，提升布衣公孫弘先為相、後封侯，也談不上是武帝有意改變舊制，藉以壓制列侯勢力。因為這種看法的前提，即列侯已形成對抗皇帝的一種勢力是不存在的。且不說秦代之列侯（徹侯）完全是皇帝統治的社會支柱，即就漢初幾十年言，在統治階級內部除諸侯王確有威脅外，列侯以及由列侯充任的宰相何曾對抗過皇帝？呂后欲封諸呂為王，左丞相陳平、太尉周勃皆不得不附和，只有右丞相、安國侯王陵公開反對，而且還是為了堅持劉邦所定“非劉氏不王”的舊制，並非代表甚麼列侯勢力，但呂后表面提升王陵為帝太傅，輕易就奪了他的相權。呂后死後諸呂謀反，靠的是呂后生前的影響，而和他們本身是王、是侯關係不大。其後，周勃因平諸呂之亂功高望重，可是文帝一免其相職，便只得乖乖就國，後被誣告謀反下獄，也沒有一個列侯敢於營救。至於景帝對周亞夫，簡直是隨意擺佈。儘管周亞夫既有軍事才幹，又有平吳楚七國亂之功，但當他對景帝稍有不馴之舉，便招來殺身之禍，又有哪個列侯敢於出面營救？丞相申屠嘉曾先後聲稱要斬文帝寵臣鄧通、景帝寵臣晁錯，可那只是空言而已，按漢制他哪有擅斬官吏之權？由於皇帝的庇護，鄧通、晁錯依然寵幸傾朝，而申屠嘉終於氣得“歐血而死”。[2]

---

1 《漢書》卷五九《張湯傳》。

2 《史記》卷九六《申屠嘉列傳》。又漢行“先請”之制，郎中（比三百石）有罪，耐（略等於徒刑）以上先請，見《漢書》卷一下《高帝紀》，則申屠嘉絕無權殺鄧通、晁錯。

人們也許會舉出元鼎五年武帝號召擊南越，以百數的列侯竟不響應，"皆莫求從軍"為例，說明他們已形成對抗皇帝的一種勢力，致使武帝要藉酎金不如法給予打擊。[1] 然而實際情況是，列侯從來都是君主專制的一個重要支柱。平吳楚七國之亂，他們出過力；武帝多次開邊，他們立過功，[2] 這次酎金奪爵人中不少就是因此封侯的。如韓說於元朔五年擊匈奴封龍頟侯、公孫賀於元朔五年擊匈奴封南窌侯、趙破奴於元狩二年擊匈奴封從票侯、摎廣德於元狩五年因父摎樂擊南越死事而封龍侯等。特別是大量被奪爵的王子侯，靠推恩令方才"喜得所願"，對武帝感恩不盡。[3] 有甚麼特殊原因使他們變成了對抗勢力呢？沒有。這次擊南越其所以"莫求從軍"，並非不為，而是不能。早在平吳楚之亂時，列侯由於長期"爭於奢侈""子孫驕逸"，已是靠高利貸方得以置辦從軍行裝；[4] 至武帝時連年戰爭，他們不但要從征，而且要出財物，弄得"朝夕所須，皆俯首而取給於富商大賈，後方以邑入償之"，[5] 現在又要打仗，他們難免顧盼觀望，哪裏談得上是對抗勢力？也正因這個緣故，武帝藉酎金奪爵，令行禁止，絲毫未遇到抵制；丞相高陵侯趙周"坐知列侯酎金輕，下獄"，也只得自殺以謝罪。[6]

總之，漢承秦制，君權至高無上，雖在全國範圍內休養生息，

1 《漢書》卷二四下《食貨志下》、卷六《武帝紀》。

2 武帝時封侯者七十五人，多半因從軍有功或為少數族貴族歸降，見《漢書》卷一七《景武昭宣元成功臣表》。

3 《漢書》卷六四上《主父偃傳》。

4 見《漢書》卷二四上《食貨志上》、卷一六《高惠高后文功臣表・序》；《史記》卷一二九《貨殖列傳》。

5 《漢書》卷二四下《食貨志下》顏師古注。

6 《資治通鑒》卷二〇武帝元鼎五年。漢武帝採取這一措施的主要目的並非政治性的，而是為了藉此增加收入，參《文獻通考》卷二六七《封建考八》"西漢功臣侯"條按語。

但具體統治依然法制峻嚴，包括在統治集團內部。在這種局面下，根本不存在甚麼“列侯的共和政治”，使皇帝感到巨大威脅，需要通過改變舊制予以打擊。武帝提拔公孫弘為相確係破格，但那是因為當時列侯多無能之輩，要找一個得力輔佐。正因如此，公孫弘死後，一般地主階級中沒有合適的人，便又以三位列侯李蔡、莊青翟、趙周為丞相。固然，這幾個人先後下獄死，但那是因為他們不稱職，甚至觸犯法律造成的，是另一回事。而接連用列侯為相說明：在武帝心目中布衣為相也好，列侯為相也好，需要誰就用誰，一切以王朝利益為標準，並非列侯是對抗勢力，布衣是易於駕馭之勢力。也正因如此，公孫弘為相後，武帝仍派近臣去論難；張湯犯法也立即迫他自殺，和列侯一視同仁。這同樣證明提拔公孫弘為相並沒有甚麼隱秘的意圖在其中。至於《漢書》卷五八《公孫弘傳》所說的“其後以為故事”，也只是說從此有了先拜相、後封侯的先例，為丞相任用開闢了一條新途徑，並不意味此後它立即成了主要制度。事實是，公孫弘死後不但接連三個丞相均列侯，再往後四個丞相雖係先相後侯，但石慶是列卿子弟，公孫賀是外戚，並且原本是列侯（坐酎金不合格失侯），劉屈氂是皇族，都和所謂用布衣為相打擊列侯勢力這一指導思想無干。[1] 只有最後一個丞相田千秋可算布衣出身，但他既“無他材能術學，又無伐閱功勞”。只因上書替戾太子訟冤，感悟武帝，“旬月取宰相封侯，世未嘗有也”。[2] 這是一種極特殊情況，並不足以說明武帝存在前述指導思想。

1　武帝對這幾人的才幹也很不滿意，公孫賀死後，竟想恢復漢初左右丞相之制，乃先以劉屈氂為左丞相，“待得賢人”再拜右丞相，即想用兩相來彌補一相才幹不足的缺點。見《漢書》卷六六《劉屈氂傳》及顏師古注。

2　《漢書》卷六六《田千秋傳》。

當然，通過前述三項措施，對武帝來說，尚書提供用以了解全國統治情況的資料增多了，幫助出謀劃策的左右近臣隊伍建立了，因而使他在全國統治事務中的發言權、否決權等，大大超過了過去基本是黃老清靜無為思想指導下垂拱深宮、消極等待宰相奏請的漢初君主。再加上擴大了丞相任用範圍，這在客觀上的確限制了宰相權力，並對長期壟斷丞相職位的列侯勢力是個打擊。但作為一個規律來探討，應該看到，它主要並非出於君權、相權之爭，而是漢初社會經濟恢復到一定階段，地主階級要求上層統治集團積極有為，大展宏圖，而原來宰相制度的某些環節已不能適應這一新形勢，因而漢武帝不得不對它加以調整的結果。

三

西漢宰相制度變化之主要指導思想，還可通過武帝以後的歷史進行探究。

漢武帝以後宰相制度的變化主要有：一是領尚書事和中朝官制度的發展與完備，進一步使宰相權力受到限制；二是公開建立三公鼎立制度，相權因此分散。兩個變化全和武帝時一樣，也並非出於君權、相權之爭。

先看第一個變化。

領尚書事制度是在甚麼情況下建立的呢？

如前所述，武帝以前漢王朝的指導思想基本是黃老清靜無為。宰相遵循舊制，許多事務照章辦理，無須上請，是以文書簡寡；少量上請文書，皇帝完全可以親自處理，無需假手他人。然而漢武帝以後“朝廷多事”，[1] 舊的制度、章程已不能適應新形勢的需求，於是各部門上請文書日益繁多。[2] 至武帝晚年，無論精力或學識都難以應付，少數重要或複雜的可交朝臣“集議”，[3] 大多數日常文書則需找人幫助審閱，提出初步意見。“使左右曹、諸吏分平（評）尚書奏事”，[4] 大概就是較早的一種形式，後來便發展成領尚書事制度。《漢書》卷七《昭帝紀》：昭帝初即位，霍光以大將軍身份“領尚書事”。此為見於兩漢史書最早一例。當時武帝剛死，政局不很穩定，決不會另創新制，無疑當沿自武帝之時。[5] 由於領尚書事替皇帝審閱文書，提出初步處理意見，不同程度地要影響最後決定；而且據《漢書》卷七四《魏相傳》，領尚書事後來還有權對上奏文書內容不善者“屏去不奏”，這樣，權力自然大起來，被叫作“內輔之臣”。[6] 從宣帝死時開始，凡受遺詔輔政（內輔）者皆領尚書事，成為故事。[7] 這樣，在宰相與皇帝之間插入了領尚書事，宰相和大臣所上奏章要經領尚書事過目，行使權力比過去徑直由皇帝批答自然或多或少多了一重限制。然而，這種制度的出現也不能主要歸因於君權、相權之爭。

首先，在這一段時期裏正像武帝之時一樣，一直不存在相權膨脹、威脅君權的問題。恰恰相反，除昭帝時霍光掌權，情況特殊外

1 《漢書》卷六四上《嚴助傳》。

2 僅就刑法言，當時律令已達三百五十九章，死罪決事比一萬三千四百七十二事，絕大部分是用文書形式上報經武帝批准的。見《漢書》卷二三《刑法志》。

3 參《西漢會要》卷四〇《職官十・集議上》、卷四一《職官十一・集議下》。

4 《宋書》卷三九《百官志上》。

5 《晉書》卷二四《職官志》稱“案漢武時……知樞要者始領尚書事”，即一證。

6 見《漢書》卷八二《傅喜傳》。

7 見《資治通鑒》卷二七宣帝黃龍元年，胡三省注。

（見下），從宣帝以後，任宰相者一般均為皇帝精選的親信或十分尊重之人。如魏相替宣帝策劃打擊霍氏，得到信任升丞相，霍氏謀反，甚至想先斬魏相後廢天子。丙吉於宣帝"有舊恩"，宣帝感激他在自己幼年時的救命之恩，以為丞相。黃霸原為郡太守，"治為天下第一"，宣帝甚為欣賞，擢為御史大夫、丞相。于定國任廷尉十八年，是"任職舊臣"，升丞相，元帝"敬重之"。匡衡通經學，數上書，元帝好儒術，"說其言"，提拔為御史大夫、丞相。王商原為外戚，於元帝生時"擁佑太子（成帝），頗有力焉"，成帝即位後以為丞相，"甚尊任之"。張禹原是成帝師傅，受到"敬重"，先領尚書事，後升丞相，甚至退休後，"國家每有大政，必與定議"。翟方進，成帝"以為任公卿，欲試以治民，徙方進為京兆尹"，有政績，"器其能"，擢為丞相，"奏事亡不當意"。[1] 上述主相關係相當融洽，這種狀況和說領尚書事的出現與發展乃出於君權、相權之爭，是十分不協調的。[2]

其次，正因宰相一般均為皇帝精選之親信和十分尊重的人，所以儘管領尚書事制度發展，皇帝仍賦予宰相極大權力。《後漢書》卷四六《陳忠傳》：陳忠上書稱漢之三公"入則參對而議政事，出則監察而董是非"。這是宰相職權的核心。即宰相一面與皇帝商議全國大事，出謀劃策，包括有時通過上書提出建議；另一面在皇帝作出決定，形成詔令後，監督百官具體貫徹執行。領尚書事能不能把這些事包下來呢？不能。就議政事言，宰相往往年紀較大，統治經

1　以上八人見《漢書》本傳。

2　當然，皇帝對有的宰相也不滿意。如薛宣為能吏，然經術淺，成帝"輕焉"，藉故免其丞相職。但這與君權、相權之爭無關。正因如此，後經人保薦，成帝又以宣"給事中"，甚至"視尚書事"（略等於領尚書事）。見《漢書》卷八三《薛宣傳》。

驗較豐富；而且丞相府有掾史三百多，御史大夫寺有屬官四十五人，[1] 分別掌管並向宰相提供全國政治、經濟、軍事各方面的材料。而當時尚書機構尚在發展初期，人數有限，[2] 掌管材料肯定不夠全面；領尚書事因是“內輔”，着重幫助皇帝掌握和行使君權，往往以關係親密的外戚和師傅充任，統治經驗比不上宰相，[3] 重大政事仍靠宰相定奪。《漢書》卷六四下《賈捐之傳》：珠崖郡屢叛，待詔賈捐之建議放棄珠崖，元帝“以問丞相、御史”。御史大夫陳咸反對，丞相于定國支持，“上乃從之”。《漢書》卷八三《朱博傳》：成帝晚年，丞相翟方進等上書請改地方監察長官部刺史為州牧，成為一級行政長官，“奏可”。及哀帝立，朱博為御史大夫，“請罷州牧，置刺史如故”，“奏可”。對這類重大問題，很少看到領尚書事參與謀議或故意阻撓的。

那麼領尚書事“內輔”的核心內容是甚麼呢？從西漢看，多半是在人事，特別是中央官吏的任免、獎罰、升降。[4] 這就涉及“出則監察而董是非”的權力，在這一方面，按制度本來也歸宰相掌握。[5] 但有的領尚書事干預較多。《漢書》卷八二《王商傳》載，王商於成帝初年為丞相，琅邪郡災害嚴重，王商派人按問太守，領尚書事王

1　見《漢書》卷八四《翟方進傳》、《太平御覽》卷二二七引《漢舊儀》。

2　《漢書》卷一九上《百官公卿表》：成帝初，除令、僕射外，置尚書五人、有四丞，一共才九人；成帝以前，人數當更少。

3　如宣帝臨死，以外戚史高、太子（元帝）師傅蕭望之、周堪輔政，領尚書事。他們資格、經驗都無法與丞相于定國比。正因如此，後來元帝器重蕭望之，便“欲倚以為丞相”，證明丞相之選最重要。見《漢書》卷七八《蕭望之傳》。

4　《漢書》卷九八《元后傳》：成帝時王章彈劾領尚書事王鳳，說：“今政事大小，皆自鳳出，天子曾不一舉手。”然所舉作為證明的三件“大事”，全屬人事問題。

5　《漢書》卷八六《王嘉傳》：王嘉為丞相，下獄，歎曰：“幸得充備宰相，不能進賢、退不肖，以是負國，死有餘責。”《漢書》卷八四《翟方進傳》：翟方進為丞相，“持法刻深，舉奏牧守九卿，峻文深詆……皆罷退之。”都是證明。

鳳囑王商勿問，商不聽，上書請免太守，章奏“寢不下”。此事一方面說明，直接派人審察官吏，根據材料奏劾權本歸宰相；然另一方面，章奏留中不下又正好是領尚書事在人事任免上影響皇帝，限制宰相權力的反映。這類事情多了，特別是在官吏獎懲、賞罰上，領尚書事影響皇帝多了（如成帝時的王鳳），百官對他便會“側目而視”。[1] 但這只是領尚書事侵犯宰相一個方面的權力。領尚書事在這一方面的影響，從宣帝以後的西漢歷史看來，對它不能估計過高。原因在於領尚書事是“內輔”，其任務和宰相不同，是有彈性的。宰相等於全國的大管家，他對天下諸事都得在呈皇帝審批前作出反應，出主意，想辦法，推薦官吏去執行。而領尚書事是輔助皇帝行使君權，如果碰上皇帝精力充沛，事必躬親，或者對大臣不大放手，領尚書事不但對重大政務，就是在人事上發揮作用也極其有限。如漢宣帝在霍光死後，特別在霍氏謀反平定後，“躬親政，省尚書事”。[2] 當時丞相是魏相，御史大夫是丙吉，與宣帝配合默契，宣帝“練群臣，核名實，而相總領眾職，甚稱上意”。[3] 在這種情況下，除了張安世由於特殊原因在“領尚書事”幾年間人事謀議參與較多外，[4] 差不多二十年中，內輔大臣如韓增、許延壽、史高等，都未見有何弄權之事。再如漢哀帝時，外戚丁氏、傅氏先後任大司馬

1 《漢書》卷九八《元后傳》。這種現象在有的佞幸身上也會發生，見《漢書》卷九三《佞幸・石顯傳》。

2 《漢書》卷七四《丙吉傳》。

3 《漢書》卷七四《魏相傳》。

4 張安世本霍光一手提拔的親信，原來對宣帝很輕視。所以霍光死後，在宣帝與霍氏鬥爭中，張敞曾上封事請罷免霍氏三侯及張安世。然而奇怪的是，張安世後來竟經宣帝親信魏相推舉，拜大司馬、車騎將軍，領尚書事。霍氏滅，安世繼續“典樞機”。其原因很可能是經魏相拉攏，安世反戈一擊，立下大功，以及安世兄張賀於宣帝有舊恩之故。見《漢書》卷九七《外戚・許皇后傳》。正因如此，霍氏滅後，他“小心畏忌”，“每定大政已決，輒移病出”，裝作不知。大概由於此故，他參與人事任命之事稍多。見《漢書》卷五九《張安世傳》、卷七六《張敞傳》。

等官“輔政”，“然哀帝不甚假以權勢”。[1] 王夫之說：哀帝“雖寵任丁、傅，而政自己出”。[2] 所謂“政自己出”，便是說對宰相關於政策、人事方面的建議，由自己直接決定是否採納，而不理會輔政大臣的意見。

固然，漢成帝時情況有所不同，外戚王氏特別王鳳為輔政大臣領尚書事，權力頗大。然而具體分析，便會看到成帝賦予王鳳大權，並不是出於君權、相權之爭（如前所述，成帝和宰相關係基本是融洽的），而是有其特殊原因。一方面是因為成帝自“為太子時，以好色聞”，而且“幸酒、樂燕樂，元帝不以為能”。即位後又繼續“湛於酒色”，[3] 對處理煩雜統治事務估計不大感興趣。另一方面，成帝對王鳳又頗為信任。早在元帝晚年，作為太子舅父的王鳳十分關心太子地位的安危。元帝常有意換太子，靠侍中史丹多次勸諫而未實行。在元帝動搖於廢立期間，王鳳“與皇后（成帝母）、太子皆憂，不知所出。”[4] 王夫之說：這時與成帝“竊竊然憂，翕翕然私語而計者，徒王鳳耳。”又說：“人情出於危險之中而思故時之同患者，未有不深信而厚倚之。故成帝一立，而顧瞻在廷，無有如鳳之親己者。”[5] 在這種情況下，成帝委王鳳以大權，或根據他的意見處理政務，以便自己沉溺酒色，也就不足為奇了。這樣，宰相權力的確受到了領尚書事的制約，但這是一種特殊情況，決非出於君權、相權鬥爭的需要。

---

1 《漢書》卷九七下《外戚・定陶丁姬傳》。

2 《讀通鑑論》卷五“漢哀帝”第一〇條。

3 分見《漢書》卷六〇《杜欽傳》、卷一〇《成帝紀》。

4 《漢書》卷八二《史丹傳》。

5 《讀通鑑論》卷四“漢元帝”第七條。

由此可見，領尚書事制度是客觀形勢發生變化，統治事務日益繁雜後的產物。它的出現雖使宰相行使權力在某些方面、某些時期受到限制，二者存在矛盾，但在西漢一代，它遠不具備代替宰相的條件。從基本方面言，領尚書事與宰相互相配合，並行不悖，成為鞏固漢武帝以後封建統治的兩個極重要的制度。

中朝官制度情況略同。前面已講，武帝簡拔有才幹之士人置於左右，是在新形勢下摸索出來的經驗。昭帝以後，左右近臣逐步形成中朝官，範圍擴大。[1] 其主要任務除侍衛皇帝外，便是參與政事謀議。是不是皇帝要用他們來壓制宰相和外朝官呢？從宣帝以後情況看，似乎不像。現有材料表明，[2] 他們固然有時單獨會議或行動，但大多數情況是和外朝官一起商議或行動，特別是重大政事。如元帝時隴西羌反，時逢四方饑饉，如何對付？成帝時無子，立誰為嗣？哀帝時匈奴單于稱病不朝，是否將發生變故？均是。而且即使中朝官單獨會議，往往最後仍要經外朝官討論。如《漢書》卷八六《王嘉傳》載，王嘉任丞相，有罪，事下將軍中朝官集議，孔光等中朝官主交廷尉治罪，[3] 然而到哀帝下制最後決定時說的卻是："票騎將軍、御史大夫、中二千石、二千石、諸大夫、博士、議郎議。"而"衛尉雲等五十人以為'如（孔）光等言可許'。議郎龔（勝）等以為……宜奪爵土，免為庶人'。永信少府猛等十人以為'……（不當下獄）'"。可見，實際上中朝官集議後，以其意見為基礎，又經過中外朝官合議。再如《漢書》卷八三《朱博傳》：朱博任丞相，有

---

1 參《漢書》卷七七《劉輔傳》注及王先謙補注。

2 參《西漢會要》卷四〇、四一。

3 《漢書》卷七二《龔勝傳》記同一事，在"將軍中朝者"之中還包括了外朝官"司隸鮑宣"，說明名為中朝官集議，其實並不那麼嚴格。

罪，“詔左將軍彭宣與中朝者雜問”，其後“宣等劾奏（朱博）”云云，然而到哀帝下制卻說：“將軍、中二千石、二千石、諸大夫、博士、議郎議。”而“右將軍蟜望等四十四人以為‘如宣等言可許’。諫大夫龔勝等十四人以為‘……（同案犯傅晏應重懲）’”。證明同樣經過了中外朝官合議。由此可見，宣帝以後中朝官制度之所以得到發展，從其主要方面言，恐怕並非出於壓制外朝，削弱宰相權力的指導思想，而是因為中朝官是近臣，人數較少，比較靈活，當時全國事務比漢初煩雜得多，有些大事皇帝拿不定主意時交他們集議，提個初步處理意見供皇帝採擇，如果必要再交中外朝合議。

當然，說領尚書事制度和中朝官制度之建立與發展主要並非出於君權、相權鬥爭的需要，並不意味皇帝與宰相沒有矛盾，但其矛盾性質大體上都和前述周亞夫、田蚡等一樣，和所謂相權膨脹沒有關係。為了避免煩瑣，這裏只就容易被人誤解的哀帝時的例子進行剖析。

《漢書》卷一一《哀帝紀》讚曰：哀帝“睹孝成世祿去王室，權柄外移，是故臨朝婁誅大臣（指丞相朱博、王嘉），欲強主威，以則武、宣。”看來似乎主、相權力之爭很激烈。可是仔細一分析，第一，所謂成帝時權柄外移，是指移於內輔之臣，即外戚王氏，而非移於宰相，為何哀帝要把怒氣發泄在宰相身上？何況哀帝自己也寵幸內輔之臣董賢，甚至想把帝位禪讓給他。可見，屢誅大臣恐怕和成帝之大權外移沒有必然聯繫。說“欲強主威”，也只是班固的一種分析，並無足夠根據。第二，即就朱博、王嘉得罪之事研究，也並非由於相權侵犯君權。朱博是因為想討好哀帝祖母傅太后，接受指令，去陷害另一大臣傅喜，觸犯了刑律；而王嘉則因諫諍太直，傷害了哀帝的自尊心。當時因為這類緣故而死的也不只王嘉一人，甚至近臣尚書僕射也不能幸免。[1] 這些都帶有個人特點，而和宰相權重與否沒有關係。關於這一問題有一強證，就是成帝時將丞相獨攬大權的三公制改為三公鼎立的宰相制度，然而到哀帝初竟又改了回去，恢復了丞相獨尊之局面（均見下）。如果哀帝有意識打擊、削弱相權，是不可能這樣做的。

綜上所述，武帝之後至成哀之間宰相制度的某些變化，領尚書事和中朝官制度的建立與發展，和武帝前期一樣，主要不是出於皇帝削弱相權這一指導思想，而是為了提高統治效率，更有效地進行封建統治。

但有段時期又當別論。這就是從昭帝立（前 87）至宣帝地節二年（前 68）為止的十九年。在這十九年中，霍光領尚書事，為輔政大臣，一切大權都在他手中，所謂"海內之命斷於掌握"。[2] 在這期間，宰相權力的確有意識被限制、削弱了，但這是一種極特殊的情況。

武帝晚年，欲立少子劉弗陵（昭帝），因劉弗陵年幼，才八歲，便不得不設輔政大臣。當時丞相田千秋雖"敦厚有智"，然"無他材能術學"，[3] 武帝不中意；同時在宮內輔政，只有侍衛之官（即後來的中朝官）方便，宰相總理百政，事務煩雜，又在宮外，也不合適。武帝環顧左右近臣，選中了奉車都尉霍光，以他為大司馬、大將軍輔政，而副之以車騎將軍金日磾、左將軍上官桀。這樣，依靠武帝五十多年統治的威望和付託，"政事壹決大將軍光"的局面便基

1 參《漢書》卷七七《鄭崇傳》。

2 《漢書》卷七六《張敞傳》。

3 《漢書》卷六六《田千秋傳》。

本定下來了。[1]但是霍光原來的官位並不高。奉車都尉只不過秩比二千石，資歷也不夠，所以當過太僕（中二千石）的上官桀不服，伙同御史大夫桑弘羊想搞掉霍光。事件雖迅速平定，卻不能不迫使霍光考慮如何對待地位比上官桀、桑弘羊還要高得多的丞相田千秋（時金日磾已死）和其他大臣。這個關係是複雜的。一方面，霍光作為昭帝的代理人，不是不希望宰相充分行使權力，提高統治效率，以鞏固昭帝和自己的統治；但另一方面，霍光原來地位畢竟比丞相、御史大夫、列卿要低，因此代表昭帝指揮百官特別是丞相時，不能不有所顧慮。在這種情況下，他採取的措施是：

第一，加強領尚書事的權力。漢武帝時領尚書事大概權力不大，故史書不載誰擔任過這一職務。武帝顧命也未讓霍光等領尚書事。可能昭帝立後，霍光等人認為昭帝年幼，無法於百官朝見時處理國事，自己也不便當場代替昭帝向丞相、百官發號施令，最好的辦法是通過文書上下，加以指揮。於是自封領尚書事，以比較婉轉的形式審批丞相、百官的文書，達到輔政的目的。這樣，無形中大大加強了領尚書事的權力。

第二，由於宰相、列卿地位甚高，霍光在審批他們的文書時便不得不採取謹慎的態度，重新恢復漢武帝前期重用地位低的左右近臣參與謀議的辦法。如在上官桀等事件平定後，霍光先後引進張安世、杜延年、田延年為侍衛之臣，作為自己的助手與顧問。《漢書》卷六〇《杜延年傳》載，杜延年"本大將軍霍光吏，首發大奸（指揭發上官桀），有忠節，由是擢為太僕、右曹、給事中。……吏民上書言便宜，有異，輒下延年平處復奏。"這樣便又促進了中朝官制

1 《漢書》卷六八《霍光傳》。

度的完備，而為宣帝以後各朝所沿用。

第三，在任用丞相、御史大夫時，霍光都挑雖不乏才幹，卻膽小怕事，能服從己命者。繼田千秋之後為丞相者有王訢、楊敞、蔡義，性格均略同。如楊敞，本來還是霍光部下，為大將軍長史，經霍光一手提拔，"無勞"而不斷升官。以至"議者或言光置宰相不選賢，苟用可顓制者"。[1]

以上三項措施，在某種意義上說，是包含有意識削弱、限制宰相權力的因素在內的。但這不能代表宣帝以後的傾向，而是昭帝年間霍光的特殊身份決定的。宣帝以後即位皇帝均已成年，名正言順，沒有必要用窩窩囊囊的人當宰相；同時雖繼承了領尚書事和中朝官制度，也與霍光的意圖並不相同，從而賦予的權力也就不能同日而語了。

再看第二個變化。

西漢宰相制度真正在形式上也發生重大變化，是在成帝綏和元年（前 8）。在這之前，名為三公理政，實際上丞相權力獨重；在這之後，採納大臣何武建議，改革為三公鼎立制度，即丞相名稱不變，將御史大夫改稱大司空，與武帝時早已由太尉改名的大司馬一起，"增奉如丞相"。[2] 從此三公地位平等，丞相不再獨攬大權。這是一次依儒家學說實行的重大改革，後代的三公制嚴格說應始於此。

為甚麼進行這項改革？不少書也說是皇帝為了削弱、分散相

1　見《漢書》卷六三《燕剌王旦傳》、卷六六《楊敞傳》、卷六六《蔡義傳》。

2　《漢書》卷八三《朱博傳》。武帝時大司馬本"祿比丞相"，很可能為宣帝所減，故此時有增俸問題。參《漢書》卷一〇《成帝紀》補注。

權。[1]然而正像漢武帝時一樣，這不符合歷史事實。

首先，如前所述，成帝統治的二十多年中並不存在相權對君權的威脅。也就是說，沒有形成有意識削弱、分散相權這一指導思想的基礎。當然，主、相之間矛盾是有的，但均與相權大小沒有關係。如匡衡因侵佔國有土地，“專地盜土”，被免相。王商因與領尚書事王鳳有矛盾，受他陷害而死，成帝為此還同情王商，對王鳳不滿。翟方進以“政事不治，災害並臻，百姓窮困”，恰逢天變，成帝歸咎於他，被迫自殺。至於薛宣，因經術淺為成帝所輕，後被藉口統治無能，鎮壓農民起義不力免相，與上面幾個人原來一直受信任和尊重有所不同，但在和成帝的矛盾主要不屬權力之爭這一點上，則是一致的。[2]

其次，何武建議本身也提供了不存在上述指導思想的有力證據。何武說，其所以應改革是因為“末俗文弊，政事煩多，宰相之材不能及古，而丞相獨兼三公之事，所以久廢而不治也。宜建三公官，定卿大夫之任，分職授政，以考功效。”[3]就是說，是為了提高統治效率。考之成帝後期，政治腐敗，農民起義不斷爆發，到改革宰相制度的這一年，甚至連詔令也不得不承認“百姓怨望者眾”。[4]面對這一局勢，封建政治家、思想家把它歸咎於宰相統治不力，想通過三公鼎立，分工負責，以挽救搖搖欲墜之統治，是可以理解的。

再次，這次改革後僅僅過了三年，到了哀帝建平二年（前5），因議者多以為這次改革“職事難分明，無益於治亂”，經大司空朱

1　如李俊《中國宰相制度》第一篇，商務印書館，1947年，第47頁。
2　以上四人事分別見《漢書》本傳。
3　《漢書》卷八三《朱博傳》。
4　《漢書》卷一〇《成帝紀》。

博奏請，又恢復了綏和以前舊制。如果原來確係出於皇帝削弱相權的意圖而改革，照說從武帝以來為此鬥爭了一百多年，好容易達到在制度上加以固定的目的，豈能剛過三年便又改回去呢？而且這時丞相是孔光，朱博和他有矛盾，正在設法排擠他，如非出於統治效率之考慮，就不會奏請此事，讓孔光擴大權力。[1]

哀帝恢復綏和以前舊制後，過了四年，至元壽二年（前 1）又重新實行三公鼎立制度，並進一步把丞相改稱大司徒，這又如何解釋呢？我認為從當時背景看，也不是出於君權、相權之爭，而是為了尊寵董賢的緣故。據《漢書》卷九三《佞幸・董賢傳》，很早以來哀帝就寵幸他，後來又以他為大司馬，甚至想禪位給他，以侍中王閎諫作罷。而在舊制下，丞相地位高於大司馬，不符哀帝心意；董賢又年輕，才二十多歲，西漢沒有年輕人當丞相的先例。[2] 於是"正三公官分職"的辦法便被提了出來，[3] 不但恢復三公鼎立制度，而且把大司馬班在首位。不過把丞相地位壓到大司馬下面，和秦漢以來舊制衝突厲害，便又依儒家三公學說將丞相之名改為大司徒，巧妙地掩飾新制的缺陷。哀帝的心意，丞相孔光十分清楚，極力迎合。在這次改制前，哀帝讓董賢拜訪孔光，儘管董賢父親董恭當過孔光屬吏，董賢作為大司馬地位又在孔光之下，但孔光"知上欲尊寵賢"，竟放下丞相架子，"送迎甚謹，不敢以賓客均敵之禮"。[4] 王夫之曾痛斥孔光之行是"執臣主之禮"。[5] 然因哀帝高興，孔光不但穩

1 參《漢書》卷八三《朱博傳》、卷八一《孔光傳》。

2 西漢年輕人只有當大司馬的先例，如衛青、霍去病。哀帝正是據此先例任命董賢的。

3 《漢書》卷一一《哀帝紀》。

4 《漢書》卷九三《董賢傳》。

5 《讀通鑒論》卷五"漢哀帝"第一條。

固了自己的官位，而且兩個姪子也因此得以拜官。由此可見，元壽二年的改制，表面上丞相權力分散，地位降低，然究哀帝之動機不但不是出於君權、相權之爭，恰恰相反，而是孔光為進一步討取哀帝歡心，與之一致尊寵董賢的結果。當然，這是一種衰世的不正常現象，也不能代表當時統治階級的意志。

總之，漢成帝以後三公鼎立制度之建立，雖然和漢武帝之改革相比，歷史背景、國力強弱相差很大，具體措施也不一樣，但就其基本指導思想言，總的來說卻是相同的。即都不是出於統治集團內部權力之爭的需要，而是為了通過改革，加強統治，維護整個封建地主階級的政治經濟利益。

唐初宰相制度變化原因試探 *

《新唐書・百官志一》：三省之長，“僕射為尚書省長官，與侍中、中書令號為宰相。其品位既崇，不欲輕以授人，故常以他官居宰相職，而假以他名。自太宗時杜淹以吏部尚書參議朝政，魏徵以秘書監參預朝政，其後或曰參議得失、參知政事之類，其名非一，皆宰相職也。”稍後又出現同中書門下平章事、同中書門下三品之名，也都是宰相之職。

這些變化都始於唐太宗一朝。[1]

短短的二十多年中為甚麼制度一再發生某些變化，原因何在？

過去一種比較流行的看法是：皇帝嫌宰相權重，故通過用他官參與宰相事務的辦法以分其權。聶崇岐先生在《中國歷代官制簡述》一文中，在介紹了歷代宰相制度演變，包括唐初在三省長官之外又設參議朝政等官“作為實際上的宰相”之後總括說：“這種制度的一變再變，裏面都含有一個中心問題，那就是皇帝要抓權。”[2] 所謂“抓權”，與多設他官“居宰相職”結合，具體便是指對原來宰相權重不

---

* 原載《北京大學學報》2009 年第 5 期。

1 至於唐高宗以後為宰相者必加“同中書門下三品”，最後固定為“同中書門下平章事”，成為定制，此處不涉及。

2 聶崇岐《宋史叢考》上冊，中華書局，1980 年，第 209、213 頁。

放心，要藉此分其權，便於皇帝最後控制。[1] 也就是有的學者所說“加強皇權，分散相權”。[2]

然而唐太宗以他官參議朝政等，其指導思想是不是為了“抓權”，即嫌宰相權重，“不放心”，要分其權呢？恐怕不是。

一

按貞觀年間宰相任職時間最長的是房玄齡，前後不會少於二十年；[3] 而且長期擔任尚書左僕射，位從二品，高過三品的宰相侍中、中書令；本人聲望又高，“論者稱為良相焉”。[4] 因此，如果唐太宗要“抓權”，嫌宰相權重不放心，則重點之重點必定是房玄齡。然而事實是，歷史上沒有留下這方面任何材料：

1. 貞觀十三年、十五年房玄齡以自己任宰相時間太久，“頻表辭位”，如唐太宗嫌其權重，不是正好可以順水推舟，批准所請，免其相職嗎？可是為甚麼不但“優詔不許”，命他“仍總朝政”，而且隨後於貞觀十六年將他“進拜司空”，十八年又加太子太傅，二官皆位一品，高過所任尚書左僕射二品，即不斷提高其地位、聲望

---

1 《宋史叢考》介紹西晉之制說：“由於中書省權勢日大，皇帝有些不放心，於是遂有南北朝時期侍中參預大政的辦法”，是認為“抓權”“分權”出於皇帝“不放心”之一例（上冊，第 209 頁）。又《中國政治制度通史》第五卷《隋唐五代》說：唐初左右僕射“權力最大”，“對皇權存在着潛在的威脅。因此，如何改變宰相之間的權力配置，便成為唐代前期政治改革的重要課題。”（白鋼主編，俞鹿年著，人民出版社，1996 年，第 118 頁）兩者精神一致。

2 《中國政治制度通史》第五卷，第 117 頁。

3 貞觀十五年，房玄齡已“自以居端揆十五年”，頻表辭位，不許。由此至貞觀二十二年卒，中間除“母喪”服闋，“未幾，起復”，及“微譴”歸第等，任職時間不會少於五年，見新、舊《唐書》本傳。

4 《貞觀政要》卷二《任賢第三》房玄齡條，《四部備要》本（以下簡稱《政要》）。

呢？[1] 如果原來已嫌其權重，這樣一來，豈非更加重了對皇權的威脅嗎？！

2. 更不好解釋的是：貞觀十八年（644）唐太宗征遼東，竟以房玄齡為"京城留守"，即由他獨自主持全國政務和出征大軍的糧食、軍械供應等事，手詔曰："公當蕭何之任，朕無西顧之憂矣"；[2] 而且命他"得以便宜從事，不復奏請"。[3] 如非毫無猜忌和分其權之心，能賦予如此大權嗎？

3. 還有一事也可證唐太宗對房玄齡的極端信任：在唐太宗出征遼東路途中，"或詣留台（指長安留守政權）稱有密，玄齡問密謀所在，對曰'公則是也'。玄齡驛送行在。上聞留守有表送告密人，上怒，使人持長刀於前，而後見之。問告者為誰？曰'房玄齡'。上曰'果然'。叱令腰斬。璽書讓玄齡以不能自信，'更有如是者，可專決之'"。[4] 連"告密"內容是甚麼都不問，就把對方殺了，只能表明唐太宗對房玄齡信任已到無以復加的程度。當然，從另一角度也可以說，唐太宗這時遠在外地，對京城鞭長莫及，殺告密人是一種姿態，萬一房玄齡果有不軌行為，這樣便可以穩住他，不致變生須臾，腹背受敵。可是如果出於這種謀略，征遼東歸來便應細究其事，而事實是一直毫無動靜，對房玄齡委任如初。貞觀二十一年唐太宗出巡外地，不但再一次以房玄齡留守，而且還留下了一段佳話：唐太宗在出巡途中，提升司農卿李緯為民部尚書，"玄齡時在京城留守。會有自京師來者，太宗問曰：'玄齡聞李緯拜尚書如何？

1　見《舊唐書》本傳。

2　見《舊唐書》本傳。

3　《資治通鑒》（以下簡稱《通鑒》）卷一九七貞觀十九年條。

4　《通鑒》卷一九七貞觀十九年條。《新唐書》本傳"告密"作"上急變"，一般指揭發謀反等大事。

對曰：'玄齡但云李緯好髭鬚，更無他語。'太宗遽改授緯洛州刺史。"[1] 玄齡意思當是李緯除髭鬚好，無他才幹，太宗立即醒悟而行改授，君臣之際默契如此，這哪裏是"抓權"，明明是"讓權"！

4. 還有一事也反映當時不可能存在君相權力之爭。這就是房玄齡"善歸人主"。中唐柳芳曾概括說："房、杜（杜如晦）佐太宗，天下號為賢相，然無跡可尋，德亦至矣。故太宗定禍亂，而房杜不言功；王（珪）、魏（徵）善諫諍，而房杜讓其賢；英（李世勣）、衛（李靖）善將兵，而房杜行其道。理致太平，善歸人主，為唐宗臣，宜哉！"[2]"是後新進用事，玄齡身處要地，不吝權，善始以終。"[3] 這些都是說房玄齡為相，極力提高太宗威望，不居功，不攬權，"君臣之契深矣！"[4]

所有以上史料都證明：貞觀年間唐太宗不可能存在嫌房玄齡權重，對他不放心，要分散其相權的指導思想。

那麼會不會是唐太宗嫌其他宰相權重，而要"抓權"，"分散相權"呢？同樣不可能。

據萬斯同《唐將相大臣年表》（以下簡稱《萬表》），除房玄齡外，貞觀年間三省長官即正式宰相先後有十六人，如以權重可能導致太宗猜忌，以至於需變更某些制度來對付者作為標準，以下七人在位時間短，不足以成此氣候，均可不計：

---

1 《舊唐書》本傳。《新唐書》本傳作改授李緯"太子詹事"，似是。因州刺史但"好髭鬚"也無法勝任，太子詹事則有彈性。

2 《政要》卷二《任賢第三》杜如晦條元代戈直注引。按杜如晦之功多在拜相前，拜相後不到兩年即"以疾遜位"，故柳芳此讚主要指房玄齡。《通鑒》卷一九九貞觀二十二年引柳芳"天下號為賢相"語，也僅就房玄齡而言。

3 《新唐書》卷九六房杜傳讚。

4 《政要》杜如晦條注引宋唐仲友語。

蕭瑀，尚書左僕射，半年即罷。

封德彝，尚書右僕射，同年卒。

宇文士及，中書令，同年罷。

杜如晦，侍中，右僕射，多病，不到兩年遜位。

劉洎，侍中，一年半賜死。[1]

岑文本，中書令，不到一年卒。

褚遂良，中書令，半年後唐太宗崩。

而其餘九人的經歷，也都反映不出唐太宗對他們猜忌，要分其權的意圖：

高士廉，為尚書左僕射八年。[2]"任遇益隆，多所表奏，成輒焚稿，人莫知之"，也屬和房玄齡類似"善歸人主"的人物。死後太宗甚至馳出宮門，欲親弔祭；[3]評價他"為官亦無朋黨"，只不過"骨鯁規諫"不夠而已。[4]

魏徵、王珪，先後為侍中均四年餘，主要功績都是敢於規諫。規諫固然可以影響大政方針，但是否採納，主動權操在太宗手中，非如房玄齡、高士廉等直接處理政務，權力較難控制。[5]特別是魏、王二人原係太子建成黨羽，魏徵當年還曾建議建成早除太宗，歸順太宗後一切行動自在太宗眾多舊屬時刻注視之中。貞觀六年一次宴會，太宗親信長孫無忌還在說："王珪、魏徵往事'息隱'（指建成），

1 劉洎賜死，不是因為平日權重，而是由於褚遂良誣告他乘太宗病，欲立少主，見新、舊《唐書》本傳，故高宗時得以平反。

2 《新唐書》宰相表上，及《舊唐書》本傳。《萬表》同。

3 見《舊唐書》本傳。

4 《舊唐書》卷六五《長孫無忌傳》。

5 唐初尚書僕射可不經皇帝自下文書（"省符"）處理"小事"，見《唐六典》卷二三《將作監》。而"小事"有時是可以有彈性的。

臣見之如仇，不謂今者又同此宴。”[1] 這一前提，就決定了魏徵、王珪不可能也不敢攬權妄為，太宗也沒有必要加以猜忌。

李靖，善於用兵，立戰功累累，但因原為隋官，被俘歸降，[2] 故一生小心謹慎，“每與時宰參議，恂恂然似不能言”，為尚書右僕射不到四年，就“上表乞骸骨”，太宗把他視為“能知止足”的“一代楷模”。[3] 和李靖情況略同的楊恭仁、楊師道兄弟，原為隋宗室，恭仁且官吏部侍郎，地位高過李靖；歸唐後二人先後為侍中、中書令十年。恭仁“性虛淡，必以禮度自居，謙恭下士，未嘗忤物，時人方之石慶”；[4] 師道尚公主，太宗評他“性謹審，自能無過，而懦不更事”。[5] 顯然，三人都不具備遭猜忌條件。

此外，溫彥博，原為隋官，歸唐較早，為中書令六年、尚書右僕射一年。“性周慎，既掌機務，謝賓客不通”。卒後，太宗評他“以憂國之故，勞精竭神……致夭性靈”，故“謚曰恭”。[6] 馬周少孤貧，“一介草茅”，因緣時會，為太宗重用，為中書令近四年卒。太宗曾說“暫不見則便思之”，賜書“股肱之寄，誠在忠良”，相互關係被視為“君宰之間不膠漆而固，恨相得晚”。[7] 以溫、馬之恭慎、忠良，太宗又何必要向他們“抓權”？

剩下只有一個長孫無忌，曾經有可能成為猜忌對象，因為他有

---

1 以上俱見《政要》魏徵、王珪條。

2 《舊唐書》本傳載其為隋官時發覺李淵有異志，主動赴江都擬向隋煬帝“上變”揭發，只因“至長安道塞不通而止”。被俘後，高祖欲斬之，太宗“固請，遂捨之”。就是說，原來罪過不輕。

3 同上本傳。其傳讚則評他“位重能避，功成益謙”。

4 《舊唐書》本傳。石慶見《漢書》卷四六《石奮附石慶傳》，是歷史上一“醇謹”又無所作為的典型。

5 《新唐書》卷一〇五《長孫無忌傳》。

6 新、舊《唐書》本傳。

7 新、舊《唐書》本傳及傳讚。

顯赫家世，是“佐命元勛”，又是皇后之兄。故貞觀元年拜尚書右僕射才半年，便“有密表稱無忌權寵過盛”者，太宗當時雖對他甚為信任，但因無忌本人固求，長孫皇后又為之陳請，“太宗不獲已”，乃免無忌僕射職。[1] 不過從貞觀七年進拜無忌為司空（位一品），且“知門下省事”，即參與宰相政務，[2] 以及貞觀十九年征遼東，又命他以司徒（位一品）“攝侍中”作為宰相隨行，提供謀略看，[3] 可以說，唐太宗對無忌為宰相是從無猜忌之心的，否則便不會一再任命了。

二

那麼究竟唐初宰相制度變化的原因是甚麼呢？

我以為主要就是為了廣泛任用人才，使之參與宰相事務，以提高統治質量與效率。

1.《資治通鑑》貞觀元年九月“御史大夫杜淹參預朝政。他官參預政事自此始”。[4] 其主要原因當有二：第一，兩省長官當時皆缺。侍中高士廉八月因微過已出為安州大都督；中書令宇文士及則因“或告其反”，雖“訊無狀”，仍罷為殿中監。[5] 為免削弱統治質量與效率，需增補人選，由於杜淹資歷、聲望皆不夠，[6] 所以想出了賦予

---

1 以上俱見《舊唐書》本傳。

2 《通鑒》卷一九四貞觀七年，又卷二〇三高宗弘道元年追述。此條幾乎全錄自中唐李華《中書政事堂記》（《全唐文》卷三一六）。不同的僅是李華稱無忌“起復授司空（先因母喪罷）”，時在貞觀九年。起復事又見《新唐書・宰相表（上）》。

3 新、舊《唐書》本傳。

4 《通鑒》卷一九二太宗貞觀元年（按新、舊《唐書》作“檢校”或“判”吏部尚書“參預朝政”）。

5 《萬表》及《新唐書》二人本傳。

6 御史大夫從三品，而侍中、中書令正三品，差一階，見《舊唐書・職官志一》（吏部尚書雖正三品，但“檢校”“判”仍是資歷不夠）。且杜淹為官“亡清白名，獲譏當世”，聲望差，見《新唐書》本傳。

"參預朝政"名義這一辦法。[1] 第二，其所以選上杜淹，則是因為他"多識典故"，且善於識別人才，參與宰相政事後，"前後表薦四十餘人，後多知名者"，[2] 是其證。而識別、推薦人才正是當時鞏固統治的關鍵。直到貞觀三年，唐太宗依然叮囑宰相"當廣求賢人，隨才授任，此宰相之職也。"[3] 可見用杜淹並非出於猜忌已有宰相之動機。[4]

2.《資治通鑒》貞觀三年二月"以尚書右丞魏徵守秘書監，參預朝政"。[5] 這是宰相制度有所變化後第二個任命的人。其主要原因當有二：第一，和杜淹情況略同，當時恰好中書令房玄齡升尚書左僕射，其位空缺；如增補宰相，而魏徵資歷不夠，[6] 故再一次行新制。第二，魏徵敢於並善於諫諍，太宗正是看準這一特點，命他"參預朝政"的。其證一：《貞觀政要》記唐太宗對魏徵曰："卿所諫前後二百餘事，皆稱朕意。"於是"(貞觀)三年，(魏徵)累遷秘書監，參預朝政。深謀遠算，多所弘益。"[7] 其證二：太宗後來對魏徵說："朕拔卿於仇虜之中，任公以樞要之職，見朕之非，未嘗不諫。公獨不見金之在礦也，何足貴哉！良

---

1 隋已行此法，如《隋書》卷四七《柳述傳》，以兵部尚書"參掌機密"。《通典》卷二一《職官三》隋宰相"亦有他官參與焉"，注即舉柳述為例。《冊府元龜》卷三〇八《宰輔部》總序概括說："隋……或以他官參掌機事及專掌朝政者，並為輔弼。"

2 《舊唐書》本傳。

3 《通鑒》卷一九三貞觀三年三月丁巳條。

4 固然，當時長孫無忌為右僕射，淹"素與無忌不協"(《舊唐書》本傳)，但這也不能成為用淹有對無忌掣肘、猜忌意的證據。因為一是無忌之任，太宗是真誠的，觀其不聽長孫皇后替無忌推辭此任命一事可知(見《通鑒》卷一九二貞觀元年條)，不應七月剛剛任命，九月便派淹掣肘，這不是剛登帝位時太宗的作風。二是從杜淹參與朝政後一心推薦人才，從未與無忌發生任何矛盾看，也可推得。

5 《通鑒》卷一九三。魏徵後於貞觀六年升宰相侍中，四年後罷，前已論及。

6 尚書右丞僅正四品下階，秘書監也只從三品，"守"則更表示其資歷不夠，見《舊唐書・職官志一》。

7 《政要》卷二《任賢第三》魏徵條。

冶鍛而為器，便為人所寶。朕方自比於金，以卿為良匠。”[1] 這個“樞要之職”，自包括最初的“參預政事”，其目的顯然是要他通過宰相之職，參加宰相會議，廣泛了解大政方針，以便有效諫諍。也就是說，任用他主要是針對皇帝的，而不是為了分其他宰相之權。

3.《資治通鑒》貞觀四年二月“守戶部尚書戴冑為戶部尚書，參預朝政”。[2] 這是第三個被如此任命的人。其主要原因是：第一，和杜淹、魏徵時情況略同，自貞觀三年末右僕射杜如晦病罷，其位空缺；而戴冑也是資歷不夠，[3] 只得“參預朝政”。第二，戴冑的優點是“明習律令，尤曉文簿”，“達於從政，處斷明速”，即長於吏才。戴冑以前為大理少卿，曾多次與太宗辯論，“犯顏執法”；後為尚書左丞，掌尚書省吏事，“議者以為左右丞稱職，武德以來一人而已”。[4] 用戴冑參預朝政，顯然是從他明律令，擅長吏事角度考慮。當時左僕射房玄齡、侍中王珪、中書令溫彥博、參預朝政魏徵四人，在這一方面皆有所欠缺，用戴冑便可彌補諸相之不足。特別是當時權力最重的房玄齡，以及聲望甚高的魏徵“均與之親善”，[5] 如果太宗有“抓權”和猜忌之心，要用人分房、魏之權，也絕對輪不上他。

4.《資治通鑒》貞觀四年二月，與用戴冑同時，以“太常少卿蕭瑀為御史大夫，與宰臣參議朝政”。[6] 這是第四個被任命此職的人。

---

1 《舊唐書》本傳。

2 《通鑒》卷一九三。

3 據《舊唐書・職官志一》，戶部尚書雖正三品，但當時正三品的侍中、中書令已有人，所缺者尚書右僕射（原官杜如晦貞觀三年十二月罷，見《萬表》），乃從二品，故資歷不夠（也可能本為“守戶部尚書”之故）。

4 《舊唐書》本傳。

5 《舊唐書》本傳。

6 《通鑒》卷一九三。

蕭瑀此人頗具特色，一方面他是後梁皇室，又是隋煬帝皇后之弟，有顯赫家世。蕭瑀歸唐後，於唐高祖時已為宰相內史令（後稱中書令），有統治經驗，“凡諸政務，莫不關掌”；而且在太宗與太子建成爭奪皇位的鬥爭中站在太宗一邊，為此後來太宗曾賜以詩“疾風知勁草，板蕩識誠臣”。由於以上之故，太宗即位不久即用瑀為尚書左僕射。但另一面，他心胸狹窄，“性多猜貳”，以致太宗在他死後所謚二字竟是“貞褊”。所以貞觀元年僅任左僕射半年，即因奏詆房玄齡而“忤旨”罷相。[1] 貞觀四年，他又以御史大夫參議朝政，由於正宰相時為房玄齡，因而太宗意圖似可理解為有猜忌成分，即有意利用二人過去矛盾，以分房玄齡等之權。然而實際情況又不像。因為據《通鑒》記載，第一，蕭瑀“與宰相參議朝政。瑀氣剛而辭辯，房玄齡等均不能抗”，但“上多不用其言”；第二，房玄齡等“嘗有微過”，瑀“劾奏之”，但“上竟不問”，“瑀由此快快自失”，於是罷御史大夫，“不復預問朝政”，在位前後僅五個月。[2] 如果太宗原本確對房玄齡有上述猜忌、分權意圖，蕭瑀作為合適人選，即使短時期內謀略不當而“多不用”，劾奏瑣碎而“不問”，但時間一長總會起作用的，為甚麼一下子就免職呢？這當表明，太宗用他並不存在對宰相猜忌、分權意圖，當是從其忠心、資歷和富有充任宰相經驗着眼的，本希望他能吸取貞觀元年免相之教訓，與房玄齡等配合，提高統治質量與效率，誰知所言一不用，瑀便“快快自失”，眼看或許會導致相反後果，於是只得再次予以免職。太宗這一指導思想還可從以下事實窺得：貞觀九年十一月蕭瑀再一次以“特進”

1 以上均見《舊唐書》本傳。

2 《通鑒》卷一九三貞觀四年七月。

（正二品）身份參預政事，太宗同時賜詩（見上）且夸他在當年“高祖有廢立之心”時支持自己，是“社稷臣”，[1] 似向群臣表示又起用他主要着眼於此，並有懷舊感恩之意。一年後雖因某種原因出為外官而罷此職，但貞觀十七年又以太子太保（從一品），“同中書門下三品”（此亦當時“他官居宰相職”的一種新制度，見下）。不久，蕭瑀故態復萌，而且劾奏房玄齡等宰相的罪名竟是“朋黨不忠，執權膠固”，不再是“微過”了；這時太宗剛從遼東征戰歸來不久，聯繫出征初之“告密”事，如果太宗用蕭瑀是因為存在對房玄齡諸相的猜忌、防範之心，則豈非正好就此大加追查嗎？然而事實是太宗立即駁斥說：“卿言得無太甚！……人不可以求備，必捨其所短，取其所長，朕雖不能聰明，何至頓迷臧否，乃至於是”，加上他事“忤旨”，蕭瑀第三次被免去相職。[2] 這就再一次表明太宗一再起用蕭瑀是“取其所長”，並有感恩之意，想讓他與諸宰相和諧共事，而不是掣肘，此旨既然無法實現，立即果斷處理。

5.《通鑒》貞觀四年十一月“以右衛大將軍侯君集為兵部尚書，參議朝政”。[3] 這是唐初第五個被任命此職的人。其原因主要當係歷年西北用兵，宰相中除右僕射李靖外，需要再增一有軍事才幹的人為兵部尚書，且參預朝政，旨在宰相議事時保證軍事決策的穩妥、高明，故侯君集參預朝政前後十二年，仍多次率軍出征西北，卻無一其他方面包括在朝與其他宰相，特別是李靖爭權的記載。由於

1 《通鑒》卷一九四。

2 《通鑒》卷一九八貞觀二十年九月。

3 《通鑒》卷一九三。

“建成、元吉之誅也，君集之策居多”，[1] 所以也和用蕭瑀一樣，用他似不排除太宗藉以感恩之因素，未必有意要分誰的權。

為免煩瑣，考證到此為止。因為唐初宰相制度發生這些變化時，以上五人是最早被任命的，由貞觀元年一直延續到貞觀十三年，再無他人參預，[2] 是足以體現唐太宗和統治集團變更這些制度的指導思想的。而如上所考，既然它們基本上是為了提高統治質量與效率，則自然也就表明“抓權”“分散相權”諸說未必符合事實了。

還要補充兩點。第一，《通鑒》貞觀八年七月尚書右僕射李靖“以疾遜位，許之。……以靖為特進，封爵如故……俟疾小瘳，每三兩日至門下、中書平章政事”。胡注“唐初政事堂在門下省。歐陽修曰平章事之名始此。”如所周知，“平章”之詞始於《尚書・堯典》，此處“平章事”乃參與商議政事之意，並非官銜，“平章”乃動詞，整個太宗一代均不例外。設於門下省的政事堂乃當時宰相議事之所。[3] 李靖從右僕射退下，允許疾瘳仍可三兩日一次參與商議政事，顯然是一種榮寵，故同時加“特進”之銜，稱“優詔”，[4] 並無分誰權力之意。而且另創“平章政事”，不用當時已很習慣的“參預朝政”等，可能也以此表示是資歷深、官品高者退下參政，與資歷不夠者參政不同。後來貞觀九年蕭瑀以“特進”身份參預政事；貞觀十七年高士廉解右僕射，以開府儀同三司（從一品）“依舊平章事”，

1 《舊唐書》本傳。同傳還説，甚至貞觀十八年侯君集謀反之罪被揭發，在處死前，唐太宗還以其功大，曰“我將乞其性命”，因群臣反對而作罷。

2 見《萬表》。到貞觀十三年十一月方有第六人劉洎參知政事。

3 《通典》卷二一《職官三》。

4 《舊唐書》本傳。僕射從二品，特進正二品，是升進，見《舊唐書・職官志一》。

指導思想當均如此。[1]第二，貞觀十七年四月，蕭瑀、李世勣“並同中書門下三品。同中書門下三品自此始”。[2]按用蕭瑀情況已見前，而太宗用李世勣，也與所謂對諸相不放心，要“抓權”的意圖無干。原來，李世勣乃僅次於李靖的傑出軍事人才，一直率軍征戰或捍衛邊地，功勛卓著，“使突厥畏威遁走”；同時他又出任過并州大都督、晉王李治（後來的高宗，當時年少，其大都督是遙領）的主要輔佐長史，所以貞觀十七年李治為皇太子後，太宗即有此任命，以李世勣為太子詹事（主要輔佐），且同中書門下三品，對他說：“我兒新登儲貳，卿舊長史，今以宮事相委”，隨後又說：“朕將屬以幼孤（指李治，時年十五歲），思之無越卿者。”[3]由此可見太宗這次用李世勣，實是看中其才幹，先讓他在政事堂掛上號，是在為未來皇帝儲備忠心又能幹宰相之意，[4]並非要分誰的權，隨後貞觀十九年征遼東，又把李世勣拉出去任行軍大總管，僅留房玄齡在京城獨掌大權，也是充分證明。

總之，參預朝政也好，同平章事、同中書門下三品也好，唐初這些宰相制度的演變，其原因用皇帝“抓權”，對宰相猜忌、不放

1 《舊唐書》卷六五《高士廉傳》。雖然《通鑒》卷一九七“平章事”作“同中書門下三品”，但其意圖依然是以官品高者（從一品）參政。“同中書門下三品”，見下注。不過，唐高宗時“平章事”正式入官銜，則又改為由資淺者參政，此處不論。見《新唐書·百官志一》、《通鑒》卷二〇三高宗永淳元年四月。

2 《通鑒》卷一九七。《新唐書》卷一〇五《長孫無忌傳》記同一事則作“以無忌為太子太師（從一品），同中書門下三品。同三品自此始。”與《通鑒》不同，此從《通鑒》。按蕭瑀官太子太保，從一品，是以官品高過中書令、侍中（皆正三品）者參預朝政，聯繫上述李靖以官品高者平章政事，似太宗原意，作為制度，同中書門下三品同樣應以高品為之；至於李世勣位太子詹事，從三品，竟以資淺者同中書門下三品，則另有原因，見下。

3 以上俱見《舊唐書》本傳。當由於這一特殊性，他才以資淺者同中書門下三品。

4 《通鑒》卷一九九貞觀二十三年四月稱：太宗死前對太子說，將來用李世勣為僕射，“親任之”，“若徘徊顧望，當殺之耳”。此與太宗歷來對大臣之言行不合，當時政局穩定，也無此必要。《政要》卷二、新舊《唐書》本傳均無此記載。

心，要分散相權去解釋，至少就唐初太宗這一朝言，是基本上找不到史料依據的；而如說它主要出於提高統治質量和效率的需要，則比較符合唐太宗的情況和當時形勢。因為唐太宗和後來的明太祖不同：要說明太祖出身低微，家族孤弱，即帝位後面對家世顯赫、高貴的大臣，有着強烈自卑感，因而猜忌、不放心，力圖抓權、削弱臣下權力，並付之行動，是可以理解的。而唐太宗出身關隴貴族，不但家世顯赫高貴，宗族強大，而且本人功勛卓著，[1] 聲望極高，統治穩固，以至於被四夷尊為"天可汗"，為古來所未有；相反，在政敵太子建成等消滅後，聲望最高的宰相如房玄齡、高士廉、李靖等，倒不過出身隋朝中下級官吏，賴太宗賞識、提拔，方得以飛黃騰達，太宗統治從高層集團內部言可以說幾乎不存在甚麼威脅，有甚麼必要去猜忌大臣，抓權分權，無事自擾，而不是廣任賢臣，放心使用，使之充分發揮才能，集思廣益，以提高統治質量與效率呢？試看房玄齡與杜如晦相知友好，[2] 太宗既以房為左僕射，又以杜為右僕射；房玄齡與魏徵、戴胄"親善"，[3] 太宗先後用他倆"參預朝政"；蕭瑀與房玄齡不和，太宗便把蕭瑀調開，不都體現這一指導思想嗎？貞觀年間王珪進拜侍中，"時房玄齡、魏徵、李靖、溫彥博、戴胄與珪同知國政"。唐太宗要珪"品藻"諸人和他本人，對曰："孜孜奉國，知無不為，臣不如玄齡；每以諫諍為心，恥君不及堯舜，臣不如魏徵；才兼文武，出將入相，臣不如李靖；敷奏詳明，出納惟允，臣不如溫彥博；處繁理劇，眾務必舉，臣不如戴胄；

1 雖然，羅香林先生據《大唐創業起居注》，以為起義過程中太子建成功勛也不少，兩《唐書》等對太宗之功勛或有"偽飾"。見《唐代文化史研究》，商務印書館，1945 年，第 34—37 頁。

2 《舊唐書》卷六六《杜如晦傳》及"史臣曰"。

3 《舊唐書》卷七〇《戴胄傳》。

至於激濁揚清，嫉惡好善，臣於數子亦有一日之長。”[1] 時魏徵、戴胄均為“參預朝政”。故王珪這話從一個角度反映當時對唐太宗其所以設立多名宰相（包括正職與非正職）的共識：旨在用其所長或取長補短，使之相互配合，以保證、提高統治質量。

宋代胡寅因此指出：唐設三省長官為宰相，“又以官未及而人可用者參預朝政……當貞觀時……不數年坐致太平，其集材並用之效如此。”並引“諸葛武侯曰‘參署者，集眾思，廣忠益也’”以說明之。[2] 這一看法似更符合歷史事實。

---

1 《政要》卷二《任賢第三》“王珪”條下記此事於貞觀二年，似誤。應為貞觀四年，因這一年二月戴胄方“參預朝政”，溫彥博方為中書令。而據《萬表》，同年參預朝政者，蕭瑀於七月罷去，侯君集十一月任命，魏徵是早已任命的。故王珪此“品藻”應在貞觀四年八月至十月之間。

2 《政要》卷一《政體第二》貞觀元年條末戈直注引；王仲犖先生認為以參預朝政等名義為宰相，是“君主為了要廣泛延攬統治人才”，或許也是據此而言，見所著《隋唐五代史》第四章第一節，上海人民出版社，1988 年，第 463 頁。

試論明代內閣制度的非宰相性質
——兼略說明代以前秘書咨詢官員權力的特點 *

明代（英宗以後）內閣制度是不是宰相制度？[1] 具體說，內閣大學士（以下省稱"閣臣"）是宰相，還是秘書咨詢官員？[2] 如果說不是宰相，為甚麼明代稱閣臣為宰相之記載，更僕難數？而且早在約成於明孝宗弘治年間的黃瑜《雙槐歲鈔》中已經稱英宗正統年間，內閣制度發展，"迨徐武功（有貞）、李文達（賢）掌文淵閣事，始以政府視之，人亦稱為宰相矣。"[3] 可是如果說閣臣已演化成宰相了，為甚麼否認、反對閣臣為宰相之說，直到明末也未停止？明穆宗時言官駱問禮在專論閣臣一文中甚至說："……道路無知之人，且直以宰相目之矣。不知大學士非宰相也。"[4] 更有趣的是，明神宗稱閣臣葉向高為"宰相"，[5] 而葉向高卻一再上疏，力辨閣臣非宰相，權力

* 原載《文史》2002 年第 3 期。

1 王其榘《明代內閣制度史》（中華書局，1989 年）第 82 頁認為：從明英宗正統元年到武宗正德末年，"明代內閣制度在這時期基本形成"，本文從之。

2 古代雖有各類"秘書"之官，但其職掌多數與現代含義不同；"咨詢"一詞，含義與現代同，但無其官。今人據現代含義，將古代職掌與之相同、相似之官，概括稱秘書咨詢官員（也有僅稱秘書官員的），目的是便於研究，猶如將本無其名目的古代法律概括稱民法、訴訟法等一樣。

3 《雙槐歲鈔》卷四"文淵閣銘"條。

4 《明經世文編》卷四七〇，駱問禮《喉論（閣臣）》。

5 《明史》卷二四〇《葉向高傳》。

"與前代之宰相絕不相同",[1] 等於否認自己是宰相。如此巨大反差,在明代以前宰相制度史上從未一見。這就不能不給閣臣乃宰相之說投上陰影,打上問號。

關於這一問題,過去我在探討歷代宰相職權時曾略微涉及,意思是閣臣非宰相。[2] 但因當時論述重點不在明代,內容十分疏略。十多年過去,現在看來仍有剩義可探,茲草成此文,進一步申述、補充前說。

一

要探究明代閣臣是否宰相問題,首先必須弄清明代以前宰相與非宰相的區分標準究竟是甚麼。雖然在中國古代除遼代外,宰相從來不是一個正式官名,哪些官員是宰相,哪些官員近似宰相而不是宰相,皆出於不成文法,並無明文規定,但因宰相之設,代代相襲,約定俗成,不言而喻,因而在各該王朝統治體制和統治機構的運作中,其區分標準還是很清楚的。大量史料表明,明代以前宰相全都握有以下兩大權力,只有同時握有此兩大權力的官員才被認定為宰相,缺一不可。

首先必須握有議政權。凡是國家大事(政治、軍事、經濟、人事等),原則上由宰相入宮朝見君主,共議方略。宰相要出謀劃策,多方籌計,最後由君主獨斷決策,下詔執行。早在漢代,這種基本

---

1 《明神宗實錄》卷五一一萬曆四十一年八月庚寅條,台灣"中研院"歷史語言研究所校印影印本(下同),第 9664 頁。

2 參拙著《兩漢魏晉南北朝宰相制度研究》,中國社會科學出版社,1998 年,第 7—8 頁。

形式已被固定下來，叫作“入（宮）則參對（君主）而議政事”。[1] 但這只是宰相的直接議政權。由於統治事務隨着社會發展日益煩重，千頭萬緒，宰相沒有必要也沒有可能，事無大小一概入宮商議，而君主出於種種原因也未必需要或願意經常接見宰相，因此總體上說，更多的是君相不見面，而由宰相行使間接議政權：一般日常政事由宰相奏上文書，提出處理建議，君主斟酌、批准，即成決策；有時則由君主主動向宰相下達非正式的手詔（或稱中旨、中敕、內批、內降等），或由宦官等傳達口諭，提出一般人事任命、各種措施，宰相如無異議，派人草成詔令，同樣成為決策。[2] 當然也有越過宰相，君主徑直將手詔下達有關官府的，且靠君主權威，得到執行，但因無視宰相議政權，這種行徑總是遭到譴責，被視為非法。[3]

其次必須握有監督百官執行權。再好的決策，如不能有效執行，就有可能等於一紙空文。明代丘濬便強調：“人君詔令之出，不可不詳審於未頒之前，尤不可不踐行於既頒之後。”[4] 而“踐行”，原則上君主不管，要靠宰相對百官監督、指揮，這就是“出（宮）則監察（百官）而董（正）是非”。[5] 其任務極其煩重：如向全國下達詔令（各類決策）；特別是在決策執行過程中委派官員督促檢查，

---

1 《後漢書》卷四六《陳忠傳》。

2 對君主的手詔，宰相多半同意，成為決策；如有異議，通過文書反饋上去，其結果或是君主收回成命，如君主堅持己見，宰相仍需奉行，同樣成為決策，因為畢竟根本制度是君主專制。

3 《舊唐書》卷八七《劉禕之傳》載其為宰相，否認武則天所下中敕之合法性，曰：“不經鳳閣鸞台（當時的宰相機構），何名為敕？”武則天無以駁之。《舊唐書》卷一六六《元稹傳》載其靠宦官推薦，唐穆宗中旨用為祠部郎中、知制誥，“朝廷以書命不由相府，甚鄙之”。《續資治通鑒長編》卷一二三宋仁宗寶元二年五月己亥，韓琦言“今之內降，蠹壞綱紀，為害至深”。《宋史》卷四〇〇《王介傳》載，王介上疏甚至說：“崇寧、大觀（均宋徽宗年號）間，事出御批，遂成北狩之禍（指徽、欽二帝被俘北去）。”

4 丘濬《大學衍義補》卷三《謹號令之頒》。張居正且說如詔令不行，“斯大亂之道也”。見《明經世文編》卷三二四《陳六事疏》。

5 《後漢書》卷四六《陳忠傳》。

或要求有關官員通過文書報告執行情況，如發現問題，宰相需及時研究解決；一般到年終則需“董是非”，即對有關官員進行考課，奏行賞罰等。在這整個過程中，除了發生比較重要的問題，宰相經過討論，提出對策後，必須上奏君主，下詔解決外，[1] 對於大量的一般問題，宰相接到有關地區或部門的報告後，有權自行發佈文書，進行處理。關於這一制度，因與本文中心緊密關聯，試多贅述幾句：

從晉代開始，宰相（尚書令、僕）有權自行頒下文書：尚書符。《晉書》卷三九《荀奕傳》：“尚書符下陳留王，使出城夫。”因發生爭議，後被“詔”否決，是“符”原未經君主之證。唐代宰相所下這類文書，先曰尚書省符，後曰堂（政事堂）帖。《唐六典》卷二三《將作監》：“丞掌判監事……大事則聽制敕，小事則俟省符。”二者區別清楚。李肇《唐國史補》卷下：“宰相……處分百司有堂帖。”五代同。[2] 北宋初堂帖也叫中書札子。宋太宗時參知政事（副宰相）寇準自行頒下“中書札子”壓制左正言馮拯。拯憤“寇準弄權”，上奏。太宗怒曰：“前代中書有堂帖指揮公事，乃是權臣假此名以威服天下。太祖朝，趙普在中書（為宰相），其堂帖勢重於敕命，尋亦令削去。今何為卻置札子，札子與堂帖乃大同小異爾。”大臣張洎對曰：“札子蓋中書行遣小事……若廢之，則別無公式文字可以指揮。”可是因嫌宰相自下札子權重，太宗仍決定“自今大事，須降敕命；（小事）合用札子，亦當奏裁，方可施行也。”[3]《宋史》卷三一六《唐

1 如南宋《慶元條法事類》卷四《職制門一》“上書奏事”條規定：“諸奉制書……而理有不便者，速具利害奏，事涉機速者，且行且奏。”宰相收到這類“奏事”，因涉及執行制書是否“不便”，必須上奏君主，共同研究處理。

2 沈括《夢溪筆談》卷一《故事一》：後唐樞密使亦自下文書，“小事則發‘頭子’，擬（中書，宰相）堂帖也”。證明堂帖之存在。

3 《續資治通鑒長編》卷四〇宋太宗至道二年七月丙寅條。

介傳》載，王安石為參知政事，為變法方便，曾找理由建議宰相處理小事，不再"皆稱聖旨"(即經過奏裁)，"宜止令中書出牒"。[1]唐介反對，以寇準之事為訓，曰："如安石言，則是政不自天子出，使輔臣皆忠賢，猶為擅命，苟非其人，豈不害國。"宋神宗"以為然"，於是其制仍舊。可是事事奏裁，勢難認真執行，特別是在政務煩多，君相又不常見面之時。《宋史》卷一九九《刑法志一》：南宋秦檜為相，"率用都堂批狀、指揮行事(即自行下達，不奏裁)。"[2]當時尚書省札子(相當於神宗改革前中書札子)沿舊制，仍需奏裁；[3]但批狀、指揮則可不奏裁。[4]《文獻通考》卷一六七《刑六》紹興三年條：御史常同反對宰相自行頒下懲罰販私鹽之文書，奏曰"不稟之聖旨，遂以批狀行之，何其易哉！"紹興二十六年條：吏部整理經君主批准之"成法"，吏部尚書周麟之奏"乃有頃年都省批狀、指揮參於其間，向之修書官有所畏忌，至與成法並立"，因此建議"可削則削，毋令與三尺混淆。……詔依。"此證宰相自行頒下文書已成制度，只是不得與"成法"混淆而已。元代宰相所自下文書有"中書省札付"，應用甚廣。如元世祖至元二十四年吏部"承奉中書省札付"，內容規定官位低的府州儒學教授任滿升轉等辦法。吏部表示"除遵依外"，因"員多闕少"，建議對有關人員"出題試驗"等。對此，"省府(中書都省)"批示"准呈"。此文書便"咨(各)行中

1 可能為避免與宋太宗決定衝突得太厲害，故王安石含糊地將建議恢復中書自行出札子改為"出牒"，牒亦文書的一種。就像當年宋太祖不許宰相自行出堂貼，後來出現下札子一樣。

2 "都堂"，指宋神宗變法、官制改革後的尚書都省，其長官為宰相。"批狀""指揮"，均文書名。

3 當時尚書省札子均有"奉聖旨"云云語，是已經奏裁之證。如朱熹《朱文公文集》卷一九《條奏經界狀》曰："具位臣朱熹准尚書省札子，備奉聖旨指揮，令臣……"又樓鑰《攻媿集》卷三二《辭免除起居郎狀》曰："臣准尚書省札子，奉聖旨除起居郎者。"該卷諸狀，此例尚多。

4 如《朱文公文集》卷一九，凡奏狀，最後皆曰"伏候敕旨"；而"申尚書省"文書，最後則曰"伏候指揮(都堂指揮)"，二者顯然有別。

書省”，即發往全國，並要求“請照驗依上施行”。[1] 這是宰相自下文書，對下級建議自行批准，全國需奉行之例。它在元代已成定式。[2]

由此可見，由晉至元，宰相自行頒下文書，雖曰處分的是“小事”，但因數量龐大，遍及全國，影響至巨，實乃監督百官執行權的極重要體現，甚至可以藉此“威服天下”（宋太宗語），所以有時才會遭到君主猜忌。除上引史料外，試再舉一例。《隋書》卷四八《楊素傳》載其為尚書左僕射（宰相），被劾“作威作福”。“上（隋文帝）漸疏忌之，後因出敕曰：‘僕射國之宰輔，不可躬親細務，但三五日一度向省，評論大事。’外示優崇，實奪之權也。”奪的是甚麼權呢？由於入宮議政之權此敕並未涉及，自然繼續保留；而允許“評論大事”，等於說在決策執行過程中發生重大問題需奏裁時，宰相仍擁有先行討論、提出對策、供君主抉擇之權，所以楊素被奪的主要只可能是宰相處理一般日常政務、自行頒下文書之權。這就再次證明，這一權力相當重要，乃宰相權力不可或缺的組成部分，總體上說，明代以前它一直存在、發展，原因就在於此。隋文帝之敕，只是一時特例而已。[3]

以上便是明代以前宰相同時握有的兩大權力，如缺其一，便不成其為宰相。它是區分宰相與非宰相的標準。關於無議政權不被視為宰相之例，因與本文中心無關，此處從略。[4] 下面着重討論歷

1 《廟學典禮》卷二《儒職升轉保舉後進例》。

2 如《通制條格》（元代法典《大元通制》的一部分）中，許多條格都是中書省各部提出，“都省准擬”“都省准呈”等，而由全國奉行（如卷六《選舉・蔭例》）；且與“聖旨”一同編為法典。就是說，和南宋都堂批狀等比，它們已是“成法”。

3 據《資治通鑒》卷一七九，此敕下於仁壽二年。當時宰相還有蘇威（見萬斯同《隋將相大臣年表》），並未遭猜忌，從整個宰相機構言，自繼續擁有處理一般日常政務，自行下達文書之權。

4 如有興趣，可參前揭拙著《兩漢魏晉南北朝宰相制度研究》，第 6 頁。

史上無監督百官執行權所引發的問題。這便不能不涉及秘書咨詢官員。

二

自漢代以後，為了彌補宰相才幹之不足，有時則是為了對其權力進行制衡，逐漸出現秘書咨詢官員。如漢代的領尚書事、中朝官，魏晉南北朝的侍中、中書監令，唐宋的翰林學士等皆是。他們的極重要職掌，便是在重大政事上供咨詢，替君主出謀劃策。如晉代侍中"備切問近對，拾遺補闕"；[1] 唐代翰林學士"實掌詔命，且備顧問"。[2] 試舉二例：唐穆宗時，李逢吉為宰相"勢傾朝野"，"惟翰林學士李紳每承顧問，常排抑之。擬狀至內庭，紳多所臧否（胡注：擬狀，謂進狀所擬除目也。翰林學士院在內庭，蓋李逢吉所進擬者，穆宗訪其可否於李紳，故得言之），逢吉患之。"[3] 宋神宗時，王安石為翰林學士，"中書嘗進除目，（君相議論）數日不決。帝曰'當問王安石'。介（唐介，時為參知政事，副相）曰：'陛下以王安石可大用（指用為參知政事等），即用之，豈可使中書政事決於翰林學士？臣近每聞宣諭某事問安石，可即行之，不可不行。如此則執政何所用，恐非信任大臣之體也。'"[4] 此二例即體現了君主以秘

1 《晉書》卷二四《職官志》。

2 《文苑英華》卷七九七，杜元穎《翰林院使壁記》。

3 《資治通鑒》卷二四三長慶三年九月丙辰。除目，即官員任命名單。又《晉書》卷四五《任愷傳》：愷為侍中，晉武帝"政事多咨焉"。時宰相為賈充，愷"每裁抑焉"，"充病之，不知所為"。與此情況略同。

4 《宋史》卷三一六《唐介傳》。此為彌補宰相才幹不足之好例。唐代君主早有此意圖。《唐會要》卷五七《翰林院》：唐玄宗其所以選翰林，設學士院，是因為"萬樞委積"，如全靠宰相，"或慮當劇而不周，務速而時滯"，方才建立新的機構。

書咨詢官員彌補宰相才幹之不足和制衡其權力的作用。這一類秘書咨詢官一個時期內權力自然很重，但因只有某些議政權，沒有監督百官執行權，因而其地位也就無法與宰相相比，頂多如唐宋那樣被視為“內相”：

《新唐書》卷四六《百官志序》：翰林學士“專掌內命，凡拜免將相，號令征伐，皆用白麻（紙）。其後選用益重，而禮遇益親，至號為‘內相’。又以為天子私人。凡充其職者無定員”。

《文獻通考》卷五四《職官八》：“按唐之所謂翰林學士……未嘗有一定之品秩也。故其尊貴親遇者號稱‘內相’，可以朝夕召對，參議政事，或一遷而為宰相。而其孤遠新進者，或起自初階，或元無出身，至試令草麻制……其人皆呼學士，自唐至五代皆然”。

《舊唐書》卷一三九《陸贄傳》：陸贄，唐德宗時為翰林學士，朱泚叛亂，“機務填委，徵發指蹤，千端萬緒，一日之內，詔書數百。贄揮翰起草，思如泉注。……其於議論應對，明練理體……雖有宰臣，而謀猷參決，多出於贄，故當時目為‘內相’”。

《文獻通考》卷五四《職官八》：“然則翰林學士之官獨不可通之於前代乎！……至於出入禁闥，特被親遇，參謀軍國，號稱內相，則漢魏以來侍中、領尚書事、秘書監、中書監之類是也”。

《宋史》卷一六二《職官志二》：翰林學士“掌制、誥、詔、令撰述之事。……乘輿行幸，則侍從以備顧問，有獻納則請對，仍不隔班。”同唐代一樣，號為“內相”。如費袞《梁溪漫志》卷二“學士不草詔”條即稱“（蘇）東坡在翰林”乃“內相”。[1]

---

1 宋太祖時陶穀、竇儀為翰林學士，號“內相”，見李心傳《舊聞證誤補遺》第一條。南宋孝宗時王曮（字日嚴）為翰林學士，被視為“內相”，見周煇《清波雜志》卷二“紹興置衫帽”條。

以上史料明確反映，“內相”只有“參議政事”、“謀猷參決”、草詔等權力，[1] 而絲毫不涉及監督百官執行權。《文獻通考》卷五四《職官八》且說翰林學士“不當豫外司公事”。這是明代以前秘書咨詢官員與宰相的最基本區別。所謂“天子私人”，也意味着他們僅替君主個人出謀劃策、草詔，而不參預外朝宰相等關於詔令之執行。[2] 內相可以“或一遷而為宰相”，[3] 但畢竟不是宰相。

以歷史上的這一普遍標準來衡量，[4] 明代閣臣應屬哪一種？秘書咨詢官員，還是宰相？

鄭曉《今言》卷四第三四三條：“直文淵閣，入內閣預機務……不得專制九卿事，九卿奏事亦不得相關白。”鄭曉在明世宗時曾任刑部尚書，“習國家典故”，[5] 所言自然可信。其“九卿”主要即指六部尚書。這段話等於說內閣無權指揮六部尚書事，六部尚書只向君主奏事，內容事先不許讓內閣知曉。這和過去之制即宰相監督、指揮百官，百官於一般政事必須報告宰相，由宰相自行下文書處理；

---

1 內相必須草詔，但其所以稱內相，主要是因為君主有時會就詔令（決策）內容徵求其意見，從而擁有參與議政之權。《新唐書》卷一六九《韋貫之傳》：唐憲宗“以段文昌、張仲素為翰林學士”，二人“行止未正”（此據《舊唐書》卷一五八《韋貫之傳》），“貫之謂學士所以備顧問，不宜專取辭藝”，“奏罷之”。意即選拔學士不能專重草詔文筆優美，主要要看德才能否勝任“顧問”。

2 蔡絛《鐵圍山叢談》卷二：章惇為宰相時，翰林學士承旨蔡京詣惇府，“有賓吏白（惇）侍從官在客次”，惇招待失禮，京曰“某待罪禁林，實天子私人，非公僚佐”云云。所謂“侍從官”“非公僚佐”，亦不預外朝詔令執行之旁證。

3 《夢溪筆談》卷一《故事一》：“學士院第三廳學士閤子，當前有一巨槐，素號槐廳。舊傳居此閤者，多至入相。學士爭槐廳，至有抵徹前人行李而強據之者。”既反映學士多遷宰相，又表明“內相”極望為宰相，二者差距顯著。

4 只有唐代杜佑在追溯魏晉南北朝史時提出另一標準，認為當時僅“參掌機密”“知政事”，就是宰相（《通典》卷二一《職官三》）。其說非是，請參拙著《兩漢魏晉南北朝宰相制度研究》第一章第一、二節及其他有關章節。可能杜佑自己也認為這一標準不具普遍性，尤其是與中唐翰林學士雖“參議政事”，僅是“內相”而非宰相的現狀無法調和，因此《通典》的《職官》部分竟對此“多名流”的“清要顯美之官”翰林學士，“略不敍述”，以致《文獻通考》卷五四《職官八》不能理解，慨歎為“闕事”，這或非杜佑的疏漏，而是有意識回避的。

5 《明史》卷一九九《鄭曉傳》。

重大政事一般也必須先上宰相，由宰相研究對策，再奏君主抉擇等，大不相同。

孫承澤《春明夢餘錄》卷二三《內閣一》照抄了鄭曉上面這段話，然後在另一處又說："內閣之職……主票擬（即擬旨）而不身出與事。"孫承澤，明末崇禎時曾任刑科都給事中，"習掌故"，《四庫全書總目》讚其《春明夢餘錄》"考證詳明"。[1]所謂"主票擬而不身出與事"，即如同唐宋翰林學士那樣，只能在宮內草擬詔令，而不許"出"宮干預，指揮外朝百官執行之事。這與上引鄭曉語意思一致，證明它是直到明末也未變化的制度。

谷應泰《明史紀事本末》卷四三《劉瑾用事》：明武宗正德二年四月，"劉瑾矯詔令內閣撰敕，天下鎮守太監得預刑名政事。……故事：六部奏准，備事由送內閣請敕書，未有不由六部，內閣自出敕者。瑾付內閣創為之，東陽（閣臣李東陽）等不能執奏，唯唯而已。"[2]這條史料可為前兩條之補充。它說明日常政事本出自六部（猶如過去出自宰相一樣）：凡政事由六部奏准（如入宮面見君主議政，或上疏題請，君主點頭），再準備素材，送內閣草詔。當然，猶如唐宋被顧問的翰林學士，內閣有權對之評論，提不同意見，[3]但制度上日常政事從創議、議政到執行全歸六部，則是肯定的。而且，既然"創白由六曹"，[4]這就是說，閣臣只能通過票擬時評論六部

1 《四庫全書總目》卷六三《史部十九・傳記類存目五・四朝人物略》。

2 嘉靖初年成書的陳洪謨《繼世紀聞》卷二"四川鎮守太監"條，所記內容，特別是"故事"一段，與此略同，或為谷應泰史料來源之一。

3 明後期閣臣高拱說："我國家之事，皆屬部臣題請，閣臣擬票。或（題請）未當，則為之駁正；或（題請）未妥，則為之調停。"見《明穆宗實錄》卷五四七隆慶五年五月庚寅條，第1412頁。

4 《春明夢餘錄》卷二三《內閣一》引"王司寇世貞曰"。

題請，發表意見，[1] 而無權自行就日常政事向君主"創白""題請"，然後"出敕"，自然更談不上如前代宰相那樣獨自頒下堂帖等文書。此即"未有不由六部，內閣自出敕者"之深層含義。

《明史》卷二二五《楊巍傳》載：楊巍神宗時為吏部尚書。"明制：六部分蒞天下事，內閣不得侵。"崇禎時兵部員外郎華允誠的《可惜可憂疏》云："用人之職，吏部掌之，而閣臣不得侵焉。"[2] 均與前述制度一致。

以上史料充分證明，從明英宗直至明末，內閣制度始終沒有發生質的變化：儘管閣臣"預機務""主票擬"，具有極大的議政權，但又"不身出與事"，"不得專制九卿事"，不得"自出敕"，亦即無監督、指揮百官執行詔令之權。這就是說，基本上等同於過去的秘書咨詢官員、內相（唐宋的翰林學士），而非宰相。這就是為甚麼明代否認閣臣為宰相之說一直存在而從未停止的原因，以及其主要根據。

試看明末閣臣葉向高的言論："我朝閣臣，只備論思顧問之職，原非宰相。……臣備員六年，百凡皆奉聖斷，分毫不敢欺負；部務盡聽主者，分毫不敢與聞。"[3]"部務盡聽主者"，即指日常政務由六部"奏准"，負責。"分毫不敢與聞"，乃不敢破壞《今言》所謂"九

---

1 此外還可通過評審天下章奏，就其內容提出處理意見（見後）。需指出的是，這些章奏若關涉六部具體政務（如邊防、税收等），由於內閣並不掌握六部具體業務、情況，因而無法評議，其票擬往往是"某部（如兵部）知道"等，即請君主將此章奏發往該部，由其研究後具體"題覆"，形式上再經內閣"觀其當否"（除人事外，因不熟悉業務，往往是走形式），君主如批准，便成決策（參徐階疏，見《明穆宗實錄》卷二二隆慶二年七月乙丑條，第 596—597 頁；葉向高《條陳要務疏》，見《明經世文編》卷四六二）。就這一方面言，實權、責任也在六部。這和過去由宰相指揮六部對有關章奏進行研究，或共同研究，宰相同意並承擔責任，再上奏，是不同的。

2 《春明夢餘錄》卷二四《內閣二》。

3 《明神宗實錄》卷五〇一萬曆四十年十一月乙未條，第 9485—9486 頁。

卿奏事”對內閣事先不相關白制度之意。在另一處他說得更清楚：“自不肖受事（為閣臣）以來，六曹（部）之政，絕未嘗有一語相聞，甚至（該部）上疏之後，揭帖（一種文書，向內閣通告情況）亦無，直至（君主）發擬（草詔），然後知之。”[1]“祖宗設立閣臣，原是文墨、議論之官，毫無事權，一切政務，皆出自六卿，其與前代之相臣絕不相同。”[2]“文墨”，指草詔（票擬）；“議論”，指顧問。意為只是過去翰林學士等之職。[3]葉向高還曾斷言：明太祖“罷中書省，分置六部，是明以六部為相也。”[4]這與“一切政務，皆出於六卿”之說，也完全一致。

可見，說來說去，閣臣其所以不是宰相，全不外乎他們只有某些議政權，而無監督百官執行權，後者按制度分別握在六部手中。《明史》卷二五七《馮元飆傳》：崇禎時閣臣“輒曰：昭代本無相名，吾儕止供票擬，上委之聖裁，下委之六部”。和葉向高之說如出一轍。這是內閣制度直至明末尚未發生質的變化，並非宰相制度的又一明證。清代紀昀等《歷代職官表》卷二《內閣表》按語：“內閣職司票擬，其官創自明初，原不過如（唐宋）知制誥之翰林，並非古宰相之職。”說明繼承明制的清代官方，也是同樣的看法。

---

1 《明經世文編》卷四六一，葉向高《與申瑤老第二書（閣臣）》。

2 《明神宗實錄》卷五二三萬曆四十二年八月丁未條，第 9858 頁。

3 實際上閣臣權力已從“備顧問”擴大為“主票擬”，要重於翰林學士等，見後。

4 葉向高《與申瑤老第二書（閣臣）》。在另一處葉氏還説：“凡百政事，非下部必不可行，不能行。……閣臣得而參之否？”見《明經世文編》卷四六二《條陳要務疏》。又崇禎時中書陳龍正《特闡揆職疏》云“天下治安由六卿”，見《春明夢餘錄》卷二四《內閣二》。

三

可是，既然如此，為甚麼明人稱閣臣為宰相還會成風呢？特別是後期。這有兩個原因：

其一、和明代內閣的特點分不開。為搞清這一特點，首先必須探究歷代秘書咨詢官員的特點。原來，明以前秘書咨詢官員不僅沒有監督百官執行權，即就議政權言，也與宰相有別。對此，前人似從未論及：

1. 秘書咨詢官員的議政權是被動的，而宰相的議政權則是主動的。因為全國統治、執行決策每天發生的一切重要問題，有關地區、部門都要以文書形式上報宰相機構，由宰相考慮好對策，通過直接、間接議政，最後由君主"獨斷"。這就是說，宰相必須主動找君主議政。《梁書》卷三《武帝紀下》:"詔曰：經國有體，必詢諸朝。所以尚書置令、僕(以上宰相)、丞、郎，旦旦上朝，以議時事，前共籌懷，然後奏聞。""朝"即朝堂，設於君主居處、理政的禁中之前，是當時宰相與屬官治事之處。"前共籌懷"，就是要宰相與屬官每天上班時將全國報來的"時事"，商量好處理意見。"然後奏聞"，就是要他們(一般是宰相)將此意見入禁中啟奏梁武帝，由他決策。這是宰相有權主動找君主議政之明證。明代以前歷代宰相機構名稱、形式雖有不少變化，但宰相的議政程序與梁武帝此詔所述，卻基本相同。此為直接議政，如改入宮為奏上文書待批，則為間接議政。秘書咨詢官員、內相則不同。他們無權主動找君主議政。一般說是要在君主對宰相某些謀劃沒有把握或不滿，自己又想不出好辦法時，方向某些秘書咨詢官員徵求意見，所以後者是被動的。前引唐宰相李逢吉進"擬除目"，這是間接議政，是主動的。

而翰林學士李紳則要等穆宗“訪其可否”於自己，方得言之，這種議政便是被動的；王安石是在君相議政“數日不決”後，方由神宗決定向他徵詢意見，被動情況同。所以唐宋翰林學士稱“備顧問”（見上引），着一“備”字，被動性便不言而喻了。

2. 秘書咨詢官員的議政權是不穩定的，而宰相的議政權則是穩定的。“旦旦上朝，以議時事……然後奏聞”，就表明每日待處理的一切重要政務，按制度宰相必須過問，出謀劃策，這是他們的權力，也是責任。此議政權穩定之明證。而秘書咨詢官員如前引翰林學士“實掌詔命，且備顧問”，這就是說，草詔一般雖是“實掌”，是穩定的；而權力所在、往往左右君主意志的“顧問”，只是“備”，除被動性外，同時還意味有可能不被顧問，即不穩定性。事實上秘書咨詢官員一般人數較多，如魏晉南北朝時期，侍中四至六人，中書監、令各一人；唐代翰林學士更是“無定員”，宋代同。[1] 君主處理政務既然主要依靠宰相，只在少數重要問題，特別是人事問題上需要顧問，則所找的一般只有一兩個人，其他未被顧問者也就與議政權毫不相干。南朝劉宋孝武帝甚至對王彧等四名侍中，一個也不顧問，使他們“初未預參機密”。[2] 唐代翰林學士也是“尊貴親遇者”，方可“參議政事”；大量“孤遠新進者”則無此幸運。此均其議政權不穩定之證。[3] 當然，君主如對宰相不太滿意，也可能相當長一段時間不見宰相，不直接與之議政，但因全國一切“時事”均上報宰相機構，宰相必須處理，重要者提出對策，通過文書啟奏君主決

1 《文獻通考》卷五四《職官八》。

2 錢大昕《廿二史考異》卷三六《南史二・王華傳》。“預參機密”，指在重要政事、人事上被顧問。

3 魏晉南北朝時期，侍中等有“平尚書奏事”之權，是穩定的，也是間接議政，但因所評一般為日常政務，不屬“機密”範圍。參《兩漢魏晉南北朝宰相制度研究》，第 266—268 頁，此處不論。

定，實際上這仍在穩定地進行議政，只不過形式不同，是間接議政而已。而秘書咨詢官員則無此可能（因全國"時事"、文書不上報給他們），也無此權力。

3. 秘書咨詢官員的議政權是部分的，而宰相的議政權則是全面的。因全國向宰相機構所報"時事"，包括政治、軍事、經濟、人事等各個方面，宰相都必須做出反應，重要的必須研究對策，與君主進行直接、間接議政，其內容自是廣泛的、全面的。正因如此，再加上需監督、指揮百官執行，宰相一般選拔統治經驗豐富、資歷深、往往年紀較大的大臣充任。西漢最典型，"故事：選郡國守相高第為中二千石（列卿），選中二千石為御史大夫（副宰相），任職者為丞相（正宰相），位次有序。"[1] 宋代也是"於天下之賢者，必使之揚歷中外（任職中央、地方），養其資、望，而後至於大用（主要指宰相）。"[2] 秘書咨詢官員則有所不同，由於他們是在君主對宰相某些謀劃心中無底或不滿時被顧問的，因而涉及的總是部分問題，多半還是人事問題，因而其人選在統治經驗、資歷、聲望，以至一般在年齡上，也就比不上宰相。

由於明代以前秘書咨詢官員除了沒有監督百官執行權外，和宰相比，其議政權還有以上三個特點，他們與宰相之區別便十分清楚，因而在任何王朝統治過程中，從未發生大臣中誰是宰相，誰非宰相之爭。明代閣臣則有所不同，雖然如上節所論，他們基本上等同於歷代秘書咨詢官員，但是在新的歷史條件下又有自己的特點，

---

1 《漢書》卷八三《朱博傳》。

2 《陳亮集》卷三《問答上（六）》。葉適《水心別集》卷三《官法上》也有類似說法："一人之身，內外之官無不遍歷，較之以資，取之以望"，然後方可用為"政事之臣"（主要指宰相）。

這就是他們所擁有的議政權是主動的、穩定的、全面的，除無“創白”權，幾乎等同於過去宰相的議政權：

1. 凡六部題請、“奏准”的政事，制度上內閣事先雖未被“關白”，但事後並不是“備”顧問，不是說也可能不被顧問，而是全都必經內閣擬旨，[1] 並且全都可以予以“駁正”。[2]

2. 全國除上述六部題請、“奏准”，然後“發擬”之外的一切章奏，也全都交內閣批答、票擬。基本制度是“凡中外奏章，許（內閣）用小票墨書（擬出處理意見），貼各疏面以進，謂之條旨”，供君主參考，或同意或否，用紅筆批出，成為決策。[3] 開始尚不固定，“自（英宗）正統後，始專命內閣條旨”。[4]

3. 君主如主動下手詔、中旨處理政事，也必須送內閣“商確可否”，[5] 擬旨。也就是“聖意所予奪，亦必下內閣議而後行”。[6] 內閣如不同意，便可將手詔、中旨“封還”“執奏”，拒絕擬旨。[7]

以上三方面文書，明代君主的全部決策都不外乎通過它們做出。由於全都必經內閣票擬，所以明代閣臣和過去翰林學士等的“備顧問”不同，他們的這一議政權（明英宗以後一般都是間接議政

1 《明史》卷二四二《陳伯友傳》載其明神宗時為刑科給事中，“陳時政四事，言‘擬旨必由內閣’”，雖意在反對“內降”，也是這一制度存在之反映。葉向高說六部“上疏”題請，不關白內閣，但最後仍要“發擬”，即交內閣擬旨，亦是一證。見葉向高《與申瑤老第二書（閣臣）》。

2 參第 139 頁注釋 3。

3 黃佐《翰林記》卷二《傳旨條旨》。

4 同前注。明成祖時尚無此制度，其時雖已使大學士“參預機務”，與明太祖不同，但“其時章疏直達御前，多出宸斷”。見《明史》卷一〇九《宰輔年表序》。

5 《明史》卷一九〇《毛紀傳》。參前引《陳伯友傳》“擬旨必由內閣”語。

6 《明史》卷一九六《夏言傳》。

7 《明史》卷一八一《徐溥傳》：徐溥明孝宗時入內閣，上疏：“數月以來，奉中旨處分，未當者封還，執奏至再至三，願陛下曲賜聽從。”即一例。

權）是主動、穩定、全面的。[1]

這一制度的形成是歷史的必然。情況是這樣的：宰相已罷去，六部分掌大權，並分別與君主議政，奏請各項事務；加上其他一切章奏，也都徑直送君主審批。這對於統治經驗豐富、精力充沛的君主（如明太祖）來說，還可以擺弄得開；而對於後來一般中下之才的君主來說，必然窮於應付，成為負擔。他們迫切需要，並終於摸索出內閣這樣的制度，作為工具，賦予"票擬"這一草詔，特別是主動、穩定、全面議政的大權，使之發揮以下主要作用：

1. 解除君主沉重負擔，全面地通過票擬為君主出謀劃策，處理全國政務。

2. 通過票擬、"駁正"，全面地與擁有執行權的六部相互配合、制衡，[2] 以提高統治質量與效率。

這樣，歷史的原因造就了內閣，並使之取代過去全面主持政務的宰相，推動統治機器運轉。

本來，如前所述，由於內閣本身並沒有監督百官執行權，票擬也只能根據六部題請、天下章奏、君主手詔內容進行，一般不能於三者之外另行"創白"任何政事，[3] 特別是一切票擬如無君主批紅，便毫無效力，內閣無權自下任何文書；而且僅有之權，一般也因閣

---

1 明代閣臣直至明末仍有"備顧問"的提法。原因一是沿用明初"備顧問"的習慣用語，實際上其制後來已變化。二是專指君主宮內召見咨詢。如《明史》卷一九六《夏言傳》：世宗"數召見，咨政事"；卷三〇八《嚴嵩傳》：世宗"不視朝……大臣希得謁見，惟嵩獨承顧問"。但這是閣臣的直接議政權，的確是"備"，但和過去秘書咨詢官員不同，閣臣有票擬權，其間接議政權則不是"備顧問"，而是主動、穩定、全面的，約如過去宰相所握。

2 《明史》卷一八二《王恕傳》：王恕明孝宗時為吏部尚書，"考察天下庶官"，所上題本經內閣，"已黜"之官被閣臣丘濬"調旨留之者九十餘人，恕屢爭不能得"。即一例。又內閣評審天下章奏，交六部"題覆"，也是相互配合之例。參第 140 頁注釋 1。

3 內閣雖另有"密揭"之權，但非常制，一般不涉及日常政務，多屬人事問題，且不公開，所以曾被言官"指以為奸藪，欲盡行停格"。見《萬曆野獲編》卷七《內閣》"內閣密揭"條。

員有數人，相互牽制，而呈分散之勢，[1] 照說這一制度和明太祖罷宰相的精神原則上一致，是不應被誤認為宰相制度的。可是因為閣臣所握的票擬權，變成主動、穩定、全面地議政，因而對君主，特別是中下之才的君主決策的影響，一般說也是歷代秘書咨詢官員所無法比擬的。《明史》卷一七六《李賢傳》載其為閣臣，明英宗常當面咨詢，"顧問無虛日"。這是李賢全面為君主出謀劃策，而且所掌政務繁重的反映；因得信任，"所言皆見聽"，其影響之大可知。[2] 明末馮元飆說："夫中外之責，孰大於票擬？"[3] 在一定意義上，這話是有道理的。閣臣明明沒有監督百官執行權，後來竟會出現嚴嵩、張居正那樣的權臣，並被不少人稱作宰相，這是一個極重要原因。然而正因沒有監督百官執行權，在內閣發展前期，"人亦稱為宰相"（見本文開篇所引《雙槐歲鈔》）的李賢仍然說："今雖無相，猶以入閣為內相。"味其上下語氣，"內相"實是官場的稱呼。[4] 大概由於歷代都有宰相，隨着時間推移和對明太祖禁令的淡化，官場上又往往把比過去秘書咨詢官員權力擴大了的閣臣，由"內相"改稱宰相，用以填補這一制度上的空白，且以討好閣臣，特別是有權勢的閣臣。對此，是不能理解得太實的。以記載典章制度豐富著稱的《萬曆野獲編》稱閣臣為宰相之例不勝枚舉，可是在卷七《內閣》"輔臣掌吏部"條又說："內閣輔臣，主看詳、票擬而已。若兼領銓選，則

1　明代閣臣後有首輔、次輔之分。明世宗末年首輔嚴嵩專權倒台，閣臣徐階主張增補閣臣。他說過去閣臣往往設三四人，目的就是防止"權有所專"。參王其榘《明代內閣制度史》，第 225 頁。

2　《明史》卷三〇八《嚴嵩傳》：嵩為閣臣，明世宗"雖甚親禮嵩，亦不盡信其言，間一取獨斷，或故示異同。"這正好反映嚴嵩絕大多數票擬全得到批准，極大地影響世宗。

3　《明史》卷二五七《馮元飆傳》。此疏全文見《春明夢餘錄》卷二四《內閣二》。該文還說崇禎依賴票擬比起"諸曹條奏"來，"不啻倍蓰"，亦影響大之證。

4　李賢《天順日錄》"天順初眾論薦予入內閣"條，載《國朝典故》中冊，北京大學出版社，1993 年，第 1172 頁。

為真宰相，犯高皇帝厲禁矣！”所謂兼領銓選，便是指兼任吏部尚書，擁有人事方面的題奏和執行權。由於“犯高皇帝厲禁”，這種情況明代罕見，不屬正常制度。這段話等於說，凡未“犯高皇帝厲禁”，大量的一般閣臣，書中雖稱之為宰相，其實不是“真宰相”。這和“內相”說正好前後呼應。由此可見，明人稱閣臣的所謂宰相，已被偷換內容，原來只不過是“內相”的美稱，而並非“真宰相”。

其二、歷史原因。這和上一個原因是有聯繫的。如果閣臣通過主動、穩定、全面地議論，通過票擬，影響君主決策極大，特別是在人事任免賞罰上君主總是偏聽偏信，票擬無不照准，則包括六部尚書在內的百官對這些閣臣一般怎能不畏懼討好，奉命惟謹，執行決策也聽其指揮呢！在明代歷史上，嚴嵩、張居正便是這樣兩個閣臣。據說，嚴嵩近二十年，張居正近十年，“無丞相名，而有丞相權”。[1]《明史》卷二一〇《趙錦傳》稱：嚴嵩權重，“銓司（吏部）黜陟，本兵（兵部）用捨，莫不承（嵩）意指”；在他以前楊繼盛則說：“凡府、部題覆，先面白（嵩）而後草奏，百官請命奔走，直房（嚴嵩在內閣的朝房）如市。”[2]至於張居正，權更過之。本來，六部不受內閣指揮，“至嚴嵩始陰撓部權，迨張居正時，部權盡歸內閣，逡巡請事如屬吏。”[3]《萬曆野獲編》卷九《內閣》“閣部重輕”條更說：其“相權之重，本朝罕儷，部臣拱手受成，比於威君嚴父，又有加焉。”所謂“莫不承意指”“拱手受成”，不就是說除票擬大權

1 《明史》卷二〇九《楊繼盛傳》載楊繼盛劾嚴嵩語。張居正權力更大。他曾說“我非相，乃攝也”，見《萬曆野獲編》卷九《內閣》“三詔亭”條。意思是相當於周公旦代周成王“攝行政當國”（《史記》卷三三《魯周公世家》）。

2 《明史》卷二〇九《楊繼盛傳》。

3 《明史》卷二二五《楊巍傳》。

外，這兩人還掌握了指揮六部、百官的執行大權，“赫然為真宰相”了嗎？[1] 關於為何嚴嵩、張居正獲得君主如此寵信，兩人情況也不同，本文不擬論述。此處想說明的只是：由於兩人所握大權實際上確與歷代宰相相同，是“真宰相”，因而必然會進一步推動將一般閣臣全視為“宰相”的官場、社會風氣。這便是閣臣明明與歷代宰相不同，而仍被稱為“宰相”的另一重要原因。然而正由於這兩人之權畢竟只是來自君主一個時期的特殊寵信，是非制度的，因而條件一變，此權便可被指責為“上竊君上之威靈，下侵六曹之職掌”。[2] 做過地方二品大員的謝肇淛也說：“票擬不過幕賓記室之任，可否取自朝廷，何權之有！而其後如分宜（嚴嵩）、江陵（張居正）之為者，如猾吏之市權，竊之也，非真權也。”[3] 之所以雖先後有過嚴嵩、張居正之專權，“部權盡歸內閣”，然而嚴嵩一倒，徐階任首輔立即表示要“以威福還主上，以政務還諸司（主要為六部）”；[4] 張居正死後，“創白”和執行大權又漸回歸六部，以至“六曹之政，（對內閣）絕未嘗有一語相聞”（見上節引葉向高語），根本原因就在於此。

總之，嚴格按制度言，明代閣臣直至明亡，儘管比起歷代秘書咨詢官員、“內相”來，權力有所擴大，但基本上還不是宰相，內閣制度並未成為宰相制度。然而由於內閣票擬大權的特點和與之不可分的歷史原因——嚴嵩、張居正專權，官場、社會漸稱閣臣為“宰相”成風，也是可以理解的，只是千萬不可因此誤認為明代存在“真宰相”制度。

1 《明史》卷七二《職官志序》評夏言、嚴嵩語，實際上夏言未達此程度。

2 《明神宗實錄》卷五〇一萬曆四十年十一月乙未條，第 9485 頁。

3 謝肇淛《五雜組》卷一四《事部二》，上海書店出版社，2001 年，第 282 頁。“組”，或作“俎”。

4 《明史》卷二一三《徐階傳》。

有人或許會說，歷史是發展的，既然明人自己已稱閣臣為宰相成風，可不可以對“宰相”作新的理解，賦予明代內容，仍認定明代內閣制度為宰相制度呢？我以為，如果明代官文書上確有正式規定，這樣認定也未嘗不可。然而事實是，直到明末，內閣在制度上一直屬翰林院。萬曆年間重修《明會典》，所開列“文職衙門”名目，竟未專列內閣這一機構，僅在“翰林院”一卷中予以附帶介紹。據此介紹，內閣除密奏君主之文書外，“其餘公務行移各衙門，皆用翰林院印”。[1] 而翰林院僅是“正五品衙門”。[2] 這說明甚麼？這說明自明太祖廢宰相以後，逐步摸索出來的內閣，其權力、地位、與各衙門關係等，在君主、統治集團心目中，經驗尚未成熟，故在《明會典》上，仍依明初之舊規定。既然如此，我們今天無論是以歷代宰相為標準，或者以明代官文書規定為標準，有甚麼理由把內閣制度界定為宰相制度呢？

1 《萬曆野獲編》卷一〇《詞林》“翰林權重”條說：“內閣輔臣，俱繫職詞林，至今……凡文移俱以翰林院行之。”是其證。

2 《明會典》卷二二一《翰林院》。

第三編

評吏胥

試論我國古代吏胥的特殊作用及官、吏制衡機制 *

我國古代，長期存在着吏胥制度。

所謂吏胥，不少古代學者理解為吏與胥，以為大體相當於《周禮・天官敘官》中的"府、史"與"胥、徒"，二者地位有高下之別。[1] 但唐宋以後這二字多連用，作"吏胥""胥吏"，[2] 在正式文書中則作"吏員"或"吏"；[3] 主要指的是中央和地方官府中，在官員指揮下，負責處理具體政務，特別是經辦（整合、保管、查檢、具體處理）各類官府文書的低級辦事人員。[4] 僅大體相當於《周禮》中的"府、史"。他們主要是具有一定文化水平的平民，作為承擔國家"役"的一種，[5] 由官府直接選拔，或考以吏能後錄用，被稱作"庶人之在官

---

* 原載《國學研究》第五卷，北京大學出版社，1998 年。

1 參《周禮正義》第一冊，第 20—30 頁，中華書局，1987 年。以為"府史尊於胥徒"。又元吳師道《吳禮部集》卷一〇《原士》曰：古代士農工商，"惟士得仕焉"，"外是，則處官府，職簿書，有吏焉。下是而任奔走服役，有胥徒焉。"

2 《舊唐書》卷一〇六《楊國忠傳》：國忠歷、兼四十餘官，事務"皆責成胥史"；《水心別集》卷一四《吏胥》；《日知錄集釋》卷八"吏胥"；牟願相曰"唐宋以來……吏胥日橫"，見《清經世文編》卷二四《說吏胥》。

3 "吏員"，見《明（萬曆）會典》卷七。"吏"，見《清（光緒）會典》卷一二。

4 如蘇軾說"胥吏（即吏胥）行文書，治刑獄、錢穀"，見《蘇東坡集・奏議集》卷二，元豐元年（1078）十月《上皇帝書》；明丘濬說：《周禮》之"史"，"若今吏典掌文案者也"，見《大學衍義補》卷九八《胥隸之役》。又參《吳禮部集》卷一〇《原士》吳師道語。又請參看許凡《元代吏制研究》"緒言"，勞動人事出版社，1987 年。

5 如明、清法典都規定充"吏"是"役"，見《明（萬曆）會典》卷七、《清（光緒）會典》卷一二。

者"。[1]因而在身份上便與一般經科舉，考經學、詩賦入仕的官員截然不同，政治、社會地位都相當卑下；[2]但由於經辦各類官府文書，事涉人事、刑獄、錢穀等，熟悉王朝法、例，在當時種種條件下，他們必然又不同程度地握有一定甚至是相當大的權力。清梁章鉅《制義叢話》卷七引楊芸士曰："……胥吏……後世上自公卿，下至守令，總不能出此輩圈襀（'襀，紐也'[3]）。刑名簿書出其手，典故憲令出其手，甚至於兵樞政要，遲速進退，無不出其手。使一刻無此輩，則宰相亦束手矣。"這話雖有誇張，但足可證明，地位卑下的吏胥確實握有不可忽視的權力。

本文所論述的，便是這一特殊對象在唐宋以後統治機構中所發揮的特殊作用，和當時政治、社會背景下所形成的官、吏制衡機制。

一

對於吏胥，唐宋以後予以嚴厲抨擊，以至咒罵的言論、文章，不勝枚舉。主要指責他們利用職權，蒙蔽官員，舞文弄法，貪污受賄，敲詐勒索，為害極大。

宋葉適說："吏胥之害，從古患之，非直一日也，而今為甚。"[4]

---

1 參《文獻通考》卷三五《選舉八》、《大學衍義補》卷九八《胥隸之役》。後者引鄭玄曰："庶人在官，謂府史，胥徒之屬，官長所除，不命於天子國君者。"（原文見《禮記・王制》"庶人在官者"注）

2 當然，比起同是"庶人在官"而單純從事廝役等體力勞動的皂隸，吏胥身份又高一些。元陶宗儀《南村輟耕錄》卷二記元代蕭䡵早歲為吏，"呈牘（府）尹前。尹偶墜筆，目公拾之，公陽為不解，而止白所議公事。如此者三。公曰某所言者王事也，拾筆責在皂隸，非吏所任。"是一證。

3 《集韻》卷七。

4 《水心別集》卷一四《吏胥》。

明黃宗羲說："蓋吏胥之害天下，不可枚舉。"[1]

清儲方慶說："今天下之患，獨在胥吏。"[2]

可是為甚麼這一制度始終無法廢除或徹底改革？直到清末，李慈銘仍在說："蓋國朝胥吏，偷竊權勢，舞弄文法，高下在心，實以黑衣下賤之流，而操天下之大柄。……此最國家之一蠹也。"[3] 原因何在？

原來這一吏胥制度具有一種特殊機制，它的存在、延續，是古代君主專制制度下，伴隨社會經濟、文化的進一步發展，不以人們意志為轉移的必然結果。

如所周知，我國古代社會，幅員遼闊，人口眾多，民族複雜，經濟、文化發展緩慢，各地交通聯繫薄弱，可是政治上實行的卻是君主專制制度。如何方能進行有效統治？首先，當然是向各地區、各部門委派官員。其次，為防止官員各行其是，特別是地方官員分裂割據，以保證全國政令的統一和以皇帝為首的最高統治集團之意志得到貫徹實行，這一統治集團便要針對全國千差萬別、千變萬化的情況，不斷頒佈大量的法，要求各地區、各部門官員嚴格遵守。唐宋以後，社會經濟、文化發展越快，社會面貌變化越大，新事物出現越多，[4] 與之相應的法也就越大量地頒佈。

關於君主專制制度與法的這一關係，明顧炎武清楚地說："……後世……盡天下一切之權而收之在上，而萬幾之廣，固非一

1 《明夷待訪錄・胥吏》。

2 《馭吏論》，見《清經世文編》卷二四。

3 陳登原《國史舊聞》第三分冊第 647 頁《清吏胥》引，中華書局，1980 年。

4 僅以經濟言：如土地買賣自由；商店設置由限於專門商業區"市"，與住宅分開，發展成打破"市"界，與住宅交錯；銀幣流行；紙幣出現等。參加藤繁著，吳傑譯《中國經濟史考證》第一、二、三卷，商務印書館，1959、1963、1973 年。

人之所能操也，而權乃移於法。於是多為之法以禁防之。”[1]

在他以前，宋葉適論及宋代君主專制制度也早說過：“國家因唐、五季之極弊，收斂藩鎮，權歸於上，一兵之籍，一財之源，一地之守，皆人主自為之也。欲專大利而無受其大害，遂廢人而用法……”[2]

可是當時畢竟還談不上是法制社會，[3] 所以所謂“多為之法以禁防之”或“廢人而用法”，其主要目的就不在於規範全國廣大人民的行為（在自然經濟佔統治地位的社會裏，絕大多數人民是文盲，“死徙無出鄉”，實際上被緊緊束縛在土地上，也沒有或基本上沒有“多為之法”以規范其行為之必要），而是為了限制官員各行其是。

宋神宗曾明白說：“天下守令之眾至千餘人，其才性難以遍知，惟立法於此，使奉之於彼，從之則為是，背之則為非，以此進退，方有準的，所謂朝廷有政也。”[4]

明顧炎武則從另一個角度出發說：“法令者，敗壞人材之具。以防奸宄（指貪官等）而得之者十三，以沮豪傑（指有才幹，想有作為的官員）而失之者常十七矣。”[5] 又說：“今之君人者……（對地方長官）人人而疑之，事事而制之。科條文簿，日多於一日；而又設之監司，設之督撫，以為如此，守令不得以殘害其民矣。不知有司之官，凜凜焉救過之不給，以得代為幸，而無肯為其民興一日之

1 《日知錄集釋》卷九“守令”。

2 《水心別集》卷一〇《始議二》。

3 參拙文《試論我國封建君主專制權力發展的總趨勢》，《北京大學學報》1988 年第 2 期。

4 《續資治通鑒長編》卷三一三元豐四年六月甲子。葉適甚至說：“吾祖宗之治天下也，事無小大，一聽於法，（官員）雖傑異之能，不得自有所為……”見《水心別集》卷三《官法上》。

5 《日知錄集釋》卷九“人材”。

利者。民烏得而不窮，國烏得而不弱！”[1]

很明顯，這是反對“廢人而用法”的言論，雖有很大誇張，但從中卻可看到，君主專制制度下“多為之法以禁防之”的主要對象是官員，這與宋神宗的話比起來，角度、態度雖正好相反，然就這一問題言，二者則是一致的。

可是對於最高統治集團來說，同樣重要的一個問題是：如何保證各級官員，特別是“天高皇帝遠”的地方官員，確實奉行這些“法”、這些“科條文簿”呢？除了御史的糾劾，上級官府的行政監督、考課這些主要制度外，還實行了一個不可或缺的制度，同樣體現保證官員奉法的機制，這就是吏胥的存在與特殊作用，儘管歷代統治者未必個個都明確認識到這一點。

關於吏胥制度的這一機制，明顯地體現在歷代官府的“判案”過程中。

試以唐代為例。《唐律疏議》卷五《名例》“同職犯公坐”條規定：

> 諸同職犯公坐者，長官為一等，通判官為一等，判官為一等，主典為一等，各以所由為首。

“公坐”，指並非出於私心（如因受賄而故意陷害或包庇被審判者等）而形成的工作失誤。犯公坐，要受處罰，但責任不同，即所謂“各以所由為首”。意思是，這“四等官”在誰那裏首先出錯，誰

---

1 《亭林文集》卷一《郡縣論一》。按黃宗羲在《明夷待訪錄・原法》中說：“…後世……上用一人焉，則疑其自私，而又用一人以制其私；行一事焉，則慮其可欺，而又設一事以防其欺。……故其法不得不密。”與顧炎武說法完全一致。可見這是當時一部分人的共識。

就負主要責任，其他人等而下之。這樣便形成一個判案整體。這四等官，前三等是長官、通判官、判官，都是“官”(即流官或曰流內官)，第四等則是“主典”，都由流外官(當時主要指吏胥)充任。[1]根據大量史料(包括敦煌、吐魯番文書)可以看到，在判案過程中，最初的也就是最基礎的一道程式便是：在“官”的命令下，由“主典”將涉及某一案件、事務的有關資料(前後情況、問題所在等)收集齊全，整合成文書，送呈官員，供他們參考、分析；同時還需查檢應該適用的法、例，提供給官員，由他們據以決斷。這些就叫“檢”或“檢案”。[2]由於主典熟悉法、例和本地風土好尚，有時也需在文書中直接引申提出應該如何處理的初步意見，供官員參考、斟酌，這就叫“請”。[3]根據主典的“檢、請”，判官、通判官、長官便依次下“判”，作出“判斷”(如刑事案件，即判決被告是否犯罪；如犯罪，判幾年等)。如果處理錯了，是官員的“判斷”錯了，就由官員負主要責任；若是主典的“檢、請有失”，[4]主要責任就由主典承擔。由此可見，“檢、請”是判案過程中吏胥的主要職責，而它正是官員依次“判斷”的基礎。水平再高的官員，如果主典提供的有

1　《資治通鑒》卷二一三開元十七年國子祭酒楊瑒上書即將“流外出身”視為“胥史”即吏胥。詳參張廣達《論唐代的吏》，載《北京大學學報》1989 年第 2 期。

2　參見王永興《關於唐代流外官的兩點意見》，載《北京大學學報》1990 年第 2 期；盧向前《牒式及其處理程式的探討(三)》，載《敦煌吐魯番文獻研究論集》第 3 輯，北京大學出版社，1986 年。

3　《唐律疏議》卷五《名例》“同職犯公坐”條疏議規定，主典職責一個是“檢”，另一個就是“請”。前引盧向前文 367 頁引一唐益謙向官府請給“過所”(古代一種通行憑證)的處理文書，經過主典(史)謝忠“檢”之後，做成文書，最後說“依檢，過所更不合別給”；又王仲犖《試釋吐魯番出土的幾件有關過所的唐代文書》(《文物》1975 年第 7 期)，引日本僧人圓珍申請“過所”時，唐代尚書省最後核准的一份文書，主典袁參等說“准狀，勘責狀同此，正准給”，意思就是經過檢查有關材料，應該發給過所。這兩處，一個不同意“准給”，一個同意“給”，應該都是由主典所“請”。直到清代依然是每辦一案，“書吏(吏胥的一種)檢閱成案，比照律，呈之司官，司官略加潤色，呈之堂官，堂官若不駁斥，則此案定矣！”見《清稗類鈔》第十一冊《各部書吏主案牘》，中華書局，1984 年。

4　《唐律疏議》卷五《名例》“諸同職犯公坐”條疏議。

關資料不齊全或法、例不準確，則所作“判斷”也就絕不可能正確。

明、清律和唐律比，在“同僚犯公罪”條作了一點變動，規定“凡同僚犯公罪者，並以吏典（即唐律之主典）為首。首領官（即唐律之判官）減吏典一等。佐貳官（即唐律之通判官）減首領官一等。長官減佐貳官一等。”為甚麼作此變動？清人解釋說：“承行在於吏典，故並以吏典為首。由吏典而首領，而佐貳，而長官遞減一等，非以職之崇卑為罪之輕重。蓋任重者責大，官微者事勞，而署案判事，則卑者尤須慎密也。”[1] 意思當是，對例行公事除要求吏典認真整理有關資料，提供法、例外，還要求他們在“承行”文書時，仔細檢查，如發現“署案判事”內容有違法、例，還需建議官員斟酌修改。就是說，以此來督促吏典“慎密”，否則出了錯，將遭到“為首”的懲罰。然而這樣一來，實際上吏典的責任比唐代更加重了。

以上還是就一級官府（如縣）而言的。實際上某些重要官府文書必須申報上級官府，甚至中央官府核准。在這過程中，如明、清律規定，下級官府官員、吏典全無異議的官府文書，到了上級官府，仍然適用“同僚犯公罪”的律條，首先由這一級官府的吏典審核，檢查是否合乎法、例，再經同級官員“判斷”。如果“（上司）不覺失錯准行者，各減下司官、吏罪二等；……亦各以吏典為首。”[2]

除此之外，吏典還在多種情況下承擔着同樣的責任，這裏不必

1 《大清律例增修統纂集成》卷五《名例律》“同僚犯公罪”條注。

2 《明律・名例》“同僚犯公罪”條。《清律》同。《唐律》早已有類似規定，只不過仍“各以所由為首”。

備述。[1]

所有這些充分表明，各級吏胥一方面固然像古來任何具體辦事人員一樣，需要在官員指揮下經辦例行官府文書；但另一方面則還需要向官員提供有關法、例，並對官員在此基礎上做出的"判事"，核查是否違反法、例，從而在頒佈大量法、例對官員"禁防"的君主專制制度下，發揮着督促官員奉行這些法、例的特殊作用。

清朝嘉慶帝在一道上諭中說："朕……孜孜圖治，不敢暇逸。奈諸臣全身保位者多，為國除弊者少。……自大學士、尚書、侍郎，以及百司庶尹，唯諾成風，皆聽命於書吏。……太阿倒持，群小放恣，國事尚可問乎！"[2] 可是嘉慶也不想想，慣於高高在上，頤指氣使的百官，特別是第一、二、三品的高官，為甚麼甘心"聽命"於卑賤的吏胥呢？

原來奧妙就在於吏胥熟悉法、例，而官員並不熟悉（道理見後），如果官員不考慮吏胥意見，一意孤行，違反法、例，就會受到懲罰。所以所謂"聽命於書吏"，實際上是"聽命於"法、例，歸根到底，是出於害怕頒佈法、例的君主至高無上的權力和權威。

這種情況，歷代可以說基本上全都一樣。

早在宋代，葉適已明白指出："夫以官聽吏，疲懦之名，人情之所避也，然而不免焉，何也？國家以法為本，以例為要。其官雖貴也，其人雖賢也，然而非法無決也，非例無行也。……知其一不知其二，不若吏之悉也，故不得不舉而歸之吏。"在另一地方他又

1 如明、清律"同僚犯公罪"條還規定，對上級官府下達的官文書，下級官府吏典也需核查其是否合乎法、例，否則導致"依錯施行"，同樣要"為首"論罪等。

2 《東華續錄・嘉慶十七》嘉慶九年六月戊辰。《清實錄》卷一三〇同。

指出："廢人而用法"也就是"廢官而用吏"。[1]

明代顧炎武也明白說："今奪百官之權而一切歸之吏胥，是所謂百官者虛名，而柄國者吏胥而已"，"胥史之權所以日重而不可拔者，任法之弊使之然也"。[2]

毫無問題，葉適也好，顧炎武也好，所說吏胥"柄國""廢官而用吏"之類的話，具有相當大的誇張性（上引嘉慶所謂官員皆"聽命於書吏"的上諭也是如此），關於此事，下文還將專門討論；但這些話卻清楚反映，卑賤的吏胥握有權力，而且在不少情況下權力相當大，甚至淩駕官員，這是歷代王朝大量頒佈法、例的必然結果。而如前所述，由於大量頒佈法、例又是我國古代君主專制制度下，為了保證全國政令的統一不可避免要採取的基本措施，因而吏胥制度存在並具有特殊機制，吏胥發揮着督促官員奉行法、例的特殊作用，也就是歷史的必然。唐宋以後，許多人嚴厲抨擊吏胥制度，力主加以改革，一直到清末都毫無結果，原因就在於此。

二

可是，為甚麼吏胥熟悉法、例，而官員卻不熟悉法、例？

大量史料證明，在熟悉法、例上官員與吏胥之所以存在巨大差距，主要原因有二：

第一，如前所述，在古代君主專制制度下，隨着社會經濟、

1　分見《水心別集》卷一五《上殿札子》、卷一〇《始議二》。

2　分見《日知錄集釋》卷八"吏胥"及"都令史"。明中葉，霍韜曾具體地說："今坐視吏員之貪猾污濫而不能禁，何也？舊例繁文之所束縛。凡其進言，動有機括，制之則無術，究之則無跡故也。"見《明經世文編》卷一八五《嘉靖改元建言第三》。

文化的發展，頒佈的法越來越多。不僅如此，這些法還往往“朝令夕改”，“率爾頒行，既昧經常，即時更改，此煩而無信之驗矣”，[1]“朝下一敕，夕改一令。所謂續降者，殆不勝紀錄”。[2] 再加上法外有例。本來制度是“法所不載，然後用例”，實際上許多時候又允許或默許“引例破法”。[3] 例又很混亂。明代是“因例生例，例愈紛而弊愈無窮”；[4] 清代是“或一事設一例，甚且因此例而生彼例，不惟與他部（指刑部以外之五部）則例參差，即一例分載各門者，亦不無歧異”。[5] 對於這些法、例，各級官府中少量的官員，是無論如何也無法熟悉的。宋代司馬光曾上書說：當時不算其他機構，僅“尚書六曹條貫共計三千六百九十四冊”，[6] 再加上“敕令格式一千餘卷冊”，“雖有官吏強力勤敏者，恐不能遍觀而詳覽，況於備記而必行之”。[7] 至於地方上，如最基層的官員主要是知縣，甚麼事務都負責最後決斷，卻只有一人，佐官也只有數人，要想熟悉各類紛雜法、例，自然更是難上加難。然而吏胥則不同。《大學衍義補》卷九八《胥隸之役》下說：唐宋以後“上至朝廷，下至州縣，每一職一司，官長不過數人，而胥吏不勝其眾”。明末侯方域估計：“今天下大縣以千數，縣吏胥三百，是千縣則三十萬

1 此北宋事，分見《宋朝事實類苑》卷三、《續資治通鑒長編》卷一四三慶曆三年九月丁卯。

2 此南宋事，見彭龜年《止堂集》卷二《論續降指揮之弊疏》。

3 見《宋史》卷一九九《刑法志一》。

4 《明史》卷九三《刑法志一》。

5 《清史稿》卷一四二《刑法志一》。當然，例的紛繁歧異，實已不利於整個統治利益，正如清末馮桂芬所說：“例之大綱尚不失治天下之宗旨，至於條目愈勘愈細……遂與宗旨大相背謬”，見《省則例議》，載《皇朝經世文續編》卷二二《吏政七》，可是由於正在行用，官員仍不許違背。

6 按“條貫”，指處理統治事務的具體法條。如《玉海》卷六六《詔令・律令下》元祐元年“詔中丞劉摯等以元豐敕令格式並續降條貫六千八百七十六道刊修”。

7 《續資治通鑒長編》卷三八五宋哲宗元祐元年八月丁酉。

也。”[1]吏胥又各有分工，《明（萬曆）會典》卷九《到任須知》便明白記載縣衙門吏胥共分吏、戶、禮、兵、刑、工六房。[2]清制同。這樣，吏胥熟悉法、例就遠比官員容易。再加上除君主頒定法、例外，各級官府根據法、例和具體情況，也不斷頒發各類官文書；[3]而縣級官府處理刑名、錢穀等事務，又存在許多慣例（在不違反法、例前提下，經上司批准，對某些事務的特殊處理辦法），這些也只有人數多、分工細的吏胥能掌握。上引《到任須知》便說：吏胥分工“如刑房專掌刑名，戶房專掌錢糧，該吏承管日久，則知事首尾，容易發落”，大體便是這個意思。總之，在存在大量紛雜法、例的條件下，官員、吏胥在數量上、分工上的懸殊對比，決定了官員遠不如吏胥熟悉法、例，而且這一基本狀況，一般是無法改變的。

第二，官員其所以很難像吏胥那樣熟悉法、例，還因為官員在一個部門、一個地區任職時間短，遠不如吏胥長久，用葉適的話說就是：“暫而居之，不若吏之久也。”[4]清陸世儀更誇張地說，這是“遷轉不常，歷官如傳舍。吏人……終身窟穴公庭，長子孫而無

---

1 《清經世文編》卷二四《額吏胥》。又參宮崎市定《清代的胥吏和幕友》，載《日本學者研究中國史論著選譯》第六卷，中華書局，1993 年；李洵《論明代的官和吏》，載《下學集》，中國社會科學出版社，1995 年。需說明的是：一般統計的吏胥數目，實際上其中有制度規定與非制度規定之別。《大清會典》卷一二稱前者為“經制之吏”（有權考職、出職等），後者為“非經制”之吏。後者數目大得多。據清代總督田文鏡疏，他所在衙門非經制吏胥“較經制十倍有餘”，見《清經世文編》卷二四《復陳書役不必定額疏》。《下學集》第 183 頁估計明代全國文職衙門吏胥五萬多人，當指制度規定之數。

2 沈榜《宛署雜記》卷二記明代宛平縣事務多的“房”，又另分“科”，如戶房分出“糧科”，工、兵、刑房各分“南科”“北科”等。

3 如唐代尚書省頒下的官文書叫“符”；清代督撫、司道、府廳各頒下官文書“皆用牌”。分別見《唐六典》卷一、《清（光緒）會典》卷三〇。

4 《水心別集》卷一五《上殿札子》。

禁。”[1]

本來，兩漢官員特別是地方長官是可以久任的，多者一二十年，有功但賜爵、增秩而不遷升。[2]然至後代，逐漸形成官員一般約三年一任的制度，甚至更短時間即可轉官遷升，“遠者三年，近者數月，輒以易去”；“至有歲內再三改移，暫居官次，突不及黔，時序未更，已聞移去”。[3]《春明夢餘錄》卷三四《考課》門稱：明代由洪武至弘治一百餘年間曾力矯此弊，實行九年三考方遷升之制，“漢唐以來所未有也”，可是後來仍未堅持下去；同書卷三四《久任》門便說：“由弘治丙辰至嘉靖辛亥，亦五十六年，（吏部尚書）凡易二十八人，此後更如傳舍，銓部如此，他可知矣。”[4]

為甚麼無法讓官員堅持久任，而要“歷官如傳舍”？

主要原因當是為了滿足他們儘快遷升、飛黃騰達的需要。這是古代士大夫、官員的剝削階級本質決定的。[5]

在漢代，由於社會經濟、文化發展比較落後，士人在總人口中比例小，營求入仕者人數與官缺之間距離並不大，[6]所以為了保證統治質量與效率，可以允許“久任”。可是到後代就不同了，特別是唐宋以後，隨着社會進步，出現了矛盾：士人多，候補入官者多，

---

1 《思辨錄論學》，載《清經世文編》卷三。

2 參陳登原《國史舊聞》第一分冊《兩漢地方官》、《西漢會要》卷四二《職官十二・久任》、《東漢會要》卷二一《職官三・久任》。

3 以上分別見《司馬文正公傳家集》卷二〇《言御臣上殿札子》、《宋大詔令集》卷一六二《省台寺監牧守監司以三年為任詔》。

4 明高拱在《論考察》中也說：明代後期“久任之法不行，固有未及三年而升者焉”，“九年考滿者鮮焉”，“百無一人焉”，見《明經世文編》卷三〇二。

5 蘇軾說：“天下之學者莫不欲仕，仕者莫不欲貴”，見《蘇東坡集・應詔集》卷二《策別第七》。明吏部尚書張瀚說之所以無法堅持“久任”，是因為士大夫“競進之心熾”，見《松窗夢語》卷八。

6 所以兩漢察舉之人材，優者待以不次之位，劣者也不斥退，仍可入仕。地方上“或至闔郡而不（察舉）一人”，亦是人材缺少的一個反映，見《漢書》卷六《武帝紀》元朔元年十一月詔。

而官缺少。宋蘇軾說："今……一官缺，率常五七人守之。"[1] 明丘濬說："今有需次（候補）十年不得選（官缺）者……（甚至）老死而不得一官。"[2] 在這種情況下，歷代王朝為了擴大社會基礎，爭取士人、官員的廣泛支持，一方面不斷地、千方百計地增加官缺，而不惜形成龐大冗官隊伍；[3] 另一方面便是縮短官員在任時間，加速歷官進程，從而在增加官缺的同時，進一步增加候補者取得實缺的數目，以有利於士人入仕和在職官員較快地遷升。而久任，正好與這一措施相抵觸，因而難以推行或堅持。司馬光便指出："今朝廷明知任官不久之弊，然不能變更者"，重要原因之一就是"歲月序遷，有增無減，員少人多（意即官缺少，待補用者多），無地可處。此所以熟視日久，而無如之何者也"。[4] 宋代如此，後代亦如此。前述明代前期力行"漢唐以來所未有"的九年三考敘遷之制，儘管任期還算不上很久，但最後仍漸廢棄，直至清末也未再恢復，就是久任難以堅持的強證。

這就是說，唐宋以後，在必須得到廣大士人、官員支持、效力方能存在下去的君主專制制度下，各部門、各地區官員"暫而居之""歷官如傳舍"，是必然的。

吏胥則不同。由於原則上是服"役"，所以任職久暫，從王朝說，很長一個時期並無明確規定；而從吏胥本人說，由於這種"役"並不需要承擔沉重體力勞動，相反，倒可以藉以掌握一定權力，取

1　《蘇東坡集・奏議集》卷五《轉對條上三事狀》。

2　《大學衍義補》卷一〇《公銓選之法》。

3　宋代冗官隊伍龐大，以至居官者"不知職業之所守"，見《宋史》卷一六八《職官志八》楊億疏。又參《廿二史札記》卷二五《宋冗官冗費》。明桂萼說：世宗曾下"聖諭"，承認"今天下諸司官員，比舊過多……增添冗濫……"，見《明經世文編》卷一八一《論革冗官疏》。

4　《司馬文正公傳家集》卷二一《乞分十二等以進退群臣上殿札子》。

得一定經濟收益，甚至經過若干年，履行某些手續，還有可能"出職"為官員，[1] 因而吏胥往往長期把持着自己的位子，以至於父子兄弟相傳，即所謂"官無封建而吏有封建"，州縣"吏胥窟穴其中，父以是傳之子，兄以是傳之弟"。[2] 清代對於吏胥服役年限雖明確為五年，並規定"役滿不退者……皆治以法"，[3] 可是實際上役滿吏胥總是"有術以逃乎法之外"，不但在清初如前引陸世儀所謂可以"終身窟穴公庭"；而且直到清末，即使朝廷控制比較嚴的中央和地方上省、府吏胥，役滿即退者依然是"百無一二"。[4]

這樣，除了官少吏多，官事雜而吏專門外，又加上任期官暫吏久，則在熟悉大量紛雜的法、例上，官員一般遠不如吏胥，就更是必然的了。

此外，還有兩個因素也不能忽視：

一是官員在科舉制的引導下，從小學習"四書""五經"，入仕之初，"其通曉吏事者，十不一二"；[5] 而"吏胥之人，少而習法律，長而習獄訟"，[6]"吏胥所習，錢穀簿書，皆當世之務"。[7] 這就是說，

---

1 也叫"年勞補官法"，見宋趙升《朝野類要》卷三《入仕・年勞》。但宋代出職只限於州以上和中央機構吏胥，見王曾瑜《宋朝的吏戶》，載台灣《新史學》第四卷一期。元、明、清的縣吏胥也可出職，但和宋代州以上一樣，限於"經制之吏"，參《清經世文編》卷二四《額吏胥》。

2 分見《水心別集》卷一四《吏胥》、《亭林文集》卷一《郡縣論八》。

3 役滿後允許"考職"（考官府文書的草擬，合格者可以出職為小官），不取者退役。俱見《清（光緒）會典》卷一二。清初地方上吏胥則有"三年更替之令"，見《清經世文編》卷二四《訪懲衙蠹之法疏》。又道光十年例，對"役滿不退者"，明確規定"杖一百"，見《大清律例增修統纂集成》卷六《吏律職制》"舉用有過官吏"條附條例。

4 見薛允升《唐明律合編》卷九"明律・舉用有過官吏"條按語。薛氏清末任刑部尚書，所言自可信。吏胥逃法窟穴公庭之術，一部分參見《清經世文編》卷二四《訪懲衙蠹之法疏》及同卷《馭吏論》。

5 《日知錄集釋》卷八"選補"。早在唐代，趙匡在《選舉議》中已說：士人讀經書，誦疏文，不習政務，"及臨人決事，取辦胥吏之口而已"。見《通典》卷一七《選舉五》。

6 《古今圖書集成・選舉典》卷一二七宋蘇洵《廣士》。

7 《清經世文編》卷三《思辨錄論學》。

在獄訟錢穀有關法、例的熟悉上，官員與吏胥“先天”就存在差距。

另一個因素是，為保證官員處理獄訟錢穀事務的公正，避免徇私情，從漢代起，歷代王朝原則上都對地方官員的任用，實行“仕宦避本籍”的制度。[1] 但吏胥卻基本上由本地人充任。這樣便又形成官員與吏胥的另一差距，這就是“官之去鄉常數千里……風土好尚或非所習，而吏則熟練者也”。[2] 而在交通聯繫比較薄弱，各地相當閉塞的社會裏，在如何收取錢糧，決斷獄訟上，“風土好尚”又是不能不考慮的一個重要因素，歸根結底，仍涉及能否有效地執行法、例問題。[3]

這兩個因素，和上述官少吏多，官暫吏久的基本制度相結合，就使官員與吏胥在熟悉有關法、例上的差距，更加突出。[4]

綜上所述，歸納為一點，就是在君主專制制度下，由於種種因素的決定，一般說，吏胥熟悉法、例，官員不熟悉法、例，這是無可爭辯的事實，而且是無法改變的；從而進一步證實，吏胥發揮着督促官員奉行法、例的特殊作用，確是歷史的必然。

還要指出，以上主要就官員文化素質比較高的唐、宋、明、清立論，如果將視角集中到官員文化素質偏低的朝代如金、元，就可

---

1 參趙翼《陔餘叢考》卷二七。又《明(萬曆)會典》卷五“選官”條：“其應選官員人等……照例避(籍)貫銓注。”《清(光緒)會典》卷一〇：“凡銓政……密其回避……督撫以下至佐雜，皆回避本省。”

2 陳登原《國史舊聞》第三分冊《清吏胥》引梁章鉅《退庵隨筆》卷五。

3 如《大清律例》“戶律・婚姻・尊卑為婚”條雖規定“若娶己之姑舅、兩姨姊妹者，杖八十，並離異”，即不許表兄妹通婚。但所附條例卻規定“其姑舅兩姨姊妹為婚者，聽從民便”。不了解本地“風俗習慣”，就無法正確執行這一法、例。至於各地官文書，“因俗立教，隨地制宜”的內容更多一些，這就更需要官員在執行中了解本地風土好尚。參《清經世文編》卷二〇《咨詢民情土俗論》、卷二二《通飭州縣巡歷鄉村論》。

4 清阮葵生《茶餘客話》卷七《論吏道》說：“夫以他州外郡之人，為來往無常之官，官一而吏百，又皆文采聲華、不習民事之官；以之駕馭百十為群，熟悉風土，諳練事故，作奸犯科，無賴之吏，於此而能奏循績焉，固較漢世難十百也。”如不計對漢政之美化，應該說，概括得比較全面。

看到，吏胥制度的這一特殊機制，更為突出。如在元代，地方上"往往荷氈被毳之人（指蒙古人，一般不識字），捐弓下馬，使為守、令。其於法意之低昂，民情之幽隱，不能周知而悉究，是以取嘗為胥曹者，命之具文書上，又詳指說焉"，以至於吏胥"或援一例，而聾瞽鈐制其官長"。[1] 這豈不證明，儘管存在弊端，但離開吏胥，這樣的官員就無法奉行法、例了嗎？！

三

前面提到，葉適與顧炎武慨歎在君主專制制度下"廢官而用吏"，"柄國者吏胥而已"，他們的話是不是事實呢？

否！不是事實。

固然，吏胥熟悉法、例，官員不熟悉，而為求政令統一，歷代王朝又要求各部門、各地區嚴格執行法、例，則就官員與吏胥的地位言，表面上勢必要得出葉、顧的結論。可是不爭的事實表明，歷代王朝的主要依靠力量，依然是官員；各級官府中掌大權的，依然是官員，全都不是吏胥。最突出的反映就是，官員可以飛黃騰達，位居極品，物質待遇優厚，社會地位崇高，並且在政務處理中握有決斷權（參前唐"四等官"判案過程自明）。吏胥則相差甚遠：

首先，吏胥一般是"役"，是"庶人在官"，沒有官品。這有一個發展過程。在唐宋，吏胥的一部分在制度上還算作官，雖然是流外官；地位最高的尚書、門下、中書三省都事、主事、令史（宋），

---

1 危素《送陳子嘉序》，載《全明文》（二），上海古籍出版社，1994 年。又參韓儒林《元朝史》上冊，人民出版社，1986 年，第 339—340 頁。

還是流外入流者充任的八、九品的流內官。[1] 可是發展到明清，吏胥在出職前，卻完全跌落成與官（包括流外官）不相混雜、交錯的一個社會群體——吏或吏胥了。雖然為了調動他們的積極性，設有出職（官）制度，但出職後一般終生只能停滯在雜職小官上；縱有才幹，得以升遷，其最高品秩也有限制。如即使被認為歷史上吏胥地位最高的元代，後來也有"吏員出身者，秩止四品"，有時甚至是"吏人轉官，止從七品"的規定。[2]

其次，吏胥物質待遇十分菲薄。在宋代，佔吏胥絕大多數的縣吏"無廩給之資"。[3] 宋神宗為防吏胥貪污受賄，行"倉法"，增加吏胥俸祿，逐漸縣吏也有微薄俸祿了，但地方上的高級吏胥，俸祿也只不過等同於小官。[4]《明（萬曆）會典》卷三九規定：在京各衙門吏胥俸祿，多者每月米二石五斗，少者六斗；"在外各衙門吏典（月）俸一石"。吏胥以此俸祿，僅能勉強過日。[5] 清代對吏胥待遇沒有明文規定，一般只給予微薄的"飯食銀"。[6]

再次，吏胥社會地位低下，早在吏胥地位比後代還略高的唐

1 以上參前引張廣達《論唐代的吏》、王曾瑜《宋朝的吏戶》。如《唐六典》卷一載尚書省主事（從九品）"皇朝並用流外入流者補之"；宋代任命尚書省、中書省主事、令史，還需皇帝下"制"，如《元豐類稿》卷二一、二二，即有此類"制"。

2 分見《元史》卷二九《泰定帝紀》至治三年十二月詔，卷二五《仁宗紀》延祐元年十月敕。詳參前引許凡《元代吏制研究》第二章第六節。其實對吏胥升官給予限制，唐代已時有規定。如《唐會要》卷五八《尚書省諸司中・吏部尚書》記載：唐德宗"敕：流外出身人今後勿授刺史、縣令、錄事參軍"。當然，實際上總有極少數人遷升高官，乃屬特殊情況，從來如此。

3 《古今圖書集成・選舉典》卷一二七南宋胡太初《晝簾緒論・御史》。

4 參宮崎市定《王安石的吏、士合一政策》，載《日本學者研究中國史論著選譯》第五卷，中華書局，1993 年。

5 《明史》卷八二《食貨志六》稱明代官俸最薄，"自古官俸之薄，未有若此者"，但最低從九品官員的俸祿為五石米，仍比吏胥最高的俸米二石五斗多出一倍。參《廿二史札記》卷三二《明官俸最薄》。

6 雍正曾說："各衙門書吏勢難枵腹辦事，酌量稍給紙筆飯錢，於理猶無違礙。"可見所給之錢僅旨在免除"枵腹"，微薄可知。參前引宮崎市定《清代的胥吏和幕友》。

代，三省主事等雖品秩為流內八、九品，但因是吏胥，士人便拒絕充任，“皆以儔類為恥”。[1] 宋代有流內官品的吏胥，沒有資格合班朝參君主，而官品比他們低的官員卻可以朝參。[2] 宋太宗時有一中書省吏應科舉，已及第，“上知之，令追奪所受敕牒……因謂侍臣曰：科舉之設，待士流也。豈容走吏冒進，竊取科名”。因下詔明定中央、地方吏胥禁止應科舉。[3] 明、清兩代吏胥地位更是等而下之。明太祖曾就科舉事批示“吏胥心術已壞，不許應試”。其後限制更多，“而吏員之與科舉，高下天淵矣”。[4] 清陸世儀說：“限其出身，卑其流品，使不得並於世人君子者，吏也。”[5] 錢大昕更說：“自明中葉以後，士大夫之於胥吏，以奴隸使之，盜賊待之。”[6] 清末馮桂芬仍說：“後世流品，莫賤於吏，至於今日而等於奴隸矣。”[7]

最後，更重要的是，在處理政務中，如前述唐四等官，“主典”即吏胥只能整理資料，提供法、例，而無決斷權。明、清吏胥原則上是“役”，就更談不上決斷權。明太祖《大誥三編・農吏第二十七》[8]：“今後諸衙門官，凡有公事……或親筆自稿，照行移格式為之，然後農吏謄真，署押發放。吏本黏連卷宗，點檢新舊，驗看遲速，知數目之精，未嘗公事主謀在乎吏。今往往正官、首領官憑

1 《舊唐書》八一《劉祥道傳》。

2 《宋史》卷一六八《職官志八》建隆、元豐、紹興諸“合班之制”，列入正一品至從九品官員，而有流內官品的吏胥卻不在其內。

3 參《文獻通考》卷三五《選舉八》。又，父祖兩代如是吏胥，即使已出職為官員，本人也不許與宗室通婚。見《續資治通鑒長編》卷二九一元豐元年八月己酉。

4 見《日知錄集釋》卷一七“通經為吏”。

5 《清經世文編》卷三《思辨錄論學》。

6 《日知錄集釋》卷一七“通經為吏”引“錢氏云”。

7 《易吏胥議》，見《皇朝經世文續編》卷二二《吏政七》。

8 見《全明文》(一)。“農吏”即吏胥，因一般作為“役”簽發農民充當，故名。

吏立意，施行其事，未有不墮於殺身者也。……凡百公事，若吏無贓私，一切字樣差訛，與稿不同，乃吏謄真之罪。設若與稿相同，主意乖違，罪坐官長，吏並不干。”[1] 此吏胥無決斷權之明證。前引李慈銘稱吏胥參與決斷為“偷竊權勢”，道理便在這裏。

現在的問題是：為甚麼歷代王朝的主要依靠力量，依然是不熟悉法、例的官員，卻不是熟悉法、例的吏胥，而且後者的政治、社會地位還很低？

這在唐宋以前，很長一個時期是由門閥制度決定的。[2] 隨着門閥制度的變化、消逝，官員、吏胥在政治、文化、道德素質上的巨大差距，便上升為主要原因。

首先，由於官員從小學習體現古代豐富統治經驗的“五經”“四書”，[3] 又經過科舉考試的篩選，一般說，政治、文化素質較高，是通才。僅以熟悉“四書”言，朱熹就曾說：“若理會得此‘四書’，何書不可讀，何理不可究，何事不可處（理）。”[4] 固然，有很大一部分官員，如前所引，剛入仕時，通曉統治事務的“十不一二”，但經過一定時期歷練，便可以在一個部門、一個地區充任長官或佐官了。他們不熟悉法、例，往往需要根據吏胥提供的法、例決斷政務，不能隨便自作主張，這正是君主專制制度之所以賦予吏胥制度這一特殊機制的指導思想所在，但是僅僅做到熟悉法例這一點，是不是統治事務就都解決了呢？沒有，還差得遠。以地方上言，因為古代各地

1　“吏並不干”，與明律“並以吏典為首”規定，略有出入，此處不論。

2　參拙稿《門閥制度》，見白壽彝總主編《中國通史》第五卷上（總第七冊）丙編第三章，上海人民出版社，1995 年。

3　如《漢書》卷八八《儒林傳序》早就指出：儒家經書“先聖所以明天道，正人倫，致至治之成法也”。

4　《朱子語類》卷一四。

交通閉塞，“風土好尚”千差萬別，儘管法、例越頒越多，但法、例無法涵蓋的情況，仍然相當多；再加上唐宋以後，隨着社會經濟、文化較快的發展，又會不斷出現法、例雖有規定，但已過時了的情況。所有這些，就需要有人根據本地區具體情況來靈活處理，以至將信息儘快上奏朝廷，制定新的法、例。如南宋《慶元條法事類》卷四《職制門》“上書奏事”條規定：“諸奉制書……而理有不便者，速具利害奏，事涉機速者，且行且奏”，“諸被受尚書六曹、御史台、寺、監指揮（文書的一種），而事有未便者，聽實封論奏”。很明顯，如果已下“制書”“指揮”確實“理有不便”“事有未便”，則是否能夠予以判定，並及時上奏，提出具體建議，就是關乎統治質量的事情，甚至是大事。而迅速上奏，又毫不違反君主專制制度下統一政令的需要。

但是誰有水平、有膽略判定朝廷頒下的“制書”“指揮”執行起來“理有不便”“事有未便”，並上奏論述“利害”呢？肯定地說，吏胥不具備這種條件。因為他們政治、文化素質低，僅僅學習、掌握獄訟或錢穀等具體法、例，只了解鼻尖底下一點業務，而不了解全面和大局，目光淺短，因而對各種法、例和新頒文書，只能和只敢奉行，“不敢分毫逾越”，[1] 自然談不上提出自己的不同見解上奏。歷代經驗證明，只有總體上說政治、文化素質比較高，眼界比較開闊的官員，方才具備上述條件。關於官員與吏胥在這一方面的巨大差距，歷代統治集團都是清楚的。試舉一證：

明成祖時準備任命張循理等二十八名御史。召見時，成祖詢問

1　《日知錄集釋》卷八“吏胥”條載謝肇淛語。又宋曾肇在《論內批直付有司疏》中說：胥吏“但以奉行文書為事”，而和官員對上級文書特別是“帝王號令”，可以提否定意見不同，疏載《宋文鑒》卷六一。

諸人“出身”，發現有四人出身吏胥，“上曰：用人雖不專一途，然御史國之司直，必有學識，達治體，廉正不阿，乃可任之；若刀筆吏，知利不知義，知刻薄不知大體，用之任風紀，使人輕視朝廷。”遂將這四人黜降他官，“諭：自今御史勿復用吏”。[1]

這裏明成祖對御史與吏胥的要求與評價，比較全面、準確。它有兩個意思：一個是御史要“有學識，達治體”，而吏胥“知刻薄不知大體”；另一個是御史要“廉正不阿”，而吏胥“知利不知義”。由於御史與一般官員的素質，只有量的差異，而無質的區別，所以這段話同樣可以適用於一般官員與吏胥。

所謂“達治體”或“不知大體”，全是指在處理政務中是否有全局眼光，是否能從整個統治利益出發的問題。“有學識”，指的就是學習、通曉“五經”“四書”後所具備的素質。有學識，方能“達治體”；吏胥一般沒學過“五經”“四書”，所以被認為“不知大體”。前面講到的對朝廷法、例和新頒文書，能不能和敢不敢根據具體實際情況，陳述“利害”，提出不同意見上奏，其實就是“達治體”或“不知大體”的一個反映。明世宗時，陸穩為副僉都御史提督南（南安府）、贛（贛州府）。數年中，戶部於正賦之外不停地向此地“加派錢糧”，針對這一問題，陸穩根據實際情況上奏，指出三府“據江西之上游，為全省之藩蔽”，但百姓貧窮，“災患十倍他郡”，而數年以來由於種種原因，加派錢糧卻增加了三分之一，“是驅之為盜也”，“自加徵之命既下，富人日入於困窮，貧民多逃於巢穴（為盜）”。又說“巢盜（本地‘寇盜’）出，流寇（外地‘寇盜’）入，則南贛不安；南贛不安，則江西全省不得高枕而臥”。因此“懇免加

1 《日知錄集釋》卷一七“通經為吏”。

派錢糧，以安人心”。[1] 陸穩既是御史，也可以算作南贛地方長官，此奏便是他着眼大局，“達治體”，主張限制加派錢糧這一局部利益之好例。相反，如果支持加派錢糧，甚至層層加碼，那便是“知刻薄不知大體”，下降到吏胥水平了。

明代丘濬在論述“簡典獄之官”時說：“刑獄人命所繫，不可專委之吏胥。士（此指出身士人的官員）讀書知義理，不徒能守法，而又能於法外推情察理，而不忍致人無罪而就死地。名重於利。吏胥雖曰深於法比，然後能知法也，而不知有法外意，苟獄文具，而罪責不及已足矣，而人之冤否不恤也。”[2] 這就是說，官員由於素質高，不僅能遵守法，而且在出現法律條文所不能涵蓋的具體情況時，還能從實際出發，“推情察理”，靈活判案，而不死摳條文。丘濬把這叫作“法外意”。因為重罪案子最後仍需上級、中央核准，所以“法外意”與統一政令並不抵觸。相反，只會更符合整個統治利益。而吏胥由於素質低，雖熟悉法律條文，卻不懂這種“法外意”，只會表面上理解法律，這在某些情況下對正確判案和統治利益是不利的。所以判案“不可專委之吏胥”，就是說吏胥只可提供法、例或建議，最後仍需官員把關、下判。很清楚，丘濬的話是從另一角度即司法角度，反映了歷代王朝之所以依然重官員、輕吏胥的原因所在。一句話，關鍵在於官員“讀書知義理”，政治、文化素質較高，而吏胥則否。這和明成祖關於御史“有學識，達治體”，而吏胥則不然的要求與評價，精神是完全一致的。

其次，歷代王朝其所以依然重官員，輕吏胥，還有一個主要原

---

1 《明經世文編》卷三一四《邊方災患懇免加派錢糧以安人心疏》。

2 《大學衍義補》卷一一一。

因，這就是鑒於二者在道德素質上存在的巨大差距。用明成祖的話說，就是前者可以做到“廉正不阿”，而後者“知利不知義”。[1]“知利不知義”在吏胥身上的突出體現，就是通過舞文弄法，蒙蔽官員，來達到貪污受賄，敲詐勒索，中飽私囊的目的，從而給王朝統治帶來不小的危害。[2]這在本文一開始已經涉及。而官員，雖然也有不少貪贓枉法的，但比起吏胥來，總體上看，數量卻要少得多，所謂“廉正不阿”，只能從這個角度理解。二者其所以存在這一差距，原因有三：第一，官員學習過“五經”“四書”，儒家道德修養好一些，而吏胥則否。第二，官員仕途升遷沒有限制，不願因小利而影響、喪失輝煌前程；而吏胥即使出職，前程也有限，其吸引力遠不如眼前財利。第三，官員俸祿豐厚，如清代為避免官員貪贓枉法，甚至於正俸之外另支付“養廉銀”，外官總督、巡撫多到每年一二萬兩，約相當於原俸銀的一百倍，十分驚人；[3]而吏胥俸祿微薄，甚至沒有俸祿，故不得不通過貪污受賄等以養家度日。以上三者中，第一點當是最主要的原因。

關於官員、吏胥道德素質方面的巨大差距及其形成的原因，古來論述頗多。如唐劉晏說：“士（指官員）陷贓賄，則淪棄於時，名重於利，故多清修；吏雖廉潔，終無顯榮，利重於名，故吏多貪污。”這話前半段另一處作“士有爵祿，則名重於利”，更明確。[4]宋司馬光說：“府史胥徒之屬，居無廩祿，進無榮望，皆以啖民為

1 按是否“廉正不阿”，與義、利之別，涵意還略有出入，這裏為免瑣碎，不再細別。

2 清陸隴其說：“本朝大弊只三字，曰例、吏、利”，見《清稗類鈔》第十一冊“例、吏、利”條。清末馮桂芬發揮說：“談者謂今天下有大弊三：吏也，例也，利也。任吏挾例以牟利，而天下大亂……”見《皇朝經世文續編》卷二二《吏政七・省則例議》。

3 參薛瑞錄《清代養廉銀制度簡論》，載《清史論叢》第5輯，中華書局，1984年。

4 分見《文獻通考》卷三五《選舉八》、《新唐書》卷一四九《劉晏傳》。

生者也。”[1] 金世宗說：“夫儒者（指當時的進士）操行清潔，非禮不行；以吏出身者，自幼為吏，習其貪墨。”[2] 元代一些官員說：吏胥“幼年廢學，輒就吏門，禮義之教，懵然未知，賄賂之情，循習已著，日就月將，熏染成性。及至年長，就於官府勾當，往往受贓曲法，遭罹刑憲，蓋因未嘗讀書，心術不正所致。”“吏人不習書史，有奸佞貪污之性，無仁義廉恥之心。”[3] 明、清類似論述更多，不備引。這些表明，官員與吏胥的道德素質，相互比較，優劣十分明顯。從這一方面着眼，歷代王朝也必然要重官員，輕吏胥。

總之，吏胥雖然發揮着督促官員奉行王朝法、例的作用，但先天的缺陷——政治、文化、道德素質的低下，又決定他們才幹有限，與官員相去甚遠，絕對無法取代；特別是還會利用官員不熟悉法、例等弱點，謀取私利，危害整個統治利益。比較起來，官員的優點要多得多，價值、貢獻也大得多。這樣，衡量利弊，歷代王朝只得選擇重官員、輕吏胥的總方針。一方面堅持通過吏胥以法、例限制官員處理政務上的任意性，以維護全國政令的統一；另一方面，為調動官員的積極性，限制吏胥的危害，除了規定二者政治、待遇、社會地位上的巨大差別，使吏胥在官員面前自慚形穢，絕不敢平起平坐外，更重要的是還賦予官員以吏胥所絕沒有的、一定範圍內的決斷權，允許官員在不違反法、例的條件下，擁有處理政務的靈活性。此外，法、例還加重了對吏胥犯罪的懲罰：如清律規定如犯私罪，官員僅罰俸、降級、革職等，而吏胥則直接行笞、杖，

1 《續資治通鑒長編》卷一九六嘉祐七年五月丁未。

2 《金史》卷八《世宗紀下》大定二十三年閏十一月戊午。

3 見《通制條格》卷五《學令・科舉》。

如達杖六十，還需“罷役”，比官員重（官員需達杖一百，始換為革職，並不行杖）。清例還規定，吏胥“如有舞文作弊，藉案生事擾民者，係知法犯法，俱照平人加一等治罪；受贓者，計贓從重論”。[1]其中徒以上刑雖最後需申報上司、朝廷決定，但均由本衙門官員先提出意見，意見如何，關係頗大；特別是笞刑、杖刑，還全由本衙門官員（如知縣等）自行判決、執行。如宋代規定“諸犯罪……杖以下縣決之”，[2]清代規定“……笞、杖輕罪，由州縣完結”。[3]這樣，經過這一系列措施，實際上是把吏胥交給本衙門官員控制、管束了。[4]而且為了督促官員對吏胥嚴加管束，如清例還規定：“司道府州縣等官，不時訪察衙蠹（主要指犯罪吏胥），申報該督撫究擬”，否則，如經上司或他人發覺，此官員“照徇庇例，交該部（吏部）議處”。[5]

綜上所述，歷史事實表明：歷代王朝絕非“廢官而用吏”，使吏胥“柄國”，而是在以官員為主要依靠力量，把吏胥交給官員控制、管束的條件下，發揮着吏胥督促官員奉行法、例的特殊作用，以維護全國政令的統一。這是一種官員佔統治地位條件下的官、吏制衡機制。這種機制的形成，決定因素除君主專制制度外，便是當時官、吏在政治、文化、道德上的巨大差距。任何統治集團如果忽視這一差距，破壞這種機制，不適當地抬高吏胥地位，放鬆對官、

1 分別見《大清律例增修統纂集成》卷四《文武官犯私罪》、卷三一《官吏受財》。

2 《慶元條法事類》卷七三《檢斷下・斷獄令》。

3 《清史稿》卷一四四《刑法志三》。按，這些規定原就一般平民而言，由於吏胥無官員贖刑待遇，法律地位同平民，所以笞、杖可由有關官員判決、執行。

4 如宋代《名公書判清明集》卷一一《公吏門》記吏胥因“受贓枉法”等遭官員嚴懲之事達二十餘件，材料集中；明《國朝典故》卷三三所收《野記三》記明代蘇州知府況鍾對“竊賄”吏胥，一日“立斃六人”，雖係特例，亦可見吏胥受控制之嚴。俱請參看。

5 《大清律例增修統纂集成》卷三一《官吏受財》。

吏隊伍素質的要求，最後必將給整個統治帶來嚴重損失。[1] 當然，由於上節所述官員的特點與弱點，王朝即使重視這一差距，堅持這種機制，在具體運作中，一些地區、部門仍會出現吏胥操縱大權的弊端，但這絕非主流，和有意"廢官而用吏"，使吏胥"柄國"，是不相干的。

四

最後，還有一個問題需要探討，就是既然一般說士人道德素質高一些，而吏胥"知利不知義"，為甚麼不能以士人承擔起吏胥的任務，或者說全改用士人充當吏胥呢？事實上唐宋以後不少人提此建議，[2] 為甚麼沒有結果呢？

首先，就在於沒有可能徹底進行這一改革，原因至少有兩個：

第一，吏胥由平民充役，地位卑下，是長期演變的結果，積重難返，士人一般不願擔任。

本來，在東漢，朝廷中的郎官和令史（京師吏胥）都可行杖罰，地位相距並不甚遠。但魏晉以後隨着門閥制度的形成和發展，郎官例由士族充任、把持，地位提高，漸不行杖罰，以致有人向君主建議應允許其"輸（錢）贖"；後來隋律果然規定凡官員"其品第九以上犯者，聽贖"。[3] 從此一直沿用至清末。而對令史，則杖罰一直不改。一是因為令史全用"寒人"（即平民、庶人，也叫"小人"）充任，

1 如元朝即其一例。其危害參前引許凡《元代吏制研究》第四章第三節。

2 如《明夷待訪錄・胥吏》便說："誠使吏胥皆用士人，則……害可除矣。"

3 分見《南史》卷一八《蕭思話附蕭琛傳》、《隋書》卷二五《刑法志》。

"士庶天隔",[1] 地位遠比士族為低，沒有人肯替令史說話；二是因為官員正好藉此管束令史，如顏之推所說：令史"縱有小人之態，皆可鞭杖肅督",[2] 以迫使他們聽從指揮。然而這樣一來，就進一步加大士人、官員與吏胥地位的差距（見上節）。正如宋蘇洵所說：官員對吏胥有如待"犬彘"，"一怒不問罪否袒而笞之"，因而連"平民"都"不肯為吏"，"況士君子而肯俯首為之乎"。[3] 於是便形成一種互為因果的關係，即由於寒人、平民社會地位卑下，故所充任吏胥便可不廢鞭杖；既鞭杖，士人便不肯為吏胥，王朝只得以"役"來強迫寒人、平民充任，從而使吏胥地位進一步低落，士人也就越不肯充任。特別是唐宋以後，社會經濟、文化進步，稍富裕的平民都有條件讀書為士人，並通過科舉入仕為官員，對吏胥便更不屑一顧了。唐宋兩代曾作過某些局部改革，試圖以士人為吏胥，全以失敗告終，道理便在這裏。如前面已涉及過的《舊唐書》卷一八《劉祥道傳》記載：唐高宗時曾想在具有流內官品的吏胥中"參用士流"，但因士人"皆以儔類為恥"，不肯從命，"前後相承，（士人不為吏胥）遂成故事"。再如宋太祖曾以"堂吏"（宰相直屬的吏）"多為奸贓"，乃以士人官員補之；宋真宗又"推廣"太祖之意，將一些刑部等官府吏胥"悉用士人"。"然改制之初，不能一掃而清之，新舊雜用，士大夫恥與為伍。又三年，為任人（指任吏之士人）無固志，舊吏長子孫為世業，一齊不勝眾楚之咻，太祖皇帝美意數傳之後，

1 《宋書》卷四二《王弘傳》。

2 《顏氏家訓》卷四《涉務》。按令史在全國吏胥中地位最高，令史可鞭杖，則一般吏胥可鞭杖，自不待言。

3 《古今圖書集成・選舉典》卷一二七宋蘇洵《廣士》。

寂然無聞，是可恨也。"[1] 其所以"不能一掃而清之"而不得不"新舊雜用"，當因有關法、例長期以來都掌握在"舊吏"手中，只有他們熟悉，士人一時插不上手。而一"新舊雜用"，長期以來的社會風氣又使士人覺得與吏胥共事十分羞恥，從而不安心，"無固志"，業務也深入不了，相反，舊吏安心鑽研法、例，父子相傳，對比之下，改革自然要"寂然無聞"了。[2]

第二，由於科舉制的存在與吸引力，士人如用為吏胥，則必得以吏胥政治地位和物質待遇的提高為條件，可是在當時生產力水平低下和國家財政收入有限的制約下，首先是物質待遇提高絕對辦不到。如果說隋唐以前，社會經濟、文化發展較慢，官府事務少，吏胥數量不多，要提高吏胥待遇或許有可能的話，那麼唐宋以後至明清，情況便大不同了。隨着人口繁衍，州、縣增加，經濟、文化發展，統治事務比過去煩重得多。一方面各王朝許多時期都困於官員冗濫，財政稅收入不敷出；[3] 另一方面，如前所述，吏胥數量則還要比官員多好幾倍。[4] 試問：歷代王朝怎麼可能再去考慮

---

1 《燕翼詒謀錄》卷一。"一齊不勝眾楚之咻"，出自《孟子・滕文公下》，原意是：楚大夫請一齊人教兒子"齊語"，但周圍都是楚人在喧嘩（"咻之"），所以無法學好。此處意當為：以士人為吏胥，提高其地位只是局部改革，無法抵擋全體吏胥地位卑下這一長期形成的風氣與影響。

2 金元兩代，以文化素質差的少數民族入主中原，更重吏能；特別是元代，整個社會重吏輕儒，以至有些士人（包括儒學教官）也不得不充任吏胥。但這是一種特殊情況，而且元仁宗開科舉後，情況正在逐漸變化，如果元朝不是很快被推翻，隨着漢化進行，恐怕遲早會轉入重士人、官員，輕吏胥的道路，此處不具論。

3 以明代為例，世宗時桂萼上《論革冗官疏》，引世宗語"太祖初（官）無許多，後來增添冗濫，宜致百姓艱窘，日甚一日"；桂萼自己也說"惟是生民重困，冗食日滋，因循百年，迄未有改"。見《明經世文編》卷一八一。在他以前，孫懋已說"今日之冗臣不能以悉數……如之何而能使財用之不竭邪"，見《明經世文編》卷一四五《大本急務》疏；霍韜也說"天下冗官……以數十官員治一民"，"政何由不弊，民何由不窮"，見同上書卷一八五《嘉靖改元建言第三札》。在桂萼以後，直到神宗時仍在"汰內外冗官"，見《明史》卷二〇《神宗紀》萬曆八年。可見冗官幾乎與明代相終始。詳參《明會要》卷四四《職官十六・省官》。

4 明代內外文職官員二萬四千六百員，內外武職官員為八萬多人，見前引李洵《論明代的官和吏》，第 179—180 頁。而吏胥則有幾十萬，參《清經世文編》卷二四《額吏胥》。

提高吏胥的物質待遇？從哪裏出這筆錢、糧呢？[1] 而如果物質待遇低微，甚至沒有俸祿，又怎麼可能談得上提高政治地位呢！前述不少人建議以士人代吏胥，毫無結果，另一個原因就在於此。

其次，是沒有必要改用士人充當吏胥。因為吏胥固然一般說道德素質遠比官員低下，但堅持舞文弄法、貪污受賄、毫無顧忌、毫不收斂的，終究是少數。就多數吏胥言，在王朝法、例加重懲罰和官員隨意行鞭杖的控制下，還是不敢或基本上不敢為非作歹的。宋洪邁說：京師"諸司老吏，類多識事體，習典故"。[2] 元李孟對元仁宗說："吏亦有賢者，在乎變化激勵之而已。"[3] 連明顧炎武也說："此輩中未嘗無正直之人，顧上所以陶鎔成就之者何如爾。"[4] 清陳宏謀更說：吏胥"未必皆卑污苟賤之流……本朝由吏員出身躋顯秩者，亦復有之。至於身為吏役，為善種德，以致子孫貴盛者，更復不少"。[5] 清袁枚說得好："吾不解今之為政者，一則曰嚴胥吏，再則曰嚴胥吏。夫胥吏，即百姓也，非鬼域禽獸也。使果皆鬼域禽獸，宜早誅之絕之，而又何必用之而嚴之？"又說其所以要"嚴"，"豈不曰胥吏舞文乎，病百姓乎，夫使之舞文病百姓者，官也，非胥吏也。試問已舞之文，判行者，誰耶？加印者，誰耶？彼舞而我亦隨

1 《宋史》卷三五五《盧策傳》：宋神宗以前一度財政入大於支，頗有節餘；神宗改革後，收支正好相抵。估計當與行倉法（見前正文），花費大量錢財支付吏胥俸祿有關。可是即便如此，州縣吏胥俸祿仍很微薄，大約不過三貫五百錢，參前引宮崎市定《王安石的吏、士合一政策》。而俸祿最低官員下縣主簿、尉則為六貫，見《宋會要輯稿》第九十三冊《職官》五七之一，相差仍近一倍。由於州縣吏胥佔全國吏胥絕大多數，所以再想提高吏胥待遇，使與官員相等，這筆錢財是無處可出的。這還是財政收支正好相抵之時，至於在各王朝絕大多數情況，即財政出大於入的情況下，這項開支更無從談起。

2 《容齋隨筆》卷一五《京師老吏》。

3 《元史》卷一七五《李孟傳》。

4 《日知錄集釋》卷一七"通經為吏"。

5 陳宏謀《分發在官法戒錄檄》，見《清經世文編》卷二四。

而舞之，不自責而責人何耶！”[1] 這是有道理的。唐宋以後，其所以如葉適、顧炎武等許多人抱怨“廢官而用吏”、“柄國者吏胥而已”，不少文章甚至痛罵吏胥“行己若狗彘，噬人若虎狼”，[2] 似乎非用士人取代吏胥，統治危機便不足以解除，除了認識問題外，實際上只不過反映在歷代王朝頒佈的大量法、例面前，由士人充任的各級官員處理日常政務自主權少，而要受地位卑賤的吏胥“檢、請”等的約束與限制，因而憤憤不平，藉吏胥舞弊之機，過甚其詞，以發泄對王朝大量頒佈法、例的不滿。[3] 這些話是不能理解得太實的。歷代王朝其實也明白這些話的誇張性，自然也就沒有感到採納這些建議的迫切性，有時雖採納，也在少數官府中推行，遇到困難與阻力，也就不了了之。

總之，以士人代替吏胥，既沒有可能，也沒有必要，所以儘管不斷有人倡議，最後還是沒有結果。這就從另一角度再次證明，在中國古代，吏胥發揮着特殊作用，官、吏制衡機制長期存續，是歷史的必然，有其獨特發展規律，是不以人們的意志為轉移的。

---

1 《清經世文編》卷二一《答門生王禮圻問作（縣）令書》。

2 《清經世文編》卷二四《説吏胥》。

3 希望治理國家少頒法、例，儘量多地給予官員以自主權，以為官員經過“五經”“四書”熏陶，政治、文化、道德素質比較高，如能根據本地區、本部門具體情況獨立處理日常事務，自然符合王朝統治利益；相反，如受到大量不符合實際、紛雜、混亂的法、例的約束與限制，反而會危害王朝統治利益，這是秦漢以後儒家人治思想的反映，理論上是不錯的。可是因為實際社會中，大多數官員一時還達不到上述理想的水平，如給予過大自主權，全國政令便無法統一，甚至發生分裂、割據，天下大亂。所以不可避免的規律是：只能由王朝頒佈大量法、例進行統一指揮，要求官員必須執行，但允許他們在一些沒有法、例或法、例無法涵蓋的情況下，擁有某種程度的獨立自主權。雖然大量頒佈法、例，權力過於集中於中央，會帶來許多弊端，吏胥專橫僅其一例，但猶愈於官員各行其是，特別是分裂、割據，天下大亂。兩千年來這一基本格局，始終無法改變，道理便在這裏。官、吏制衡機制便是適應這一格局，逐步形成的。

試論我國古代吏胥制度的發展階段及其形成的原因 *

我國古代官僚統治機器其所以能有效運行，是和一個不可或缺的環節 —— 吏胥的存在及其特殊作用分不開的。[1] 關於吏胥的這一特殊作用以及官、吏制衡機制，筆者已有專文論述。[2] 本文則是從另一角度，試圖探討一下兩千年間這一吏胥制度的發展階段，以及其所以形成這些階段的原因。敬請讀者指疵。

我以為我國古代吏胥制度共經歷了吏、官身份無別，吏、官身份有別，在制度上吏職、官職界限分明和吏胥身份總體上進一步低落等三個階段。

一

吏、官身份無別階段 —— 兩漢。

在這一階段，"吏" 字和 "官" 字的內涵相同。《說文解字・一

* 原載《燕京學報》新 9 期，北京大學出版社，2000 年。

1 按古代吏胥職責雖有不小變化，但可以說基本相同，很長一個時期皆稱 "吏"，吏、胥二字連用，始於唐宋以後。為行文、理解方便，本文一律稱 "吏胥"。好在這種用法早已有之。如明黃宗羲便把漢代以後的吏，全稱 "胥吏" 或 "吏胥"。見《明夷待訪錄・胥吏》。

2 《試論我國古代吏胥的特殊作用和官、吏制衡機制》，載《國學研究》第 5 卷，北京大學出版社，1998 年。

部》:“吏,治人者也。”《漢書》卷二《惠帝紀》:“吏,所以治民也。能盡其治,則民賴之,故重其祿,所以為民也。”《漢書》卷五《景帝紀》:“夫吏者,民之師也,車駕衣服宜稱。吏六百石以上,皆長吏也。……車騎從者不稱其官,衣服下吏,出入閭巷,亡吏體者,二千石上其官屬,三輔舉不如法令者。”很清楚,在這裏,“吏”的意思和“官”並無差別。所以《國語·周語上》“百吏、庶民”一語下韋昭注:“百吏,百官。”

在兩漢,這一特點體現在制度上就是:上至丞相,下至郡太守、縣令,一般稱“吏”。如《漢書》卷一九《百官公卿表》:“吏員自佐史至丞相,十二萬二百八十五人。”1993 年出土的《尹灣漢墓簡牘》中“集簿”“東海郡吏員簿”記載西漢晚期東海郡“吏員二千二百三人”,首列太守府“太守一人,丞一人,卒史九人……凡廿七人”。次列都尉府“都尉一人,丞一人,卒史二人……凡十二人”。接着又列全郡共計“(縣)令七人,(縣)長十五人……”,以及縣、侯國、鄉、亭吏員。三者相加,正好 2203 人。[1]

另一面,縣、鄉小吏也可以稱官。如《後漢書》卷六一《左雄傳》:“鄉官部吏,職斯(李賢注:斯,賤也)祿薄,車馬衣服,一出於民。”《續漢書》志二八《百官志五》“百官受奉例”中,除“大將軍、三公奉”等外,也列有“斗食奉”“佐史奉”,就是說“斗食”“佐史”也包含在百官之中。

當然,吏、官混稱並不意味當時在職掌上、銓選上沒有後代吏、官之差別。如漢代的“令史”“掾史”“少吏”需經辦文書,特別是在處理政務上沒有自主權,得聽命於官長;絕大多數“令史”(尚

---

1 參《尹灣漢墓簡牘釋文選》《尹灣漢墓簡牘初探》,分別見《文物》1996 年第 8 期、第 10 期。

書台令史等除外）以及“掾史”“少吏”均非朝廷任命，而由各官府長官自行辟除，是“庶人之在官者”。[1] 這些都與官員存在明顯差別，而大體和後代吏胥相仿。但是和官員相比，後代吏胥身份卑賤，備受歧視，特別是仕進升遷前途有限；而漢代的“令史”“掾史”“少吏”卻不存在這些問題。吏、官身份無別，這是兩漢吏胥制度的最大特點。

《漢書》卷五八《公孫弘傳》：“（弘）少時為獄吏……家貧。”經賢良文學對策後入仕，武帝時逐漸升遷至御史大夫、丞相。

《漢書》卷七四《魏相傳》：相初為“郡卒史”，宣帝時升至丞相，與“獄吏”出身的御史大夫丙吉“同心輔政，上皆重之”。

《漢書》卷八三《薛宣傳》：“（宣）少為廷尉書佐，都船獄史。”成帝時升至御史大夫、丞相。

獄吏、卒史、書佐等均為地方、中央小吏，最後竟可位居丞相，此仕進、升遷並無限制之例。

《後漢書》卷二五《魯恭傳》：恭出身名門，“世吏二千石”，父為武陵太守。本人曾“居太學，習《魯詩》”，“為諸儒所稱，學士爭歸之”。但卻與出身平民者一樣，“始為郡吏”，而於和帝時升至光祿勛、司徒。

《後漢書》卷五四《楊震傳》：震高祖曾位丞相，封侯，父為名儒。本人習《尚書》，“明經博覽，無不窮究”，被“諸儒”譽為“關西孔子”。可他同樣“始仕州郡（為吏）”，後為大將軍府所辟，安帝時逐漸升至太僕、太尉。

《後漢書》卷六六《王允傳》：“（允）世仕州郡為冠蓋。”其本人

---

1 《禮記・王制》“庶人在官者”鄭注，《文獻通考》卷三五《選舉八・吏道》。

“年十九，為郡吏”，靈帝時為州刺史，獻帝時升司徒。

以上為名門大族子弟、儒生士人不羞為吏胥之例。

據《尹灣漢墓簡牘》及學者研究，西漢後期州郡縣少吏，不論任職年限，都有可能不經察舉而遷朝廷命官。如宣聖，本為郡文學卒史，“以功遷（縣丞）”；□道，本為州從事史，“以秀材遷（縣令）”；王蒙，本縣游徼，“以捕群盜尤異除（縣尉）”等。[1] 簡牘反映西漢後期東海郡下轄長吏名籍中，前任官職可知者108人，半數以上出於州郡縣少吏和中央公卿府屬吏。[2] 這些和漢代史料大量記載吏胥往往經察舉而入仕朝廷一樣，充分反映一般吏胥仕進前途也是寬廣的。

由於以上緣故，兩漢吏胥身份和官員無別，毫不受歧視。

《漢書》卷八九《循吏・朱邑傳》：邑少時為舒（縣）桐鄉嗇夫，是小吏。宣帝時升至大司農，“病且死，屬其子曰：‘我故為桐鄉吏，其民愛我，必葬我桐鄉……’及死，其子葬之桐鄉西郭外”。如果嗇夫為人歧視，朱邑已貴為九卿，還會對它念念不忘，要求死葬桐鄉，讓人們時時記住他的這一卑賤出身，使家族蒙羞辱嗎？

《後漢書》卷五三《徐稚傳》：“（稚）家貧，常自耕稼。”豫章太守陳蕃，“以禮請署功曹”，“蕃在郡，不接賓客，唯稚來，特設一榻，去則縣（懸）之”。按陳蕃是一個注意“以禮導下”的人，[3] 而功曹只是百石“少吏”，如果身份又卑賤，如後代吏胥那樣，為人輕蔑，則陳蕃能給予徐稚如此之高的禮遇，傳為千古佳話嗎？[4]

1　分別見廖伯源《簡牘與制度》卷四，（台北）文津出版社，1998年，第163、138、143頁。

2　同前注書卷一。

3　《北堂書鈔》卷七五引謝承《後漢書》。

4　王勃《滕王閣序》：“人傑地靈，徐孺下陳蕃之榻。”載《王子安集》卷五。

宋徐天麟說：兩漢"才智之士""卓絕俊偉之才"，"不免由郡縣吏以進身"，"蓋當時仕進之路如此，初不以為屈也"。[1] 元許謙說："由吏入官者，終漢世不革。自縣郡佐史、斗食吏，進而為公卿者，往往多碩德大才。"[2] 明祁駿佳也說：漢代"士人皆得試吏，為掾為曹，而辟舉薦進，賢良孝廉等出於斯，公卿大夫諸名臣出於斯。士人既不羞為之，而掾曹遂得文章德行之士"。[3] 都反映這一階段吏胥身份並不卑賤，吏、官身份無別這一特點。

兩漢吏胥制度為甚麼具有這一特點？

原來這是當時的官吏選拔任用制度重德才、重本人的統治質量和效率，而基本上不考慮資歷、門第所決定的。就是說，在這一制度下，開始雖處在令史、掾史、少吏等低級職位上，但只要有德才，統治有質量，有效率，就可以不次拔擢，不斷升遷，飛黃騰達，前途無限。梁裴子野曾把這一制度概括為"學（才）、行（德）是先"；沈約則稱其導致的結果是"以智役愚"，而與魏晉以後的"以貴役賤"對舉。[4] 很顯然，在這一制度下，小吏和高官沒有不可逾越的鴻溝，因而吏胥身份並不卑賤，吏、官身份無別是必然的。

然而，為甚麼兩漢官吏選拔任用"學、行是先"，基本上不考慮資歷、門第呢？是當時統治集團的智慧、謀略比後代高明嗎？否！它是兩漢社會、經濟的發展狀況所決定的。

原來兩漢承春秋戰國農村公社瓦解之後，社會上主要存在着三種力量。

---

1 徐天麟《東漢會要》卷二七《選舉下・州郡辟除》按語。

2 許謙《白雲集》卷二《代人上書補儒吏》。

3 祁駿佳《遁翁隨筆》卷上"秦始取列國之地"條，《叢書集成初編》本。

4 見《通典》卷一六《選舉四》。

一是六國貴族、官僚、豪傑，他們有統治才幹，但在很長一個時期內對漢王朝一般採取不合作的態度，甚至與之發生矛盾、衝突，觸犯法網，迫使漢王朝對他們不但不能依靠，而且不得不予以壓制、打擊（包括使用"酷吏"）。

二是漢初幫助打天下、鞏固天下的功臣、貴族、官僚，他們的確是漢王朝的依靠力量，但是由於歷史條件的限制，政治、道德、文化素質一般不高，[1] 由此導致子孫驕奢淫逸，"多陷法禁"，丟掉官、爵，家族在政治上不能穩定地延續下去，有效地為漢王朝服務。[2]

三是社會上存在的無數小農，以及伴隨土地兼併相繼形成的一些中、小地主。這是一支數量極其龐大的力量。由於前述兩種力量或無法依靠，或不能穩定依靠，於是從漢武帝開始，被迫在全國範圍內，逐漸主要通過察舉制度，從這一支力量中選拔人才，補充整個官僚隊伍，以鞏固統治。因為無資歷可言，無門第可依，在東漢後期大土地所有者和世家大族尚未穩定地形成強大社會力量之前，選拔的主要標準只得是德、才，即"學、行是先"。關於這一問題，我已在另一地方有所論述，[3] 請參看，此處從略。

以上論述，歸根結底，想說明的是：吏、官身份無別，乃漢代社會發展的必然產物。

---

1 漢初承秦火之後，書籍散失，一度法家學說備受批判，儒家學說獨尊地位尚未確立，黃老無為思想又易流於空泛。這些功臣等出身多低微，素質不高，子弟教育更莫知所從，是很自然的。

2 《漢書》卷一六《高惠高后文功臣表序》且說：由於"多陷法禁"，功臣子孫"訖於孝武後元之年，靡有孑遺，耗矣"。

3 見白壽彝總主編《中國通史》第五卷上（總第七冊）丙編第三章《門閥制度》第五節，上海人民出版社，1995 年。

二

吏、官身份有別階段——魏晉至唐宋。

在這一階段，吏和官身份逐漸出現並深化了差別，吏胥身份卑賤，備受歧視，士人恥於為之。其演變過程是這樣的：

早在漢代，已出現與官含義不同，乃王朝徭役對象的"吏"，[1] 身份卑賤，地位低下。魏晉南北朝略同。或"吏客"連稱，或"吏卒"連稱，或"吏僮"連稱。[2] 這類吏有的需從事沉重勞動，甚至全家服役。[3] 本來，兩漢以來與官無別的吏（郡吏、府吏等）與徭役對象的"吏"區分是清楚的，[4] 但是由於下面要講到的原因，前一類吏與官的距離逐漸拉開，反而與後一類"吏"接近，身份、地位日益低下。先看一突出之例：《舊唐書》卷七五《張玄素傳》：玄素曾充刑部令史，在隋末大動亂中由於種種機遇，最後仕唐並遷升至三品大臣。一次朝會，唐太宗問他"歷官所由"，一直追問到令史出身。玄素"甚以慚恥"，"將出閤門，殆不能移步，精爽頓盡，色類死灰"。

如上節所述，兩漢大臣多有出身吏胥者，對此本人沒有任何心理負擔，所舉西漢大司農（相當於唐代二三品官）朱邑事即其證，為甚麼到了唐代，張玄素會慚恥到如此嚴重的地步？原來這正好反映經過魏晉南北朝到唐代，吏、官之間已出現、深化了差別，和漢

1　《漢書》卷七二《貢禹傳》："諸鐵官皆置吏、卒、徒，攻山取銅鐵。"

2　先後見《三國志》卷五七《吳書・張溫傳》、《晉書》卷二四《職官志》、《宋書》卷六《孝武帝紀》。

3　《宋書》卷九三《隱逸・陶潛傳》：潛"為彭澤令，公田悉令吏種秫稻"。同書卷九二《良吏・徐豁傳》："武吏"年十三即需種公田"輸米"。參唐長孺《三至六世紀江南大土地所有制的發展》，上海人民出版社，1957 年，第 41—45 頁。

4　如《宋書》卷三九《百官志上》魏晉公府"長史、從事中郎主吏"。這個"吏"是指三公、八公自辟的府吏，與官無別，與徭役對象之"吏"是不相混的。同書卷四〇《百官志下》州刺史屬官"別駕、西曹主吏及選舉事"，分別更清楚。

代大不相同了。

之所以發生這一變化，主要原因有二：

第一，在魏晉南北朝，這是由門閥制度的形成、發展所決定的。在這一制度下，士族及其把持的政權極力維護門閥特權，壓制寒人、庶人：士族稱“君子”，寒人、庶人被視為“小人”；士族由於條件優越（包括免徭役，田莊內擁有大量書籍，家學傳承等），一般保持着較高的政治、道德、文化水平；而寒人、庶人由於種種原因（如戰亂頻仍，學校淪廢，無書可讀，或徭役沉重，無暇讀書等[1]），政治、道德、文化素質下降。這樣便有意無意地促成社會上的“士庶天隔”，政治上的“官分清濁”。[2]

在這種制度和風氣下，高官要職和“清官”一般全由士族銓選，官府中職位居最下層的吏胥例由“小人”即寒人、庶人充任。由於充任者身份低下，很自然，連帶也就使他們所充任的官府中的各類吏胥日益受到輕視，在門閥士族心目中與徭役對象的“吏”，差別已經不太大。[3] 如中央官府各類令史，雖沿漢制尚算朝廷命官，[4] 因全

---

1 見白壽彝總主編《中國通史》第五卷上（總第七冊）丙編第三章《門閥制度》第五節。

2 “士庶天隔”，見《宋書》卷四二《王弘傳》；“官分清濁”，參周一良《魏晉南北朝史論集》，中華書局，1963 年，第 94—116 頁。

3 實際上也很容易相混。《晉書》卷七〇《應詹傳》記東晉地方上徭役對象有“文武吏”，顧名思義，“文吏”至少一部分當在官府中服役。《宋書》卷三九《百官志上》稱尚書省“郎以下則有都令史、令史、書令史、書吏、幹”。按同書卷四〇《百官志下》官品表中無“書吏”，令史品第八，書令史品第九，職位已最低，則其下的“書吏”恐即徭役對象“文吏”的一種。《隋書》卷二六《百官志上》記南朝梁制“郡縣吏”中有“書僮”，有“武吏”，此“書僮”恐即“文吏”“書吏”，掌文書之事。《南史》卷二一《王弘傳》將“小吏”與“官長”“士人”對舉，此“小吏”並不從事體力勞動，而是在官府中負責“主守”倉庫等，類似後代趙宋的衙前，應即徭役對象之“吏”。這些都會促使這兩類吏被門閥士族混同起來，而與“官”對舉。這些變化比較複雜，還涉及當時與吏身份、地位接近的“幹”。據陳仲安等《漢唐職官制度研究》（中華書局，1993 年）第四章第二節第 361—362 頁，兩漢魏晉南北朝的“幹”有兩類：一類在官府中掌管一部分事務，地位略後於令史，一類從事“力役”，以為二者“很容易混淆”。這和兩類吏的情況正好相似。而有時“幹”與“吏”連稱為“幹吏”（《後漢書》卷五七《欒巴傳》注引《晉令》）。所以吏身份的變化恐與“幹”也有關聯。

4 《通典》卷三七《職官十九》“晉官品”“宋官品”令史均八品、九品，卷三八《職官二十》“後魏官品”令史從八品上。

由寒人、庶人充任，便歸入“濁官”行列，與“清官”聲望相差懸殊。《魏書》卷一九中《任城王澄傳附元順傳》：北魏宰相高陽王雍違反制度，要用“（尚書省）三公曹令史”朱暉為“廷尉評”，與吏部尚書元順發生爭執。元順說：“高祖（指孝文帝）遷宅中土，創定九流，官方清濁，軌儀萬古，而朱暉小子，身為省吏，何合為廷尉清官！”宣稱要“依事奏聞”。迫使高陽王雍讓步，賠笑說：“豈可以朱暉小人，便相忿恨。”此事一證令史由“小人”充任，身份卑賤；二證“省吏”乃“濁”官，並不得為“清官”。我們知道，北魏門閥制度沒有南朝發達，吏胥身份要高於南朝，[1] 所受壓抑尚且如此，則南朝吏、官差別之大，便可知了。[2]

在對寒人、庶人的壓制中，還有一個因素也加深了吏、官差別，這就是對吏可行杖罰。本來，漢初受秦法影響，官、吏有過錯進行棰楚是很普通的，[3] 人們一般並不以為大恥。隨着儒家“刑不上大夫”思想發展，大官受棰楚漸受抵制，[4] 但對尚書郎、令史仍保留杖罰，直至南朝。《南史》卷一八《蕭琛傳》稱：因尚書郎、令史都可行杖罰，“是以古人多恥為此職”。[5] 而隨着門閥制度進一步發展，

1　參白壽彝總主編《中國通史》第五卷上丙編第三章《門閥制度》第四節。

2　據《通典》卷三七《職官十九》、卷三八《職官二十》“梁官品”“陳官品”，明定“令史”已從劉宋的八、九品下降到例由寒人、庶人充任的“三品蘊位”“三品勛位”，比“寒微士人”（低級士族）充任的“流外七班”還要低，離高級士族充任的流內“十八班”（梁）或“九品”（陳）就更遠。

3　《漢書》卷六二《司馬遷傳》在《報任安書》中便提到“受榜棰”。請參沈家本《歷代刑法考》中《漢律摭遺》卷一九《棰令》、程樹德《九朝律考》卷一《漢律考二・刑名考・鞭杖》。

4　《漢書》卷四八《賈誼傳》：賈誼上書主張對士大夫“有賜死而亡戮辱”，反對肉刑，反對“笞”“榜笞”。《後漢書》卷六一《左雄傳》：左雄上言反對對“九卿”“捶撲”，順帝“從而改之，其後九卿無復捶撲者”。

5　就整個兩漢言，羞為尚書郎及令史者，只東漢初丁邯一例，見《續漢書》志二六《百官志三》尚書“令史”下劉昭注引《決錄》。而且據上下文，其意也不是出於可能受杖，而似是嫌郎、令史僅掌文書事務，難展抱負，故後拜其為“汾陰令”“漢中太守”。其實，據應劭《漢官儀》，尚書令史“滿歲為尚書郎，出亦與郎同，宰百里”，可見儘管有杖罰，身份並不卑賤。蕭琛所說，實反映南朝士大夫對杖罰的看法，而與漢代有別，見下。

郎官已被士族壟斷，“參用高華（高級士族）”，歸入“清官”行列，職位“稍重”，寒人無法染指，因而遇有杖罰便“許以推遷（推遷執行）”，最後往往得以“息停”。但因杖罰制度畢竟仍然存在，深受儒家思想熏陶的士族甚為不滿，所以南齊蕭琛建議，應在制度上明確規定，此後對郎官“其應行罰，可特賜（用錢、絹）輸贖，使與令史有異”，得到皇帝批准，長期行用。從此在這一制度上也體現了吏、官身份差別。至隋，更進一步在法律上規定：“其（官）品第九已上犯者，聽贖。”也就是說，從此不但郎官，凡九品以上流內官犯法，都不行笞杖，而大量的非流內官的吏胥，則不在其內，唐宋均沿此制。[1] 這樣也就必然促使寒人、庶人與士族，吏與官，彼此差距越拉越大。《顏氏家訓・涉務》：“晉朝南渡，優藉士族。故江南冠帶有才幹者……典掌機要。其餘文義之士……纖微過失，又惜行捶楚……至於台閣令史、主書、監帥、諸王籤省，[2] 並曉習吏用，濟辦時須，縱有小人之態，皆可鞭杖肅督。”這段話除表明台閣令史等吏胥皆由“小人”充任，地位與士族迥然有別外，還反映為發揮其長處，要用“鞭杖肅督”打擊他們的“小人之態”（當指因素質較低而在處理公事上舞文弄法，貪污受賄等）。《宋書》卷七四《沈攸之傳》：攸之為郢州刺史，“州從事輒與府錄事鞭，攸之免從事官，而更鞭錄事五十。謂人曰：‘州官鞭府職，誠非體要，由小人淩侮士大夫。’”州衙系統的主要從事當時已由漢代百石少吏轉化為朝廷品官（見後），多由士人充任，由於非公事隨便鞭打軍府系

1 見《隋書》卷二五《刑法志》，又見《唐律疏議》卷二《名例》“應議請減”條、《宋刑統》卷二《名例》“請減贖”條。當然，“聽贖”是有條件的（如犯“十惡”者不得贖等）。

2 以上均寒人充任的吏胥。參王利器《顏氏家訓集解》，中華書局，1996 年，第 317—318 頁。王氏未注之“監帥”，乃指“制局監”，“亦用寒人被恩幸者”，見《南齊書》卷五六《幸臣傳序》。

統由寒人充任的吏胥“錄事”，沈攸之以為不合制度，故免州從事官；但起因是府錄事侮辱了州從事，沈攸之又以為這是“小人淩侮士大夫”，此風不可長，所以又再鞭錄事五十。此恐亦地方上以“鞭杖肅督”打擊“小人之態”之例。[1] 而對吏胥“鞭杖肅督”，在儒家思想佔主導地位的社會裏，正是促使吏胥身份卑賤，吏、官身份差別進一步加深的重要因素。

以上是就魏晉南北朝而言。

第二，發展到唐宋，雖然早已“選無清濁”，[2] 屬於政治制度範疇的門閥制度業已成為歷史，僅僅作為社會制度而存續，並最終在唐末五代的大潮中完全消逝，但一些新的因素的湧現，又促成吏、官身份差別並未隨門閥制度的消逝而消逝，而是以一種新的形式繼續存在下去。

如所周知，唐宋具有政治特權的門閥士族雖然已經沒有了，但由科舉出身，數量更為龐大的官員隊伍取代了他們。這些官員，就一個家族言，仕途升降盛衰不定，與過去士族“平流進取，坐至公卿”無法相比，[3] 但作為一個群體言，則隨着科舉制度的發展、完善，而十分穩定，不斷發展壯大。[4] 由於政治、道德、文化素質較高，在官僚機構中一般擔任着各部門、各地區的要職、長官，握有一定範圍內司法、稅收等的決策權，成為古代王朝的主要依靠力量。

而吏胥制度出現的則是以下變化：

---

1 《南齊書》卷五六《幸臣・呂文度傳》：“永明中，敕親近不得輒有申薦，人士免官，寒人鞭一百。”亦大體反映官員、吏胥差距鮮明之例。

2 《隋書》卷五六《盧愷傳》。

3 《南齊書》卷二三“史臣曰”。

4 據張希清《中國科舉考試制度》（新華出版社，1993 年）第七章，唐代所取進士才 6603 人，兩宋所取進士已達 11 萬人。

一是兩漢吏胥均長官自行辟除。經過魏晉南北朝的發展，到唐宋，隨着中央集權的加強，中央吏胥和地方上主要吏胥，俱改由朝廷選用、控制，其中除一部分沿漢晉之制定為流內品官外，大多數則稱流外官，歸吏部進行"流外銓"。[1]

二是吏胥的作用也發生了重大變化。在兩漢，特別是在地方上，由於長官獨立性很強，故沿先秦諸侯國之制，長官與所辟吏胥存在"君臣"名分，[2] 吏胥的作用便是全力為辟主、為長官服務、效忠，而於朝廷利益、得失則不甚在意，因為只是"陪臣"關係。[3] 但發展到唐代，情況基本改變。吏胥不但隨着流外銓的存在，與長官的"君臣"關係已經消失，不必為其效忠，而且轉為主要起着制衡、督促本地區、本部門的長官、官員奉行朝廷統一政令，共同效忠朝廷的作用。[4]

照理說，經過上述變化，吏胥的身份應該比魏晉南北朝有所提高，吏、官身份差別因而也應該有所縮小以至泯滅了吧？實際不然。原因就在於吏胥還有另一方面的變化，即過去因遭門閥制度壓

---

1 《唐六典》卷二"吏部郎中、員外郎"條。又《唐律疏議》卷一一《職制》"役使所監臨"條疏議：流外官是"有（朝廷）流外告身者"。

2 見陳登原《國史舊聞》（生活・讀書・新知三聯書店，1958 年）第一分冊"兩漢地方官"條按語。

3 《東觀漢記》："梁鴻初與京邑蕭友善，約不為陪臣，及友為郡吏，鴻以書責之而去。"見《太平御覽》卷四一〇。又《三國志》卷六《劉表傳》注引《傅子》：荊州牧劉表派屬吏韓嵩去京師打聽消息。嵩對曰："今策名委質，唯將軍所命，雖赴湯蹈火，死無辭也。……嵩至京師，天子假嵩一官，則天子之臣，而將軍之故吏耳。在君為君，則嵩守天子之命，義不得復為將軍死也。"

4 關於吏胥督促官員奉法，詳參前揭拙文《試論我國古代吏胥的特殊作用和官、吏制衡機制》。簡單說是這樣的：唐宋官府處理日常政務，首先要由吏胥收集、整理有關事務、案件的資料，然後還要由他們向官員提供自己熟悉而官員一般不很熟悉的、應該適用的法、例，最後由官員據以做出判斷。在"公坐"（非出於私心而工作出錯）情況下，如果是吏胥提供的資料、法例出錯，就由吏胥承擔主要責任；如果吏胥沒有錯，是官員自作主張，不適用該法、例，則由官員承擔主要責任。這樣就等於不露痕跡地將官員處理日常政務，限定在必須適用朝廷頒佈的法、例范圍之內。宋代葉適把這叫作"以官聽吏""廢人（官）而用法"，又叫"廢官而用吏"。見《水心別集》卷一五《上殿札子》、卷一〇《始議二》。

抑而形成的比較低下的政治、道德、文化素質，在新形勢下不但沒有提高，而且進一步低落。而這又是唐宋吏胥職位低微，職掌具體、繁雜，分工瑣細，王朝對他們素質的要求偏低，與科舉進士無法相比的必然結果。

首先要看到的是，兩漢掾史、少吏雖主要就其為“庶人之在官者”言，而歸入吏胥行列，但因當時官府朝廷命官少（如丞相府，除丞相及長史、司直為朝廷命官外，其餘成員皆掾史；地方上郡府，除太守、丞、尉為朝廷命官外，皆少吏），[1] 因此儘管一定的決策權在官長手中，但和後代比，這些吏胥權力還是比較重的。如丞相府的東曹掾竟主管王朝官員的選用；[2] 郡主簿、功曹亦均掌大事。《後漢書》卷七六《循吏・王渙傳》：郡太守陳寵治郡甚有功效，和帝問他“在郡何以為理？”對曰：“臣任功曹王渙，以簡賢選能；主簿鐔顯，拾遺補闕。臣奉宣詔書而已。”即一證。而魏晉南北朝，隨着統治經驗的積累和中央集權的加強，凡原來權重吏胥，在中央，權力多轉入諸尚書、丞、郎手中（如漢丞相府東曹之權轉歸尚書省吏部）；在地方，均陸續轉化為朝廷命官（以州為例，如別駕、治中、主簿、西曹、主要州從事，均是）。[3] 經過這些變化，到唐宋為止，這一段時期的吏胥，與兩漢比，雖同為“庶人之在官者”，但實際上位望亦即在官府中的地位，對王朝的重要性，已下降了一個

1 參《漢書》卷一九《百官公卿表》、《續漢書》志二四至二八《百官志》。

2 參拙作《兩漢魏晉南北朝宰相制度研究》，中國社會科學出版社，1998 年，第二章第三節。

3 州官之權後又為同是朝廷命官的軍府府官（如長史、司馬、諸參軍）所侵奪，至隋，廢“鄉官”（即原州官），以府官為州官，唐沿其制。這裏不必細説。參濱口重國《所謂隋的廢止鄉官》，載劉俊文主編《日本學者中國史論著選譯》第四卷，中華書局，1993 年；嚴耕望《中國地方行政制度史》乙部《魏晉南北朝地方行政制度》，影印本，（台北）“中研院”歷史語言研究所，1997 年。

檔次，職掌具體、瑣碎，權力日益減輕。[1]

其次還必須看到，隨着社會經濟、文化的發展，唐宋統治事務比起兩漢、魏晉南北朝來大為繁雜，朝廷所頒法、例越來越多，因而吏胥分工越來越細，越瑣碎，人數也大大增加。以尚書省六部之一的戶部四司為例，其下具體分工唐代不詳，宋代則比較清楚。《宋史》卷一六三《職官志三》記：戶部司分左右曹。南宋左曹分案三，即"戶口""農田""檢法"；"檢法"下又分科三，即"二稅""房地""課利"。右曹分案六，即"常平""免役""坊場""平準""檢法""知雜"。此外，度支司分案六，金部司分案六，倉部司分案六（各案名目此處從略）。這樣細的分工，過去從未有過。再就戶部各司吏胥（令史等）人數言，按制度規定，唐代戶部司 68 人，度支司 54 人，金部司 36 人，倉部司 40 人，共 198 人。宋代戶部司 96 人，度支司 51 人，金部司 60 人，倉部司 24 人，共 231 人。[2] 反觀東漢，整個尚書台才有令史 21 人，見《續漢書》志二六《百官志三》；晉代極大增加，全台總共也只有令史 250 人，見《宋書》卷三九《百官志上》。兩相對比，唐宋一個部已接近晉代全台吏胥人數。如就制度規定的中央、地方吏胥總數言，東漢 14 萬餘人，唐代近 36 萬

1 以州為例：如在北齊，諸州從事已成朝廷品官或流內比視官，吏胥便由下屬掾、史充任（如戶曹從事下有戶曹掾、史等），見《西門豹祠堂碑》碑陰題名，載《金石萃編》卷三三。在唐代，諸參軍已取代原諸州從事為州官，吏胥便由下屬佐、史等充任（如司戶參軍下有"佐三人，史七人"等），見《唐六典》卷三〇。過去吏胥直接聽命於州刺史，權重；這時吏胥直接受州從事或州參軍指揮，而最後決定於州刺史，權輕。

2 分別見《唐六典》卷三《尚書戶部》、《宋史》卷一六三《職官志三》。又宋哲宗時"戶部四曹人吏"曾擴張到 487 人，見《續資治通鑒長編》卷三八六元祐元年八月辛亥載上官均奏。

人（流外官及雜任），[1] 北宋更增至 44 萬餘人。[2]

上述變化發展，對吏胥來說，產生了甚麼後果呢？

由於當時社會生產力、科學水平畢竟有限，王朝的統治事務基本上是行政事務，總體上說業務、技術和近代比一般是比較粗疏的，分工越細，也就越容易掌握。這樣，吏胥在官僚機構中地位下降之後（見前），所掌業務之分工，又越來越瑣碎，產生的後果便是：王朝對吏胥人選的政治、文化素質要求必然降低。試以前引宋戶部司左曹所分三案之一，已經分工頗細的"戶口"為例，據《宋史》卷一六三《職官志三》，此案"掌凡諸路州縣戶口升降，民間立戶分財，科差人丁，典賣屋業，陳告戶絕，索取妻男之訟"。又據同志，左曹共設吏胥四十人，則"戶口"一案當有吏胥十餘人。如按任務分工，每人所掌不過或"戶口升降"，或"民間立戶分財"，或"科差人丁"等一個狹小範圍的業務，甚至二三人共掌同一範圍業務，或許其中再行細分。很顯然，類似瑣碎業務，隨着宋代文化較之過去的大發展，能勝任者較多，只要有一點文化水平，能保管、熟悉有關律令、文書，為官員處理各類案件、事務提供資料、法、例就可以了。[3] 至於在此基礎上如何全面、深入領會法、

---

1 分見《通典》卷三六《職官十八》、卷四〇《職官二二》。

2 此據王曾瑜《宋朝的吏戶》一文估計，載台灣《新史學》第四卷第一期，第 81 頁。需說明的是，以上三個數字，不僅包括本文所討論的經辦文書的吏胥，而且也包括大量地位更低的小吏。二者僅唐代，在史料上有所區別。如《資治通鑒》卷二一三開元二十一年六月記"吏自佐史以上五萬七千四百一十六員"，則據《通典》其他小吏（唐代稱無流外品的"雜任"）約三十萬。見張廣達《論唐代的吏》，載《北京大學學報》1989 年第 2 期。又《通典》載這三十萬人中還雜有少數流內官，原因不詳，參唐長孺《唐代色役管見》，載《山居存稿》，中華書局，1989 年。不過，由東漢至唐宋，總體上說吏胥大量增加是肯定的。早在隋代，大臣牛弘便誇張地說"今令史百倍於前"，見《隋書》卷七五《儒林・劉炫傳》。

3 宋代地方各州已出現過"士、戶、議、兵、刑、工"的曹名，略等於後代的"吏、戶、禮、兵、刑、工"六曹或六房，見《文獻通考》卷六二《職官十六》。

例精神，結合繁雜的具體案件、事務，從王朝統治利益着眼，綜合考慮，衡量輕重，最後判斷、決策，則自有主要是科舉出身，素質高的官員、長官在，由他們去負責。正因如此，王朝對吏胥素質的要求必然降低：逐漸演變成主要由雖“非貧戶弱者”，但仍需承擔賦役的民戶作為“役”來充任，[1]或經選拔，或經考試，對其業務要求儘管已有專業化傾向，但總體上說都比較簡單、粗淺。如《舊唐書》卷四三《職官志二》：“凡擇流外（吏胥），取工書（書法）、計（會計），兼頗曉時務（當指有工作經驗，會辦事）。”原注：“三事中有一優長則在敍限。”宋代中央吏胥考試，或“試書札”，或“問律文並疏義”，或“以所習公事試之”。[2]對地方吏胥，要求更低，就業務言，多半不考試，只要求有一點文化水平，會辦公事，就可以入役。[3]這些，和科舉出身官員需“十年窗下”，[4]經多次內容艱深、具有綜合性質的考試，亦即多次篩選，都合格後方得以錄用，其素質要求是遠不能相比的。

由於政治、文化素質要求降低，吏胥雖精熟鼻尖底下一點業務，可以督促官員奉法，但一般不學無術，知識貧乏，眼界狹窄、淺短，“不知大體”，因此在統治集團心目中，其作用也就同樣不能和“有學識，達治體”的科舉官員相比[5]：吏胥只能在官員指揮下辦理具體公事，決策權則在科舉官員。在當時社會、歷史條件下，社

1 “非貧戶弱者”，見《慶元條法事類》卷四七《賦役門・逋欠稅租》。參上引王曾瑜《宋朝的吏戶》。並參張澤咸《唐代的衣冠戶和形勢戶》，載《中華文史論叢》1980 年第 3 輯。

2 分見《續資治通鑒長編》卷一〇五天聖五年六月丁亥、卷一一一明道元年三月丁酉、卷二一七熙寧三年十一月甲辰。參陶緒《宋代吏人召募考試制度初探》，載《中國史研究》1989 年第 2 期。

3 參陶緒《宋代吏人召募考試制度初探》。

4 劉祁《歸潛志》卷七：金行科舉，“故當時有云‘古人謂十年窗下無人問，一舉成名天下知’”。古人，自指唐宋時人。

5 參前揭拙文《試論我國古代吏胥的特殊作用和官、吏制衡機制》。

會越前進，統治事務越繁雜，分工越瑣碎，入役越容易，吏胥素質總體上說也就越降低。由於在官僚機構中的作用遠不如擁有一定決策權，統籌全局（一個地區、一個部門）的科舉官員，因而備受歧視。所以《通典》卷二二《職官四》說："自隋以來，令史之任，文案煩屑，漸為卑冗，不參官品。"宋蘇洵說：和漢代吏胥多賢人，受重視不同，"今之吏胥……始而入之不擇也（指選拔、考試要求低），終而遇之以犬彘也"。[1] 也從一個角度反映了上述問題。

不僅如此，唐宋吏胥的道德素質也下降了。早在隋代，"高祖之世，以刀筆吏類多小人，年久長奸，勢使然也"。[2] 唐宋繼之，"吏多貪污"。[3] 其主要原因可從兩方面分析。一方面，正因當時業務分工瑣碎，充吏容易，吏胥出身品類龐雜，因而一般說，儒家經史、禮義之教育欠缺，先天對腐敗行為的抗拒能力就差；[4] 另一方面，如前所述，社會前進，吏胥名額大量增加，遠遠超過官員，可是王朝財政經濟力量有限，因而只得對在維護王朝利益上作用遠不如官員的吏胥少給俸祿，不給俸祿，造成他們生活艱難。特別是地方上的吏胥，"無廩給之資，一人奉公，百指待哺"。[5] 這兩方面結合，吏胥貪污受賄就很難避免。再加上其他因素，如王朝對吏胥仕宦前途的限制（見下），司馬光所說"府史胥徒之屬，居無廩祿，進無榮望，皆以啖民為生者也"，[6] 在唐宋社會也就毫不奇怪。

1　蘇洵《嘉祐集》卷四《衡論上・廣士》。

2　《隋書》卷七五《儒林・劉炫傳》。

3　《文獻通考》卷三五《選舉八》。

4　《通制條格》卷五《學令・科舉》："吏人不習書史，有奸佞貪污之性，無仁義廉恥之心，欲求慎行止，無過犯，其可得乎！"雖為元初人語，亦可適用於唐宋社會。

5　胡太初《晝簾緒論・御吏篇》。

6　《續資治通鑑長編》卷一九六嘉祐七年五月丁未。

這樣，在唐宋社會裏，一方面出現了素質較高，[1] 在官僚機構中發揮着主要作用的科舉官員；另一方面，隨着社會前進，業務分工日益瑣碎等，吏胥素質和作用又逐漸降低，則雖然門閥制度已經瓦解，吏、官身份差別又怎麼可能有所縮小以至泯滅呢？

特別要指出的是：正由於二者素質差別頗大，唐宋統治集團固然作為基本措施之一，需要利用吏胥制衡官員，但主要依靠力量仍然是而且不得不是科舉出身官員；並且鑒於吏胥素質低下的消極作用，還主要採取了兩項措施對他們加以壓制、防範：

首先，類似過去寒人、庶人只能任濁官一樣，逐漸限制吏胥的仕宦前途。如早在武則天建立周政權之時，儘管為了擴大統治基礎，拔擢人才很濫，但仍"降敕：流外出身，不許入三品"。[2] 至中唐，更進一步。唐德宗"敕：流外出身人今後勿授刺史、縣令、錄事參軍"。[3] 即不得任地方長官、要職。南宋之制："凡吏職年滿，依法補授將仕郎。後有恩賞者，許循修職郎，用考第關升，至從政郎（階官名，流內從八品）止。"[4] 就是說吏胥出職後晉升（出職見後），一般被控制在從八品以下。[5] 經過種種限制，吏胥仕宦前途有

---

1 當然，科舉官員素質很差的也不罕見，但總體上説，比起吏胥來，數量要少得多。金朝宰相張浩曾有一個比喻："進士受賕，如良家女子犯奸也；胥吏公廉，如娼女守節也。"見《歸潛志》卷七。

2 "流外出身"，主要指升為流官的吏胥。當時有一"令史"出身的張衡，因緣時會，"位至四品"，將升三品，入唐律犯法"議貴"行列。因退朝路上買一蒸餅，"（在）馬上食之"，為御史彈劾，武則天即降此敕。這一壓制當是不少"流外出身"者素質不同程度低下的反映，而通過張衡之行，促使武則天下此決心。見張鷟《朝野僉載》卷四"周張衡"條。《舊唐書》卷四二《職官志一》則記作：武則天制流外等出身"不得任清資要官"。

3 《唐會要》卷五八《尚書省諸司中》"吏部尚書"條。

4 李心傳《建炎以來朝野雜記》乙集卷一四《官制二》"吏職補官至從政郎止"條。按此處之階官，與出職之官有關聯，但又不同，請參穆朝慶《宋代中央官府吏制述論》，載《歷史研究》1990 年第 6 期。

5 如果原是中央"堂吏"（堂後官，宰相屬下吏胥），南宋"出職止通判"，通判為流內七品，但通判只是州的副長官，仍有限制，見《建炎以來朝野雜記》甲集卷一二《官制三》"堂後官"條。

限，也就是前引司馬光說的“進無榮望”。

其次，藉助官員制衡吏胥，打擊其“小人之態”。主要即沿魏晉南北朝之制，允許官員對吏胥行笞杖。前引蘇洵語：官員對吏胥“遇之以犬彘”，即就可任意行笞杖而言。此例甚多。宋真宗時孫何為兩浙轉運使，“所至州郡，刺察苛細，胥吏日有捶楚”。[1] 可見官御吏之嚴。又宋仁宗時包拯為開封府尹，有民犯法，當杖脊，“吏受賕，與之約曰：‘今見尹，必付我責狀。汝第呼號自辯，我與汝分此罪。……’既而包引囚問畢，果付吏責狀，囚如吏言，分辯不已。吏大聲訶之曰：‘但受脊杖出去，何用多言！’包謂其市權，捽吏於庭，杖之七十，特寬囚罪，止從杖（指臀杖，比脊杖輕）坐，以抑吏勢。不知乃為所賣。”[2] 這條史料本在說明吏胥之狡詐，連包拯也為之愚弄，但在官、吏關係上卻也反映：長官隨時可翻臉“捽吏於庭”，予以杖刑；而此杖刑目的則是為了“以抑吏勢”，清楚地體現宋統治集團對吏胥“其勢不可廢鞭撻”的指導思想。[3]

按《孝經・開宗明義章第一》：“身體髮膚，受之父母，不敢毀傷，孝之始也；立身行道，揚名於後世，以顯父母，孝之終也。”而上述兩項措施使得吏胥一生命運與此《孝經》精神正好背道而馳：既可能隨時遭笞杖，“毀傷”身體髮膚；又遇到重重限制，一般說終生無“揚名於後世”之日。在本來官、吏素質差別已經不小的唐宋社會，隨着儒家學說進一步佔據統治地位，並成為選任官、吏的指導思想，與科舉出身官員犯法享有“輸贖”特權，仕宦飛黃

1 《續資治通鑒長編》卷四七咸平三年六月乙亥。

2 沈括《夢溪筆談》卷二二《謬誤》。按“杖之七十”一作“杖之十七”，見胡道靜《夢溪筆談校證》下冊，中華書局，1959 年，第 720 頁。

3 此蘇軾語，見《文獻通考》卷三五《選舉八》。

騰達，前途無限相比，吏胥身份卑賤，遭受歧視，[1]吏、官身份差別加深，是必然的。

三

（一）

在制度上吏職、官職界限分明和吏胥身份總體上進一步低落階段——金、元、明、清。

在上一階段，直到唐宋為止，儘管吏、官深化了身份差別，但在制度上吏職、官職並未完全、明確區分開來。而到這一階段，吏職、官職在制度上界限分明了；後來吏胥身份且跌落到歷史的最低點，成為與官員（包括流內與未入流）截然不同的另一特殊群體。

所謂上一階段在制度上吏職、官職並未完全、明確區分開來，是指在唐宋，不但不少吏胥在制度上仍屬"流外官"，還是"官"，[2]而且有些高級吏胥如三省都事、主書、主事以至令史，還有流內官

1 何薳《春渚紀聞》卷七《詩詞事略》"罵胥詩對"條記，宋代某"郡有胥魁"，以年勞出職，大喜，"躍馬還家"，路上衝撞張道人。道人書偈言曰："畜生騎畜生，兩個不相爭。坐者只管坐，行者只管行。""胥覽之大慚而退。"同條記一"魏處士"以對聯罵一吏胥（孔目）為"驢紂"（駕驢的革帶，實指驢），該吏胥只得"拂袖而出"。

2 "流外"，始見於《魏書》卷一一三《官氏志》。南朝梁武帝改官制，陳朝沿之，亦有"流外"之目，但當時主要為了以此區別"寒微士人"與高級士族，見《隋書》卷二六《百官志上》、《通典》卷三八《職官二十》。及至門閥瓦解，舊的士族等級及其與寒人差別消失，到唐宋，流外官主要指中央官府吏胥（見吳宗國《唐代科舉制度研究》第二章第二節，遼寧大學出版社，1992年），宋代還包括路、州吏胥（見前揭王曾瑜《宋代的吏戶》，文稱路州吏胥可出職，應即流外官），流內流外轉為主要區別官員和吏胥。但無論流內還是流外，畢竟都是"官"。《通典》卷四〇《職官二二》"大唐官品"中分"流內""流外勛品"等，即表明其"品"都是"官"品；而且"流外"包括在"內外文武官員"之內。故《唐律疏議》卷一一《職制》"役使所監臨"條云"流外官者，謂諸司令史以下，有流外告身者"。又《宋史》卷一六九《職官志九》"流外出官法"下"流外"有"孔目官""勾押官"等。趙彥衛《雲麓漫鈔》卷七"唐人多稱使"條云"本朝……下至吏胥則有通引官、專知官、孔目官、直省官"，亦其證。

品。[1]也就是說，儘管官僚機構內部在銓選上（流內銓、流外銓）和相互關係上（流內官中官員與吏胥），存在吏、官之別，但在平民面前，在基本官制上，就上述這一部分吏胥言，則和其他官員一樣，都是"官"，甚至都是"流內官"，吏和官是混在一起的。正因如此，在流內，有些職位是官還是吏，也還沒有最後固定，而處在變動之中。封演《封氏聞見記》卷三"銓曹"條：

> 舊良醞署丞（正九品下）、門下典儀（從九品下）、大樂署丞（從八品下），皆流外之任（意指流外入流所任之官，雖在流內，乃是吏職）。國初，東皋子王績始為良醞丞。太宗朝，李義甫始為典儀府。中宗時，余從叔（封）希顏始為大樂丞。三官從此並為清流所處。

所謂"並為清流所處"，即指其官已非吏職，而是以士人充任，[2]成為官職。這從同書同卷同條下另一段記載，看得更清楚：

> 開元中，河東薛據自恃才名，於吏部參選，請授萬年縣錄事。吏曹不敢注，以咨執政，將許之矣。諸流外共見宰相訴云："醞署丞等三官，皆流外之職，已被士人奪卻。惟有赤縣（此指萬年縣）錄事是某等清要，今又被進士欲奪，則某等一色之人無措手足矣！"於是遂罷。

---

1 唐都事、主書均從七品上、主事從八品等，見《通典》卷四〇《職官二二》；宋尚書省都事正八品，三省主事、令史等從八品，見《宋史》卷一六八《職官志八》。

2 上引"清流"，即指士人。《唐六典》卷八"門下省典儀"條注："初，用人皆輕。貞觀初，李義府為之，是後常用士人。"

這條材料證明：甲、萬年縣錄事（從九品下）也和上述三官一樣，是流外入流之官。乙、在流外入流官中，萬年縣錄事大概聲望比較好，所以進士薛據才會“請授”，而“諸流外”則視之為“某等清要”。丙、某一流內官職長期成為流外入流所任之官，即成吏職，例由吏胥出職者充任；如果長期改用士人，又成官職，變成例由士人充任。上述良醞署丞等三官“並為清流所處”，為後者之例。而此萬年縣錄事雖然士人“欲奪”，因遭“諸流外”抗議，而保留下吏職，繼續歸流外入流者充任，為前者之例。又《舊唐書》卷八一《劉祥道傳》載其上疏稱三省都事、主書、主事等，“比來選補，皆取舊任流外有刀筆之人，縱欲參用士流，皆以儔類為恥，前後相承，遂成故事”。他認為三省是要害部門，“而多用胥徒，恐未盡銓衡之理，望有釐革，稍清其選”。但因“時公卿以下，憚於改作，事竟不行”。此亦前者之例：都事等“皆取舊任流外有刀筆之人”，即意味已成吏職；“縱欲參用士流”和這次劉祥道建議“稍清其選”，是指前後兩次想搞改革，使之成為官職，但或因士人“皆以儔類為恥”，或因“憚於改作”，而終歸失敗。[1]

再看宋代，情況與唐代相似。宋王栐《燕翼詒謀錄》卷一：

> 太祖皇帝以堂吏擅中書事權，多為奸贓，開寶六年(973)四月癸巳，詔流內銓於前令、錄、判、司、簿、尉(以上一般均科舉進士出任之流內低級官員)，選諳練公事一十五人，補

1 劉祥道所説三省“主事”，據《唐六典》卷九“中書省主事”條注稱：“前代用人皆輕，而隋氏雜用士人為之。故顏愍楚文學名家，為內史（即中書）主事，尋罷士人，皇朝並用流外入流累轉為之。”反映早在隋代已有“雜用士人”而未成功之事。

> 堂後官，[1]三年一替……此太祖開基立國之宏規也。不特此爾，寇準為宰相，刑部、大理寺、三司法直副法直官，舊例以令史遷補，準悉用士人。……蓋仰體太祖謹重堂後官之意而推廣之也。然改制之初，不能一掃而清之，新舊雜用（指保留一些舊吏胥，與新來士人共職），士大夫恥與為伍。又三年，為（新）任人無固志，舊吏長子孫為世業，一齊不勝眾楚之咻，[2]太祖皇帝美意數傳之後，寂然無聞，[3]是可恨也。

此證劉祥道所說的三省都事等（即後來的政事堂堂後官），是選用士人還是吏胥，直到宋代，仍處在徘徊、搖擺之中。再舉一例，宋葉夢得《石林燕語》卷九記載：

> 樞密都承旨與副承旨，祖宗皆用士人。……真宗後，天下無事，稍稍遂皆用吏人。歐公（歐陽修）建言請復舊制，而不克行。熙寧初，始用（士人）李評為都承旨，至今行之。[4]初，評受命，文潞公（文彥博）為樞密使，以舊制不為之禮。評訴於神宗，命史官檢詳故事，以久無士人為之，檢不獲。乃詔如閤

1　堂後官，即前句的"堂吏"，指宰相直屬的吏。《建炎以來朝野雜記》甲集卷一二《官制三》"堂後官"條："謂三省諸房都（事）、錄事也。"又稱之為"堂吏"，此亦"吏"稱"官"一例。又宋孫逢吉《職官分紀》卷一三"（三司）孔目官"：宋太祖"開寶七年，以光祿寺丞崔宏充鹽鐵孔目官，太僕寺丞徐元充度支孔目官，少府監丞張玘充戶部孔目官"。"孔目官"，同條又稱"孔目吏"。此亦宋太祖以士人為吏之一證。

2　語出《孟子・滕文公下》。意為個別改革抵擋不住周圍大量事物的影響，終歸失敗。

3　據《燕翼詒謀錄》卷四載"祖宗重堂後官，更用士人"，至宋仁宗時仍有"士流""士人選用"，直到神宗改革，"新法既行，增置宰屬，而士流不復為堂後官"，可見這裏的"數傳之後，寂然無聞"，就堂後官言幾乎延續了北宋一代。

4　《文獻通考》卷五八《職官十二》"都副承旨"下此句作"不用院（指樞密院）吏，而更用士人，自評始也"。其演變過程參《宋史》卷一六二《職官志二》。

門使（李評原官，士人充任的流內品官）見樞密之禮。

這裏文彥博堅持的"舊制"，即指從真宗以來都承旨已成吏職，不是官職。所以儘管李評乃士人，且為外戚，文彥博仍視之為吏胥，"不為之禮"。最後檢"故事"不獲，神宗便採用調和辦法，讓李評以原官禮晉見應付了過去。

以上諸例證明，在唐宋社會，一部分有流內官品之職位，是官還是吏，尚處在不斷摸索、變動之中，並未最後固定下來；而且往往要視長期由進士、士人充任，還是由流外入流者即吏胥出職者充任而定，而主要不以工作任務是掌握一定範圍決策權，還是僅僅經辦文書為區分標準。這一特點，就是前述唐宋社會吏職、官職尚未完全、明確區分開來的一個最突出的標志。當然，這裏所說，僅僅指的是"一部分有流內官品之職位"，一般是低級官品。[1] 另外，主要指吏胥的流外官仍稱官，也是吏、官相混的一個標志。至於有着高級官品之官員，和無任何流內流外官品之低級吏胥（如大部分地方吏胥），則一般不存在這個問題。因為在長期演變中，它們的官員或吏胥性質早已明確、固定了。這也反映，唐宋儘管就統一與分裂、門閥士族特權的有無和魏晉南北朝有所不同，但在吏、官問題上，卻屬同一類型，都是由二者身份毫無差別的兩漢，到二者身份有別而且吏職、官職界限分明，吏、官成為不同群體的金元明清的過渡階段。

那麼，為甚麼直到唐宋，吏職、官職仍未最後區分開來，特別

---

1 個別也曾有高品，如宋代樞密都承旨乃從五品，見《宋史》卷一六八《職官志八》。正因品高，所以最後仍被士人奪去。

是還要將一部分有流內官品之職位定為吏職，使一些吏胥在制度上歸入流內官行列，形成與後來金元明清不同的特點呢？

固然，由吏、官身份無別到吏、官身份有別，再到吏職、官職完全分離，在具體職位為吏為官的確定上必然有一個發展過程，需要摸索、積累經驗，上引諸例亦其證；但在唐宋其所以會形成上述特點，更主要原因當是統治集團有意如此安排，目的是在吏胥身份卑賤，政治、社會地位低落的條件下，藉以激發、調動他們為王朝服務的積極性。魏晉南北朝在處理"清官""濁官"問題上，早已積累了類似經驗。

當時一方面"士庶天隔""官分清濁"，寒人、庶人一般只能擔任濁官（包括吏胥、武官）。濁官總體上被壓在士族充任的清官之下。前引北魏元順壓制寒人朱暉，只許他任濁官（尚書省令史），不許他任"廷尉清官"，即其一證。但是另一方面，濁官畢竟仍是官，就尚書省令史言，在制度上很長一個時期品居第八，位在諸縣丞、尉，甚至諸縣令、長之上；[1] 而且其中的都令史還很有權，梁武帝在一詔令中便說它"職參政要，非但總領眾局，亦乃方軌二丞（指尚書左、右丞，清官）"。[2] 這樣，便等於對寒人、濁官又壓又拉，使他們在受到壓抑的同時，又萌生某些希望，一定程度上激發他們為王朝服務的積極性。在這一問題上，武官作為濁官，其具體制度起

---

1 位在諸縣丞、尉上，見《宋書》卷四〇《百官志下》；位在諸縣令、長上，見《通典》卷三七《職官十九・秩品二・晉》。

2 《隋書》卷二六《百官志上》。

的作用更突出，由於與本文中心距離稍遠，限於篇幅，此處從略。[1]

唐宋吏胥制度所體現的基本上也是這一指導思想，即在對吏胥大力壓抑的同時，又要讓他們感到有一定的奔頭，於是便有了前面已經提到的流外入流即出職制度。所謂出職，趙升《朝野類要》卷三《入仕》"年勞"條："內外百司吏職及諸州監司吏人，皆有年勞補官法，俗謂出職是也。"這就是說，一部分地位比較高的吏胥（州以上至中央），如果稱職地服務若干年，經過一定手續，便可由流外出職為低品流官；同時為免士人抗議，"以儔類為恥"，又將長期由吏胥出職、升進的某些低品流官定為吏職。儘管這些吏職遭士人輕視，而且如第二節所述，升遷前途有限，但是在平民面前畢竟仍是流官，還可以升至七品或八品，這對吏胥來說，終究是不小的安慰。從上引唐代吏胥視萬年縣錄事為"某等清要"，也約略可以看出它對吏胥的吸引力。何況除了年勞還有因功不時出職之制。《宋史》卷二九九《李溥傳》："初為三司小吏"，就財賦改革事回答宋太宗的提問，"帝以溥等為能"，語輔臣曰："如溥輩雖無學，然於金穀利害，必能究知本末，宜假以色辭，誘令開陳。"於是一下子擢溥為"左侍禁（流內八品），提點三司孔目官"。[2]這條材料既說明在特殊情況下，吏胥可以不計年勞，隨時出職；又說明其目的是"誘令開陳"，即激勵他們努力服務，基本上仍體現了前述其所以要在低級品官中保留吏職的指導思想。

---

1 武官的官品遠比吏胥高。如驍騎將軍雖是濁官，但官品達第三或第四，且往往統軍，比起低品清官如七品著作佐郎、六品秘書郎等，聲望、發展前途固然不如，但畢竟有官位，有實權，因而可以更大地激發寒人為之奮鬥的積極性。在全國分裂、戰爭頻繁的條件下，所以大量湧出寒人出身的猛將，為各王朝廝殺、立功，然一般又受清官為主體的朝廷控制，"官分清濁"及關於武官的具體制度是起了不小作用的。

2 左侍禁雖非吏職，但所提點的三司孔目官卻是流外。擢任此職，仍可看出李溥原來的吏胥身份。

（二）

然而，前述直到唐宋所存在的這個特點，全都是在吏胥身份日益卑下的歷史背景下逐漸形成的，而到金元時期，這一狀況發生了極大變化。

這個變化，從金代已經開始。如所周知，在金代，文化素質比較差的女真族統治中原，十分重視軍功和吏事。但是它有一個特點，就是總體上說，重吏事但不輕儒，不輕士大夫。表現為中央主要官府的令史，雖然是“吏員”，沒有官品，但“仕進皆列於正班，斯則唐宋以來之所無者”。[1] 特別是尚書省令史，其出職後之仕進，經過歷練，竟有可能升為“宰執”，而且比例不低，[2] 這在唐宋是不能想象的。[3] 不過由此卻不能得出金代重吏輕儒，輕士大夫的結論，因為金代尚書省令史很重要一個來源是由漢人、女直（真）人進士出身官員或未出仕進士來擔任的。[4]《金史》卷九六《梁襄傳》“讚”便說：金代“始立國即設科取士，蓋亦知有文治也。……至（世宗）大定間，人材輩出，文義蔚然”。金代出身進士充任尚書省令史，其著者比較早的皇統年間有王蔚、童師中、李晏等，後來正隆年間有馬琪、張萬公、路伯達、康元弼等，大定年間更多，如李仲略、王賁、張大節、張岩叟、賀揚庭、閻公貞、馬百祿等，《金史》皆

---

1 《金史》卷五一《選舉志一》。意思是出職後仕進前途、聲望，和一般門蔭、科舉等流內官員一樣，不受影響與限制。

2 見孟繁清《金代的令史制度》，載《宋遼金史論叢》第 2 輯，中華書局，1991 年。文章統計出《金史》列傳中出身、履歷比較清楚的尚書省令史 97 人，其中 31 人升至“宰執”。

3 元好問《遺山集》卷二一《平叔（商衡）墓銘》：金哀宗時許古（字道真）上書“言八座率非其材，省寺小臣有可任宰相者”，詔問“孰可為相？”“道真以尚書省令史商衡對。”此亦前所未有。

4 參前揭孟繁清《金代的令史制度》。而進士備受重視，“選曹以為貴科”，見《遺山集》卷一七《閒閒公墓銘》。

有傳。[1] 學者有引顧炎武《日知錄》卷八"都令史"條原注金代升至"宰執"者十五例，以證金吏胥之重。這固然不錯，但如察其出身，便知其中十三人原為科舉進士。[2] 這些都說明金代總體上並不輕士大夫。[3] 之所以採用這一制度，或許因金統治集團初意只在重吏事，因受儒家思想影響，想依靠少數族王朝的強大威力，通過硬性規定由素質高的進士出身者充尚書省令史，以提高吏事質量；但這樣一來，某種意義上竟和唐宋統治集團的指導思想相通，做了後者想做，但由於"恥與（吏胥）為伍"的士大夫力量強大而做不到的事，即用士大夫改造上層吏胥隊伍。而由此也就導致了以下後果：

首先，吏胥身份和政治、社會地位提高。就中央主要官府，特別是尚書省的令史言，其來源可以是進士、舉人、現任官員，[4] 出職或考滿補官後前途又是"仕進皆列於正班"，甚至升至"宰執"，則和唐宋吏胥比，吏與官身份、地位差別縮小，是必然的。[5] 至於地方上高級吏胥，即"諸州府吏人"，其地位雖比不上中央吏胥，但因

1 《金文最》中也有二十餘例。如卷八六《焦公（旭）墓碑》（輯自《柏鄉縣志》，李嗣周作）、卷八八《姬公平叔墓表》（輯自趙秉文《滏水集》）、卷九二《張文貞公神道碑》（輯自元好問《遺山集》），等等。又參《歸潛志》卷七。

2 《金史》皆有傳。其中只有移剌道、粘割斡特剌二人非進士出身，分別見《金史》卷八八、卷九五。

3 金室遷都開封後，"獎用胥吏，抑士大夫"，"吏權大盛，勝進士矣"，見《歸潛志》卷七。但這只是一個時期用人政策的變動，基本制度並未更改。如著名文學家元好問便是這時由進士為尚書省令史的，見《金史》卷一二六《文藝・元好問傳》。孫德秀是先已為尚書省令史，又去應科舉，於金末中進士第的，見《遺山集》卷二二《御史孫公墓表》，可見進士出身之受重視。故元初有"金以儒亡"之說，見《元史》卷一六三《張德輝傳》。

4 參前揭孟繁清《金代的令史制度》。如樞密院令史可以由進士充任，御史台令史可以由"終場舉人"（指未考中進士者）充任，六部令史可以由地方官員充任。

5 《金石萃編》卷一五五有《（金）禮部令史題名記》。按唐宋各類題名記，如署銜，或為官員，或為進士，從無某官府吏胥集中題名者；且作此記之黨懷英，乃進士出身、國史院編修官，"能屬文，工篆籀，當時稱為第一"（《金史》卷一二五《文藝・黨懷英傳》），竟肯為吏胥寫題名記，此均吏胥身份、地位提高之強證。《遺山集》卷二三《故河南路課稅所長官兼廉訪使楊公神道之碑》稱"（御史）台掾要津，士子慕羨而不能得者"，亦一證。

按制度有可能“試補”六部令史（見《金史》卷五三《選舉志三》），並由此攀緣而上，[1] 所以總體上說，他們的身份、地位，比起唐宋來也是有不小的提高的。

其次，和上一點緊密關聯，由於吏、官身份、地位差別縮小，中央主要官府令史且多有以士大夫充任者，因而前講唐宋在低級品官中保留專由吏胥出職充任之吏職，以激勵他們為王朝努力服務的必要性也就不存在了。於是金代出現了一個明顯變化，這就是不像唐宋那樣，在某些流內品官中往往根據出仕者出身是吏胥還是士人，以分別吏職、官職，而是基本上改為以統治任務之分工為標準，來分別吏職、官職。一是凡主要任務是具體經辦文書者，如尚書省、樞密院、御史台、六部等官府令史，不管出身是吏胥，還是進士、舉人、現任官員，一律定為“吏員”，沒有官品，既不是流內官，也不是流外官（見後）。因而和唐宋不同，吏職、官職變得在制度上界限分明，毫不相混。儘管這一部分“吏員”，包括最上層的尚書省令史，也和下層吏胥一樣，沿舊制，“有過輒決杖……故士大夫有氣概者往往不就”，[2] 但因出職或考滿補官後仕途通暢，[3] 任吏時間又不長，[4] 故召進士等補吏，就絕大多數人而言，都可以接

1 因六部令史還可補御史台、樞密院，甚至尚書省令史。如前述粘割斡特剌就是由戶部令史轉補尚書省令史，最後當上“平章政事”即宰相的。參前揭孟繁清《金代的令史制度》。

2 見《歸潛志》卷七，並舉有四例，請參看。《金史》卷九七《馬百祿傳》：中進士，為縣令，“召補尚書省令史，不就”，亦一例。

3 “仕進皆列於正班”，見前引《金史》卷五一《選舉志一》；“舊制，尚書省令史考滿優調”，見《金史》卷九九《孫即康傳》。

4 尚書省令史一考只有三十個月，即可補官；兩考六十個月，補官品級更高，見《金史》卷五二《選舉志二》。

受。[1]唐宋士大夫"恥與(吏胥)為伍"風氣，這時基本上消失。二是唐宋有着低級官品之三省都事、主事等，因長期由吏胥充任而成為吏職，在金代則依其任務乃管理吏員，"掌本司受事付事，檢勾稽失，省署文書"，[2]而定為官職，都事正七品，主事從七品，即使出身吏胥者為之，也不再是吏職了。以下諸人歷官即其證：賀揚庭，進士，"由安肅(縣)令補尚書省令史"，考滿復為官，"授沁南軍節度副使，入為監察御史，歷右司都事……"；斡勒忠，"歷兵部、樞密院、尚書省令史"，出職為官後累遷"為監察御史，轉尚書省都事"；賈鉉，進士，由地方官"補尚書省令史"，考滿復官，"除陝西東路轉運副使，入為刑部主事"；[3]商衡，進士，為縣令，"入為尚書省令史，歷糧草、邊關、知管差除三房，考再滿，授戶部主事，兩月，擢監察御史，又充右司都事"。[4]可見都事、主事都是官職，不是吏職。

金代以上變化，元代基本沿用。如中書省(即金尚書省，元改)都事正七品，六部主事從七品，均官職；[5]而中央主要官府即省、院、台、部之吏胥，或稱掾史，或稱令史，均和地方下層吏胥一樣，

---

1 見前考及第 209 頁注 1 所引各例。金末士人劉祁說"士大夫有氣概者往往不就"，其中就有他的父親劉從益(見《歸潛志》卷七)，但這種人極少。一代文宗元好問也沒有這種"氣概"，見《金史》卷一二六《文藝・元好問傳》。

2 《金史》卷五五《百官志一》。此乃都事執掌。六部主事(金都省不設主事)執掌提法略同(當然，權力只限本部)。這些在唐宋基本上是左右司郎中、員外郎的一部分執掌，見《唐六典》卷一《尚書都省》、《宋史》卷一六一《職官志一》。

3 《金史》卷九七《賀揚庭傳》《斡勒忠傳》、卷九九《賈鉉傳》。

4 《遺山集》卷二一《平叔墓銘》。

5 《元典章》卷七《吏部一・官制》中有都事、主事，與卷一二《吏部六・吏制》分別清楚。又《元史》卷一八二《宋本傳》：進士，"授翰林修撰……除監察御史……移兵部員外郎……轉中書左司都事"；同卷《許有壬傳》：進士，"授同知遼州事……州遂大治。……除山北廉訪司經歷……遷吏部主事"。二人歷官，亦是都事、主事非吏職之證。

沒有官品，職官充吏比金代發展。[1] 但既充吏，在任期間即隨吏制，同樣無官品，意味吏職、官職絕不相混，和金代相同。但是和金代比，元代又有一個特點。這就是就個人出身言，金代重吏事但不輕儒，不輕士大夫，而元代統治集團的指導思想以及相關政策的實際運作，直到元亡，總體上說，始終是重吏輕儒的。

雖然表面看來，元太宗時曾通過考試錄取四千餘人，定為“儒戶”，優免其差役，[2] 世祖年間又有各路“歲貢儒、吏”補充六部令史（一般一路一名），而且為保證所貢儒生質量，需先在“儒戶”中選拔年少子弟入府、州學“修習儒業”，然後通過“選試”貢送的規定，[3] 元仁宗又行科舉，並限制吏胥仕進，但由於以下原因，應該說元代並未到達重儒、重士大夫階段，儘管認為元制“人有十等……九儒十丐”，也有誇張，並不符合實際。[4]

最主要的原因是，元代整個統治、官僚集團由於素質所限，不可能越過吏事帶來的直接的稅收、判案等利益，而看到儒學所涵蘊的宏觀的、長治久安的治國大計。

首先，和金代皇帝不同，元代皇帝“多不習漢文”，要靠翻譯成蒙古文方能讀一點儒書，[5] 則理解其精神必然是有限的。

---

1 元武宗甚至規定中央、地方凡地位較高吏胥（“有出身人”）的一半，可從職官中選取，見《元典章》卷一二《吏部六・吏制・職官吏員》。不過元仁宗以前未行科舉，職官多出身吏胥，與金代有所不同。請參許凡《元代吏制研究》（勞動人事出版社，1987 年）第三章第四節。

2 《廟學典禮》卷一《選試儒人免差》《秀才免差發》，又見《元史》卷二《太宗紀》。請參蕭啟慶《元代的儒戶：儒士地位演進史上的一章》，載《元代史新探》，（台北）新文豐出版公司，1983 年。

3 《元典章》卷一二《吏部六・吏制・儒吏》，又《廟學典禮》卷一《歲貢儒吏》。關於歲貢儒生及儒學學生充吏，詳參許凡《元代吏制研究》第三章第三節。

4 參上揭蕭啟慶文；及陳垣《元西域人華化考》卷八《結論》，載《勵耘書屋叢刻》上冊，北京師範大學出版社，1982 年。

5 趙翼《廿二史札記》卷三〇“元諸帝多不習漢文”條。在同書卷二八“金代文物遠勝遼元”條中，則列舉了金諸帝“好文學”“以詩文著稱”“與諸儒講論”等事。

其次，元代百官皆蒙古人為之長。[1]元末葉子奇便說：元代"天下治平之時，台省要官皆北人（主要指蒙古人）為之，漢人、南人萬中無一二，其得為者不過州縣卑秩，蓋亦僅有而絕無者也"。[2]這些人的文化素質、儒學修養一般來說是很差的，"朝廷大臣亦多用蒙古勛舊，罕有留意儒學者"。[3]《元史》卷一七三《崔斌傳》則稱：元初"江淮行省事至重，而省臣無一人通文墨者"。直至元末，陶宗儀仍在說："今蒙古、色目人之為官者，多不能執筆花押，例以象牙或木，刻而印之"。[4]

再次，元長期進行戰爭，必然重視軍功與吏事，統一天下前後，要職也多被這兩類人佔有。正如虞集所說："我國家初以干戈平定海內，所尚武力有功之臣。然錢穀、轉輸、期會、工作（指工程）……非刀筆簡牘無以記載施行，而吏始見用。固未遑以他道進士，公卿將相畢出此二者而已。事定，軍將有定秩，而為政者吏始專之。"[5]他們的文化素質、儒學修養一般說也是有限的。元末余闕說：元重吏胥，"雖執政大臣亦以吏為之。由是中州小民粗識字，能治文書者，得入台閣，共筆札，累日積月，皆可以致通顯"。[6]元後期人慕完，"年十三而孤貧，不能卒儒業，習法家即有聲"，始為"府憲史掾"，最後竟升至從二品大員——侍御史，[7]即一例。

1 參《廿二史札記》卷三〇"元制百官皆蒙古人為之長"條；蒙思明《元代社會階級制度》第二章第二節《四級等差待遇之法律與事實》，中華書局，1980年。

2 葉子奇《草木子》卷三上《克謹篇》。

3 《廿二史札記》卷三〇"元諸帝多不習漢文"條。

4 陶宗儀《南村輟耕錄》卷二"刻名印"條。《草木子》卷四下《雜俎篇》也說："北人不識字，使之為長官……要題判署事及寫日子，'七'字鈎不從右七轉而從左ㄔ轉，見者為笑。"

5 《元文類》卷五四，虞集《嶺北行省郎中蘇公墓志銘》。

6 余闕《青陽集》卷四《楊君顯民詩集序》。

7 許有壬《至正集》卷五九《故中奉大夫侍御史慕公墓志銘》。

上述整個統治、官僚集團的這一狀況，決定了元代儘管最高決策者某個時期受到儒者影響，着眼於王朝利益，也會頒佈前述在人事上不同程度有利於儒生、士大夫的詔令，但因素質所限，或者是朝廷對儒學理解淺，政策時有反復；更重要的是，各級官府冥頑不靈，執行走樣，上有政策，下有對策，結果與預期者相差甚遠。

關於政策反復，執行走樣，因離本文中心稍遠，這裏無須細說，[1] 茲就執行結果——儒吏地位相差懸殊——略加申述。

本來，如按前述儒戶免差役，“歲貢儒吏”名額相等，以及儒學學生充吏等政策看，似乎元代儒、吏地位至少應是差不多的，但實際上由於上述原因，吏胥仕途、地位遠遠優於儒生：

甲、至元六年下“歲貢儒吏”之詔，十餘年後，至元二十一年“中書省奏……天下習儒者少，而由刀筆吏得官者多”。[2]

乙、又過了十餘年，姚燧於大德三年說：“大凡今仕惟三途：一由宿衛，一由儒，一由吏。由宿衛者……十之一；由儒者……十

1 只舉二事。一、元仁宗以前舊制，吏員出職“秩止四品”；仁宗重儒改制，“由吏出身者，限以從七（品），不使秩高權重，得以縱恣”（《至正集》卷七五《吏員》）。但僅約十年，泰定帝又恢復舊制，且在執行中突破四品，有“不次登顯融者，往往列八位（即指‘八府’、宰執，見《元史》卷二〇《成宗紀三》大德七年二月）而不尠也”（楊維楨《東維子文集》卷四《送江浙都府史倪光大如京師序》，《四部叢刊》本。他本“融”作“榮”，“尠”作“鮮”，似文義更順）。二、歲貢儒吏，對儒本要求“洞達經史，通曉吏事”（至元六年中書省札，見《元典章》卷一二《吏部六・吏制・儒吏・隨路歲貢儒吏》），但實際執行中，或“試補之間，多不依法”（《至正集》卷七五《吏員》），或“歲貢一科，所舉例皆不公”（胡祗遹《紫山大全集》卷二二《時政》），或“夤緣勢援，互相梯引”（鄭介夫《上奏一綱二十目・任官》，載《元代奏議集錄・下》，浙江古籍出版社，1998 年），在各級、各類輕儒官、吏的操縱下，歲貢總的趨勢必然是偏重吏事，或吏多儒少，或儒名吏實，使得儒生“皆曰何必讀書然後富貴”（鄭介夫《上奏一綱二十目・養士》），“甚者反捨其所學，而以趨世媚俗為能”，“號曰用儒，其實非也”（危素《危太樸集》文集卷六《送陳子嘉序》）。以上請參許凡《元代吏制研究》第四章。

2 《元史》卷八一《選舉志一・科目》。

分一之半；由吏者……十九有半焉。”[1]

丙、又過了十餘年，元仁宗重儒，為抉破“吏弊”行科舉制，[2] 但阻力重重，後一度中輟，且錄取人數有限，“對有元一代的既定用人格局，沒有發生甚麼大的影響”。[3]

丁、接近元末的大臣揭傒斯說：“我元有天下，所與共治，出刀筆吏十九。”[4]

戊、由於以上事實，整個社會風氣必然與之相適應：重吏輕儒。大德年間各地“民家子弟多不攻書。……為父兄者多令廢棄儒業，學習吏文，以求速進”。[5] 元後期的情況是：以新城縣為例，“今學者僅能執筆，曉書數，其父兄已命習為吏矣”。蘇天爵說：“豈獨新城為然，是則天下之通患也。”[6] 元末陶安更說：“朝廷以吏術治天下。中土之才，積功簿書，有致位宰執者，時人翕然尚吏。雖門第之高華，儒流之英雅，皆樂趨焉。”[7]

固然，從總的趨勢看，隨着蒙古人的進一步漢化，人事上的重

---

1 《元文類》卷三四：姚燧《送李茂卿序》。“十分一之半”，指十分之零點五。“十九有半焉”似當為“十八有半焉”。此處之“儒”，是指狹義之儒，如儒學學官、教授等，升遷極難（參蘇天爵《滋溪文稿》卷六《送韓伯敬赴杜浦巡檢序》，及鄭介夫《上奏一綱二十目・任官》）。此處之“吏”，當理解為職位較高，可以出職入“仕”之吏胥，而非下級吏胥。其來源有刀筆吏，也有儒生，包括歲貢中央之儒生。從“十九有半焉”這話雖看不出二者比例，但如第 214 頁注 1 所述，吏多儒少是肯定的，鄭介夫另有《因地震論治道疏》（載《元代奏議集錄・下》），亦上於大德年間，與姚燧此序約略同時，疏稱“今合朝官職，盡屬吏員……問其儒，則不通文理句讀。十數年後，儒之類滅，欲求識一丁字者，亦無之矣！”雖然誇張，卻足可證當時吏多儒少。

2 《元文類》卷三五，元明善《送馬翰林南歸序》。

3 韓儒林《元朝史》上冊，人民出版社，1986 年，第 346 頁。書中經過統計，指出科舉取士只佔元後期五十多年中“文職官員總數的百分之四”。又《元史》卷一八五《韓鏞傳》稱科舉取士十餘年後“泰定四年……當時由進士入官者僅百之一，由吏致位顯要者常十之九”。《草木子》卷四下《雜俎篇》：“至於科目取士，止是萬分之一耳，殆不過粉飾太平之具。”均可為側證。

4 《揭傒斯全集・文集》卷六《善餘堂記》，上海古籍出版社，1985 年。

5 《元典章》卷一二《吏部六・吏制・司吏・試補司吏》。

6 《滋溪文稿》卷四《新城縣廟學記》。

7 陶安《陶學士集》卷一五《送馬師魯引》。

吏輕儒遲早要為輕吏重儒、重士大夫所取代，[1] 但是由於種種原因，還未發展到這一地步，元代就滅亡了。而在此之前，由於元代總體上吏胥身份、地位實際上比金代進一步提高，更加無須像唐宋那樣通過在低級品官中保留吏職，去激發他們的積極性，於是吏職、官職毫不相混，明確區分之制，也就最後固定了下來。其證如下：

甲、《元典章》卷七及一二分別規定"官制（文武職品、員數、雜職）""吏制"。"吏制"中絕不摻入官員，包括流內及流外；"官制"中介紹職官，也絕不摻入吏胥。

乙、《元史》卷八一《選舉志一》在簡述科舉取士，然而"仕進有多歧"之後，又說："吏有補用之法，曰掾史、令史，曰書寫、銓寫，曰書吏、典吏，所設之名，未易枚舉。"[2] 單獨如此明確提出吏胥，並對吏名略加介紹，雖金制亦未見，[3] 恐此亦吏制成熟，與官制區別之一證。

丙、唐宋流外官是官，又是吏胥，已見前考。而至元，吏胥已從流外官中分出。流外官是官，不是吏胥。流內官、流外官均與吏胥明確區別。故《元史》之《刑法志》所載諸法條中，規定違法犯罪主體，或作"諸職官"，或作"諸吏員"；有時"諸職官"與"諸吏員"對舉，大量則作"諸官、吏"，這在唐律中從未一見。特別是還有單提流外官的，如卷一〇二《刑法志一・職制上》："諸流外官越受民詞者，笞一十七；首領官二十七，記過。"按此處流外官地位顯

---

1 如果元代發展到重儒輕吏階段，情況或許與唐宋不同，因為金、元推行以士大夫為高級吏胥等制度，吏胥，至少是高級吏胥素質有了提高，到時吏胥弊病會低於唐宋，而統治質量會高於唐宋也未可知。

2 許凡《元代吏制研究》第一章稱元代之吏共有三十餘種，主要者十種。

3 南宋《慶元條法事類》卷五二《公吏門》，雖對"公人""吏人"有界定，但只限於地方上一般吏胥，而不涉及全部吏胥，特別是與官相混的中央令史等，與此是無法相比的。

然高過首領官，所以越受民詞，首領官判刑更重一些。而首領官，始於金，盛於元，主要是管理吏胥的官員。[1] 在《元史》之《刑法志》中亦將它與吏胥對舉，如《職制上》凡公文申稟，有關官員自書其名，"有故，從對讀首領官代書之，具述其故於名下；曹吏輒代書其名者，罪之"。由此亦證，流外官與吏胥是明確區別的。[2]

（三）

下面極簡略地交代一下明清吏制之變化。

如所周知，明代由漢族士大夫掌權，繼承唐宋傳統，取消士大夫、職官充吏之制，就個人出身言重新重儒輕吏，但吏職、官職明確區別這一制度卻無法改變了。《明（萬曆）會典》和《元典章》一樣，"吏員"和"官制"是分開的。官員中包括流內品官和"未入流"即流外官，而"吏員"中則包括中央、地方各類吏胥，並明確規定充吏是"役"，與官員之"仕"截然不同。[3]

《清（光緒）會典》在這一問題上與《明會典》略同，並在卷一二《吏部驗封清吏司》規定："凡京吏之別三：一曰供事，二曰儒士，[4] 三曰經承。外吏之別四：一曰書吏，二曰承差，三曰典吏，四曰攢典。皆選於民而充之，役五年而更焉。……役滿不退者，舞文

1　參許凡《元代吏制研究》第二章第三節。

2　日本學者牧野修二《元代勾當官體系的研究》（大明堂，1979 年）一書，稱元代令史、掾史為"勾當官"（第 3 頁）。固然，《元典章》卷九《吏部三・官制三》確有勾當官的條目，但在同書卷一二《吏部六・吏制》中明明納入了令史、掾史，與"官"截然不同。所以這一"勾當官"，恐當理解為元代習慣用語，意為"辦事員"，並非制度上與"吏"對舉之"官"。牧野氏在另一處說"勾當官乃（六）部令史之異稱"（第 180 頁）。或亦此意？

3　參《明會典》卷一〇《吏部九・稽勛清吏司・資格》、卷七《吏部六・吏員》、卷八《吏部七・吏役參撥》。

4　由無功名之儒士充任，供職禮部。

弄法者，皆治以法。”充吏有時限，這和當官終身遷轉也明顯不同。

《清會典》同上條還給吏胥做出界定：“設在官之人，以治其房、科之事，曰吏。”這裏“官”指官府。“在官之人”即前述“庶人之在官者”，並非官員。“治其房、科之事”主要指辦理官府各房、科與文書有關的公務，[1] 而不涉及由皂隸從事的生活、工作中一般廝役。這一界定著於會典，如此準確，在中國政治制度史上還是第一次。這是我國古代吏胥制度已發展到第三階段，亦即最後階段的反映。

最後，再說明兩個問題，作為本文之結束。

第一，金、元兩代特別是元代，吏、官身份、地位差距極大縮小，一人時而可以職官充吏，時而又可以吏出職為官，甚至“五辟掾（為吏），六遷官”，[2] 這和在制度上吏職、官職界限分明的觀點會不會矛盾呢？不矛盾。從歷史上看，情況應該是這樣的：唐宋吏、官身份、地位差距相當大，士大夫恥於與吏為伍，故王朝在制度上需要將某些吏職、官職的區別規定得含混一些，以激發、調動吏胥的積極性。金元吏、官身份、地位差距極大縮小，元代“曰官曰吏，靡有輕賤貴重之殊，今之官即昔之吏，今之吏即後之官。官之與吏，情若兄弟”。[3] 於是反而可以促成王朝在制度上按進步的、以

1　事，古代原指文書，見周一良《魏晉南北朝史札記》，中華書局，1985 年，第 456—460 頁。清震鈞《天咫偶聞》卷一《皇城》記：清帝批奏摺畢，由“奏事官徐捧摺而出，高呼曰：‘接事’”。（北京古籍出版社，1982 年，第 2 頁）此“事”即指奏摺、文書。“治其房、科之事”，主要乃此意。

2　參許凡《元代吏制研究》第二章第四節，第 107 頁。

3　吳澄《吳文正公集》卷一四《贈何仲德序》。

統治任務之分工來區別吏職、官職，[1] 使吏職、官職界限分明。而至明清，在新的歷史條件下，吏、官身份、地位差距又復擴大，但因進步的吏職、官職界限分明之制已無法改變，於是便完全靠一套吏胥出職制度來激發、調動他們的積極性。[2] 不同的是，出職後充任的是官職，而不再像唐宋那樣，吏胥所出之職，名義上具有官品，實際上仍被定為吏職。

總之，在唐宋、金元，吏、官身份、地位差距的大小，與在制度上吏職、官職界限分明與否，是正相反的；而至明清，二者走向一致，這是歷史的必然。

第二，兩千年中吏胥選拔的標準是越來越降低的。在漢代，因為朝廷委派的郡縣長官、佐官人數極少，必須依靠吏胥方能統治地方，故長官所辟主要吏胥多為本地望族、知名人士，本文第一節所舉魯恭、楊震、王允均其例（如魯恭"世吏二千石"，本人"居太學"，"為諸儒所稱"）。中央各官府府吏情況略同。[3] 到魏晉南北朝，儘管由於一些位高權重之吏職已轉化為官職，且吏胥均寒人、庶人，位望和兩漢比已下降了一個檔次（見前），但總體上選拔標準

1　元人對這一分工是明確的。王惲便說："今夫一縣之務，領持大概者官也，辦集一切者吏也。"這可適用於一切官府，意思是官是抓大事，掌管全面的，引申可理解為有一定範圍決策權的；而吏是在官統率下辦理具體事務（特別是經辦"簿書"）的，引申可理解為沒有任何決策權的。見《秋澗集》卷四六《吏解》。

2　出職，參王天有《明代國家機構研究》第七章，北京大學出版社，1992 年；宮崎市定《清代的胥吏和幕友》，載《日本學者研究中國史論著選譯》第六冊，中華書局，1993 年；《清會典》卷一二。

3　《漢書》卷七七《鄭崇傳》："（崇）本高密大族……少為郡文學史，至丞相大車屬。"同書卷七八《蕭育傳》，育父蕭望之為御史大夫、太傅、輔政大臣，"大將軍王鳳以育名父子，著材能，除為功曹"。《後漢書》卷六四《史弼傳》，史弼父為尚書、郡守，本人"仕州郡，辟公府"。同書卷六二《鍾皓傳》："為郡著姓"，"為郡功曹"，"辟司徒府"。歐陽修說"古（兩漢）雖吏屬，亦必選用賢材"，見《宋文鑒》卷三七《前杭州司理參軍范袞可衛尉寺丞》。

依然不低。[1] 一直到唐宋，所選吏胥在本地勢力仍頗強大。如宋代吏胥多從鄉村上戶（佔有土地數頃甚至百頃，韓琦稱之為"兼併之家"）選拔，然後與"官戶"即流內品官之家一樣成為"形勢戶"。[2]《水滸傳》第 22 回：宋江只是一名縣吏（押司），而父親稱"宋太公""宋大戶"，擁有田莊，便是一側證。

而至明清，情況便大不同了。在金元制度上吏職、官職界限分明的基礎上，隨着科舉制度的進一步發展，大約從明代中葉起，形成了紳士階層，從此一直存在到清末。它主要由科舉中式的進士、舉人、生員（秀才）和入仕的官員組成。其中官員、進士、舉人為上層集團，生員為下層集團。[3] 如果說宋代"形勢戶"中的吏胥是王朝在地方上僅次於"官戶"的社會基礎的話，[4] 那麼他們的這一地位到明清便為生員組成的下層紳士集團所取代。生員是從明代開始大發展起來的社會力量。他們讀過儒家經書，一般說素質要優於吏胥；同時又與舉人、進士和由此出身的官員同為科舉士人，有着天然的聯繫；[5] 再加上生員數量龐大，[6] 散佈於全國各地，這樣就

1　以吏胥中地位不高的縣功曹為例，入選者多非普通平民。《晉書》卷五八《周訪傳》，訪祖為將軍，父為左中郎將，本人是縣功曹。《晉書》卷八二《虞預傳》，虞氏乃會稽"豪族"（見同書同卷《王隱傳》），"宗人共薦預為縣功曹"。中央吏胥中常見的令史情況略同。《宋書》卷八四《鄧琬傳》，劉宋時募民捐米五百斛、錢十五萬、雜穀一千五百斛，即可得一"三品令史"（三品非官品，乃令史等級），可見捐獻者必然是富人、豪族。《北齊書》卷三八《趙彥深傳》，彥深父為"中書舍人（六品），行洛陽令"，其本人則先後為尚書省書令史、正令史。

2　參朱瑞熙《宋代社會研究》第二章，中州書畫社，1983 年，第 34 頁；又參前揭王曾瑜《宋代的吏戶》一文第一節。

3　這一區分採張仲禮說，見《中國紳士》第一章第二節，上海社會科學院出版社，1991 年。也有將二者分稱"紳""衿"的，見伍丹戈《明代紳衿地主的發展》，載《明史研究論叢》第 2 輯，江蘇人民出版社，1983 年。

4　"官戶"，略相當於明清的上層紳士集團。

5　顧炎武曾說生員彼此相隔千萬里，"語言不同，姓名不通"，但很容易"朋比膠固，牢不可解"，即反映這一特點，見《亭林文集》卷一《生員論・中》。

6　《亭林文集》卷一《生員論・上》估計"天下生員，縣以三百計，不下五十萬人"。

使生員整體說來形成不小的勢力。於是便被王朝看中，賦予他們一些特權，如免刑罰，免徭役，受到地方官禮遇，[1] 使之成為自己統治全國的另一新的社會基礎。慢慢地，不擁有生員這些特權的吏胥便相形見絀，[2] 選拔標準以及與之相關聯的身份、地位便又下降了一個檔次：一般從普通農戶僉充，亦稱“農吏”，表示有別於士（包括生員）；[3] 主要由於素質差，以及在官府中的耳濡目染，他們中相當多的人習於舞文弄法，敲詐勒索，於是便被視為“無賴子”，[4] 所謂“奸猾者為之，無賴者為之，犯罪之人為之，縉紳豪強之僕、逃叛之奴為之”，[5] 以及“吏皆四方遊民無籍者充之”。[6] 為了限制、打擊吏胥的惡行，除了以官員制衡吏胥外，[7] 明清王朝還採取種種手段壓制吏胥。[8] 所有以上變化，既使“吏員之與科第高下天淵矣”，[9] 也使吏胥

---

1 《生員論・上》：“一得為此（指生員），則免於編氓之役，不受侵於里胥，齒於衣冠，得以禮見官長，而無笞捶之辱。”明代生員可結社論文，“諸生徵文匯選曰社稿，從來已久”（明張采疏），所結之社，如明末張溥為首之“復社”，“聲勢動朝野”，吏胥絕無法比擬。以上見蔣逸雪《張溥年譜》，商務印書館，1945 年，第 51、26 頁。清代生員曾集體反對知縣，“大鬧公庭”“罷考”，參張仲禮《中國紳士》第一章第五節。

2 如吏胥在官府見官長需下跪，隨時可遭笞杖，本人已為吏服役，家中可免徭役者只有“人丁一丁”；和生員本身不服徭役，還可免“人丁二丁”服徭役者，二者差別頗大，見《明會典》卷二〇《戶部七・戶口二・賦役》載嘉靖二十四年議定優免則例。

3 朱元璋《大誥三編・農吏》，載《全明文》第一冊，上海古籍出版社，1992 年。士人（如生員、監生）在明代只有學習不好、有過錯，才罰充吏，參李洵《論明代的吏》，載《下學集》，中國社會科學出版社，1995 年。

4 《明夷待訪錄・胥吏》：“天下之吏……為無賴子所據。”

5 侯方域《額吏胥》，載《清經世文編》卷二四《吏政十・吏胥》。

6 清末李慈銘語，見《越縵堂日記補》第十冊庚集末，第 27 頁。其所以說“四方遊民無籍者”，是因為明清還行募吏之制，先募為非經制（非正式）的貼寫等，然後再使之轉為經制（正式）吏胥，此處從略。

7 參前揭拙文《試論我國古代吏胥的特殊作用和官、吏制衡機制》。

8 明代“吏員資格，（出職等）其崇者止於七品，用之為佐貳、幕職、監當、管庫之職”，一般“不得為州郡正員”，見《大學衍義補》卷一〇《公銓選之法》。特別是出職後需候補方能得實缺官，比科舉慢，“乃有老死不能得一官者”，見同上。而且吏員不許應科舉。詳參關文發《明代政治制度研究》第七章，中國社會科學出版社，1995 年。清例規定“吏、卒罵舉人”要杖七十，而一般罵人只“笞一十”，見《大清律例增修統纂集成》卷二九《罵詈》。這是唐宋法例也未見的，反映科舉勢力之上升與吏胥身份、地位之進一步低落。

9 顧炎武著，黃汝成集釋《日知錄集釋》卷一七“通經為吏”條。

身份、地位從宋代的形勢戶，元代與官員“情若兄弟”（見前）的境遇中，跌到了歷史上的最低點。所謂“自明中葉以後，士大夫之於胥吏，以奴隸使之，盜賊待之”，[1] 便是它的反映。當然，這並不是說吏胥作為一個群體，對王朝的統治已不重要了。隨着明清法、例的增加和繁雜，吏胥制衡官員，督促官員奉法仍是鞏固王朝統治不可或缺的環節；上述變化，僅僅意味着吏胥就每個個體言，在統治集團心目中，一般說，更加無足輕重了。這主要因為，隨着社會進步，一方面在當時生產力、科學條件下，如前所述，官府業務分工瑣細，易於掌握，對吏胥素質要求必然降低；另一方面社會上具有一點文化水平的人大量增多，僉充，招募，甚至允許捐納為吏胥，均毫無困難。這樣，既然吏胥個體是廉價的，來之甚易，不用擔心吏胥群體的存在和延續，再加上吏胥數量龐大，素質又低，王朝勢必要在物質待遇和銓選上給予壓抑，同時，另一新的社會基礎生員勢力又已發展，則吏胥（個體）身份的進一步低落，“與科第高下天淵矣”，也就成為不可抗拒的歷史規律。

1　同前注《集釋》引錢大昕語。

第四編

談取士

《後漢書・黨錮傳》太學生"三萬餘人"質疑*

《後漢書・儒林傳序》:"(質帝至桓帝時)自是遊學增盛。(太學)至三萬餘生。"[1]《後漢書・黨錮傳序》則作桓帝時"太學諸生三萬餘人"。[2]後代史書多沿用這一人數,如《資治通鑒》徑直抄作"太學諸生三萬餘人"。[3]可是這一人數是值得懷疑的。

第一,三萬餘人不是一個小數目,首先一個問題就是太學如何安置他們。《後漢書・儒林傳序》:順帝時"更修黌宇,凡所造構二百四十房,千八百五十室"。[4]這樣一些房室能安置下三萬餘人嗎?據《唐會要》卷三五《學校》,唐太宗時,"數幸國學、太學,遂增筑學舍一千二百間",安置生員、博士凡"三千二百六十員"。[5]兩相對比,同樣是一千餘間房子,唐代只能安置三千多人,儘管東

* 原載《中華文史論叢》2010年第1期。

1 《後漢書》卷七九上,中華書局,1965年,第2547頁。

2 《後漢書》卷六七,第2186頁。

3 《資治通鑒》卷五五漢桓帝延熹九年四月,古籍出版社,1956年,第1788頁。

4 《後漢書》卷七九上,第2547頁。

5 《唐會要》卷三五,上海古籍出版社,1991年,第739頁;《資治通鑒》卷一九五唐太宗貞觀十四年二月條作"二千二百六十員",第6153頁;《新唐書・劉禹錫傳》仍作"貞觀時,學舍千二百區,生徒三千餘",中華書局,1975年,第5130頁。

漢房子多了約九百間，[1] 可安置人數難道卻能增多八九倍？如果再考慮到太學中傳授經書的博士只有十四人，[2] 試問：在當時的物質條件下，對三萬餘人如何傳授？縱使東漢的風氣是講學者不親授，往往由高業弟子轉授，即弟子教弟子，[3] 可是既為三萬餘人，必得層層轉授，這得要多少層次，多少地方？在上述有限房室中又如何安排、管理？

第二，會不會東漢太學房室很大，容納生員特別多，比唐代多上十倍呢？據現有史料看，似也沒有這種可能：

《後漢書・魯恭傳》："與母及（弟）丕，俱居太學，習魯詩。"

《後漢書・循吏傳・仇覽》載其桓帝時"入太學，時諸生同郡符融有高名，與覽比宇，賓客盈室"。融謂覽曰："與先生同郡壤，鄰房牖"。後來郭林宗"與融齎刺就（仇覽）房謁之，遂請留宿"。

《後漢書・儒林傳上》孔僖與崔駰"同遊太學"，一日，二人由講"畫龍（本作'虎'，避唐諱改）不成反為狗"，論及漢武帝，"鄰房生梁郁儳和之曰：'如此，武帝亦是狗邪。'"[4]

據此可見，東漢太學每間房室住人有限。魯恭是一人一間（母、弟同住，屬另一問題）。符融也是一人一間，所以可以"賓客

---

1 此房、室相加之數。古代房、室有別，參《明堂廟寢通考》，《觀堂集林》卷三，收入《王國維遺書》第 1 冊，上海古籍書店影印，1983 年，葉 1A—2B。下簡稱《遺書》。

2 《續漢書・百官志二》"博士祭酒"條，《後漢書》，第 3572 頁；《後漢書》卷七九上《儒林傳序》，第 2545 頁。東漢光武時一度增博士四人，"未幾而罷"，"自是訖後漢之末無所增損"，《觀堂集林》卷四《漢魏博士考》，收入《遺書》第 1 冊，葉 10A—11A。

3 原因是當時書籍（竹木簡）極少，無法自學，經書需從師寫錄，其"訓詁句讀皆由（經師）口授"，故親授者有限，必得轉授。見皮錫瑞《經學歷史》四，中華書局，1959 年，第 131 頁。又參《呂思勉讀史札記》乙帙秦漢部分"講學者不親授"條，上海古籍出版社，1982 年，第 675—678 頁。又《晉辟雍碑考證》"弟子、門人"條，《余嘉錫論學雜著》，中華書局，1963 年，第 164—165 頁。

4 以上分見《後漢書》卷二五，第 873 頁；卷七六，第 2481 頁；卷七九上，第 2560 頁。

盈室”；而仇覽之“房”可以自行“留宿”郭林宗，證明原住當亦一人。孔僖、崔駰似是兩人間，[1] 故出現的第三人，便是“鄰房生”了。居住如此寬鬆，則近兩千間房室，如像唐代那樣容納三千餘人，自然合適；若三萬餘人，是無論如何也無法住下的。

有沒有可能是遊學者在太學附近自行蓋房居住呢？私學的確存在這種情況，[2] 但當時的太學則不同。因為它所無法容納，需要蓋房者不是十人八人、幾百人，而是兩萬多人，如果蓋了，最後必將在太學周圍形成一個龐大的建築羣，這在歷史上豈能沒有反映？然而事實是毫無文字記載，從而也就反證它的可能性不大了。

第三，更重要的是三萬餘太學生如何出仕？據《後漢書・徐防傳》，西漢“開置太學”，“立博士十有四家”傳經，並對博士弟子“設甲乙之科，以勉勸學者”，凡考試（射策）合格者即可出仕，[3] 其數以西漢末年王莽秉政時最多，達到百人。[4] 如果按元帝時博士弟子千人計，其出仕比例為十分之一；如果按成帝時博士弟子一度為三千人計，出仕比例則為三十分之一，出仕已經很困難了；現在太學生達三萬餘人，出仕比例成為三百多分之一，[5] 希望就更微乎其微了。然而如所周知，兩漢習經乃“祿利之路”；統治者是以“設科射

1 《後漢書・光武帝紀上》“受《尚書》，略通大義”下李賢注引《東觀記》“與同舍生韓子合錢買驢”，當是二人一舍，雖西漢長安事，亦可參考，第 1、2 頁。

2 如《後漢書・鄭玄傳》王先謙集解：惠棟引《鄭玄別傳》，玄以馬融為師，“住左右，自起精廬”。《後漢書集解》卷三五，中華書局影印，1984 年，第 425 頁上。又《拾遺記》卷六記東漢任末“學無常師，負笈不遠險阻。……或依林木之下，編茅為庵”。中華書局，1981 年，第 156 頁。

3 參黃留珠《秦漢仕進制度》第十四章第三節，西北大學出版社，1998 年。

4 《漢書・儒林傳序》，中華書局，1962 年，第 35 頁。

5 這裏太學生射策合格人數姑且仍按百人計算，其實那是王莽篡位前為籠絡人心而增加的人數，東漢很可能不到百人。如據《後漢書・徐防傳》上疏建議太學“甲乙（科）策試”，“五經各取上第六人”，“詔書下公卿，皆從防言”（第 1501 頁），則兩科出仕者只有六十人。由於兩漢每歲察舉孝廉乃入仕之正途（參黃留珠《秦漢仕進制度》第九章第三節），所以太學生出仕比例不高，是可以理解的。

策，勸以官祿”，來鼓勵、誘導士人入太學的。[1] 如果在太學生三千人時出仕已不易，則還會有幾個士人情願繼續遊太學，進行越來越少出仕希望的學習，以致太學生膨脹至幾乎毫無出仕希望的三萬餘人呢？

綜上所述，說東漢桓帝時太學生達到三萬餘人，矛盾是頗多的。

我懷疑《後漢書・儒林傳序》“自是遊學增盛。（太學）至三萬餘生”，其前半句當句斷，後半句當理解為“前後至三萬餘生”。意即：此後太學生大量增加。前後加在一起，東漢一代其總數竟達到三萬餘人。就是說，這“三萬餘生”並非僅限於桓帝一時。請看《儒林傳・牟長》，牟長習歐陽《尚書》，諸生“常有千餘人，著錄前後萬人”。[2] 所謂“著錄”，[3] 是指報名隸學籍，為名師之門人，不一定真到門下來學習，為的是藉以提高自己的聲望，特別是在東漢晚期。[4] 而“前後”萬人，便是指這類人前前後後報名的總數，並非指一時之隸學籍者。實際上在當時物質條件下，一位大師也不可能同時傳授萬人，哪怕是層層傳授。馬融門徒僅“四百餘人”，鄭玄在門下竟“三年不得見”，即其顯例。[5] 如同時萬人，每位門徒見經師需等多少年？由於將三萬餘人視為桓帝一代太學生之數存在前述種種矛盾，無法解釋，則依《牟長傳》此例，將《儒林傳序》“至三萬餘生”理解為“前後至三萬餘生”，看成從東漢初年到桓帝時太學生累

---

1 《漢書・儒林傳讚》，第 3620 頁。上引《後漢書・徐防傳》“設甲乙之科，以勉勸學者”，也是此意。

2 《後漢書》卷七九上，第 2557 頁。

3 亦作“編牒”，《後漢書・儒林傳論》“編牒不下萬人”，第 2588 頁。

4 《呂思勉讀史札記》“講學者不親授”條：“隸籍者可以不來”，“居其門下者，得毋皆仰慕虛名，甚或藉資聲氣乎？此在後來，誠為習見之事”。當然，這僅指私學，太學是未見“著錄”的。

5 《後漢書》卷三五《鄭玄傳》，第 1207 頁。

加之總數，恐怕不是毫無理由的，只不過此處范曄未用"前後"二字罷了。何況還有以下側證：

《後漢書・翟酺傳》：翟酺順帝時上書曰："孝文皇帝始置一經博士，武帝大合天下之書，而孝宣論六經於石渠，學者滋盛，弟子萬數"。可是據《漢書・儒林傳序》，明明說元帝時博士弟子"員千人"，"成帝末……今天子太學弟子少，於是增弟子員三千人。歲餘，復如故"。豈能元帝、成帝之前（或理解為至元帝、成帝之時）會是"弟子萬數"？[1] 呂思勉先生認為"蓋非專指一時"（其意當同指"弟子前後萬數"），非常正確。[2] 由此可知，有關《後漢書》中博士弟子數字，據上下文確可以理解為是若干皇帝在位時的累積之數的。又"學者滋盛，弟子萬數"句，如在"學者"前加"自是"，"萬數"前加"至"字，其句序與"自是遊學增盛，至三萬餘生"幾乎相同（雖然此處"學者"與"遊學"並非一義），則據前者推斷此"三萬餘生"同樣"蓋非專指一時"，自亦可為另一側證。這也就是說，范曄行文，有時列舉數字可能比較籠統，理解起來不可簡單化。

至於《黨錮傳》的"太學諸生三萬餘人"，原文很可能本為"三千餘人"。[3] 按西漢成帝時博士弟子一度達到三千人，歲餘又恢復到千

---

1 《後漢書》卷四八，第 1606 頁；《漢書》卷八八，第 3596 頁。

2 《呂思勉讀史札記》"講學者不親授"條，第 676 頁。這個"前後萬數"，如理解為由宣帝（或元帝、成帝）上溯至武帝元朔五年（前 124）下制設博士弟子，七十餘年，或一百一十餘年間的弟子總數，就不奇怪了。因為當時每次（亦即"一時"）通過推選等所補弟子雖人數不多，但百年左右一批一批弟子（猶如今天一屆屆的大學生）加在一起，説達"萬數"應該不是誇張（前述東漢"至三萬餘生"之計算，當亦由此得出）。

3 按《史記》卷四七孔子"弟子蓋三千焉"，所以"三千"就成為後代太學往往法定的學生之數（中華書局，1959 年，第 1938 頁）。《漢書・儒林傳序》漢成帝時"或言孔子布衣，養徒三千人"，"於是增（太學）弟子員三千人"（第 3596 頁）。《晉書・嵇康傳》當時"太學生三千人"，《南齊書・禮志上》同（《晉書》卷四九，中華書局，1974 年，第 1374 頁；《南齊書》卷九，中華書局，1972 年，第 145 頁）。《魏書・儒林傳序》載道武帝時"增國子太學生員至三千"（中華書局，1974 年，第 1841 頁）。前引唐太宗時國學、太學"生徒三千餘"，到唐玄宗時國子監依然是"三千學徒"。見楊瑒《諫限約明經進士疏》，《全唐文》卷二九八，中華書局影印，1983 年，第 3027 頁下。

人（見上引），則經濟緩慢恢復的東漢前期，應該不會超過這個數字。直到順帝時蓋了近兩千間校舍，於是桓帝時“遊學增盛”，太學生方擴展到“三千餘人”。有一強證：西晉摯虞《決疑要注》說：“漢初置博士而無弟子，後置弟子五十人，又增滿五百；漢末至數千人”。[1] 按摯虞早於《後漢書》作者范曄一百多年，且“才學通博”，[2] 所說自然可信。它正好證明，桓帝時太學生不是“三萬餘人”，而應該是“數千人”（可理解為“三千餘人”）。[3]《儒林傳序》為了強調這一“遊學增盛”狀況，便略去這一習見之數，直接推出包含這一數字在內的從東漢初年以來的太學生總數，是可以理解的。但由於上下句之間文意不很明確（當然也可能其間有脫字），“至三萬餘生”易被誤解為僅桓帝一代之數，很可能後人又據此誤解，將《黨錮傳》原文“三千餘人”校改為“三萬餘人”，二者成為互證，[4] 於是連《資治通鑒》也不得不相信是“三萬餘人”了。對之，今天是否應該重

1 《太平御覽》卷五三四《禮儀部一三・學校》引。按此句下文為“魏之務學者，始詣太學為門人二歲”云云，知此“漢末”乃指東漢末，包括桓帝之時。中華書局影印，1960 年，第 2425 上頁。

2 《晉書・摯虞傳》，第 1419 頁。

3 關於這一問題，還可舉一反證。沈約（或徐爰）《宋書》卷五五“史臣曰”，在強調漢世重視“六經”，“崇本務學”時形容說：“於是人厲從師之志，家競專門（指經學）之術。……饗會暫啟，著錄或至萬人。”中華書局，1974 年，第 1552 頁。如果當時他們所見到的范曄《後漢書》稱桓帝時太學生有三萬餘人，並相信這一記載，則作為盛況之例，豈非遠比私學“著錄或至萬人”有說服力？為甚麼不舉以代之呢？結論恐怕很可能是：范書《黨錮傳》太學生只有“數千人”或“三千餘人”；而《儒林傳序》之“至三萬餘生”，因與《黨錮傳》和從孔子到西漢的弟子或博士弟子“三千人”之數衝突，成為孤證；更重要的是，沈約（或徐爰）作為比較接近東漢的南朝史學家，了解歷史上太學規模和落後的社會物質條件，恐怕是不可能相信它能容納在古代類似天文數字的“三萬餘生”的，而對之存疑。於是，比較之下，“史臣曰”便用了穩妥的私學“著錄或至萬人”之說。

4 固然，袁宏《後漢紀》卷二二也稱桓帝時“太學生三萬餘人”，與《後漢書・黨錮傳》之敍述略同。但袁宏雖東晉人，早於范曄，卻晚於摯虞。據《兩漢紀》（中華書局，2002 年，第 3 頁）“點校說明”，今存《後漢紀》最早版本已是明本，則不排除以下可能：該書此處原文太學生人數本同於摯虞，是“數千人”或“三千餘人”，中間經人用范書已錯改了的《黨錮傳》參校（唐代以後因《東觀漢記》佚失，范書便代而與《史記》《漢書》合稱“三史”，地位提高），也改為“三萬餘人”，從而成為另一互證（據上引“點校說明”，明本《兩漢紀》便存在用“三史”參校之事）。

新審視呢？

附帶一說，《漢書・王莽傳上》稱莽為宰衡時"奏起明堂、辟雍、靈台，為學者築舍萬區"；《太平御覽》卷五三四引《黃圖》云：王莽時"太學……博士舍三十區……五〔經〕博士，領弟子員三百六十；六經三十博士，弟子萬八百人。"[1] 據此似乎西漢末年一段時間內太學生數量已很龐大了，並有大量校舍，其實不然。因為王莽篡位前後，為籠絡、收買人心，不考慮當時經濟、文化條件，政令行事多誇誕，後果多失敗。[2] 故篡位前所奏"為學者築舍萬區"，是否能落實，值得懷疑。上引《黃圖》並未提及，或其一證。又所說"弟子萬八百人"，怕也只是書面規定，未必完全實行。[3] 何況縱使真的"築舍萬區"，也在西京長安，東漢建都洛陽，建築無法隨遷，如上所考，順帝新修的近兩千間房室，是無論如何也容納不了三萬餘生的。而且根據王莽這一理想，築舍萬區（此區當指房室），容納萬八百人，此亦證依漢代制度，太學每房室僅容納一二人，且不必在附近自行蓋房，則桓帝一代太學的房室，恐怕頂多也只能適合"三千餘人"的居住！

---

1 《漢書》卷九九上，第 4069 頁；《太平御覽》卷五三四引，第 2424 下—2425 上頁。

2 張帆《中國古代簡史》第六章說王莽"舉措多流於空想，具體執行漏洞甚多，不切實際"。北京大學出版社，2001 年，第 104 頁。

3 上舉《太平御覽》引《黃圖》"五〔經〕博士，領弟子員三百六十"，乃指這些博士每人各領弟子三百六十；王莽則將其擴展成"六經三十博士，弟子萬八百人"（王莽增立《樂經》，於是成"六經"，又"益博士員，經各五人"，而成"三十博士"，見《漢書・王莽傳上》，第 4069 頁）。這兩句話的關鍵是"三百六十"這一數字，當是王莽根據《周禮》改制，依周官"六官之屬三百六十"提出的（關於王莽尊《周官》，並據以改制，參顧頡剛《秦漢的方士與儒生》第十七章，上海人民出版社，1962 年，第 108—109 頁。故《漢書・王莽傳中》天鳳元年條說"三百六十"，是"應符命文也"，第 4136 頁）。則三十博士每人弟子三百六十，正好"萬八百人"。聯繫王莽其他作為，很可能這些數字只是為"應符命"的書面規定，在當時條件下並未完全實行。《三輔黃圖》作者時代較晚，約東漢末年（參陳直《三輔黃圖校證》序言，陝西人民出版社，1980 年；何清谷《三輔黃圖校注》前言，三秦出版社，1995 年），這些數字當是從書面規定上抄來（和所說"博士舍三十區"當有遺址可考者不同），所以正好如此整齊，恐怕是不能當真的。

論八股文取士制
不容忽視的一個歷史作用 *

在中國古代，通過八股文取士的科舉制度，在明代正式形成，一直沿用至清末。對這一制度的評價，今人幾乎都持否定甚至全盤否定之見，認為在歷史上它從來沒有起過積極作用。如有的學者說：“八股的考試制度……殘酷地愚弄了和腐化了中國的聰明和智慧的學者至五個世紀的久長。”“是專制君主愚民的政策”。[1] 關於這一問題，筆者有着不同的看法，全面論述，容俟他日，本文僅就這一制度一個不容忽視而又並非小小的作用，略陳己見，作為獻給尊敬的何茲全先生九十大壽的一份薄禮。

我以為評價八股文取士之制，除着眼於立法意圖、制度利弊、直接作用外，還不應忽略一個視角，即將這一制度與明清社會文明程度的提高聯繫起來，加以考慮。

毫無疑問，我國古代的平民，絕大多數是文盲、半文盲，文化為極少數貴族、官僚、地主及其子弟所壟斷，整個社會的文明程度是十分低的。可是在明清幾百年中，卻出現、發展了一個突出現

* 原載《求是求真永葆學術青春》，河南人民出版社，2001 年。

1 容肇祖《明太祖的〈孟子節文〉》《記廖燕的生平及其思想》，載《容肇祖集》，齊魯書社，1989 年。又參見何忠禮《二十世紀的中國科舉制度史研究》，載《歷史研究》2000 年第 6 期。

象，即廣大平民中的一部分人拼命識字、讀書，讀“四書”“五經”，逐漸擺脫了文盲、半文盲境地，轉化成為士人。關於這一可喜的進步，遠的不說，將宋金元的士人數目與明清的士人數目加以比較，便可了然。

據《文獻通考》卷三一《選舉四》，北宋仁宗年間行“四年一貢舉”之制，全國各地經府州解試，貢舉至京師者“恒六七千人”；英宗改為三年一試，貢舉名額減少，“四分取三”，當為四五千人。[1] 同書載歐陽修“上言”，當時解試“東南州軍……百人取一人……西北州軍……十人取一人”。由於東南文化發展，西北落後，如全國取人按高比例計算，平均八十取一，則可推知當時應舉士人約 40 萬。[2] 金朝佔領北方，士人數量大減。據《金史》卷五一《選舉志一》，金朝中期最下級的鄉試等於虛設，後且罷去；其上府試、會（省）試錄取比例多為 5：1，而每次會試中試者五六百人。由此可以算出：參與會試者每次 2500 人至 3000 人[3]；則參與府試者僅有 1.5 萬人。當然，如考慮到北方經長期戰亂，一些漢族士人隱居不仕，士人實際數量應多一些，但不會有很大變化，也是可以肯定的。南宋情況則不同。由於未經大的戰亂，北人大量南下，文化又比較發達，士人數量顯著增加。據《文獻通考》卷三二《選舉五》，南宋省

1 洪邁《容齋隨筆・四筆》卷八“省試取人額”條：黃庭堅於哲宗元祐三年為貢院參詳官，“試禮部進士四千七百三十二人”，可證。

2 畢仲游《西台集》卷一《理會科場奏狀》稱宋哲宗時，“天下應舉者無慮數十萬人”；卷四《官冗議》又稱“今科舉之士……十數萬人”。李弘祺《宋代教育散論》（台北東升出版公司，1980 年，第 67 頁）以為，由宋徽宗建中靖國元年到宣和二年的 20 年中，共進行了 7 次考試，“每次參與考試的人數大約在十萬人到四十萬人”。

3 《金史》卷五一《選舉志一》載金末御史中丞把胡魯言：“（世宗）大定間赴（會）試者或至三千。”

試為 17 人取 1 人。每一次錄取名額據學者研究平均當為 474 人，[1] 則參加省試者約 8000 人。府州試錄取如全按北宋"東南州軍"百人取一比例計算，全境應舉士人當有 80 萬。[2] 也就是說，南宋與金之士人比北宋約增加一倍多一點。

元朝士人數量回落。王圻《續文獻通考》卷四四《選舉考・舉士二》：自元仁宗行科舉至元亡 50 多年，開科 16 次，每科取士多者百人，少者 35 人；"舊例……會試三分內取一分"，則取士百人，參加會試者只有 300 人。其鄉試（等於宋之府州試）比例即使按百人取一計，全國投考士人總數也不過 3 萬人。再看學校。同上書卷六〇《學校考・郡國鄉黨學》：元世祖末年，司農司上報全國學校 2.13 萬餘所。這或可被引作元重儒學之證，其實情況並非如此。一是這些學校絕大多數應是設於農村，屬於啟蒙性質的"社學"，遠非宋金以來培養、提高士人以應科舉的府州縣學，所以才由掌農桑等，包括"立社"以勸農桑的"司農司"而非禮部上報。[3] 二是即使就少數的府州縣學包括書院言，實際生員人數也很少。如據史料記載：元成宗大德年間，在文化發達的建康路，除路學達 64 人外，涉及的明道書院、南軒書院、上元縣學、江寧縣學，其生員多者

1 張希清《中國科舉考試制度》（新華出版社，1993 年）附錄三《南宋貢舉登科表》共 49 榜，錄取正奏名進士 2.3 萬餘人。由此計算得出。

2 葛紹歐《宋代府州的貢院》，載《國際宋史研討會論文選集》，河北大學出版社，1992 年，第 302—305 頁。文中列有南宋 21 篇府州軍"貢院記"表，其中記有投考人數者 10 篇，由"數百人"至萬人不等。經粗略計算，平均為 3900 餘人。按南宋府州軍監共 204（見顧頡剛等《中國疆域沿革史》，商務印書館 1999 年，第 162—165 頁），則可知投考人數亦為 80 萬，與上一數字吻合。

3 參見孟憲承等編《中國古代教育史資料》第三章第七節，人民教育出版社，1962 年。又柳詒徵《中國文化史》（中國大百科全書出版社，1988 年）下冊第 2 編第 22 章第 570 頁，便説這兩萬多學校"蓋合社學而言"。

14 人，少者 7 人，4 學一共僅 40 人。[1] 而且同一時期的鄭介夫上奏更說："今內而京師，外而郡邑，非無學也，不過具虛名耳"。學校已為虛設。[2] 其所以如此，是整個蒙古統治集團重吏輕儒政策所決定的。[3] 所以雖元仁宗一度重儒，元朝後期社會風氣依然是"時人翕然尚吏"；[4] "今學者僅能執筆，曉書數，其父兄已命習為吏矣"，蘇天爵以為這是"天下之通患"。[5] 在這一歷史背景下，無論是行科舉，或是設學校、書院，都很難收到多大實效，元朝士人數量回落的大勢是無法改變的。由此推定其總數應遠少於南宋與金之和——80 萬，當無大誤。

可是明清兩代的情況就大不同了。

顧炎武曾估計：明末"合天下之生員（秀才），縣以三百計，不下五十萬人"。[6] 清朝秀才，據近人研究，太平天國前任何一個時期大體為 52 萬餘人。[7] 比秀才數量多若干倍的士人，還有參加童試然未考中的童生。清朝太平天國起義前童生之數，據近人研究，一個

---

1 見《廟學典禮》卷五"行省坐下監察御史申明學校規式"條。又徐梓《元代書院研究》（社會科學文獻出版社，2000 年）第 109 頁説極受推崇的元代書院，"規模都比較小……有些書院只有二三十名學生"。同書第 124 頁引近人學術成果稱元朝共有書院 296 所。如果平均收學生按 40 名計，一共也只有 1.2 萬人，遠不足與 80 萬之數相比。

2 鄭介夫《上奏一綱二十目・養士》，見《元代奏議集錄》，浙江古籍出版社，1998 年，下編第 93 頁。

3 關於"重吏輕儒政策"，參見拙文《試論我國古代吏胥制度的發展階段及其形成的原因》，載《燕京學報》第 9 期，北京大學出版社，2000 年。

4 陶安《陶學士集》卷一五《送馬師魯引》。

5 蘇天爵《滋溪文稿》卷四《新城縣廟學記》。

6 顧炎武《亭林文集》卷一《生員論上》。

7 張仲禮《中國紳士》第二章第二節，上海社會科學院出版社，1992 年。這一人數，不是每次童試錄取之數，依張先生算法，它是 21 次童試中試秀才，又終生未考上舉人者所積累之數。具體算法，請參見該書。顧炎武所估計明末秀才數，亦大體當如此理解。又明清都有武舉，張仲禮上書以為太平天國前武秀才有 21 萬多，因非八股文取士，本文從略。

縣在 1000 人至 1500 人，全國總數“可能達到近二百萬”。[1] 清末童生，康有為估計為 300 萬人，“足以當荷蘭、瑞典、丹麥、瑞士之民數矣”。[2] 梁啟超也估計：“邑聚千數百童生……二十行省童生數百萬。”[3] 早於清朝的明末童生，總數無考，但從其秀才數與清朝秀才數大略相等推測，童生數縱使略少，也不會相距甚遠。[4] 這樣，明清兩代任何一個時期的秀才加童生，亦即一般士人的總數，按保守估計，也有二三百萬。[5]

這是一個甚麼數字呢？

我們知道，宋金元地方上科舉考試，實際上只有一級，相當於明清的鄉試，錄取後即為舉人，所以其應試者總數，本應與明清應鄉試的秀才，以及為取得秀才資格而應童試的童生二者總數大體相當，或後者略高一些。[6] 可是，如上所考，元代士人總數當遠低於 80 萬，而現在明清秀才加童生的總數竟有二三百萬，後者比前者增加了數倍。

原因何在？我以為主要當從八股文取士的科舉制度中去探尋。

---

1 同第 234 頁注 7 引書，第 90 頁。

2 《光緒二十四年四月二十九日康有為請廢八股試帖楷法試士改用策論摺》，見朱有瓛主編《中國近代學制史料》第一輯下冊，華東師範大學出版社，1986 年，第 77 頁。

3 《光緒二十四年四月梁啟超等公車上書請變通科舉摺》，見同前注引書，第 79 頁。

4 清初葉夢珠《閱世編》卷二《學校一》稱明末江南各縣“縣試童子（即童生）不下二三千人”。江南文化發達，如全國每縣童生平均低估為 1000 餘人，據《明史・地理志一》，明代府州縣共 1471 個，則全國童生總數也近 200 萬。

5 士人中還有高中級士人，即進士、舉人，各級官府之幕友，以及隱士等，但因數量都很少，這個數字已可包容，不再另計。

6 這是考慮到明清經濟、文化進一步發展（如印刷術普及、書籍大增等），人口增加等因素。但人口增加與士人增加，比例並不一致。據王育民《中國人口史》（江蘇人民出版社，1995 年）第 396 頁，元代全國人口突破 1 億，“較宋金戶數之和增 14.7%”，但如上所考，士人總數減少；第 459 頁，明萬曆時人口 1.5 億，但秀才加童生即士人總數卻有 200 餘萬，增加好幾倍；第 510 頁，清道光三十年，即太平天國起義前，人口猛增至 4.3 億，但秀才數 52 萬餘，僅比明末 50 萬略多。可證士人總數變化當主要決定於其他因素。

眾所周知，明清科舉制度和宋金元相比，一個最突出的特點就是在地方上鄉試前，增加了童試，以選拔進入府、州、縣官學讀書的秀才；而童試和鄉試、會試一樣，考試內容是八股文，則是另一大特點。這兩個特點，共同構成八股文取士之制，影響巨大：

第一，自宋以來，府州縣官學一般多非考試入學，[1] 直到明初，秀才依然"聽於民間選補"，[2] 實際上由官員決定，選補的多是官僚、紳士子弟，平民子弟對之不抱多大希望。大體從明英宗起，漸行"考選"之制，[3] 後又發展為童試，通過考八股文，實行平等競爭。這一基本制度在與以下措施結合之後，就對平民子弟讀書應試產生極大的誘惑力。首先就是錄取名額大增。宋金元的第一級考試，如前所述，是選拔舉人。全國每次錄取總數，最多的如南宋，也只有 8000 人；而明清第一級考試 —— 童試，全國每次錄取秀才總數，一般達到 2 萬多人。[4] 而且宋金元按制度這一考試是三年一次，而明清童試則是三年兩次，曰歲試、科試[5]。這樣，作為一個同樣是參加第一級考試的士人，在明清，錄取的可能性顯然增加了好幾倍。

當然，秀才資格不如舉人，特別是不能直接參加會試，但是仍享有若干特權：一是秀才需入府州縣官學讀書三年，由學官教授經

1　如元代是"選秀民充弟子員"，"選民俊秀入學"等，見《續文獻通考》卷六〇《學校考・郡國鄉黨學》。

2　《明（萬曆）會典》卷七八《禮部三十六・學校・儒學・選補生員》。同條記載後來又規定：生員缺，"許本處官員軍民之家……選補"，"官員"在首位。

3　《明（萬曆）會典》卷七八《禮部三十六・學校・儒學・選補生員》。

4　據《續文獻通考》卷六〇《學校考・郡國鄉黨學・皇明》"風憲官提督"條：明萬曆敕諭"童生必擇三場俱通者，始收入學。大府不過二十人，大州縣不得過十五人"。如錄取人數平均按十三四人計，《明史・地理志一》記明代府州縣共 1471 個，則全國每次童試錄取約 2 萬人。清太平天國起義前每次童試錄取總數為 2.5 萬人，見前引《中國紳士》第 86 頁。

5　《續文獻通考》卷六〇《學校考・郡國鄉黨學・皇明》"風憲官提督"條：萬曆十一年題准，已有三年內"歲考"及"科舉之年"再考的規定。《閱世編》卷二《學校一》載明末"三年兩試"，稱"科入""歲入"新生云云。清三年兩試，參《中國紳士》第 71 頁。

史和八股文體。一般來說，只有秀才方能參加高一級的、選拔舉人的鄉試。換言之，凡獲得會試資格，有可能中進士飛黃騰達的舉人，一般必須從秀才中選拔。這樣必然提高秀才的社會地位。二是對秀才生活，國家給予補貼。明代"……月廩，食米人六斗，有司給以魚肉"；後有所增加，"廩饌月米一石"。[1] 而且"生員之家……除本身外，戶內優免二丁差役"。[2] 清代對秀才"免其丁糧，厚以廩膳。……一應雜色差徭，均例應優免"。[3] 秀才還享有免笞杖，見縣官不下跪等特權。用顧炎武的話說就是：一為秀才"則免於編氓之役，不受侵於里胥，齒於衣冠，得以禮見官長，而無笞捶之辱"。[4] 所有這些，也就必然有利於秀才發展成為地方紳士。[5]

這樣，參加明清童試，一方面和過去的第一級考試相比，錄取的可能性激增了數倍；另一方面如考中秀才，又可享有若干民間十分羨慕的特權，甚至進一步發展成為地方紳士。平民子弟中稍有條件的一部分人，對讀書應試怎能不動心呢？

第二，以上只是就"硬件"而言，如果沒有良好的"軟件"配合，這一制度仍然不能發揮作用。所謂"軟件"，是比喻考試內容。如果新制度僅具備上述誘惑力，但考試內容，特別是童試內容很難，平民望而生畏，則還是無法促成他們真正投身於讀書應試的潮流之中。然而在明清，事實上是這一"軟件"出現了，這就是內容

---

1 分別見《明史》卷六九《選舉志一》及《明會典》卷七八《禮部三十六・學校・儒學・廩饌》。

2 《明會典》卷七八《禮部三十六・學校・儒學・風憲官提督》。

3 《清（光緒）會典》卷三二《禮部》"簡學政……敦其士習"條。

4 《亭林文集》卷一《生員論上》。又《清會典》卷三二"敦其士習"條：對秀才"各衙門官以禮相待"；秀才違法，"地方官不得擅自撲責"。如"笞杖輕罪，照律納贖"，見《大清律例增修統纂集成》（任彭年重輯）卷四贖刑條例。

5 參見伍丹戈《明代紳衿地主的發展》，載《明史研究論叢》第 2 輯，江蘇人民出版社，1983 年；又見前引《中國紳士》第一章第三節。

改用八股文，從而形成八股文取士之制。這一變化對平民來說意味着甚麼？它意味着考試難度下降，不是高不可攀的了。下面略作闡釋。

八股文考試，其答題要求包括三方面：經義、代聖賢立言、八股對仗。[1]三者之中，經義是實質內容，代聖賢立言是闡述經義的角度，八股對仗是闡述經義的文體。故其核心仍是宋以來科舉所考的經義。但是明清又有不小的發展，這就是除"五經"外，沿元制加考"四書"；而且經過摸索，逐漸演變成以"四書"為考試主要內容，所謂"專取'四子'書"。[2]《四庫全書總目》卷三六《經部四書類二・四書大全》提要便說：明成祖時編《四書大全》，"尊為取士之制……初與《五經大全》並頒。然當時程式以'四書'義為重，故'五經'率皆庋閣。所研究者惟'四書'，所辨訂者亦惟'四書'。後來'四書'講章浩如煙海，皆是編為之濫觴"。清朝康熙時依然以"'四書'藝為重"[3]。乾隆時"士子所誦習，主司所鑒別，不過'四書'文而已"。[4]特別是童試，在乾隆中葉以前很長一個時期明定"正試'四書'文二，復試'四書'文、《小學》論各一"，竟不考"五經"。[5]乾隆自己也說："國家設科取士，首重者在'四書'。"[6]和上述措施

1　《明史》卷七〇《選舉志二》："其文略仿宋經義，然代古人語氣為之，體用排偶。謂之八股。"參見拙文《略論中國封建政權的運行機制》第五節"人事機制"，見馬克垚主編《中西封建社會比較研究》第十章，學林出版社，1997年，第316—317頁。

2　《明史》卷七〇《選舉志二》。

3　《清史稿》卷一一五《選舉志三》。

4　此錢大昕語，見《十駕齋養新錄》卷一八"科場"條。直到清末依然是科舉"唯重'四書'文"，見徐勤《中國除害議》，載前揭《中國近代學制史料》第一輯下冊，第46頁。

5　《清史稿》卷一一三《選舉志一》。《小學》，朱熹所作，內容淺顯，"意取啟蒙，本無深奧"，參《四庫全書總目》卷九二《子部儒家類二・小學集注》提要。

6　《欽定學政全書》（嘉慶十五年）卷六"釐正文體"門。當然，這並不意味着忽視"五經"，此處不具論。

緊密相配合的是，明清全都明定：闡述“四書”義，必須根據朱熹的《四書集注》，否則不予錄取。[1] 所有這些同樣是考經義而發生的重大變化，從明清統治集團的指導思想看，主要在於以此進一步宣揚程朱理學，培養合格的統治人才，更好地維護新形勢下的王朝利益。[2] 可是對於一般平民，卻產生了意想不到的後果，這就是考試難度的顯著降低。過去主要考“五經”，內容艱深，文字晦澀，加上漢唐諸儒煩重的訓詁注釋，[3] 平民子弟基礎薄弱，不能不對之望而卻步，心有餘而力不足。現在換為重“四書”，分量減少，內容比較淺顯；[4] 特別是朱熹《四書集注》，擯棄舊的注釋，注意“略釋文義名物，而使（即引導）學者自求之”，[5] 被評為“很講究文理”，和其他宋儒解經一樣，“求文理通順”。[6] 由此平民子弟就不難讀懂其內容，領會大義了。再加上闡述經義的角度要求代聖賢立言，不許涉及後代史事，[7] 客觀上減輕了平民子弟應童試的負擔。[8] 至於文體八股對仗，雖麻煩一些，但畢竟只是形式問題，一般經過一定時期的揣

1 參《明史》卷七〇《選舉志二》、《清史稿》卷一一五《選舉志三》、《續文獻通考》卷四五《選舉考・舉士三》。

2 參見拙文《“四書”傳播、流行的社會歷史背景》，載《慶祝鄧廣銘教授九十華誕論文集》，河北教育出版社，1997 年。

3 雖然實際上士人只選考一經，仍甚煩重。如清禮部便曾評價鄭玄等注疏《禮記》“卷帙繁多，學者難以誦習”，見光緒增修《欽定科場條例》卷一七“鄉會試藝”門，乾隆五十八年。

4 參拙文《“四書”傳播、流行的社會歷史背景》。如《論語》在唐代為“小兒”學習之書，是“易習”之書等。

5 朱熹《朱文公文集》卷三一《答敬夫〈孟子〉説疑義》。參見束景南《朱子大傳》，福建教育出版社，1992 年，第 379 頁。

6 參見錢玄同《答顧頡剛先生書》，載《古史辨》第一冊中編，上海古籍出版社，1982 年。

7 “四書”“五經”的作者均被認定是先秦時人，如代其中聖賢立言，自不能涉及秦漢以下事。如乾隆年間一次會試，題出《詩經》，某考生用“腸一日而九回”句，“上（乾隆）以言孔孟言，不應襲用《漢書》語”，下令“嚴重磨勘”，查禁類似現象。見梁章鉅《制義叢話》卷二。

8 就統治集團主觀意圖言，只是為了逼使士人認真讀經書，闡述經義，不要胡亂聯繫後代史事。早在北宋已有“經義禁引史傳”之例，見《朱文公文集》卷六九《學校貢舉私議》。

摩、練習，便可駕馭。[1]這樣，總體上說，考八股文便為平民子弟讀書應試，首先是童試，打開了方便之門。他們不但心羨秀才，而且敢於參加童試，為一領青衿而拼搏了。故清初楊寧曰："入仕之途易，則僥倖之人多，而讀書又美名，此天下所以多生員也。"[2]

一方面，如果只行童試，而所考內容艱深，不是八股文，則平民子弟不敢應試，也不會關心讀經書，以提高自己的文化素質；但另一方面，八股文雖比較淺顯，如不以之取士，平民子弟同樣也不大可能有讀經書以提高文化素質的積極性。清雍正時，"有議變取士法，廢制義（即八股文）者。上問張文和（廷玉），對曰：'若廢制義，恐無人讀四子書，講求義理者矣。'遂罷其議。"[3]而只有將二者結合，實行八股文取士之制，平民子弟才真正會為擺脫文盲、半文盲境地而行動起來。

試舉二例：

吳敬梓《儒林外史》第二回：明代山東汶上縣薛家集百十來戶"務農"人家，其所以要"做個學堂"，請老童生周進來教"像蠢牛一般"的孩子讀書，不就是因為他過去教過的顧小舍人"中了學"（考中秀才），希望自己子弟也能"進學"嗎？而"進學"，在他們心目中，其預兆竟會是正月初一"夢見一個大紅日頭"落在頭上，可

1　清初大儒陸隴其《示子帖》便說：學八股文體，"只當擇數十篇時文，看其規矩格式足矣"，只有"讀經"等才是"根本功夫"，"根本有得，則時文亦自然長進矣！"見《制義叢話》卷二。顧炎武《日知錄》多處只就經義內容被剽竊，尖銳批評八股文後來的弊端，雖介紹八股文體、格式，無一字批評語，原因亦在於此。

2　《日知錄集釋》卷一七"生員額數"條集釋引。據何炳棣統計 1371—1904 年 1.2 萬多名進士，1804—1910 年 2.2 萬多名舉人、貢生的履歷，發現超過 49% 的"紳士"，均出身"布衣"家庭，轉引自李弘祺《宋代教育散論》第 29 頁。生員中"布衣"比例當更高。

3　陳康祺《郎潛紀聞二筆》卷一五"議考試廢制義"條。此證行八股文取士制主觀上是為了宣揚"義理"，即程朱理學，前文已提及；但客觀上卻促成人們讀"四子書"。

見分量是何等之重。[1]

俞樾《春在堂隨筆》卷六：清代“彭雪琴（玉麟）侍郎，先世務農，貧無田，佃人之田。其先德鶴皋贈公，幼讀書，年逾弱冠，府縣試屢居前列，而未得入學。[2] 其伯叔父及諸昆弟嘖有煩言，曰：‘吾家人少，每農忙時，必傭一人助作。此子以讀廢耕，徒費膏火資，又不獲青其衿為宗族光寵，甚無謂也。’”這事再次證明，務農之家不惜全家勞動，勉強供一人讀書，目的就是要他“青其衿”，即考中秀才，“為宗族光寵”。

八股文取士制在推動平民子弟讀書應試，提高其文化素質，使之轉化成士人上的巨大作用，是再明顯不過了。

當然，無可否認，明清兩代確有不少尖銳抨擊八股文取士制的言論，甚至認為它是明代滅亡、清代官員愚昧無能的罪魁禍首[3]（近人對此制持全盤否定論者，也不乏引此作為佐證），但那是因為他們全都從造就、選拔合乎規格的統治人才——官員的角度，以比較高的標準來衡量全體童生、秀才、舉人、進士、翰林來要求、評價八股文取士之制，再加上涉及情況複雜，看法很容易出現片面、極端。[4] 關於這一問題的討論，將留諸他日。

---

1 李寶嘉《官場現形記》第一回：陝西朝邑縣一村莊“祖上世代為農”。後因趙姓人家有人中了秀才，十分風光，方姓“瞧着眼熱”，也出錢辦一學堂，請一“舉人老夫子”“來教他們的子弟讀書”。同樣反映秀才的誘惑力。

2 當時童試需經縣試、府試和院試（由學政主持），方能入學，成秀才。此彭鶴皋雖在府縣試“屢居前列”，當因未通過院試，故仍不得入學。參見商衍鎏《清代科舉考試述錄》第一章，生活·讀書·新知三聯書店，1958 年。

3 認為它導致明亡，見容肇祖《呂留良及其思想》引呂留良《真進士歌贈黃九煙》詩注，見前引《容肇祖集》第 500 頁；認為它導致清官員愚昧無能，參徐勤《中國除害議》，載前揭《中國近代學制史料》第一輯下冊，第 45—51 頁。

4 因評價涉及立法意圖、制度本身的長處與不足、一定時期內的客觀效果、後來逐漸出現的嚴重弊端，以及統治集團的對策和由此引起的新的弊端，它們互相糾纏在一起，通常容易誇大弊端，以偏概全。

本文立論角度則不同。如前所考，主要由於實行八股文取士之制，明清社會增加了數倍士人，湧現了幾百萬童生，幾十萬秀才。如完全按或基本按合乎規格的統治人才——官員的標準去衡量，他們絕大多數的確難以達標。[1]但是如果換一個角度，從明清社會的實際出發，將他們去和未行八股文取士制以前，原來的億萬文盲、半文盲相比，成績便十分明顯，因為他們畢竟都是不同程度上讀過“四書”“五經”，至少能撰寫八股文，文化素質大為提高的知識分子。梁啟超便讚譽數百萬童生“皆民之秀也”。[2]他們的存在，構成由宋金元最多80萬士人，到現代“為舊社會服務的幾百萬知識分子”[3]這一梯鏈中不可缺少的中間環節。這些童生、秀才，除一小部分後來成為官員外，絕大多數以其參差不齊的知識，默默地在政治、經濟、文化、軍事各方面不同程度地發揮着億萬文盲、半文盲所發揮不了的作用，[4]從而使整個明清社會的文明程度得到相當大的提高，推動着歷史的進步。追根溯源，八股文取士制的這一功績，是明明白白的，是不應被抹殺的。

最後再補充一點，這就是據先輩學者研究，八股文邏輯性強。錢基博先生便說：“就耳目所睹記，語言文章之工，合於邏輯者，無有逾於八股文者也！”還認為近代“縱橫跌宕”“文理密察”的文

1 只有其中很少一部分士人，包括一些考上舉人、進士、翰林者，有可能達標。

2 《光緒二十四年四月梁啟超等公車上書請變通科舉摺》，見朱有瓛主編《中國近代學制史料》第一輯下冊，華東師範大學出版社，1986年，第79頁。

3 毛澤東《關於正確處理人民內部矛盾的問題》，人民出版社，1951年，第21頁。

4 此例不勝枚舉。清代大藏書家鮑廷博只是秀才，自稱“諸生無可報稱，惟有多刊善本，公諸海內，使承學之士，得所觀摩”，見支偉成《清代樸學大師列傳》，岳麓書社，1986年，下冊第529頁。不少這類士人在清代從事遊幕活動，“佐理政事”，“參贊戎幕”，特別是傳播、研究學術。見尚小明《學人遊幕與清代學術》，社會科學文獻出版社，1999年，第42—43頁，又參有關章節。最不濟的，如《儒林外史》第四十八回：當了三十年秀才的王玉輝，也不停撰寫“三部書嘉惠來學”，“一部禮書，一部字書，一部鄉約書”。

章，多源於八股文的基礎。他說："章炳麟與人論文，以為嚴復氣體比於制舉；[1] 而胡適論梁啟超之文，亦稱蛻自八股。斯不愧知言之士已！"[2] 如果這一見解不偏頗，則八股文取士制在促成明清士人注意邏輯思維上還有一功。[3]

1 "舉"字，疑為"藝"或"義"之誤。

2 《現代中國文學史》下編新文學二《邏輯文》，世界書局，1933 年，第 351 頁。錢氏自己也說：康有為、梁啟超、嚴復、章士釗，"其文……要皆出於八股"，見同上頁。

3 八股文在文學方面的優點，近人亦有論及者。如周作人說"八股文生於宋，至明而稍長，至清而大成，實行散文的駢文化，結果造成一種比六朝的駢文還要圓熟的散文詩，真令人有觀止之歎"，"八股文……永遠是……中國文化的結晶"。見《中國新文學的源流》附錄一《論八股文》，人文書店，1932 年，第 116—118 頁。當然，此乃單純從文學史上立論，非科舉史範圍，更非本文中心，但可說明評價八股文可以有多種視角。

“四書”傳播、流行的社會、歷史背景*

在中國古代，《大學》《中庸》《論語》《孟子》合稱“四書”，始於朱熹。[1]元仁宗延祐元年（1314）實行科舉考試，第一次將“四書”列為內容。[2]明清兩代沿而不改，開始“四書”“五經”並重，後來又發展成往往主要根據“四書”成績錄取，正如清代錢大昕所說：“鄉、會試雖分三場，實止一場。士子所誦習，主司所鑒別，不過‘四書’文而已。”[3]

如所周知，儒家經典本為“五經”。漢代尊崇，經學成為“祿利之路”，即所謂“二漢登賢，莫非經術”。[4]由魏晉南北朝至隋唐，發展雖有過曲折：如兩晉南北朝行察舉制，重視允許自由陳述政見或以文學辭采見長的秀才科；[5]唐代行科舉制，後又推崇以詩賦作

* 原載《慶祝鄧廣銘教授九十華誕論文集》，河北教育出版社，1997年。

1 出版《四書集注》，廣泛傳播，始於宋孝宗淳熙九年（1182）。見束景南《朱熹佚文輯考》，《〈四書集注〉編集與刊刻新考》，江蘇古籍出版社，1991年。

2 唐代科舉曾考《論語》，見《唐六典》卷二“考功員外郎”；宋代科舉曾考《孟子》，見《宋史》卷一五五《選舉志一》。但從未合考“四書”。

3 《十駕齋養新錄》卷一八“科場”。《清史稿》卷一〇八《選舉志三》記康熙時首場兼考“四書”“五經”，“名為三場並試，實則首場為重，首場又‘四書’藝為重”。直到清末依然是科舉“雖策問極博，唯重‘四書’文”，見徐勤《中國除害議》，載《中國近代學制史料》第1輯下冊，華東師範大學出版社，1986年，第46頁。

4 分見《漢書》卷八八《儒林傳讚》、《梁書》卷四八《儒林傳序》。

5 參閱步克《察舉制度變遷史稿》，遼寧大學出版社，1992年，第七章，第134頁；第十一章，第238頁；第十二章，第265頁。

為錄取主要標準的進士科。[1] 而兩晉南北朝考試"五經"的孝廉科和唐代的明經科，[2] 則相對說較少受重視。然而經過王安石變法，宋代罷詩賦，科舉又回歸到主要以"五經"取士的道路上來了。[3] 回歸的最主要理由是：士人"閉門學作詩賦，及其入官，世事皆所不習"（王安石語），而"專意經術"，方可得到人才。這是"百王不易之法"（司馬光語），[4] 因為經術歷來被認定是古代安邦定國統治經驗的總結。[5]

現在的問題是：既然從兩漢以來經過一番曲折，到宋代又回歸到主要以"五經"取士，為甚麼後來又會出現、傳播"四書"，並且最終發展成專重以"四書"出題取士，因而使"四書"廣為流行，遠遠超過"五經"呢？[6]

這就必須分析當時的社會、歷史背景。

一

早在西漢，已有人慨歎："六藝經、傳以千萬數，累世不能通

---

1 參吳宗國《唐代科舉制度研究》第七章，遼寧大學出版社，1992 年。

2 參吳宗國《唐代科舉制度研究》第八章。

3 一度曾取消《春秋》，此處不具論。

4 參《宋史》卷一五五《選舉志一》。

5 如《漢書》卷八八《儒林傳序》便說：儒家經書是"先聖所以明天道，正人倫，致至治之成法也"。連宋太祖趙匡胤也說："今之武臣，亦當使其讀經書，欲其知為治之道也"，"作宰相當須用儒者"。見《宋朝事實類苑》卷一《祖宗聖訓・太祖皇帝》。

6 《四庫全書總目》卷三六說：明代永樂十三年（1415）撰成《四書大全》，"初與《五經大全》並頒，然當時程式，以'四書'義為重，故'五經'率皆庋閣，所研究者惟'四書'，所辨訂者亦惟'四書'"。後來"四書"講章浩如煙海，"由漢至宋之經術，於是始盡變矣"。清梁傑說："四書"文流傳，"學者捨此，幾似無書可讀"。雖着重就八股文風言，亦是"四書"本身的寫照。見《"四書"文源流考》，載《清經世文編》卷五。

其學，當年不能究其禮。”[1] 所以太學中的博士弟子經過課試，只要“能通一藝（經）以上”即可入仕。[2] 後來紙張發明、傳播，學習條件有所改善，雖也曾經有過如太學生課試兼通五經，出仕給予優遇的規定，[3] 但出仕基本上一直只要求通一經。如《梁書》卷二《武帝紀中》：天監八年（509）詔“其有能通一經始末無倦者，策實之後，選可量加敍錄”。《周書》卷六《武帝紀下》：建德六年（577）詔山東諸州“儒生明一經已上，並舉送，州郡以禮發遣”。《通典》卷五三《禮十三・大學》：唐高祖武德七年（624）詔諸州縣學校“有明一經以上者，有司試策，加階敍”。唐太宗亦下令國子學“學生能通一大經（指《禮記》《左傳》）已上，咸得署吏”。[4] 其後科舉制中的明經科，雖曾一般要求試二經，但中唐以後仍以“精通一經”取人；至於進士科“貼經”，一直是只限一經。[5] 宋王安石改革，強調理解經義，不再以前人注疏為依歸，然還是只要求“士各佔治《易》《詩》《書》《周禮》《禮記》一經”。[6] 直到明初，鄉、會試所考“五經”，依然規定“士各專一經”。[7]

可是，以經術取士，如前所述，是因為歷代都把“五經”看成安邦定國的統治經驗總結或大全，力圖通過這一制度選拔有效地為各王朝服務的人才，僅專一經，能達到這一目的嗎？一些有識之士

1　《史記》卷一三〇《太史公自序》。更早晏嬰已有此語，見同書卷四七《孔子世家》。

2　《漢書》卷八八《儒林傳序》。因為通一經已不容易。西漢末劉歆便指出當時“學者罷老，且不能究其一藝”，見《漢書》卷三六《楚元王傳附劉歆傳》。

3　如魏文帝黃初五年（224）立太學，便規定“能通五經者，擢高第，隨才敍用”。但並非必須通五經。見《通典》卷五三《禮一三・大學》。

4　《舊唐書》卷一八九上《儒學傳序》。

5　參吳宗國《唐代科舉制度研究》第三章、第七章。

6　參《宋史》卷一五五《選舉志一》。

7　參丘濬《大學衍義補》卷九“朱熹作貢舉私議”條按語。

逐漸持懷疑、否定態度，最著名的便是朱熹。他於晚年撰寫《學校貢舉私議》，強調士人必須兼通“五經”，而不能僅通一經。理由是：

> 蓋天下之事皆學者所當知，而其理之載於經者，則各有所主，而不能相通也。況今樂經亡，而禮經缺，二戴之記已非正經而又廢其一焉（指《大戴禮記》不列於經）。蓋經之所以為教者已不能備，而治之者類皆捨其所難而就其所易，僅窺其一而不及其餘，則於天下之事宜有不能盡通其理者矣。[1]

可是同時考試“五經”又太難，因此朱熹相應地便提出分年考試之法：

> 以易、詩、書為一類，三禮為一類，春秋三傳為一類。如子年以易、詩、書取人，則以前三年舉天下皆理會此三經。卯年以三禮取人，則以前三年舉天下皆理會此三禮。午年以春秋三傳取人，則以前三年舉天下皆理會此春秋三傳。[2]

這就是說，需經三次考試，前後九年，方能錄取，再加上其間穿插了諸子（“論”）、諸史（“策”）的考試，朱熹認為，這樣便可使

---

1 《朱文公文集》卷六九。按朱熹以前，北宋畢仲游主張科舉應恢復詩賦，理由之一是僅考經義不能得人才，因為“為《書》者不為《詩》，為《詩》者不為《易》，為《易》者不為《禮》，為《禮》者不為《春秋》，是知一經而四經不知也”。見《西台集》卷一《理會科場奏狀》。又持類似見解的劉摯，則從另一角度說：“經義之題出於所治一經，一經之中可為題者，舉子皆能類聚裒括其數，預為義說，左右逢之……其弊極矣”。見《續資治通鑒長編》卷三六八元祐元年閏二月庚寅。道理均無朱熹透徹，精神則一致。

2 《朱子語類》卷一〇九。《朱文公文集》卷六九也提分三科、分年考試，文字無此明確。又《明夷待訪錄・取士下》主張“科舉之法，其考校仿朱子議”，徑將分年考經稱為“第一場”“第二場”“第三場”，更明確，或有所本。

所取之士“無不通之經，無不習之史，而皆可為當世之用矣”。[1]

這完全是空想！當時和後代急於選拔人才以鞏固統治的王朝，和急於仕進以飛黃騰達的士人，從沒有也絕不能允許將這一分年試經之議付諸實施，使取士間隔時間推遲如此之久；何況即使實施，對煩瑣、深奧的經書和注疏，一般士人也斷難兼通！

不過，和“五經”兼通一時有困難，而僅通一經作用又不大的思想緊密關聯，朱熹長期從事的另一總結性而又富有創造性的學術活動，卻被後代統治者看中了，這就是“四書”的提出、章句、集注和傳播：有的人甚至說：“大抵朱子平生精力殫於‘四書’。”[2]

按“四書”的強調、傳播，有一長期過程。

遠的不說，早在唐代科舉明經科中，已規定除了正經，同時還要考《孝經》《論語》。[3] 為甚麼？《舊唐書》卷一五五《薛放傳》，唐穆宗問曰：“六經所尚不一，志學之士白首不能盡通，如何得其要？”薛放對曰：“《論語》者，六經之菁華，《孝經》者，人倫之本，窮理執要，真可謂聖人至言。是以漢朝《論語》首列學官，光武令虎賁之士皆習《孝經》，玄宗親為《孝經》注解。”司馬光在主張宋代資蔭出身人最初出仕只需考《孝經》《論語》時說：“若使之盡通《詩》《書》《禮》《樂》，則中材以下或有所不及；今但使之習《孝經》《論語》，儻能盡期年之功，則無不精熟矣。此乃業之易習者也。然《孝經》《論語》其文雖不多，而立身治國之道，盡在其中。”[4] 兩者

1　《朱文公文集》卷六九。

2　《四庫全書總目》卷三五。朱熹自己更説“於《大學》用工甚多”，“平生精力”盡在《大學》，見《朱子語類》卷一四。

3　見《唐六典》卷二“考功員外郎”。所謂正經，指《詩》《書》《易》《三禮》《春秋三傳》，見同前注。

4　《司馬文正公傳家集》卷四二《再乞資蔭人試經義札子》。

意思一致，即認為這兩書和正經比，簡明易通，而又體現“立身治國之道”，是其“菁華”，可以彌補正經煩瑣難懂之不足，或供難以盡通“五經”的中材之人學習。杜甫《最能行》詩曰：“小兒學問止《論語》，大兒結束隨商旅。”[1]可見在唐代兒童讀的書正是《論語》，此亦《論語》乃“業之易習者”一證。宋初宰相趙普讀書不多，“所讀者止《論語》”。他曾坦白地對宋太宗說：“臣平生所知誠不出此。昔以其半輔太祖定天下，今欲以其半輔陛下致太平。”[2]語雖有誇張，卻又足可為“立身治國之道，盡在其中”之證。

《孟子》命運比較坎坷。儘管東漢趙岐為之章句，讚它“佐明六藝之文義，崇宣先聖之指務”等，[3]可是直到北宋，對它非議以至全盤否定者依然存在。[4]幸虧在這個發展過程中，肯定、推崇的人也逐漸增加。唐代楊瑄讚孟子是“儒門之達者”，主張科舉中《孟子》應與《論語》《孝經》並列，“兼習此三者為一經（意謂相當於‘五經’之一經）”，合格者即可錄取。[5]其後韓愈更大力推崇孟子，第一次提出上繼孔子、傳孔子學說者是孟子，“孟氏，醇乎醇者也”。[6]唐末進士皮日休上書以為《孟子》“其文繼乎六藝……真聖人之微旨也”，建議列為科舉內容，“有能精通其義者，其科選，視明經”。[7]北宋後期，程頤將《孟子》與《論語》並提，高度推崇說：“學者當

---

1 《九家集注杜詩》卷一三。

2 羅大經《鶴林玉露》乙編卷一《論語》。

3 焦循《孟子正義》附趙岐“孟子篇敘”。

4 參陳登原《非孟與〈孟子〉節文》，《國史舊聞》第一分冊，生活・讀書・新知三聯書店，1958年。又參束景南《朱子大傳》，福建教育出版社，1992年，第772頁。

5 《全唐文》卷三三一《上貢舉條目疏》。

6 《韓昌黎全集》卷一一《讀荀》，又參《原道》。

7 《全唐文》卷七九六《請〈孟子〉為學科書》。

以《論語》《孟子》為本，《論語》《孟子》既治，則六經可不治而明矣。"[1] 王安石變法後，如前所述試進士仍只要求各佔一經，但卻將過去的"兼"試《論語》《孝經》改為兼試《論語》《孟子》。[2] 其後司馬光為相，因為他"疑孟"，[3] 曾奏請撤掉《孟子》，但其好友范純仁便勸說"《孟子》恐不可輕"，如撤《孟子》，"猶黜六經之《春秋》矣"。[4] 經過朝廷集議，至元祐四年（1089）新分經義、詩賦進士"兩科"，無論哪一科，除試經書外，都仍兼試《論語》《孟子》。[5] 曾任太子詹事的晁說之南宋初告老，高宗曰："是嘗著論非《孟子》者，《孟子》發明正道，說之何人，乃敢非之！"遂令致仕。[6] 這些都證明大體到南宋，《孟子》地位方才鞏固。正是在上述長期摸索基礎上，朱熹進一步讚《孟子》"義理精明"，將它與《論語》一起歸入"四書"，給予高度評價說："（讀）《語》《孟》工夫少，得效多；（讀）六經工夫多，得效少。"[7]

《大學》《中庸》在元朝以前從未被列為科舉內容，可是受到推崇也比較早。[8] 特別是韓愈，為了對抗佛教，為了給自己的"道統"說尋找經典根據，專門從《禮記》中挑選出《大學》加以宣揚。其弟子李翱又從《禮記》中挑選出《中庸》尊信推崇。[9] 程顥、程頤繼之，

1 《近思錄》卷三"格物窮理"。
2 參《宋史》卷一五五《選舉志一》。
3 《司馬文正公傳家集》卷七三《疑孟》，共提出十二條疑問。
4 《續資治通鑒長編》卷三七一元祐元年三月壬戌。
5 《續資治通鑒長編》卷四二五元祐四年四月戊午。又《宋史》卷一五五《選舉志一》。
6 《建炎以來繫年要錄》卷一九建炎三年正月戊戌。
7 《朱子語類》卷一九《〈語〉〈孟〉綱領》。
8 參陳登原《四書》，《國史舊聞》第二分冊，生活・讀書・新知三聯書店，1958 年。
9 參馮友蘭《中國哲學史新編》第四冊，人民出版社，1986 年，第 299 頁。

認為“初學入德之門，無如《大學》”；[1]《大學》“乃孔氏遺書，學者所當先務”。[2]“《中庸》之書……雖是雜記，更不分精粗，一衮說了。今人語道，多說高便遺卻卑，就本便遺卻末。”江永注釋以為這話意思是“《中庸》語道，高卑本末皆兼之”。[3]朱熹更是大聲疾呼，起了關鍵作用。他高度推崇“《大學》是為學綱目，先通《大學》，立定綱領，其他經皆雜說在裏許”；“《中庸》工夫密，規模大”，[4]“歷選前聖之書，所以提挈綱維，開示蘊奧，未有若是其明且盡者也”。[5]特別是朱熹還著文倡議在科舉試經的同時，“皆兼（試）《大學》《論語》《中庸》《孟子》”。[6]這就進一步把《大學》《中庸》從《禮記》中突出，主張單獨列為考試內容了。雖然這一倡議在南宋並未被採納，但卻給後來元朝科舉正式規定除“各治一經”外，還要考《大學》《論語》《孟子》《中庸》，製造了輿論。[7]

以上分別簡單回顧了到朱熹之時為止，和“五經”相比，《大學》等四部書逐漸受到重視並得以傳播的大體歷程。其所以有此發展變化，主要因為這四部書被認為既能體現“五經”修身齊家、治國安邦的基本精神，而又簡明扼要，易於為廣大士人理解、掌握；在歷代統治集團困於必得以“五經”培養、選拔人才，而“五經”卻煩瑣、深奧，“志學之士白首不能盡通”的情況下，這四部書很自然要脫穎而出了。朱熹及時抓住、總結了這一歷代經驗，又創造性地

1 《近思錄》卷三“格物窮理”。

2 《朱文公文集》卷一一《壬午應詔封事》轉引。

3 《近思錄》卷三“格物窮理”。

4 《朱子語類》卷一四。

5 《朱文公文集》卷七六《〈中庸章句〉序》。

6 《朱文公文集》卷六九。

7 《元史》卷八一《選舉志一》。

將《大學》等概括稱“四書”，[1]為之章句、集注，進一步闡發其精神，宣揚其重要性。如說“四書”是“六經之階梯”，“道理粲然。……若理會得此‘四書’，何書不可讀，何理不可究，何事不可處”。[2]再加上他在歷史上第一次倡議，不僅《論語》《孟子》，而是要將整個“四書”列為科舉內容，元代以後被正式採納。這樣，從輿論到制度，就使“四書”的傳播、流行成為不可遏制的大勢了。

二

可是，“四書”的傳播、流行，還有沒有別的原因？特別是，為甚麼大體從宋代開始，這一傳播、流行的歷程日益加速，經過元代到明、清，最後甚至形成遠遠超過“五經”的態勢呢？

我以為，這裏面還存在着更深層次的原因。

大家知道，自從秦漢建立起中央集權君主專制制度以後，歷代統治集團面對着的是一個土地遼闊，人口眾多，民族複雜，而經濟、文化發展卻比較緩慢、落後，各地交通聯繫又十分薄弱的社會。如何方能進行有效的統治呢？首先當然是向各地區、各部門委派官吏，其次就要靠由君主最後拍板的最高統治集團頻繁決策，針對不同情況，頒佈大量的“法”，要求各級官吏嚴格遵行，方能保證政令的統一和統治的鞏固。正如顧炎武所說：厲行君主專制後，“盡天下一切之權而收之在上。而萬幾之廣，固非一人之所能操

1　有時亦稱“四子”“四子書”。

2　分見《朱子語類》卷一〇五、一四。

也，而權乃移於法，於是多為之法以禁防之……”[1] 唐代的律、令、格、式已發展到“不勝其繁”，宋代更是“事無大小，一聽於法”。[2] 並且往往把統治產生危機主要歸結為法之不善。宋代慶曆新政、王安石變法便是在這種思想指導下進行的。如慶曆新政的主要人物之一富弼便上書說：“臣歷觀自古帝王理天下，未有不以法制為首務。法制立，然後萬事有經，而治道可必”，認為當時統治危機嚴重，“其所以然者，蓋法制不立，而淪胥至此也”。[3] 可是結果如何呢？慶曆新政雖頒佈了不少革新法令，但在執行中卻遭到從中央到地方一些私心自用的官吏，因個人、小集團利益受損害而不擇手段地抵制、反對，僅僅一年就廢罷了。[4] 王安石變法推行時間長一些，積極作用大一些，但同樣由於各級官吏個人素質不同，而產生許多新的弊端。後來朱熹便說：“嘉祐間法可謂弊矣，王荊公未幾盡變之，又別起得許多弊，以人難變故也。”[5] 在他以前，程顥對王安石變法並非一般籠統反對，但認為因斥去“君子”，用“小人”執行，“爭為刻薄，故害天下益深”。[6] 朱熹把變法“別起得許多弊”的原因歸之於有關官吏的“私心”“人慾”。他說：“將天下正大底道理去處置事，便公；以自家私意去處之，便私。”[7] 以私意處置事的風氣盛行，這便是“時弊”。又說：“今世有二弊：法弊、時弊。法

1 《日知錄》卷九“守令”。

2 分見《新唐書》卷五六《刑法志》、葉適《水心別集・官法上》。

3 《續資治通鑒長編》卷一四三慶曆三年九月丙戌。同卷九月丁卯慶曆新政主將范仲淹上書則說，如行新政，“庶幾法制有立，綱紀再振”，意思一致。

4 參漆俠《范仲淹集團與慶曆新政》，載《宋史研究論叢》第 2 輯，河北大學出版社， 1993 年。

5 《朱子語類》卷一〇八。

6 《邵氏聞見錄》卷一五。以上參馮友蘭《中國哲學史新編》第五冊，人民出版社， 1986 年，第 91—95 頁；錢穆《國史大綱》下冊，商務印書館， 1994 年修訂本，第 591 頁。

7 《朱子語類》卷一三。

弊但一切更改之，卻甚易；時弊則皆在人，人皆以私心為之，如何變得！”[1]

這樣，朱熹便極其明確地提出：為鞏固統治，固然需要變法，改革制度，但更重要的任務卻在解決“時弊”問題，即設法使人們去掉“私心”，轉變為能處處以“公心”理事的人才。所以他曾歎曰：“法度尚可移，如何得人心變易。”[2] 可見他把思想意識對鞏固統治的重要性，提到了前所未有的高度。這便和宋代以前的看法大不相同了。

按人才問題雖然歷代統治集團從來都是異常關注，但是對人才的理解則不同。秦代重在吏幹，東漢漸轉儒學，魏晉南北朝又為門第高低取代，至於個人思想道德品質的好壞，則是次要的。如《晉書》卷六六《陶侃傳》：庾亮抵抗蘇峻失利，“亮司馬殷融詣（陶）侃謝曰：‘將軍（指庾亮）為此，非融等所裁。’（亮屬下）將軍王章至，曰：‘章自為之，將軍不知也。’侃曰：‘昔殷融為君子，王章為小人；今王章為君子，殷融為小人。’”殷融出身名門陳郡殷氏，所任將軍府司馬是士族常出仕的官職；王章出身則是將門。陶侃的意思是：殷融本來出身名門，故是君子，王章出身將門，故是小人。但現在打仗失利後，殷融歸過府主，而王章卻風格甚高，肯替庾亮承擔責任，故從思想品質說，兩人倒換了位置。但在東晉，這並不影響殷融不斷升遷至吏部尚書、太常卿，[3] 而王章則始終無法擺

1 《朱子語類》卷一〇八。按北宋已有類似思想，如蘇軾曾說：“夫天下有二患：有立法之弊，有任人之失。……當今之患，法令雖有所未安，而天下之所以不大治者，失在於任人，而非法制之罪也。”只不過沒有明確指出“私心”問題。見《蘇東坡集・應詔集・策略第三》。

2 《朱子語類》卷一〇八。

3 《世說新語・文學》“江左殷太常父子”條注。

脫濁官命運，默默無聞，因為當時人才標準基本上是以門第高下區分的。真正着重以在處理統治事務時思想上的正與邪、公與私作為人才標準，並以之區分君子、小人，則是宋代以後的事。這是因為隨着唐、五代社會經濟發展（包括印刷術），文化大為普及，門閥制度徹底消滅，一般富裕的平民子弟，都有條件讀書，由之增長統治才幹，並通過科舉躋身各級官吏以至卿相行列。[1] 因此，一個王朝的統治，也就轉為主要依靠這批科舉出身、讀書多、文化素質好的官吏輔佐君主來進行了。和“以貴承貴，以賤襲賤”的門第用人比起來，[2] 這在歷史上是一大進步。本來以為，由這樣的官吏掌權，進一步立法、執法，或變法、執法，王朝就可以長治久安。誰知事實證明，結果並不理想。如前所述，法制雖好，卻會因遭到反對而廢罷，或因執行時歪曲立法本意而起相反作用，何況立法本身，也難免出錯。原因何在？主要就在於舊的腐朽的門第用人、門蔭用人的矛盾雖大體解決，但科舉及第人才中原來就存在的差異，卻上升為新的基本矛盾。這就是很長一個時期正與邪、君子與小人之辨。奸邪、小人被認定是統治出現危機、變法無法成功的罪魁禍首。宋太宗早就說過：“外憂不過邊事，皆可預防；奸邪共濟為內患，深可懼也。”真宗、仁宗時三宰輔王欽若、丁謂、夏竦“世皆指為奸邪”。[3] 歐陽修著《朋黨論》，以為“退小人”，“用君子”，“則天下治矣”。[4] 神宗初副相吳奎說：“帝王所職，惟在於判正邪，使君子常

1 參錢穆《國史大綱》下冊，第 786—794 頁。

2 《魏書》卷六〇《韓顯宗傳》。又《舊唐書》卷一八上《武宗紀》會昌四年（844）宰相李德裕還堅持“朝廷顯官，須是公卿子弟”。這種門蔭制乃門閥制的餘緒，在唐代仍佔重要地位。

3 分見《宋史》卷二九一《宋綬傳》、卷二八三史臣“論曰”。

4 《宋文鑒》卷九四。

居要近，小人不得以害之，則自治矣。”[1]

判別正與邪、君子與小人的標準是甚麼？這就是思想道德品質的好壞。[2]而強調思想道德品質，正是新的歷史時期的產物。宋代以前，社會經濟、文化落後，具有統治才幹的人才比較少。在漢代，只能以是否通經學或精律令作為主要標準來選拔官吏；到魏晉南北朝，由於典籍、文化基本上為門閥士族壟斷，於是又不得不以門第高低來區分人才。儘管在上述人才中也存在思想道德品質的差異，從而也會影響統治質量，但從人才選拔、使用的總體上說，這一問題卻還沒有提上議事日程。[3]而到宋代就不同了。由於就全國言，讀書多、文化素質高、具有統治才幹的人才比過去大大增加，經過科舉等制度篩選所任用的各級官吏特別是高級官吏，一般說又是其中的高層次人物和佼佼者，在才幹相差並不懸殊的條件下，對於封建王朝統治利益來說，他們思想道德品質的好壞，很自然就越來越重要。而且越是小人、奸邪，越是有才幹，危害也就越大。慶曆新政、王安石變法及隨後幾十年政治鬥爭的激烈，都反反復復證實了這一問題。[4]

正是在此基礎上，如前所述，朱熹明確提出解決法弊易，解決

---

1 《宋史》卷三一六《吳奎傳》。

2 如歐陽修曰：“小人所好者祿利也，所貪者財貨也……君子則不然，所守者道義，所行者忠信，所惜者名節。”見《宋文鑒》卷九四。元代一份官文書曰：“以德勝才為君子，才勝德為小人。”見《廟學典禮》卷五《行台坐下憲司講究學校便宜》。

3 如晉王述，出身第一流高門，“人或謂之癡，司徒王導以門地辟為中兵屬（七品清官）”；後任縣令，受賄甚多，王導不問。又晉孫盛，出身高門，為郡太守，“贓私狼籍”，上級“捨而不罪”，盛繼續升官。均其例。分見《晉書》卷七五《王述傳》、卷八二《孫盛傳》。

4 《宋史》卷四七一《奸臣傳序》：“宋初五星聚奎，占者以為人才眾多之兆。然終宋之世，賢哲不乏，奸邪亦多。方其盛時，君子秉政，小人聽命，為患亦鮮。及其衰也，小人得志，逞其狡謀……君子在野，無救禍亂。有國家者，正邪之辨，可不慎乎！”雖就兩宋立論，單就北宋後期言，也是適合的。

時弊、“人心變易”難的問題，把思想意識、道德品質好壞在鞏固王朝統治中的作用，進一步突出了。

用甚麼辦法解決時弊、“人心變易”？

就是理學（或曰道學）。按理學早在北宋後期已經形成，至南宋而大備。其所以如此，有其從先秦以來的複雜學術淵源，但正好出現、發展於宋代，卻絕非偶然，而是適應了新的歷史時期思想道德品質問題逐漸突出，亟待解決的需要。理學有一套系統、複雜的理論觀點和體系，但歸根結底全為了解決時弊、“人心易變”問題。朱熹說：“聖賢千言萬語，只是教人明天理，滅人慾”，“是底即天理之公，非底即人慾之私”，“學者須是革盡人慾，復盡天理”，[1] 就是這個意思。整套複雜、深奧的理論，實際上就是為深入有力地宣揚這一根本觀點服務的。

需指出的是，長期以來君子、小人之辨，多半講的是思想道德品質的兩個極端，而且涉及的主要是公卿將相等高級官吏（因為在這些人物中出現君子、小人，影響王朝統治至巨）。而朱熹雖然也在一些地方泛論君子、小人，但着眼點更多的是這些公卿將相的後備力量和社會基礎，即一般官吏和廣大士人，教導他們學習理學，克服私心，企圖從根底上，從更廣泛範圍內，解決時弊，培養和提高人才的思想道德品質，以鞏固封建統治。社會經濟、文化越發展，這一問題也就越重要。理學其所以在宋代以及與宋代社會面貌大致相同的元、明、清，[2] 越來越受到各王朝尊崇，根本道理便在這裏。

1　分見《朱子語類》卷一二、一三。馮友蘭先生認為道學（理學）“是講人的學問”，內容“一個是甚麼是人，一個是怎樣做人”。核心是要求一個人“在日常的生活中積累道德行為，時常消除自私”。非常精闢。參馮友蘭《中國哲學史新編》第五冊，第 11 、 16 頁。

2　唐宋之際社會面貌發生很大變化，內藤湖南認為“唐代是中世的結束，而宋代則是近世的開始”，見《概括的唐宋時代觀》，載《日本學者研究中國史論著選譯》第一卷，中華書局，1992 年。

理學不能自行。二程、朱熹都宣揚它們體現在“五經”裏。可“五經”太煩瑣，於是上下而求索，最後發現、選定了“四書”。然而“四書”畢竟是古人著作，不能盡如意，於是為之章句、集注，反復修訂，[1] 用以簡明扼要地闡述自己的理學觀點。如將理學的一些基本概念、具有新含義的“天理”“人慾”，強加給“四書”和“聖人”。認為天理便是公心，人慾便是私心。學習“四書”，體會“聖人”心意，就可以發揚公心，克服私心。朱熹說：“聖賢教人，只是要誠意、正心、修身、齊家、治國、平天下。所謂學者，學此而已。”[2] 每個士人都能如此，時弊便解決了，人才也湧現了。正因此故，他才會建議以“四書”作為科舉考試內容，目的就是通過科舉做官的刺激，來推動天下士人讀“四書”，以“明天理，滅人慾”。元初幾十年，未行科舉，重用吏人。至仁宗年間才仿漢制，開科舉，考“四書”，用朱注等。其所以如此，則是因為“吏人不習書史，有奸佞貪污之性，無仁義廉恥之心”，“往往受贓曲法”，[3] 吏人越受重用，給元朝統治造成的危害也就越嚴重；[4] 仁宗“患吏弊之深以牢也，思有以抉而破之。於是考（科舉）取士之法仿於古而不戾於今者，乃設兩科，以待國之士”。[5] 可見，其科舉直接目的雖在以儒代吏或儒吏並用，但着眼點主要卻不在才幹高低，而在思想道德

1 參束景南《朱子大傳》第十章、十七章，福建教育出版社，1992 年。

2 《朱子語類》卷一一八。

3 《通制條格》卷五《學令》。

4 參許凡《元代吏制研究》第四章，勞動人事出版社，1987 年。

5 元明善《送馬翰林南歸序》，載《元文類》卷三五。元明善，仁宗居東宮，為太子文學；仁宗即位，一直是近臣，任翰林學士；開科舉，第一次會試，“首充考試官”。所以他所說仁宗行科舉的動機，應是十分可信的。見《元史》卷一八一《元明善傳》，又仁宗“深見吏弊，欲痛划除之”，亦見《元史》卷一七五《李孟傳》。

品質上儒超過吏，並認定考“四書”，用朱注等可造就這種人才。[1] 這和二程、朱熹宣揚“四書”原意，完全一致。明清沿元制，越來越重視“四書”，指導思想同。如清代為乾隆主編《欽定四書文》的方苞便說：“……蓋以諸經之精蘊，匯涵於四子之書。俾學者童而習之，日以義理浸灌其心，庶幾學識可以漸開，而心術群歸於正。”另一大儒、大臣阮元則說：一般士人“若以‘四書’文囿之，則其聰明不暇旁涉，才力限於功令，平日所誦習惟程朱之說，少壯所揣摩者皆道理之文，所以篤謹自守，潛移默化，有補於世道人心者甚多……”[2]

綜上所述，可見“四書”的傳播與流行，除了由於它比“五經”簡明扼要，易於為更多的士人理解、掌握外，更重要的原因還在於它經過二程、朱熹注解，體現了理學內容，在宋代以後思想道德品質對鞏固封建王朝統治越來越重要的新的歷史時期，成為“明天理，滅人慾”，使“心術群歸於正”的有力手段。

一句話，“四書”的傳播、流行，有着更廣泛的社會、歷史背景。

三

最後，對“四書”的傳播、流行，作一簡略評價。為此，需要

---

1 元仁宗批准的一道中書省奏文便說：考“四書”“五經”，“以程子、朱晦庵注解為主，是格物、致知、修己、治人之學，這般取人呵，國家後頭得人材去也”。見《通制條格》卷五《學令》。

2 以上俱見梁章鉅《制義叢話》卷一。鄭板橋說：“夫讀書中舉、中進士、作官，此是小事，第一要明理，作個好人。”如對“家人（奴僕）兒女”，要“愛惜”，不可“淩虐”；對佃戶，“必須待之以禮。……要憐憫他，有所借貸，要周全他，不能償還，要寬讓他”等。這正是受“四書”教育，並用以教育兄弟的一個範例。如果每個士人都做到這一點，統治秩序自然穩定。見《鄭板橋集》之《濰縣署中與舍弟墨第二書》《范縣署中寄舍弟墨第四書》。

首先明確：二程、朱熹鼓動學習"四書"，要求"明天理，滅人慾"，主要對象指的是誰？原來其初衷並不是為了毒害廣大農民，而是為了教育封建統治集團以及作為其社會基礎的廣大封建士人。

第一個教育對象是君主。朱熹便說："天下事有大根本，有小根本，正君心是大本"，[1]"故人主之心一正，則天下之事無有不正"。[2]他為教育君主而編寫的"經筵講義"首先宣講作為"四書""綱領"的《大學》，[3]也是一證。

其次便是各級官吏。前引朱熹所謂變法中"人皆以私心為之"，希望這些人克服私心；而能參與變法、執法的"人"，顯然指官吏。在另一處，朱熹說："且如薦舉一事，雖多方措置堤防，然其心只是要去私他親舊，應副權勢，如何得心變。"[4]能薦舉他人為官者，本身自亦是官吏。固然，在朱熹的論述中，"人"往往是泛指，但如聯繫他講話基本精神和指責"私心"危害性的鋒芒所向，便可知這些"人"，主要是指官吏。甚至他提到的"小人"，也是如此。如說"小人多是有才底"。如果"有大聖賢者（指英明君主）出"，"小人自是不敢放出無狀；以其自私自利辦事之心而為上之用，皆是有用之人矣"。[5]這個能"為上之用"的"小人"，也只可能指官吏。

再次便是一般士人。很明顯，朱熹大力宣揚讀"四書"；並倡議以"四書"出題取士，其心目中的"學者"即主要對象，自然也絕

1 《朱子語類》卷一〇八。

2 《朱文公文集》卷一二《己酉擬上封事》。

3 《朱文公文集》卷一五《經筵講義》。《大學》是"綱領"，見《朱子語類》卷一四。故後代經筵官講"四書"成為制度，如明代見《春明夢餘錄》卷九，清代見《養吉齋叢錄》卷五。

4 《朱子語類》卷一〇八。

5 《朱子語類》卷一〇八。

不可能是廣大農民，而只可能是一般士人。朱熹其所以興復江西白鹿洞書院、湖南岳麓書院，在白鹿洞書院開學那天親自"入院開講"，講授《中庸首章或問》；[1] 把《四書集注》作為岳麓書院主要教材，以至書院"學者雲集至千餘人"，也都反映這一意圖。[2]

明代大臣丘濬在供皇帝經筵學習用的《大學衍義補》序中，將上述朱熹心目中的主要教育對象加以概括說："臣惟《大學》一書，儒者全體大用之學也。……關係乎億兆人民之生。……聖人立之以為教，人君本之以為治，士人業之以為學，而用以輔君……"並引南宋真德秀《大學衍義》序文說："為人君者，不可以不知《大學》；為人臣者，不可以不知《大學》。"很清楚，《大學》雖關係乎億兆人民生計（實質主要指王朝統治），但力圖以之教育的主要對象，卻不是億兆人民，而是"人君""人臣""儒者""士人"，聯繫前面論述可知，就是要求他們通過學習《大學》和整個"四書"，[3] 在處理政務和事務上，要出以"公"心，以整個王朝統治利益為重，而不許私心自用，胡作非為。

既然如此，對"四書"的傳播、流行，科舉用以取士，評價就不應是否定的，而應是肯定的，至少就二程、朱熹指導思想，以及各王朝"四書"傳播、流行的一定時期內應是如此。因為通過鼓勵或限定學習"四書"及其所體現的理學內容，力圖使君主、官吏和

1 《朱文公文集》卷三四《答呂伯恭》第三十二書。

2 參束景南《朱子大傳》，第 884—885 頁。又，元代早在未行科舉之時，即已十分重視國子學與地方學，特別是在各地獎勵、提倡建立書院，後來總數且超過宋代，諸生學習內容即程朱理學，"教法止於'四書'"（元袁桷語），這與朱熹意圖一脈相承，參陳元暉等《中國古代的書院制度（三）》，上海教育出版社，1981 年。又參《廟學典禮》卷五、卷六，浙江古籍出版社，1992 年。

3 由於《大學》是"綱領"，"立定綱領，其他經皆雜說在裏許"（見前正文所引），就是說《論語》等經皆圍繞此綱領分別地、交錯地具體闡述，所以丘濬關於《大學》主要教育對象的概括，同樣適用於整個"四書"，是絕無問題的。

廣大士人能夠在處理政務以及個人事務中“明天理，滅人慾”，以保持王朝政治的清明和社會秩序的穩定，對“億兆人民”生計和生產、經濟發展，多多少少是有利的。至於在當時社會裏“私心”無法徹底克服，“時弊”絕不可能真正解決，那是另一回事，它不應該影響我們的上述評價。

正確認識和評價八股文取士制度 *

如所周知，通過考八股文取士的科舉制度，明代正式形成，一直沿用至清末。這一制度對古代王朝統治的鞏固和社會經濟、文化的發展，究竟起的是推動作用，還是阻礙作用？今人看法，幾乎都是後者。其實這是不公正的。關於這一制度在提高整個明清社會文明程度上的作用，我已有專文論述。[1] 本文再從立法意圖、制度利弊和直接作用等更主要的方面，來認識和評價這一制度。

一

要正確認識、評價八股文取士之制，關鍵在於歷史地把握這一制度，探討它在明清幾百年中，在總體上究竟是否選拔出了具備不同程度政治、文化素養的統治人才，充任各級官員，治理國家，在一定歷史時期，保持社會穩定，鞏固大一統王朝。我以為，如果不存先入為主之見，而正確、全面理解明清有關史料和論述，如顧炎武的“八股之害等於焚書，而敗壞人才有甚於咸陽之郊所坑者但

---

* 原載《國學研究》第 9 卷，北京大學出版社，2002 年。

1 《論八股文取士制不容忽視的一個歷史作用》，載《求是求真永葆學術青春》，河南人民出版社，2001 年。

四百六十餘人也”等，[1]便得承認，儘管這一制度本身先天存在缺陷（如僅限於書面考試，不能準確反映實際才幹，特別是品德。詳見下文論述），後來流弊又很嚴重，但在19世紀西方民主、科學大量傳入前的歷史條件下，總體上看，仍然優點突出，作用明顯，是歷史上任何制度所無法比擬的。明代何良俊雖曾痛斥八股文取士之流弊如“讀舊文字”等，但仍說：“愚以為自漢以後，取士之科，莫善於此。”[2]王先謙也說：“制藝取士，前古莫尚之良法也。”[3]這種評價，大體不錯。

按八股文取士之制，其答題要求有三點：經義，代聖賢立言，八股對仗。[4]三點之中，經義是實質內容，代聖賢立言是闡述經義的角度，八股對仗是闡述經義的文體，故其核心仍是宋代以來科舉所考之經義。[5]所以下面首先就“經義”展開對本文基本觀點的論證：

宋代科舉考經義，直到明清重“四書”義，有一長期演變過程。

大家知道，漢武帝獨尊儒術，歷代踵事增華，儒家經學除在魏晉南北朝某些時期略受玄學、佛學衝擊外，一直並越來越受各王朝

1 見《日知錄集釋》卷一六“擬題”。其實顧炎武抨擊的是八股文取士制的流弊，抄襲剽竊之風。因明代科舉考“四書”“五經”（任選一經）經義，其中有意義之題不過一二百道，時間久了，一些“富家巨族”便可請“名士”預測所有考題，各撰一篇成文，令子弟背熟，入場碰上，抄謄一過，便可中式。這樣，士人便可不讀經書，雖為官而無真才實學。正是在這個意義上，顧氏抨擊八股“敗壞人才”。他並無全盤否定八股文取士制之意。詳參拙文《正確理解顧炎武八股文取士“敗壞人才”說》，載《文史知識》2001年第2期。

2 何良俊《四友齋叢說》卷三《經三》，中華書局，1983年，第23頁。按“讀舊文字”即指不讀經書，但讀他人寫好的成文，包括科舉中式者的程文等。

3 王先謙《虛受堂文集》卷一《江西鄉試錄前序》。

4 《明史》卷七〇《選舉志二》：“其文略仿宋經義，然代古人語氣為之，體用排偶。謂之八股。”又，八股文還有制義、制藝、時文、時藝等名目，本文除引文外，一律稱八股文。

5 《日知錄集釋》卷一六各條所言“經義”，即指八股文，原因就在於“經義”乃八股文之實質內容。章太炎說“注疏者，八股之先河”，所言“八股”，亦就其闡述經義而言，從而“注疏”方能成其先河（因“注疏”即從文字訓詁上注釋經文）。見《菿漢三言》，遼寧教育出版社，2000年，第139頁。又，“經義”，有時單指“五經”義，與“書義”（“四書”義）並舉，本文一律稱“經義”，不再分別。

推崇。至唐代，更由國家出面撰定並頒佈《五經正義》於天下，自唐至宋，科舉取士皆遵此本，儒家經學由此得到進一步發展。[1] 其所以如此，是因為經過反復摸索和實踐，歷代統治者深知，儒家經典適合中國古代社會特點，奉它為指導思想，並用以培養、選拔人材，十分有利於維護整個王朝的統治。正如《漢書》卷八八《儒林傳序》所說，儒家經典是"先聖所以明天道，正人倫，致至治之成法也"。《後漢書》卷七九下《儒林傳論》則說，宣傳儒家經典可使"人識君臣、父子之綱，家知違邪歸正之路"。宋人亦說它能體現"治國治人之道"。[2]

然而發展到北宋，科舉制度包括試經的方法卻越來越不適合統治的需要。因為當時明經科考試只重死記硬背，主要以帖經、墨義取士，[3] 而忽視對經書本身大義的理解。正如司馬光所指責的"專取記誦，不詢義理……詰之以聖人之道，懵若面牆"，[4] 以及王安石所批評的"徒以記問（聞）為能，不責大義，類皆蒙鄙者能之"。[5] 特別是最受統治者重視的進士科，儘管也需帖經，試策、論，但中唐以後，"主司褒貶，實在詩賦"，至北宋乃"專以詞賦取進士"。[6] 其弊病就是，這些進士雖工詩賦，"及使之從政，則茫然不知其方者，

---

1 參皮錫瑞《經學歷史》第七章《經學統一時代》，中華書局，1959 年。

2 《續資治通鑒長編》卷一四三慶曆三年九月丁卯，載范仲淹疏語。

3 帖經之格式，見《通典》卷一五《選舉三》。墨義，原為"口問大義"，後因"不形（諸）文字"，落第者"喧競"，唐德宗時改為問、答均寫在紙上，"事堪徵證"，乃稱墨義。見《冊府元龜》卷六四〇《貢舉部・條制第二》。其格式參《文獻通考》卷三〇《選舉三》按語。帖經限經文，墨義兼及漢唐注疏，均死記硬背之學。

4 司馬光《司馬文正公傳家集》卷五四《起請科場札子》。又見《續資治通鑒長編》卷三七一元祐元年三月壬戌。

5 王安石《王文公文集》卷三二《取材》。早在唐代開元年間一詔書已說："今明經以帖誦為功，罕窮旨趣……以此登科，非選士取賢之道也。"見《冊府元龜》卷六三九《貢舉部・條制第一》。

6 分別見《通典》卷一七《選舉五》趙匡議，《續資治通鑒長編》卷一四三慶曆三年九月丁卯范仲淹疏。"詞賦"，在該疏中意同"詩賦"。

皆是也”。[1] 為了培養、選拔真正能臨政治民的人材，經王安石建議，宋神宗“罷詩賦、帖經、墨義”，規定應試者除論、策外，首先要“各佔治《易》《詩》《書》《周禮》《禮記》一經，兼《論語》《孟子》”，而考以“大義”。[2] 從此以後直到明清，雖在是否考詩賦上小有反復，[3] 但經書必考“大義”這一制度，卻從未改變。帖經、墨義再也沒有恢復。由此可見，科舉考經義，絕非偶然，而是長期統治實踐證明，在培養、選拔人才上，它遠勝帖經、墨義、詩賦的結果。而考經義，重經義（包括重“四書”義），正是就這一點言，一般認為王安石改革乃明清八股文取士之濫觴。[4]

但王安石這次科舉改革的重要意義不僅於此，還在於規定應試者回答“大義”，在涉及對具體經文的理解上，實際上是引導、要求他們依據王安石等別出心裁所作《三經新義》（“三經”指《詩》《書》《周禮》），[5] 而不必再沿用漢唐以來權威注疏（如《五經正義》等）。按王氏“新”義，蓋有所本。一般認為其風始於慶曆年間，晁公武

---

1 《王文公文集》卷一《上皇帝萬言書》。後來王安石又說：“閉門學作詩賦，及其入官，世事皆所不習。”見《宋史》卷一五五《選舉志一》。朱熹也強調取士重“實行”，“而詩賦又空言之尤者，其無益於設教取士，章章明矣”。見《朱文公文集》卷六九《學校貢舉私議》。

2 《宋史》卷一五五《選舉志一》。所謂大義，唐人往往用以指口義、墨義。此處“大義”，是指從經文中挑選具有政治、社會意義的內容、語句出題，如“事君能致其身”（《論語・學而》）等。同時應試者只需依據注疏答出自己所理解的基本精神即可，文字不要求與經文、注疏相同，因而考前不必死記硬背。

3 如宋哲宗時恢復考詩賦，單立一科，與經義科並行，南宋基本沿用，見《宋史》卷一五五《選舉志一》。元代以後，取消詩賦，清乾隆時又恢復試詩，作為試八股文之輔。參商衍鎏《清代科舉考試述錄》第七章，生活・讀書・新知三聯書店，1958 年。

4 此說極普遍。如明丘濬《大學衍義補》卷九《清入仕之路》“（宋）神宗時”條按語，清梁章鉅《制義叢話》卷首楊文蓀《序》《例言》。

5 此要求未見明文規定。但王朝頒《三經新義》“於學官”（見《宋史》卷一五七《選舉志三》），顯然要士人平時學習和科舉時遵用。特別是在具體錄取中，“科場程試，同己（指王說）者取，異己者黜”（《司馬文正公傳家集》卷五四《起請科場札子》）。所以南宋晁公武說：“熙寧以後專用王氏之說，進退多士。”（氏著《郡齋讀書志》卷一《東坡書傳》）朱熹也說熙寧以後取士“專主王氏經義”（《朱文公文集》卷六九《學校貢舉私議》）。

引"元祐史官"的話說："慶曆前學者尚文辭，多守章句注疏之學，至（劉）敞始異諸儒之說，後王安石修《（三）經（新）義》，蓋本於敞。"[1] 王應麟也說："自漢儒至於慶曆間，談經者守訓故而不鑿，《七經小傳》出，而稍尚新奇矣，至《三經義》行，視漢儒之學若土梗。"[2] 其實，這種"以己意言經"之風，[3] 是社會進步在思想文化上的必然反映，早在唐代已有所萌芽。如開元年間元行沖便將前人魏徵改變《禮記》結構，"芟薙"舊注所編《類禮》，加以義疏，只不過時機不到，被斥為"與先儒第乖，章句隔絕"，不得行用，[4] 沒有像《七經小傳》那樣開一代風氣，更沒有像《三經新義》那樣幸運，頒於學官，影響科舉罷了。[5]

當然，就《三經新義》本身言，行用時間並不長，但它在慶曆風氣的基礎上，由於自己的特殊歷史背景與地位，卻進一步促進學術界思想的解放。從此，士人、學者不但敢於揚棄漢唐注疏，甚至連整個經文也開始懷疑起來。[6] 特別重要的是，《三經新義》實際上等於一個典範，促使後人有意無意地敢於結合當時政治、社會、人生的需要，"以己意言經"了。[7] 馮友蘭先生認為，唐《五經正義》等

---

1 《郡齋讀書志》卷四《七經小傳》。

2 王應麟《困學紀聞》卷八《經說》"自漢儒至於慶曆間"條。以上參皮錫瑞《經學歷史》第八章《經學變古時代》。

3 南宋陳振孫語，見氏著《直齋書錄解題》卷三《七經小傳》。

4 為此，元行沖"恚諸儒排己"，退而著文，慨歎當時"寧道孔聖誤，諱聞鄭（玄）、服（虔）非"，如想"變易章句"，有五"難"云云，以自釋。俱見《舊唐書》卷一〇二《元行沖傳》。

5 日本學者本田成之說："然敞書流傳不甚廣，安石新經義便影響到一般學生了……也因他踞政治上的要津，所以他的經義刺激學界很大。"見氏著《經學史論》第六章第三節，江俠庵譯，商務印書館，1934年。

6 皮錫瑞說："宋人不信注疏，馴至疑經。"見《經學歷史》第八章《經學變古時代》。本田成之說："宋儒對於《尚書》最大的功勞，莫過於識破偽《古文尚書》和偽'孔傳'之為偽了。"見上引《經學史論》第六章第三節。又參劉起釪《尚書學史》第七章第五節，中華書局，1989年。

7 《三經新義》即"以己意言經"之作。晁公武便說王安石"所以自釋其義者，蓋以其所創新法盡傳著之，務塞異議者之口"。見《郡齋讀書志》卷二《新經周禮義》（王安石撰）。

是“書齋中的一種知識”，“是脫離實踐的”，而王安石的“新經義”，則是“聯繫實踐的”，從此“開了一種風氣，為經學開闢了一條新路”，即注意結合當時的政治、社會、人生。[1] 這確為卓見。對明清科舉所回答“經義”影響巨大的程頤、朱熹等對“五經”“四書”之注解、釋義，便是沿着這條新路走出來的。關於這一問題，因為還涉及與程朱理學的關係，所以需要聯繫歷史背景一並闡述。

我過去曾經寫過一篇《“四書”傳播流行的社會、歷史背景》的文章，[2] 現把有關內容扼要介紹一下：

由於社會經濟、文化的顯著發展，為鞏固統治，和唐以前比，宋代的首要任務已發生轉化。在這以前，“自古帝王理天下，未有不以法制為首務”；[3] 在這以後，正如蘇軾所說：“當今之患，法令雖有未安，而天下之所以不大治者，失在於任人，而非法制之罪也”。[4] 而在“任人”上，重點也從才幹逐漸轉向品德。[5] 品德好的為“君子”，處事着眼於整個統治利益，出以“公心”；品德惡劣者為“小人”，處事着眼於個人利益，出以“私心”。統治集團內部的君子、小人之爭從此遍及於朝野上下，孰佔主導地位，成為統治是否能鞏

1 馮友蘭《中國哲學史新編》第五冊第五十章第六節《道學的興起》，人民出版社，1988 年。所謂“書齋中的一種知識”，當指對經書純學術的注釋（章句、訓詁等），雖然也自來為王朝統治服務，但畢竟有些迂曲，如能結合新形勢下統治需要來解經，作用會大得多。

2 《“四書”傳播、流行的社會歷史背景》，載《慶祝鄧廣銘教授九十華誕論文集》，河北教育出版社，1997 年。

3 《續資治通鑒長編》卷一四三慶曆三年九月丙戌，富弼語。

4 蘇軾《蘇東坡集・應詔集》卷一《策略第三》。

5 這是因為隨着社會經濟、文化顯著發展，一般富裕的平民子弟，也都有條件讀書，由之增長統治才幹，並通過科舉躋身各級官員以至卿相行列。這方面的人才已不匱乏，於是“任人”的主要矛盾便從才幹高低轉向品德好壞。

固的關鍵所在，[1] 直至明清。朱熹把以“私心”處事之風叫“時弊”。他說：“今世有二弊：法弊、時弊。法弊但一切更改之，卻甚易；時弊則皆在人，人皆以私心為之，如何變得！”“法度尚可移，如何得人心變易。”[2] 這便是宋代統治集團要求“任人”由以往重才幹轉向重品德的明確反映。為了促使“人心變易”，實際上只是促使統治集團（首先是皇帝，其次是將相大臣）和一般官員，以及其主要社會基礎廣大士人的“人心變易”，使其能以“公心”代替“私心”處事，適應這一新形勢下的統治需要，於是出現了程朱理學。它的形成有其從先秦以來複雜的學術淵源，本身也有着複雜的理論體系和觀點，主要是接受、繼承並將儒家倫理學說提高到本體論高度進行論證，但核心思想則是宣揚“天理”，[3] 全部學說的目的歸根結底只是為了解決“時弊”“人心變易”問題，所以朱熹說：“聖賢千言萬語（實即程朱理學千言萬語），只是教人明天理（樹公心），滅人慾（滅私心）。”[4]

然而這一理學如僅作為程朱個人學說，影響不可能很大。程朱理學家的高明之處在於：一面大量培養弟子，並在各種場合，通過各種方式，獨立闡述自己的觀點；另一面便是把自己這一套學說儘可能地依附於儒家經典上進行宣揚。具體說就是沿襲劉敞《七經小傳》，特別是王安石《三經新義》以來“以己意言經”之新風，去對

---

1 《宋史》卷四七一《奸臣傳序》：“宋初五星聚奎，占者以為人才眾多之兆。然終宋之世，賢哲不乏，奸邪亦多。方其盛時，君子秉政，小人聽命，為患亦鮮。及其衰也，小人得志，逞其狡謀……君子在野，無救禍亂。有國家者，正邪之辨，可不慎乎！”

2 俱見《朱子語類》卷一〇八《朱子五・論治道》，中華書局，1986 年。

3 馮友蘭《中國哲學史新編》第五冊第五十一章第一節說：“天理是道（理）學的中心思想。”

4 《朱子語類》卷一二《學六・持守》。朱熹還進一步說：“講明……天理、人慾之辨……考其歸趣，無非欲為臣忠、為子孝而已。”見《朱文公文集》卷一二《甲寅擬上封事》。

儒家經典進行注解和釋義。就“五經”言，程頤著《易傳》，朱熹著《周易本義》，還著《詩經集傳》。來不及進行的，則或直接，或間接地讓理學弟子輩等去完成。如朱熹命弟子蔡沈著《書經集傳》；[1]元代與朱熹有傳承關係的陳澔著《禮記集說》。[2]又兩宋之際“學出程氏（頤）”的胡安國則著《春秋傳》。[3]特別重要的是，朱熹還在程顥、程頤研究基礎上，創造性地提出既全面體現所謂“五經”修身齊家、治國安邦基本精神，而又簡明扼要，易為廣大士人理解、掌握的“四書”，[4]並着意為之章句、集注、釋義。

所有這些新注解、釋義，最大特點就是總體上力圖宣揚程朱理學的精神。因而不可避免地存在以下問題：從文字訓詁言，可能未必正確，有的甚至完全錯誤；從所釋大義言，可能未必符合“五經”“四書”本義。此處試舉一典型之例：如《大學》第一句：“大學之道，在明明德，在親民，在止於至善。”對“明明德”，鄭玄注“謂顯明其至德也”，很實在，符合先秦兩漢一般理解。而朱熹卻訓釋說：“明德者，人之所得乎天，而虛靈不昧，以具眾理而應萬事者也。但為氣稟所拘，人慾所蔽，則有時而昏。然其本體之明，則有未嘗息者。”“明明德”就是要使人“有時而昏”的“明德”，“復其初也”。並說如達到“明明德”“親（新）民”“止於至善”三“綱領”，就可以“盡夫天理之極，而無一毫人慾之私也”。這裏所謂“氣

1 《書經集傳序》：“先生文公（朱熹）令沈（蔡沈）作《書集傳》。”當時人且有其書曾經朱熹“訂正”之說，見朱彝尊《經義考》卷八二《書十一・蔡氏書傳》引趙希弁、黃震語。

2 其傳承關係，參《四庫全書總目》卷二一《經部禮類三・雲莊禮記集說》提要。

3 “學出程氏”，見《四庫全書總目》卷二七《經部春秋類二・（胡安國）春秋傳》提要。朱熹評此書“議論有開合精神”，特別是讚其“大義正”。見《朱子語類》卷八三《春秋・綱領》。

4 如朱熹說“四書”是“‘六經’之階梯”，見《朱子語類》卷一〇五《朱子二・論自注書・近思錄》。清乾隆十四年（1749）上諭“‘六經’精微，盡於四子書”，見《制義叢話》卷一引。

稟”“人慾”“天理”等，全是程朱理學的用語與內涵，[1] 其相互關係又體現程朱理學的思想，[2] 與《大學》文字原義不盡相符。而且原文“親民”，朱熹竟依“程子（頤）”說，改為“新民”，這“並沒有版本上的根據”，是“以意改”，後遭到明王守仁的批駁。其原因就是為了遷就自己一套學說。[3] 類似之例，甚至有為此歪曲、否定歷史事實的。如清皮錫瑞就宋儒《尚書》注釋評論說：“宋儒解經，善於體會語氣，有勝於前人處。而其失在變易事實以就其說……宋儒乃以一己所見之義理，懸斷千載以前之故事，甚至憑恃臆見，將古事做過一番。雖其意在維持名教，未為不善，然維持名教亦只可藉古事發論，不得翻前人之成案。”[4] 近人錢玄同甚至說：“宋儒所言經義，大都是將他們自己底學說套在古經底身上，無論好壞，總之十有七八非古經所本有。”[5]

儘管如此，由於這些注解、釋義畢竟在《三經新義》之後，注意結合政治、社會、人生，“其意在維持名教”，符合時代需要，符合元明清王朝在意識形態領域推崇程朱理學，力圖培養、選拔能“明天理，滅人慾”，處事以“公心”代替“私心”的統治人才的需要，所以從元代開始，明清繼之，法定科舉考“經義”，必須以前述

---

1 《禮記・樂記》雖有“滅天理而窮人慾”句，只是就各人情慾是否節制而言。故鄭注“理猶性也”。孔疏謂如“恣其情慾”，人就會“滅其天生清靜之性，而窮極人所貪嗜慾也”。其“天理”“人慾”，無程朱理學哲學內涵。

2 參馮友蘭《中國哲學史新編》第五冊第五十二章第三、四節，第五十四章第三至第七節。

3 參馮友蘭《中國哲學史新編》第五冊第五十五章第四節《王守仁的〈大學問〉》。如將“親民”改“新民”，是和他要人們“滅人慾”，所謂“去其舊染之污”思想相一致的，參朱熹《大學章句》“在止於至善”句下注。

4 皮錫瑞《經學通論・書經》“論宋儒體會語氣勝於前人而變亂事實不可為訓”條，中華書局，1954 年，第 87 頁。

5 錢玄同《答顧頡剛先生》，見《古史辨》第一編中冊。按此說應補充一句方才完備，即理學與古經基本精神是一致的。又參劉起釪《尚書學史》第七章第二節第六條。

程朱等的注解、釋義為根據。[1]元朝中書省大臣便說：科舉取消詩賦，考"'四書''五經'，以程子、朱晦庵注解為主，是格物致知、修己治人之學。這般取人呵，國家後頭得人材去也"。[2]

同時，如前所述，"四書"簡明、扼要、全面，特別是又經朱熹着意注釋，[3]更集中地體現了程朱理學精神，適合明清王朝鞏固統治需要，其所以後來科舉逐漸重"四書"義，主要原因當在於此。

當然，說從宋代開始"任人"重點轉向品德，因而科舉重視體現程朱理學精神之"經義"尤其是"四書"義，並不意味各王朝選拔人才就不再重視才幹了，關於這一問題，後面還要討論。

以上表明，在 19 世紀西方民主、科學觀念傳入前，科舉主要考"經義"，在制度上比考帖經、墨義、詩賦更符合選拔人才的需要；而闡述"經義"規定必須以程朱等的注釋為依據，則反映在內容上考程朱理學，更符合元明清新的歷史時期選拔人材的需要。這也就是說，以闡述"經義"為考試內容，歷代之制"莫善於此"（明何良俊語，見前）。

附帶解釋兩個相關問題：

其一，宋明時期的"陸王心學"雖與"程朱理學"在世界觀和修養方法上不同，但歸根結底也着眼、致力於培養、提高統治人才的道德品質，要求去私慾，"致良知"，同樣符合新時期的統治需要，

1　參《元史》卷八一《選舉志一》、《明史》卷七〇《選舉志二》、《清史稿》卷一一五《選舉志三》。

2　《通制條格》卷五《學令・科舉》。又明世宗詔："朕歷覽近代諸儒，惟朱熹之學醇正可師。"故科舉"經書義一以朱子傳注為主"，"今後若有創為異説……非毀朱子者，許科道官指名劾奏"。見余繼登《典故紀聞》卷一七。

3　《四庫全書總目》卷三五《經部四書類一・大學章句等》提要："大抵朱子平生精力，殫於'四書'。"清戴名世説：朱熹"闡明'四書'之義者，尤為詳密而完備"，其《集注》"增損一字不得"，見《戴名世集》卷三《四書朱子大全序》。

所以明代中後期王學才會十分流行。不過心學由於主觀唯心主義本質所限，強調自我內心修養，對“五經”“四書”沒有注釋或沒有系統、權威的注釋，[1] 而科舉需要客觀標準，自我內心修養的高下，是無法準確衡量的，[2] 這就是元、明、清科舉在制度上一直用程朱等經書注釋考“經義”，即使王學流行的明中後期也無法例外的原因，也是陸王心學社會影響遠不如程朱理學的原因，同時也反襯出程朱理學家的高明。

其二，清代的“乾嘉學派”倡漢學，貶宋學，自有其歷史、社會原因。他們運用文字音韻、訓詁等考據方法，抓住宋儒包括程朱理學家解經中這一方面的粗疏、錯亂之處，匡謬正誤，切實批判，進而發揚光大這一學風，使儒家經學以及史學等有關研究達到前所未有的高度，在學術史上的確業績輝煌，彪炳時代，然而與科舉史卻毫不相干。因為如前所述，自宋以後科舉選拔人材重點已逐漸轉向道德品質，而乾嘉學派特點只有瑣碎考證，[3] 並無提高人才道德品質的系統理論，實際上是在引導經學返回如同唐《五經正義》等那樣，脫離政治、社會、人生，成為“書齋中的一種知識”（馮友蘭先生語，見前）的老路，而不符合當時科舉的基本需要。這就是儘管乾嘉學派著作汗牛充棟，王朝科舉仍規定，繼續以宋學、以程朱等經書注釋為依據，考“經義”的原因。

1 就陸九淵、王守仁本人言，只有王氏一篇《大學問》（見《陽明全書》卷二六），雖然精粹，畢竟單薄，且非逐句注釋。弟子輩注釋（如陸九淵弟子楊簡《楊氏易傳》等），更不足與程朱等注釋抗衡。

2 如《陽明全書》中《傳習錄》《大學問》等名篇，關於是否“真格物”“致良知”，並對該知的“天下事物”“禮樂名物”，能夠掌握，都只有原則、抽象論述，而未提出具體衡量標準，科舉無法憑以區別等第高下，選拔人才。

3 紀昀總評當時漢學曰“其弊也瑣”。見《四庫全書總目》卷一《經部總敍》。

二

下面討論“代聖賢立言”。

八股文取士雖主要考“五經”“四書”，但闡述經義之角度卻要求“代古人語氣為之”，即“摹聖人之言，不敢稱引三代以下事，不敢出本題以下之文”。[1] 這也被叫作“代聖賢立言”。

為甚麼要做此規定？這要從宋代講起。宋代考試經義，本只要求應試者根據所習經書內容及權威注疏回答，並無“代聖賢立言”的限制。可是在科舉制的推移中（包括《三經新義》行用的終止），逐漸產生了嚴重弊端，最主要的就是應試者平日並不認真閱讀經書及注疏（因考經義，無死記經文、注疏之要求，見前），體會其精神實質，等到考試拿到題目後，信口開河，胡亂聯繫後代歷史或當時現實，發表新奇見解，旨在嘩眾取寵，打動考官，爭取中第。

北宋末畢仲游已指出：當時考經義之弊是“治經者不問經旨之何如，而先為附會之巧。一章之中有十意，一意之中有十說……反破‘五經’之正論，而強納以佛老之說。聖人之經旨，幾蕪沒而不見”。[2]

南宋朱熹批評更尖銳：“近年以來，習俗苟偷，學無宗主。治經者不復讀其經之本文與夫先儒之傳注，但……擇取經中可為題目之句，以意扭揑，妄作主張，明知不是經意，但取便於行文，不暇恤也……主司……反以為工，而置之高等。習以成風，轉相

1 分見《明史》卷七〇《選舉志二》及《清經世文編》卷五七《禮政四・學校》魏禧《制科策上》。所謂“不敢出本題以下之文”是指如“摹”成湯之言，便不得引用後來的《周易》，儘管二者同為“三代”事。見《制義叢話》卷二。

2 畢仲游《西台集》卷五《經術詩賦取士議》。

祖述……名為治經，而實為經學之賊”，[1]“後生輩違背經旨，爭為新奇，迎合主司之意，長浮競薄”。[2]

怎麼辦呢？朱熹建議：“今欲正之，莫若討論諸經之說，各立家法，而皆以（漢唐）注疏為主。”[3]同時兼用若干宋人（如胡瑗、石介、歐陽修、程頤等）注疏，“令應舉人各占兩家以上，於家狀內及經義卷第一行內一般聲說，將來答義則以本說為主（此即‘家法’），而旁通他說，以辨其是非，則治經者不敢妄牽己意，而必有據依矣”。[4]朱熹還說，這就是要應試者“直論聖賢本意”。[5]而要做到這一點，朱熹認為，首先要在學習經書時把經書內容鑽研成如同自己講的，想的，方能體會其精髓。他說：“學者觀（經）書，先須讀得正文，記得注解，成誦精熟。注中訓釋文意、事物、名義，發明經指，相穿紐處，一一認得，如自己做出來底一般，方能玩味反復，向上（此指覺悟、領會）有透處。”“看正文了，卻着深思熟讀，便如己說，如此方是。”[6]“大抵觀書，先須熟讀，使其言皆若出於吾之口；繼以精思，使其意皆若出於吾之心，然後可以有得爾。”[7]

由此可見，早在南宋，朱熹已提出要應試者在認真體會經文和

1 《朱文公文集》卷六九《學校貢舉私議》。

2 《朱子語類》卷一〇九《朱子六・論取士》。當然，應試者其所以如此，也有某些考官“出隱僻題目”，割裂經文出題以難考生等原因，此處不具論。又參《文獻通考》卷三二《選舉五》。

3 宋哲宗時劉摯反對專用《三經新義》等，奏請科舉“其解經義，仍許通用先儒傳注”，得到批准，見《續資治通鑒長編》卷三六八元祐元年閏二月庚寅。其“先儒傳注”，即漢唐注疏，朱熹所説“注疏”，當指此。

4 這段話，朱熹在《學校貢舉私議》另一處又説成是“使答義者通貫經文，條陳眾説，而斷以己意”。其“斷以己意”，即此處之“辨其是非”。就是説並非要求應試者提出新見，而只要求在“眾説”中肯定一説，否定他説。此即“不敢妄牽己意”，“必有據依”。

5 朱熹以上建議俱見《朱文公文集》卷六九《學校貢舉私議》。

6 《朱子語類》卷一一《學五・讀書法下》。

7 《朱子語類》卷一〇《學四・讀書法上》。

注疏精神的基礎上"直論聖賢本意"的建議，目的就為了解決當時士人束書不讀，考試時違背經旨、胡亂發揮、嘩眾取寵之弊。由於要求言必有據，不許"妄牽己意"，[1] 如能這樣闡述經義，實際上已接近"代聖賢立言"了。

在這一類思想影響下，[2] 當時也有了類似"代聖賢立言"的文章。清人梁傑說："至代言口氣、八股對仗，雖備於前明，其實南宋楊誠齋、汪六安諸人已為之椎輪，至文文山則居然具體。"商衍鎏說得更細緻："文文山'願比死者一洒之'文（按語見《孟子》），順語氣，按題位，已啟明文代言口氣之風。若楊誠齋'國家將興必有禎祥'文（按語見《中庸》），點題後用'以為'二字起；'至於治國家則曰姑捨女所學而從我'文（按語見《孟子》），點題後用'謂'字起，更類於代言口氣。"[3]

這樣，既有了強調"直論聖賢本意"的論述，又有了類似"代聖賢立言"的文章，再加上金代同樣存在宋代科舉的弊病，而要求闡述聖賢本意，[4] 經過元代對程朱理學的推崇（見前），發展到明初，在朱熹闡述經義"不許妄牽己意"精神的影響下，科舉正式規定"代

1 朱熹反對"妄牽己意"之言論多處可見。如批評"將自己身上一般意思説出、把做聖人意思"，"學者不可用己意遷就聖賢之言"等，見前引《朱子語類》卷一〇《讀書法上》、卷一一《讀書法下》。

2 説"這一類思想"，是因為早在北宋已多有強調讀經書、認真體會聖賢本意之説。如朱熹、呂祖謙輯《近思錄》卷三《致知》記程頤曰："讀書者當觀聖人所以作經之意，與聖人所以用心……句句而求之……則聖人之意見矣。"江永《近思錄集注》卷三引朱熹解釋這段話說："今人不會讀書……只緣……把己意放裏面胡亂説……那裏見聖人之意！"

3 分見《清經世文編》卷五《學術五・文學》梁傑《四書文源流考》、商衍鎏《清代科舉考試述錄》第七章第一節。

4 如金宰相徒單鎰"病時文之弊"，以為"諸生不窮經史，唯事末學"，建議科舉不僅經義，連考時務策也要增加內容，"以疑難經旨相參為問，使發聖賢之微旨"。得到批准，"詔為永制"。見《金史》卷五一《選舉志一》。

古人語氣為之”，就水到渠成，是很自然的。[1]

這裏要指出的是，前引魏禧所說闡述經義不許涉及三代以下歷史之限制，同樣源於北宋：王安石進行科舉改革，為使應試者專意閱讀經書及《三經新義》，後來逐漸形成“經義禁引史傳”之例。[2]為彌補此缺陷，宋徽宗時蔡嶷等列奏，“欲望今後時務策，並隨事參以漢唐歷代事實為問”。宋徽宗本已同意，可有一御史李彥章反對，上言以為：經書是“先王之學”，秦漢以下史書乃“流俗之學”，蔡嶷等之論“不使士專經，而使習流俗之學，可乎”？徽宗竟立即取消原決定，並說如依蔡嶷等議，“則士不得專心先王之學，流於俗好，恐非先帝以經術造士之意”。[3]這就是說，不但經義禁引史傳，連考時務策也不鼓勵聯繫歷史。南宋初“後生晚輩往往不讀史書”。[4]這應是一個重要原因。此後由於有識之士的反對，[5]雖未再見科舉強調“經義禁引史傳”之例，但因聯繫歷史畢竟有利於引導士人認真體會經書、傳注精神，只要能找到一結合點，使“直論聖賢本意”與史學相互為用，而不相互排斥，就可以大膽地堅持行用此例。這一結合點到明清終於被找到了。這就是在考試制度中雖然要求闡述經義正文“代聖賢立言”，自然不許涉及後代史事，但在正文之後寫“大結”時卻可聯繫後代歷史和當代現實。顧炎武說：經

1　焦循《易餘籥錄》卷一七：“余謂八股入口氣，代其人論說，實原本於（金、元）曲劇”，“自詡為聖賢立言，不知敷衍描摹，亦乃優孟之衣冠……第藉聖賢之口以出之耳”。此說如作為代聖賢立言制形成的一個次要因素，似亦有可能。近人馬敍倫便以為焦說“亦頗有因”，見氏著《石屋續瀋・八股文程式》（上海書店，1984年）。

2　見《朱文公文集》卷六九《學校貢舉私議》。

3　吳曾《能改齋漫錄》卷一二《記事》“罷史學”條。

4　《文獻通考》卷三二《選舉五》紹興十九年條。

5　如朱熹便指責“經義禁引史傳”是“王氏末流之弊”，聲稱“當有以正之，使治經術者通古今”。見《學校貢舉私議》。

義“篇末敷演聖人言畢，自攄所見，或數十字，或百餘字，謂之大結。明初之制可及本朝時事，以後功令益密，恐有藉以自炫者，但許言及前代，不及本朝”。[1] 清梁天池說：“前明制義，每篇之後多有大結。……漢、唐以下之事皆可藉題立論……明之中葉，每以此為關節。……我朝康熙六十年（1721），始懸之禁令。”[2] 這樣，“代聖賢立言”難以聯繫後代歷史和當代現實“自攄所見”的矛盾，通過“大結”便得到了解決，並且由明初至清康熙年間行用三百多年。它至少說明，簡單化地將“代聖賢立言”歸之為限制應試者的自由思想，並不符合明清科舉立法意圖和歷史事實。相反，如前所述，倒應承認，“代聖賢立言”這一角度，是宋代科舉改考經義以後，經過長期經驗積累，而規定下來的方法。在不影響“自攄所見”條件下，立法意圖主要是力圖引導應試者認真鑽研儒家經典，體會聖賢本意。清管世銘便說：“前人以傳注解經，終是離而二之。惟制義代言，直與聖賢為一，不得不逼入深細。”[3] 而這正是前述朱熹關於熟讀經典“使其言皆若出於吾之口”“使其意皆若出於吾之心”言論在制度上的落實，目的就在於要保證所選拔的人才能達到、具備當時歷史條件下儘可能高的質量，作為官員接班人，為鞏固明清王朝統治服務。當然，由於種種原因（主要是藉以“自炫”，通“關節”舞弊等，影響所選拔人才質量），“大結”後來沒有堅持下去，但這並不妨礙應試者還可於經義以外，通過其他考試項目，聯繫歷史和現實，發表自己的意見。因為明清科舉，乾隆中葉以前鄉試、會試

1　《日知錄集釋》卷一六“試文格式”。又參阮葵生《茶餘客話》卷一六“八股文壞文風文運”條。

2　《制義叢話》卷一引《書香堂筆記》。又參《清史稿》卷一〇八《選舉志三》。

3　《制義叢話》卷一引。

除主要考經義外，還要考“論”，考“策”以至“判”“詔、誥、表”（任選一種）；清乾隆後又增考“詩”。[1] 其中“策”，明清都要求結合經史、時務論述，故也叫“經史時務策”。[2] 這樣，取消“大結”後“代聖賢立言”不涉及三代以下歷史與當時現實的缺陷，其實算不上多大缺陷，因為在“策”中同樣可以涉及，以“自攄所見”的。[3] 這些都說明，對“代聖賢立言”，應全面、歷史地分析，而不應貿然否定。

三

最後討論八股對仗。八股對仗，也就是文體“排比有定式”。[4] 除破題、承題、起講等外，其格式一般需要四組文句，每組兩個段落，相互對仗。因共有八個段落即八股，故稱八股文。[5] 這種格式，早在宋代已萌芽，[6] 明初科舉正式定為制度，但要求尚不嚴格，憲宗成化以後方才最後定型。[7] 因為應試者為照顧排比對仗，所闡述經

1 參《清代科舉考試述錄》第二章第三節、第三章第一節。

2 《明史》卷七〇《選舉志二》，《清史稿》卷一一五《選舉志三》。清金埴《不下帶編》卷二“埴少時當鄉賦之歲”條：“國家取士，經術與時務並重。”光緒增修《欽定科場條例》卷一七《鄉會試藝》同治元年（1862）上諭：“三場策問，以經史與時事分問，使貫串古今、通達治體者得以敷陳政事得失利弊。”

3 如阮元《揅經室集》二集卷八《（嘉慶）己未會試策問》，有“《史通》所論得失參半歟”，此史題；有“弭盜之法……必先剿而後撫，若原傑撫荊襄流民四十餘萬，王守仁撫降田州蠻，其方略可法歟”，此有史有時務。空疏雜濫之弊，同卷《試浙江優行生員策問》甚至問“我朝以經術教士，當若何提倡，以矯歟？”

4 《清經世文編》卷五七《禮政四・學校》魏禧《制科策上》。《明史》卷七〇《選舉志二》作“體用排偶”。

5 《清代科舉考試述錄》第七章第二節。又參章中如《清代考試制度》下卷《文格》，黎明書局，1932 年。按此處乃指狹義之八股文，僅就文體對仗而言，而非指包括三點要求之廣義八股文。參本文第一節。

6 參朱瑞熙《宋元的時文 —— 八股文的雛形》，載《歷史研究》1990 年第 3 期。又參盧前《八股文小史》第一章，商務印書館，1934 年。

7 參《日知錄集釋》卷一六“試文格式”。

義內容易流於敷衍、空疏，早在明清已有人反對這一文體；[1] 而近人更以其限制士人自由表達思想，而予以批評、否定。

可是為甚麼這一文體前後能存在數百年呢？原來，這一文體固有流弊，可是對科舉取士來說，它又有一個優點，就是對仗工穩與否，標準很具體，使考官對內容大體達到要求的若干考卷，容易判定高下，避免引起糾紛爭論。這一優點，表面看似乎是形式、技巧問題，然而在考生多、錄取名額少、判定時間短的條件下，[2] 卻是至關重要的。歷史上的科舉，從來都十分重視這一類的標準。以唐、北宋為例，為甚麼逐漸主要以詩賦取士？固然，它反映一個士人的才華，如南宋人所說：詩賦需"貫穿六藝，馳騁百家，拘以駢儷之制，研精覃思，始能成章"。[3] 但同時也還是因為詩賦要求的標準具體，考官容易掌握。

如宋仁宗行慶曆新政，科舉進行某些改革。慶曆四年三月乙亥正式下詔"進士試三場，先策，次論，次詩賦"，把詩賦放在次要地位。[4] 可是一年以後就恢復了舊制。上言建議恢復舊制的是楊察，理由是："詩賦聲病易考，而策、論汗漫難知。"他還說："故祖宗

---

1 如王夫之《宋論》卷六《神宗》關於熙豐新法"經義取士"部分，及前引魏禧《制科策上》，都有具體論述。

2 北宋仁宗時省試，二千人取五百人，歐陽修已抱怨考卷太多，"而日限又迫，使考試之官殆廢寢食，疲心竭慮，因勞致昏"。見《文獻通考》卷三一《選舉四》。明清考生大增，而錄取比例降低。如乾隆年間各省鄉試，規定小省五十取一，大省八十取一，實際則有百人取一者。見張仲禮《中國紳士》第三章，上海社會科學院出版社，1992 年，第 170—172 頁。其中多有實例。又錢大昕主持湖南鄉試，考生四千多，才錄取四十六人，判卷"時日有限"，而閱卷官僅十一人，共收考卷五萬六千篇（包括八股文及論、策、詩等），十八天閱畢，則每人每天所閱約二百八十篇，其困難可知。錢氏還曾主持山東、浙江、河南鄉試，情況略同。見氏著《潛研堂文集》卷二三《山東鄉試錄序》《湖南鄉試錄序》《浙江鄉試錄序》《河南鄉試錄序》。

3 見《文獻通考》卷三二《選舉五》宋寧宗慶元四年條。

4 《續資治通鑒長編》卷一四七慶曆四年三月乙亥。

莫能改也。"[1] 可見宋代統治者一直如此認識。

宋神宗時王安石進行科舉改革，試經義，廢詩賦。蘇軾對廢詩賦提出異議，理由之一便是僅考經義策論，"其為文也，無規矩準繩，故學之易成；無聲病對偶，故考之難精。以易學之士，付難考之吏，其弊有甚於詩賦者矣"。[2] 正由於當時經義尚"無規矩準繩"，如後代八股對仗然，所以宋哲宗時劉摯又說：經義之文"無所統紀，無所檃括，非若詩賦之有聲律法度，其是非工拙，一披卷而盡得知也"。[3]"無規矩準繩"這一使堅持經義取士者頭痛的問題，經過摸索經驗，到明代逐步形成八股對仗，便得到了解決。清乾隆時有人上奏請廢八股文取士制，禮部議覆主張維持舊制（詳見後），重要理由之一便是經義"範之規矩準繩，以密其法律"。[4] 當年蘇軾批評經義"無規矩準繩"，現在有了；當年劉摯欣賞詩賦"有聲律法度"，現在八股對仗"密其法律"了。則大量經義之文，"其是非工拙"，自然也是"一披卷而盡得知也"。如果內容質量相等，而錄取名額有限，必須將一部分考卷黜落，則從文體上挑毛病就會是比較容易的。其所以在八股對仗基礎上後來又增加了一些附帶的苛刻要求，[5] 主要原因亦在於此。當然，這一文體儘管有人高度讚揚，[6] 從總體上看，形式畢竟呆板，遠非可靈活表達思想的古文可比，如非功

1 《續資治通鑑長編》卷一五五慶曆五年三月己卯。

2 《蘇東坡集・奏議集》卷一《議學校貢舉狀》。

3 《續資治通鑑長編》卷三六八元祐元年閏二月庚寅。

4 《清經世文編》卷五七《禮政四・學校》乾隆三年禮部議覆《議時文取士疏》。

5 如不許"侵上""犯下""平頭""並腳"等，參《制義叢話》卷二三。

6 清焦循說："明人之於時文，猶唐之詩、宋之詞、元之曲也。"見氏著《雕菰樓集》卷一〇《時文說三》。近人黎錦熙先生甚至評論說：八股文"集眾（指辭賦、詩詞曲）美，兼眾長，實為最高、稀有的文體"。轉引自《淩霄一士隨筆》第四冊第六卷一五七條《八股文之優劣》，山西古籍出版社，1997 年。

名利祿驅使，士人一般不可能對它有多大興趣。正因如此，八股文才會被有些人叫作"敲門磚"，"得第，則捨之矣"。[1] 在如前所述科舉應試者越來越多、錄取名額有限等條件下，這一文體之所以被採用，實在是沒有辦法的辦法。[2] 只要科舉內容重在經義，而上述諸條件未發生變化，則這一文體便是無法被廢棄的。

四

綜上所述，可以說科舉以八股文取士，是宋代以後，特別是明清統治集團，經過長期摸索，總結經驗教訓，最後確定、沿用下來的制度。其立法意圖，絕不是為了實行愚民政策，陷士人於愚昧無知，恰恰相反，正是力圖以此培養、選拔能掌握孔孟之道、程朱理學，合乎規格的統治人才，以鞏固自己的江山。當然，由於八股文取士之制本身也存在缺陷，加以行之既久，流弊叢生，逐漸出現的危害有些也是驚人的。問題在於我們如何結合歷史背景，正確分析這些弊病：是立法意圖、制度本身所固有的，還是"上有政策，下有對策"所造成的？

八股文取士在明清受到指責，以為它最大的弊病就是導致士人不讀經書，不讀注疏，只顧揣摩考題，預先背誦請他人所作成文或

1 《制義叢話》卷一引清馮班《鈍翁雜錄》。其實明代後期已有此説，如田藝蘅《留青日札》卷三七"非文事"條："其既得第也，則號之曰敲門磚。"

2 正因如此，考官閱卷以挑毛病、多黜落為原則。清龍啟瑞《經德堂文集》別集下《幕友條約》聲稱科場"閱文以淘汰為先，沙礫既除，金石斯見"。《制義叢話》卷二三記甚至有考官"每閱一破題便定去取"。清李調元《制義科瑣記》卷三"止逗四行"條記明末科舉有只看首篇考卷四行字，就決定黜落者。

已中式者之“程文”，[1] 入場“撞太歲”，如果恰好碰上，便抄襲一通，考中為官。[2] 由於空疏不學，往往臨政乏術，笑話百出。[3]

可是這並非八股文取士立法意圖所在，也不是制度本身做此要求，恰恰相反，大量史料證明，立法意圖、制度本身全都力圖避免這一弊病。

第一，在第二節已講到，明清科舉主要考經義，同時還要考“論”“策”“判”“詔、誥、表”（任選一種，後廢詔、誥），清乾隆以後又增考試帖詩。這些科目相互配合，目的就是力圖使選拔的人材，除品德為主外，還要有“實學”，[4] 即知識、學問淵博。關於這一指導思想，清黃中堅分析得很清楚：“夫先之以經義，以觀其理學（此指對經書義理的理解）；繼之以論（如論《孝經》等），以觀其器識；繼之以判，以觀其斷讞；繼之以表（如給皇帝上賀表、謝恩表等），以觀其才華；而終之以策，以觀其通達乎時務。以是求士，豈不足以盡士之才。士果有能與其選者，豈不足以當公卿之任，而佐理國家之治！”[5] 這就表明，八股文取士之立法意圖、制度本身，與不學無術而抄襲程文之弊病，是完全對立的。固然，考經義在首

---

1 參《日知錄集釋》卷一六“十八房”“擬題”“程文”條。

2 田藝蘅《留青日札》卷三七“非文事”條：“其未得第也，則名之曰撞太歲。”沈德符《萬曆野獲編》卷一六《科場》“錄舊文”條：甚至有“全場剿（坊）刻（程）文……自破、承至結題，不易一字”，而“登高第者”。李調元《淡墨錄》卷一五“解元襲舊文”條：清有鄉試解元“四書”藝“剿襲”他人舊作者。

3 明代科舉中第“或有不知史冊名目、朝代前後、字書偏旁者”，見《大學衍義補》卷九《清入仕之路》“朱熹作貢舉私議”條按語。清代“有一代名臣而不知范仲淹為何人，曾入翰林而問司馬遷為何科前輩者”，見徐勤《中國除害議》，載朱有瓛主編《中國近代學制史料》第一輯下冊，華東師範大學出版社，1986 年，第 46 頁。

4 清《欽定學政全書》（嘉慶增修本）卷五有《崇尚實學》一門，多條“上諭”均強調錄取“實學”人才。如乾隆六十年上諭要求士人“力學窮經”等。

5 《清經世文編》卷五七《禮政四・學校》黃中堅《制科策》。明王鏊早有類似評價，見孫承澤《春明夢餘錄》卷四〇《禮部二・貢舉》。

場，考論、策等在二、三場，[1]而由於種種原因（如君主重經義，特別是重"四書"；[2]應試者多，判卷時間短等），不少考官憑首場即定去取，[3]這似乎對抄襲程文者有利。但必須看到，這只是風氣，而並非制度。相反，就統治集團指導思想言，是反對這種風氣的。如："順治十六年（1659）定科場例：首場工而後場不稱者，黜不與選；首場平通而二、三場博雅詳明者，並與收錄。雍正六年（1728）定試官必將後場試卷盡行細加校閱，不得專重頭場，忽略後場；十一年上諭以二、三場策論，尤足覘經濟實學，乃向來士人多不留心，而衡文者又每以經義已經入彀，遂將策論濫收恕取，不復加意閱看，殊非設科本意。"[4]咸豐元年（1851）禮部議覆："臣等查定例……考官衡文合三場以定去取……固不可先存定見，專重首場，使空疏者得以僥倖。"[5]同治十一年（1872）上諭："闈中校閱文藝，本應三場並重，不得專重第一場。"[6]正因指導思想如此，在實際錄取中兼重三場者大量存在。如乾隆年間錢大昕主持山東鄉試後所說："於'四書'、經義觀其學養，於詩律觀其才華，於論、策觀其器識。所錄之文不皆一格，所得之卷不皆兼長，要歸於有本有原，不使空疏

1　此乃明代及清乾隆中葉以前之制，後略有變化，為免煩瑣，此處從略。

2　乾隆十四年上諭"國家設科取士，首重者在'四書'"，見嘉慶《欽定學政全書》卷六《釐正文體》。

3　黃宗羲便說：明考官其所以重首場，對二、三場甚至"未嘗過目"，"亦以時日迫速，不得不然"。見《清經世文編》卷五七《禮政四・學校》黃宗羲《科舉》。

4　見俞正燮《癸巳存稿》卷一二"科舉之學不壞人才論"條所引。又金埴《不下帶編》卷二"埴少時當鄉賦之歲"條也說：康熙時"求實學"，"若論、詔、誥、表及判、策，一不精進，雖經書（義）可觀，擬列元魁，亦在所擯"。

5　光緒《續增科場條例》（不分門）咸豐元年。

6　光緒增修《欽定科場條例》卷一九《同堂校閱》。

蹈襲者得以濫廁科名。"[1] 持類似態度的考官不勝枚舉。[2] 這就是說，統治集團的上述指導思想總體上說，是得到貫徹了的。

第二，君主下令明確反對抄襲、空疏學風，如明英宗"賜敕諭"：要求士人"先將聖賢經書熟讀背誦……講解明白……體而行之……將來朝廷庶得真才任用"。指責"有等生徒，不肯實下工夫，惟記誦舊言語，意圖僥倖出身，今宜痛革此弊"。[3] 清順治時議准"試藝雷同剿襲，偶然倖中者……立即黜革"。[4] 乾隆四十四年（1779）上諭指責"近時文風日壞……無論經籍束之高閣，即先儒傳注亦不暇究心"，"惟取庸陋墨卷，剿襲撏扯"；嘉慶二十年（1815）上諭指責士子不認真讀經書，但"抄撮類書，剿襲摭拾，冀圖詭遇"。[5] 故清《鄉會試磨勘例》明白規定："全篇抄錄舊文倖中者……將本生黜革。"[6] 為減少背誦、抄襲他人之作，康熙九年（1670）、雍正元年（1723）還曾下令坊間私選、私刻程文"一概禁止"，[7] 以逼使士人認真學習經書，反映統治集團為求真才之苦心。乾隆年間雖又弛此禁，是由於乾隆認為此禁使"大家名作，不得通行"，士人因參考不

1 《潛研堂文集》卷二三《山東鄉試錄序》。同卷《浙江鄉試錄序》謂"於策，取其通曉古今"，更明確。清朱筠於乾隆年間主持考試，"春秋兩闈校士，恒以對策為主。嘗言以此觀士所學之淺深，若持權衡以測輕重云"。見氏著《笥河文集》卷首李威《從遊記》。

2 陳康祺《郎潛紀聞初筆》卷一三"孫侍御記問之淵博"條："康祺閱歷名場，見朋輩中鑽研古書、不工制藝者，遇稍解風雅之主司，多以二三場彈洽見收；而一二揣摩時尚、趨風承沫之士，迄老死不獲知遇。"此風清末猶然。徐一士《一士類稿》（書目文獻出版社，1983 年）"談吳士鑒"條記吳士鑒光緒年間會試，"卷在同考官吳鴻甲手，頭場已屏而不薦，迨閱第三場對策，乃歎其淵博精切，深得奧窔，始行補薦，竟獲中式"，殿試獲榜眼。

3 《明（萬曆）會典》卷七八《風憲官提督》。

4 咸豐增修《欽定科場條例》卷五一《附載舊例》。

5 分見嘉慶《欽定學政全書》卷六《釐正文體》、《制義叢話》卷二。

6 吳榮光編錄官書所成《吾學錄》卷四引。所謂"將本生黜革"，乾隆三十四年（1769）議准，除黜革已考中的舉人、進士外，還將原來的秀才、監生資格也一並黜革。參咸豐增修《欽定科場條例》卷五〇《磨勘處分》。光緒十年（1884）復准，又進一步，本來"鈔寫成文"只罰已考中者，此後連"未中式者"也要懲罰。參光緒增修《欽定科場條例》卷五一《磨勘處分》。

7 嘉慶《欽定學政全書》卷六《釐正文體》。

到高水平文章而眼界狹窄，“因陋就簡”。為提高士人經義質量，乾隆還特命方苞編選“《四書文》(後稱《欽定四書文》)頒行，皆取典重正大，足為時文程式”，“並將入選之文，批抉其精微奧窔之處，俾學者了然於心目間”，使“士子咸當知所崇尚矣”。[1] 這一措施絕無限定士人僅學習《欽定四書文》而不讀經史等書之意，而是和明代以來由禮部選刻程文意圖一樣，反映統治集團另一方面苦心，旨在使士人在學習經書、傳注基礎上，從中得到啟發，洞悉“精微奧窔”，寫出高質量的經義來。也正因如此，乾隆還命令“將選定《四書文》頒貯內簾(指科場閱卷之地)。令考官知所程式”，[2] 也就是說，還要以此提高考官閱卷質量。可見如果將抄襲、空疏學風主要歸罪於王朝頒行《欽定四書文》等，顯然是不符合事實的。

第三，考官出題也力圖防止上述弊病。如經常被否定八股文取士制者作為愚弄士人手段之一，予以指責的截搭題，[3] 其實正是為了防止應試者臆測考題，預先請人擬作或背誦已有程文，“冀圖詭遇”而摸索出來的。早在南宋，考官命題為“求出於舉子之所不意，於(經文)所當斷而反連之，於所當連而反斷之”。[4] 此當即截搭題之萌芽。明清截搭題大量出現。《制義叢話》卷二四稱：出截搭題“前明即尚此巧法”，並舉一考題“以杖叩其脛，闕黨童子”為例，[5]

---

1 同前注，載乾隆元年、十九年上諭。關於《欽定四書文》，請參《四庫全書總目》卷一九〇《集部總集類五》所載提要。又《日知錄集釋》卷一六“程文”條集釋引沈彤語，據《明神宗實錄》：萬曆“十五年八月，命禮部會同翰林院，取定開國至嘉靖初年中式文字一百十餘篇，刊佈學官，以為準則”。其指導思想與乾隆前後如出一轍。

2 光緒增修《欽定科場條例》卷五一《磨勘處分》。

3 所謂截搭題，如“而眾星拱之，子曰詩三百”，前句出《論語・為政》第一章尾，次句出同篇第二章首，截上搭下，始成此題，故名。參前揭章中如《清代考試制度》下卷《文法》，其中舉例甚多。

4 《朱文公文集》卷六九《學校貢舉私議》。

5 前句出《論語・憲問》第四三章尾，後句出同篇第四四章首。

指出"欲以杜鈔錄成文之弊"。卷二二又稱："乾隆間會試、鄉試題多用搭截及小題，[1] 蓋避士子揣摩熟題也。"由於出此目的，皇帝也不反對截搭題，稱"乾隆三年議准"，如出熟題，"士人……或無從湊發巧思；間出截搭題，則旁見側出，亦足覘文心之變化"。[2] 後來又說這樣出題是"避熟取新"，"欲杜抄襲之弊"；只不過強調上下截搭"(意思)必聯絡貫穿，勿背於理"而已。[3] 上引"乾隆三年議准"也強調出截搭題"第必須意義聯屬，血脈貫通"，而反對"上下絕不相蒙，恣意穿鑿，割裂語氣……"如果割裂過甚，考官則要受到處罰。[4] 這些至少表明，出截搭一類的題，從統治集團主要指導思想看，絕非旨在愚弄士人，是可以肯定的。

通過以上三點分析，必然產生一個問題：既然明清統治集團的立法意圖，以及由此決定的制度本身，是力圖選拔合乎規格的統治人材的，在科舉發展過程中，又是想方設法要矯正空疏、抄襲等流弊的，為甚麼這類弊病會產生、流行，無法根絕呢？

早在南宋，朱熹已就類似後代明清的問題發表意見，道中肯綮。

當時對以經義為主的科舉之指責是"科舉之業妨功""以舉業為妨實學""科舉累人"，[5] 意思是，為應科舉，考時文(經義)，士人無

---

1 小題，主要指意思空泛或"單辭隻字"之題(見《戴名世集》卷四《己卯行書小題序》)。如"曾謂泰山""則又曰""有是哉""是也""予雖然"等，甚至只有一字，如"儀""坐"等，見《目耕齋全集》中《目耕齋小題》，光緒戊子(1888)寶華堂重刻本，共收小題八股文八十篇及評語。

2 《制義叢話》卷二二。

3 嘉慶《欽定學政全書》卷二一《考試題目》，乾隆二十五年議准。

4 《清(光緒)會典》卷三二《禮部・簡學政》"正其文體"條："遇有命題怪僻……者，照例指參。"光緒增修《欽定科場條例》卷一六《三場試題》：乾隆四十年因四川鄉試題"牽上連下，全無義理"，將正副考官"交與吏部議處"。又咸豐年間河南學政俞樾，童試出題割裂怪僻，遭羅織，革職永不敍用。見近人劉禺生《世載堂雜憶》"清代之科舉"條，中華書局，1960年。

5 《朱子語類》卷一三《學七・力行》。

法讀儒家經書，只能讀時文，背時文，[1] 其所以實學人材匱乏，是科舉制度造成的。這種指責，和明清對八股文取士的指責原則相同，只不過這時弊病的嚴重程度尚不及明清而已。

請看朱熹的見解：他反對這種指責，引程頤語曰：應科舉"不恐妨功，惟恐奪志"，"非是科舉累人，自是人累科舉"。[2] 所謂"奪志"，按朱熹理解，指的便是一些士人"役役求仕"，急於"功名利祿"，只想"追逐時好"，走捷徑，自然把精力全放在時文上，而無"志"學習儒家經書，掌握實學。這是士人自己的過錯，並非科舉"妨功"。他說："若高見遠識之士，讀聖賢之書，據吾所見而為文以應之（指科舉），得失利害置之度外，雖日日應舉，亦不累也。居今之世，使孔子復生，也不免應舉，然豈能累孔子邪！"[3]

所謂"非是科舉累人，自是人累科舉"，就是說不是科舉制度敗壞人才，而是很大一部分士人急於求仕，又不肯學習、掌握實學，唯知讀時文，不學無術，碰巧中舉為官，又"心心念念只要做得向上去（指升高官），便逐人背後鑽刺，求舉覓薦，無所不至"，[4] 從而敗壞了科舉制度。這便涉及前面第一節朱熹所說的"法弊""時弊"問題。對南宋科舉考經義，朱熹原則同意，但不滿意，[5] 曾說"科舉是法弊"。[6] 不過他從來都認為法弊更改起來容易，並曾對科舉提出

1 亦即"取近時科舉中選之文，諷誦摹仿"，見朱熹《學校貢舉私議》。

2 《朱子語類》卷一三《學七・力行》。清朱一新《無邪堂答問》卷五也説："士真能為科舉之學者，必不為科舉所累。為所累者，只是無志耳。無志則可累者甚多，藉口於科舉，豈不冤哉！"

3 《朱子語類》卷一三《學七・力行》。

4 《朱子語類》卷一三《學七・力行》。

5 如説"今科舉之弊極矣"，所考經義"分明是侮聖人之言"。見《朱子語類》卷一〇九《朱子六・論取士》。

6 《朱子語類》卷一〇九《朱子六・論取士》。

過影響極大的改革方案，建議分年分經考經義等；[1] 難辦的是時弊，朱熹說時弊即人們皆以“私心”去對待“法”，去處理事務（相當於今天的“上有政策，下有對策”），“如何變得”。[2] 就科舉言，以“私心”去對待，便會引發前述空疏不學等弊病，給科舉抹黑，糟蹋了科舉。“人累科舉”，從朱熹深層次思想言，大體離不開此意。應該說，這一看法是深刻的。

明清八股文取士的弊病，根子也在這裏。

如前所述，明清統治集團科舉的立法意圖和制度本身的確是想通過八股文取士選拔統治人才的。[3] 因此考經義最初“皆摘取經書中大道理、大制度，關係人倫治道者，然後出以為題”，以求真才；[4] 並且旨在以此引導後來士人注意鑽研經書中有意義、有價值的內容和所積累的統治經驗，提高自己的品德、才幹。可是對於相當大一部分“私心”嚴重，無“志”求實學，一心只想如何儘快中舉當官、謀取功名利祿的士人來說，正好藉這類題目有限之機會鑽空子，揣摩考題，臨場背誦、抄襲成文或程文，幸中為官後自然不學無術，統治無能，為世詬病。為堵塞這一漏洞，考官被迫出截搭題。本來截搭題應是“意義聯屬”“勿背於理”的。可是後來這類題也出完

1　朱熹《學校貢舉私議》。

2　《朱子語類》卷一〇八《朱子五・論治道》，又參本文第一節。

3　方苞曾說：學習考試經義可使士人“心術群歸於正”（《制義叢話》卷一）。王先謙也說：可“束天下豪傑於追章琢句之中，以柔其獷悍橫逸不馴之氣”（《虛受堂文集》卷一《江西鄉試錄前序》）。但這和唐太宗說行科舉“天下英雄入吾彀中矣”（王定保《唐摭言》卷一五《雜記》）一樣，由此並不能得出其目的是毒害士人、行愚民政策之結論。它只不過說明歷代統治集團力圖將士人、豪傑、英雄招徠、培養成合乎規格的人才、官員，為自己服務，而不致成為異己力量而已。總體上說，行此制度，減少無謂動亂，穩定王朝統治，對全國統一、發展經濟是有利的。

4　《大學衍義補》卷九《清入仕之路》“朱熹作貢舉私議”條按語。此本指明代。李調元《制義科瑣記》卷一“題目無多”條稱“國初”仍如此出題。嘉慶《欽定學政全書》卷二一《考試題目》載嘉慶元年（1796）上諭，以為只有如此出題，“方可徵實學而獲真才”。

了，容易揣摩了，於是漸次一些上下關聯甚少，以至毫無關聯的截搭題、小題等便相繼出現，形成惡性循環。儘管如能將毫無關聯的截搭句關聯起來，也反映“巧思”(乾隆語，見前)，[1] 但畢竟與經書中大道理和統治經驗教訓無干，有意無意引導士人窮思竭慮於這些問題，也是八股文取士受到指責的重大罪狀之一。[2]

可是難道這些弊病主要應歸罪於八股文取士之制嗎？顯然不應該。因為如上所述，它的根子實際上是在很大一部分士人的“私心”和“意圖僥倖出身”，甚至通關節等不軌行為上。道高一尺，魔高一丈，上有政策，下有對策，儘管明清統治集團前後化解了各種高招，[3] 可全國有幾百萬童生，幾十萬秀才，只要一部分人處心積慮地在鑽空子，上面也就很難一一招架，何況總還有一些考官營私舞弊，規避法令，為這些人大開方便之門。由此可見，在明清同樣“非是科舉累人，自是人累科舉”；同樣主要不是“法弊”，而是“時弊”。將前述抄襲、空疏不學等弊病的產生籠統地全都算在八股文取士制度賬上，認定它“敗壞人才”，要求予以廢除，顯然是不公正的。

---

1 如《制義叢話》卷二三：喻世欽應試，截搭題為“可以人而不如鳥乎？《詩》云：穆穆文王”(出《大學》)。隔舍生作一承題云“夫人不如鳥，則真可恥矣”，下句接不上，反復吟哦。喻聞憎曰“恥矣，恥矣，如恥之，莫若師文王”，該生照錄於卷。主司閱全文平庸，惟此“承題為通場之冠”，遂中式。周作人以為“將(截搭)題中不相干的兩種意思能渡(聯繫)在一起”，是“很妙”的(見氏著《中國新文學的源流》，人文書店，1932 年，第 64 頁)，都意味“巧思”。

2 這一指責主要在清代。如昭槤《嘯亭雜錄・續錄》卷三“法時帆(式善)詭語”條，譏諷“好出搭題”是“割裂”“孔孟二夫子著述”。類似指責參徐勤《中國除害議》、唐才常《時文流毒中國論》，載前揭《中國近代學制史料》第一輯下冊，第 45—54 頁。

3 本文第二部分所述士人利用八股文“大結”通關節，康熙廢“大結”，即一例。

五

當然，由此並不能得出結論：嚴格根據立法意圖和制度本身所進行的八股文取士是完美無缺的。對它也應一分為二。

一方面應該承認，它的缺陷是顯然的。

除"四書""五經"中可出的有意義的題畢竟不太多，科舉時間久了，容易被鑽空子，出現揣摩考題抄襲成文、程文等一系列弊病，難以根除，已如上述外，更值得注意的是，即使嚴格按照立法意圖和制度本身所進行的考試，應試者循規蹈矩所答之文卷，畢竟仍是書面文字，它與該生的實際德才不能等同。關於這一矛盾，早在北宋蘇軾反對科舉改革廢詩賦，試經義、策、論之時，便已強調過。他說實行科舉"自文章而言之，則策、論為有用，詩賦為無益；自（處理）政事言之，則詩賦策論均為無用矣！"[1] 南宋朱熹還聯繫上了品德說："專做時文底人，他說底都是聖賢說話"，如說廉，說義，他都"會說得好，待他身做處，只自不廉，只自不義。緣他將許多話只是就紙上說"。[2] 乾隆時關於反對廢時文取士的"禮部議覆"也承認"夫凡宣之於口，筆之於書，皆空言也，何獨今之時藝為然"，並合德才在一起評說"人之賢愚能否，有非文字所能決定者"。[3]

這樣，既然流弊層出不窮，難以根除，而書面考試經義，回答

1 《蘇東坡集・奏議集》卷一《議學校貢舉狀》。蘇軾這裏未提"經義"，當係策略，避免太刺激。實際上"經義"也是書面文字，自可歸入"無用"之列（指未臨政實踐，均書面空談）。

2 《朱子語類》卷一三《學七・力行》。《文獻通考》卷三一《選舉四》也說科舉只是"進身之階"，"其人之賢否，則初不緣此"。

3 《清經世文編》卷五七《禮政四・學校》乾隆三年禮部議覆《議時文取士疏》。

即使再傑出，也可能與實際德才有出入甚至極大出入，則在 19 世紀末年以前的幾百年中，為甚麼不堅決廢除八股文取士之制呢？首先是不可能。因為離開書面考試，“行古之制”（如漢代鄉舉里選），在明清社會、經濟條件下，已絕無可能，“徒為紛擾，而不可行”。[1] 而如果仍行書面考試，則廢除八股文取士之制又沒有必要了。主要理由有二：

第一，蘇軾曾經說過，書面考試雖未必得到真才，但“自祖宗以來莫之廢者，以為設法取士，不過如此也”。[2] 此話對後代影響頗大。連乾隆也說：“蘇軾所云‘設法取士，不過如此’，最為通論。”[3] 蘇軾的意思是，既然古制已不可復，必得採用書面考試，則只要以一種判分標準容易掌握的科目（他主張用詩賦）為主來進行，大致上足以選出文化素養相對說比較高的人才，就可以了，不必要也不可能對這種書面考試及選出的人才期望太高。這就是所謂“設法取士，不過如此”的含義。可是由於所選出的人才就群體言，畢竟文化素養高過其他社會群體，其中總會出現相當多的德才兼備者，成為名臣，所以對之又不應估計過低。他反對廢除詩賦取士的理由便是“自唐至今，以詩賦為名臣者，不可勝數，何負於天下，而必欲廢之”。[4] 乾隆及其批准反對廢時文取士的“禮部議覆”，正是照搬這一思想，只不過將詩賦換為經義，也說“文武幹濟、英偉特達之

---

1 同前注。早在北宋，蘇軾已説“風俗之變……譬如江河之徙移”，無法恢復，如強行古制，“無乃徒為紛亂，以患苦天下耶！”見其前揭《議學校貢舉狀》。

2 蘇軾《議學校貢舉狀》。

3 光緒《續增科場條例》同治二年（1863）四月禮部議覆引。

4 蘇軾《議學校貢舉狀》。

才未嘗不出乎其中”。[1] 乾隆還強調說，八股文取士“惟藉為登進先資，至得人之適用與否，則尚需歷試（即歷練）”。[2] 都成為不廢此制的主要理由。

第二，同樣是“設法取士，不過如此”思想，但比起詩賦取士來，八股文取士的優點、作用畢竟稍勝一籌。

甲、八股文取士，首重經義，必然推動全國學習孔孟之道與程朱理學，進而一定程度上推動士人克服“私心”，樹立以整個王朝統治利益為重的“公心”，培養、提高道德品質。康熙年間一度廢經義，僅保留論策表判，但數年後即復舊，主要原因便是“不用經書為文，人將置聖賢之學於不講”。[3] 雍正年間又有人主廢經義，“上問張文和（張廷玉），對曰：‘若廢制義，恐無人讀四子書，講求義理者矣’”。[4] 其議遂罷。清阮元說：以“‘四書’文取士”，使士人“平日所誦習惟程朱之說，少壯所揣摩皆道理之文，所以篤謹自守，潛移默化，有補於世道人心者甚多，勝於詩賦（取士）遠矣”。[5]

乙、在一定歷史時期，考官認真閱卷，磨勘官（對已錄取者考卷進行復查之官）嚴格把關，必然推動士人鑽研經史，留心“實學”，並在八股文中有所體現。所以顧炎武才會讚說萬曆以前傳世八股文“無一字無來處”。[6] 黃宗羲則說：“余見高曾（祖）以來，為

1　前揭乾隆三年禮部議覆《議時文取士疏》。錢穆《國史大綱》第六篇第三十三章，商務印書館，1994 年，第 598 頁，以為此禮部議覆“全用蘇軾議論”。錢氏對八股文取士持否定之見，因說蘇軾“其見解乃足貽誤六七百年後人”。

2　光緒《續增科場條例》同治二年四月禮部議覆引。

3　《清史稿》卷一一五《選舉志三》。上言者為黃機。在他以前已有左都御史王熙、儀制員外郎王士禛上疏請復舊制，見王士禛《池北偶談》卷三《談故三》“八股”條。

4　陳康祺《郎潛紀聞二筆》卷一五“議考試廢制義”條。

5　《揅經室集》續集卷三《四書文話序》。

6　《亭林文集》卷三《與彥和甥書》。顧氏同時還建議選擇八股文一二十篇加以注解，“如李善之注《文選》”。此與“無一字無來處”看法正好一致。

其學者，‘五經’、《通鑒》《左傳》《國語》《戰國策》《莊子》、八大家，此數書者，未有不讀以資舉業之用者也。”[1]清乾隆年間磨勘順天鄉試一卷，有“社稷鎮公子”句，主官裘曰修（謚文達）“心疑非杜撰”，問其子裘麟，對以出自《國語》，後門客於《左傳》檢得之，裘麟時已為翰林院編修，“遂長跪而幾受責”，[2]把關、要求之嚴可見一斑。正因如此，只有認真讀書方易中舉的見解在士人中廣為傳播，[3]甚至嘉慶二十年上諭也說：“士子研經稽古，於五經三傳自應誦讀全書，融鑄淹貫，發為文章，方足以覘學識。”[4]

丙、八股文取士要求不但所寫經義文字體現實學，而且觀點具有新意者（當然必須不違背經書、注釋內容的基本原則），中式可能性最大。《制義叢話》中其例不勝枚舉。乾隆便曾多次在上諭中反對試卷“浮詞俗調”，“全無精義”，“於傳注無所發明”。[5]乾隆三年的“禮部議覆”疏則從正面強調：“時藝所論，皆孔孟之緒餘，精微之奧旨，未有不深明書理而得稱為佳文者。今徒見世之腐爛抄襲，以為無用，不知明之大家……國初諸名人，皆寢食夢寐於經書之中，冥搜幽討，殫智畢精，始於聖賢之義理，心領神會，融液通貫，參之經史子集……而後可稱為文。”[6]晚清左宗棠在諭子書中所

---

1 《清經世文編》卷五七《禮政四・學校》黃宗羲《科舉》。

2 《制義叢話》卷二。又光緒增修《欽定科場條例》卷一七《鄉會試藝》：嘉慶十八年（1813）一鄉試文有“昔武王克殷，使閎夭進招華之桂於太廟”等三句，磨勘官以為此語未見所出，稱查“近人之書”，謂出《尚書大傳》，但“查《尚書大傳》並無此語”，上奏，嘉慶上諭“所奏是”。此亦把關嚴一證。關於清重磨勘，請參李調元《淡墨錄》卷一四“甲戌始重磨勘”條。

3 《郎潛紀聞初筆》卷一四“淩廷堪不好八股文”條甚至說：“嘗謂通經志古之彥，苟欲以科第自娛，譬如池魚闌豕，取以供客，可立而待。”卷一三“孫侍御記問之淵博”條還以詩誇張說：“從無萬卷撐腸士，猶困區區甲乙科”。

4 《制義叢話》卷二。

5 嘉慶《欽定學政全書》卷六《釐正文體》載乾隆四十四年、二十四年上諭。

6 前揭乾隆三年禮部議覆《議時文取士疏》。

推薦的“作八股”要點，除“熟讀經史”外，便是“其識解必求出尋常意見之外”。[1] 梁章鉅盛讚李光地、韓菼、方舟、方苞之八股文，以為“專於義理求勝……而識力透到，往往補傳注所不及”。[2] 清俞長城一八股文，題出《論語・陽貨》，為“唯女子與小人為難養也”一章，所論以大量史實為背景，被評為“括盡宦官、佞幸諸列傳”（因“代聖賢立言”，不能明說，只能暗徵），其精到之見，“危言篤論，如聞清夜鐘聲”。[3] 具有如上學力、識見的士人，一般說自然符合人才的基本規格。

丁、八股文取士還可以培養士人的邏輯思維。《池北偶談》引清初汪琬（鈍翁）語“不解八股，即理路終不分明”。[4]“理路”，應即指邏輯。錢基博先生曾說：“八股之文……其為之工者，無不嚴於立界（犯上連下，例所不許），巧於比類（截搭釣渡），化散為整，即同見異”，文章具有“不可亂不可缺之秩序”，“就耳目所睹記，語言文章之工，合於邏輯者，無有逾於八股文者也”。並引章太炎、胡適語，論嚴復、梁啟超邏輯嚴密之文“乃蛻自八股”，錢先生讚曰“斯不愧知言之士也”。[5]

以上八股文取士四優點。

同時還要看到，在明清社會即使空疏不學、抄襲之風泛濫，然在道德品質、實學、創見、邏輯四方面，或一、二方面，能不同程度達到標準的人才是存在的，是有社會基礎的。這主要就是望族世

1　劉聲木《萇楚齋五筆》卷三《論左宗棠家書二篇》。

2　《制義叢話》卷一三。

3　《目耕齋全集》中《目耕齋小題》載俞長城文，徐（楷）荊聞評。

4　《池北偶談》卷一三《談藝三》“時文詩古文”條。章學誠《乙卯札記》（中華書局，1986 年）第 17 頁引用此條，肯定“理路”說。

5　錢基博《現代中國文學史》下編新文學《邏輯文》，世界書局，1933 年，第 351 頁。

家、科舉出身官員子弟。前述空疏不學、剽竊抄襲之風，一般說是流行於平民（一般地主、富裕農民、富商等）子弟中。他們學無淵源，底子薄，除極少數優秀者外，往往採用平庸的甚至不正當的方式學習、考試，[1] 意圖倖中，被視為“俗學”。望族世家等則不同：“世家所教，兒童入學，識字由《說文》入手，長而讀書為文，不拘泥於八股試帖，所習者多經史百家之學，童而習之，長而博通。”[2] 此種情況不勝枚舉。[3] 正因如此，科舉中式，後來居高官要位者數量都比較多。明代沈德符列舉現任大臣子弟中式者數十百例。[4] 清代也有類似情況。[5] 當時行彌封、謄錄等制，作弊可能性小，登第當主要緣於文化素養。他們再經過歷練，升遷高官可能性也較大。王士禛列舉清初“兄弟九列”“父子尚書”“父子宰相”等多例，[6] 即其一證。這就是說，這一階層子弟的上進，與統治集團八股文取士的指導思想（重品德、實學等），是天然默契的，同以孔孟之道、程

1 不正當方式如臆測考題、剽竊抄襲等。平庸方式如不讀經史，唯知誦習前人程文。《儒林外史》第十五回馬二先生說：“書中自有千鍾粟……而今甚麼是書？便是我們的文章選本了。”具有相當普遍性。他們雖不抄襲，但因所學僅文章格式、作法，本人學無根柢，臨場為文，內容只能空洞無物。人們否定八股文取士制最愛引用的清徐靈胎關於“時文”乃“欺人技”等語（見袁枚《隨園詩話》卷一二第五〇條），譏諷的也僅是這類人。

2 劉禺生《世載堂雜憶》“清代之科舉”條，並說“俗學則（僅）鑽研時藝”。

3 如清初大儒陸隴其《示子帖》：“惟讀經，讀古文，此是根本工夫。根本有得，則時文亦自然長進矣。”見《制義叢話》卷二。左宗棠喻子書：欲成“八股人才”，取得科第，必須“熟讀經史”，“熟精傳注”，見《萇楚齋五筆》卷三《論左宗棠家書二篇》。曾國藩喻子“窮經讀史，二者迭進”，“看胡刻《文選》”，甚至要求學“天文算學”等，見《曾國藩家書家訓日記》，北京古籍出版社，1995 年，第 432—436 頁。

4 《萬曆野獲編》卷一五《科場》“現任大臣子弟登第”條。《日知錄集釋》卷一七“大臣子弟”條引《五雜組》：明代“執政子弟擢上第者，相望不絕”。

5 如劉統勛，進士，內閣大學士，子墉，孫鐶之，皆進士，見《清史稿》本傳。王安國，進士，吏部尚書，子念孫（“八歲十三經畢，旁涉史鑒”），孫引之，皆進士，見《清史稿》本傳及《儒林傳》。潘世恩，進士，內閣大學士，子曾瑩，孫祖蔭，皆進士，見《清史稿》本傳。

6 均見《池北偶談》卷一《談故一》。康熙以後仍不乏其例。如上注所引劉統勛子墉，內閣大學士，孫鐶之，吏部尚書。王安國子念孫，道台，孫引之，工部尚書。潘世恩子曾瑩，吏部侍郎，孫祖蔭，工部尚書。還有一突出之例：翁心存，進士、內閣大學士；子同書，進士，巡撫；同爵，巡撫；同龢，狀元，協辦大學士。見《清史稿》各本傳。

朱理學為淵源，[1] 因而成為八股文取士制得以存在、演變，而不至於被廢除的社會基礎。[2] 這就是為甚麼儘管流弊嚴重，明清王朝總可以選拔出統治人才，相應地也就並未感到有必要堅決廢除八股文取士制，相反，還振振有詞舉出傑出人才"未嘗不出乎其中"作為理由的根本原因。至於一般平民子弟，明清科舉對之期望本不高。其中極少數優秀者能出類拔萃，通過科舉為官，甚至經過歷練，躋身顯宦行列，成為統治集團新鮮血液，一般形成新的"世家"，[3] 自然多多益善。而絕大多數"俗學"，空疏不學，剽竊抄襲，往往弄得科場烏煙瘴氣，也無妨選拔人才之大局，其中稍勝一籌者或許還可"倖中"，成為秀才，組成下層紳士集團，[4] 為鞏固王朝統治服務。因此，從這一方面看，統治集團也很難會感到非堅決廢八股文取士制不可。

何況還存在以下問題：這就是在 19 世紀西方民主、科學大量傳入我國以前，縱使對八股文取士制不滿意，想廢除也找不到更好的制度來替代它。因為在當時社會條件下，必須也只可能以孔孟之

1 嘉慶《欽定學政全書》卷五《崇尚實學》載乾隆五年（1740）上諭：程朱理學"（個人）循之則為君子，悖之則為小人；為國家者，由之則治，失之則亂"。

2 潘光旦《明清兩代嘉興（府）的望族》（載《潘光旦文集》第三卷，北京大學出版社，1995 年）統計"望族" 91，其考中"巍科"者（指會試會元及殿試狀元、榜眼、探花、傳臚，明清兩代全國共達 960 人），明代 10 人，而非望族才考中 2 人，即 83.3% 與 16.7% 之比；清代 17 人，非望族考中 11 人，為 60.7% 與 39.3% 之比；合之 40 人中望族 27，非望族 13，是 67.5% 與 32.5% 之比。這些數字可為明清望族世家乃科舉存在、演變社會基礎之重要證據。當然，這一階層和魏晉南北朝長期延續的門閥制有所不同，特點之一是：因為沒有高級士族子弟直接起家為官，甚至"平流進取，坐至公卿"的優待，就個別家族言，延續數代後，出於種種原因，可能衰敗沒落，但就這一階層子弟總體言，卻總因有新的望族世家湧現而延續下去。

3 由於一般地主等平民子弟數量龐大，故其中極少數優秀者最後中舉為官，一般形成新的世家，在整個世家中佔的比例還是不小的。這也就是說，望族世家子弟成為八股文取士之長期存在的社會基礎，與科舉中式者平民子弟佔相當甚至頗大比例，二者並不矛盾。

4 參見伍丹戈《明代紳衿地主的發展》，載《明史研究論叢》第 2 輯，江蘇人民出版社，1983 年；又見張仲禮《中國紳士》第一章第三節。

道、程朱理學作為治國和培養人才的指導思想。這一思想不變，則八股文取士如前所述已是選拔人才最理想的制度，想廢也廢不掉。俞樾說：這一制度"康熙間曾議廢之，不久而復，誠未有以易之也"。[1] 乾隆時"禮部議覆"說："人知其弊而守之不變者，非不欲變，誠以變之而未有良法美意以善其後。"[2] 都是這個道理。

當然，如果發展到由此選拔的人才實在無法適應新形勢需要，危及王朝統治，則儘管阻力重重，最後也定會將這一制度廢除的。光緒年間改革即其證。但是在此之前很長一個時期，明清王朝卻無此迫切需要。這是因為到 19 世紀中後期以前，古代王朝就全國範圍言，為鞏固統治，最最經常、基本的任務，只是行政管理，特別是收稅與判案。而八股文取士所選拔的多數人才、官員，由於學經習史，文化素養較高，經過"歷試"（乾隆語，見前引），一般都能完成這些任務。這樣，一方面找不到更好的制度，"未有以易之也"；另一方面舊制度雖不令人滿意，但還未到山窮水盡、非改不可的地步，則統治集團怎麼可能具有超前意識，來廢除八股文取士制呢？

再就掌握先進的科技等言，在明清社會生產力條件下，它們在鞏固王朝統治事務中，遠不佔重要地位；而且一般說，由於整體水平不高，有興趣的士人、官員也可兼通，並用以處理統治中出現的有關問題。[3] 因而統治集團也就更不可能具有超前意識，過早地用

1 俞樾《春在堂隨筆》卷四。

2 前揭乾隆三年禮部議覆《議時文取士疏》。

3 方豪《中西交通史》（岳麓書社，1987 年）第四篇《明清之際中西文化交流史》各章，兼通之例頗多。如徐光啟、李之藻、方以智、梅文鼎等，皆以士人、官員兼學先進科技包括西方科技，取得明顯成就。又參阮元《疇人傳》、《清史稿・疇人傳》。又《中西交通史》第四篇第七章（下）第五節，第 868—869 頁：清廷（康熙）曾派大員率人前往西藏測繪地圖，以利"統一"。雖因技術粗糙，圖不完備，但"已窺知其面積甚廣，且充滿可注意之事物"，並"認識若干城市及經過之水道"。這是其人雖水平不高，但已基本適應當時統治需要之例。

興辦新式學校等培養各類專門人才，來取代八股文取士所選拔的行政官僚了。

一句話，在 19 世紀中後期以前，明清統治集團沒有必要，也沒有可能廢除八股文取士之制。而只有發展到了 19 世紀末，西方民主等思想、制度包括文官制度、教育制度，以及先進的科學技術大量傳入，導致我國社會經濟結構和思想發生不少變化，清王朝已不能再完全依靠孔孟之道、程朱理學統治下去了，這時才會被迫產生徹底改革之需要，特別是藉鑒西方，逐步懂得如何改革，如何在廢除八股文取士制之後，用"良法美意，以善其後"（乾隆時禮部議覆語，見前）。[1] 只有大體到了這個時期，才可對八股文取士制全盤否定。而在這之前的幾百年中，儘管八股文取士制流弊嚴重，制度本身也頗可疵議，但因它"實取歷代之法而折衷之"，[2]"取士之科，莫善於此"（何良俊語），當時沒有別的制度可以取代它；而王朝的主要任務又和過去一樣，只是行政管理 —— 收稅和判案，所以總體上觀察，還得承認，八股文取士制基本上適合明清社會狀況，所培養、選拔的大批人才，在鞏固王朝統治，維護國家統一，發展經濟、文化上，都不同程度地起了積極作用。它的歷史功績，絕不應抹殺！何況從方法論上說，道高一尺，魔高一丈，二者固然有關聯，可怎能因魔高一丈，作惡多端，就連道高一尺也一概反對？

---

1 康有為於清末奏請廢八股文取士制，但他承認"以經義試士……立法之始，意美法良"，"當閉關之世"一直起着積極作用。只有當"今者萬國交通，以文學、政藝相競，少不若人，敗亡隨之"，方需廢八股，並"宏開校舍，教以科學"，如"工藝、物理、政教、法律"等。見《光緒二十四年四月二十九日康有為請廢八股試帖楷法試士改用策論摺》，載前揭《中國近代學制史料》第一輯下冊，第 75—79 頁。"宏開校舍，教以科學"云云，在閉關之世是沒有必要，也沒有可能提出的。

2 《清經世文編》卷五七《禮政四・學校》黃中堅《制科策》。

同樣，上有政策，下有對策，二者也是相因而生的，可怎能因下面的對策煽起歪風邪氣，就將上面苦心孤詣所制定的政策，也全盤否定？

總之，評價八股文取士之制，必須歷史地、全面地分析，否則，結論是不可能公正的。

第五編

讀史記

《史記》導讀 *

大家都知道，《史記》是我國古代最優秀的一部史學著作，文學水平也很高。它的作者司馬遷是我國古代最傑出的一位文學家和史學家。我今天來介紹《史記》，也要介紹司馬遷，但側重在史學方面，講四個問題。

先介紹兩個知識性問題。一個是《史記》的名稱問題。大家或許以為這本書一開始就叫作《史記》，其實不是。在司馬遷以前，"史記"是一個泛稱，凡是春秋、戰國的史官記下了本國的大事，形成的原始史料都可以叫"史記"，秦國史官、魏國史官記的都可以叫"史記"。所以司馬遷出書後差不多 200 年中，這部書有時叫《太史公書》，這是司馬遷自己定的名字；有時叫《太史公記》；甚至於有時候叫《太史公》，並不叫《史記》。根據學者研究，要到 200 多年後的東漢末年才開始叫《史記》，從此直到今天，"史記"這個名字就專屬於司馬遷。

第二個知識性問題是《史記》的存失問題。據《史記》司馬遷自序，他說他寫出來的書一共是 130 篇。今天的《史記》是 130 卷，正好吻合。但今天的《史記》是不是全是司馬遷寫的呢？並不是。經過學者們的研究，一般認為：絕大多數是司馬遷寫的，也有小部

* 原載《中國大學人文啟思錄》第二卷，華中理工大學出版社，1998 年。

分遺失了，後人增補進去，所以今天仍有 130 卷。補寫的部分有兩類：一類是整篇地補，因《史記》有十篇整篇地遺失了，比如說《景帝本紀》《武帝本紀》等，所以整篇地補；另一類是司馬遷寫的，但後來已有缺漏，故零散地補缺，如《匈奴列傳》，在正文後補了幾百字。是誰補的呢？大多數是西漢後期，元帝和成帝的時候，有一個人叫"褚少孫"，是個博士，教《春秋》經的，由他補寫的，文筆遠不如司馬遷，但作為史料，仍有很高價值。還有一部分是其他人補的，但不知是何人了。

下面講正文。我的看法和很多學者以至教科書不完全一樣，作為一家之言。

第一個問題就是簡單介紹一下司馬遷的經歷。司馬遷，西漢夏陽（當今陝西韓城市）人，生於公元前 145 年（也有說法是公元前 135 年），死於公元前 87 年左右，這都是學者研究的結果，沒有明確記載。他的祖先曾當過周朝太史，他父親司馬談又當了漢朝太史令。司馬遷從小受到良好教育，20 歲到全國各地旅遊，包括孔子的家鄉曲阜，使他大大豐富了社會知識，開闊了眼界。當時正是西漢鼎盛時期，經過文景之治，國力強盛，對匈奴也打了三次大勝仗，漢武帝的文治武功在當時是很輝煌的。同時，漢武帝推崇儒家學說，所以儒家學說日益得到尊重，所有這些都給了司馬遷深刻的印象。司馬遷最初做官時才 20 多歲，做一個叫"郎中"的小官，大體相當於後代的九品官。官雖然不大，但任務是保護皇帝：皇帝宮殿的門戶郎中要守衛，皇帝出去郎中也要跟着保衛，所以接近漢武帝的機會較多。由於司馬遷才幹出眾，所以得到漢武帝賞識，曾被派出去到巴、蜀了解統治情況，反映出漢武帝對他的信任。

公元前 108 年，司馬遷接替父親司馬談當了太史令。太史令是一個中下級官，大體相當於後代七品官，主要負責天文曆法，同時掌管整理國家圖書資料。所以司馬遷得以大量閱讀圖書資料，給他後來寫《史記》打下了雄厚基礎，他於公元前 104 年開始寫《史記》，前後十幾年方才完成。上起傳說中的黃帝，下至漢武帝，共三千多年歷史，52 萬多字。司馬遷在公元前 99—前 98 年，因替李陵說情遭受宮刑。李陵是一位將軍，替漢武帝打匈奴，開始打了很多勝仗，後來救兵不來，矢盡糧絕，他就投降了匈奴。漢武帝聽到後非常生氣，問司馬遷怎麼看，司馬遷替李陵做了一些辯護，漢武帝生氣，將他處以宮刑。執行以前，司馬遷很痛苦，曾想到要自殺，但《史記》已經寫了，還沒有完成，死了輕如鴻毛，思想鬥爭的結果，活了下來。後來他又接受了一個比太史令還要高的職位，叫中書令，大體相當於後代六品官，繼續為漢武帝服務，直到死去。

下面講第二個大問題：《史記》的指導思想。司馬遷為甚麼要寫《史記》？他想通過《史記》宣揚一個甚麼思想？這是我們首先要明確的。我以為，司馬遷的指導思想有兩個：首先一個是為了歌頌漢王朝。有不少學者認為《史記》是揭露漢王朝，揭露漢武帝陰暗面的，我認為這個看法不妥當。《史記》是歌頌漢王朝的，可以從兩方面得到證明：一方面是司馬談、司馬遷父子的言論，從言論中看他們為何要寫《史記》。司馬談臨死時叮囑司馬遷必須寫一部史記，歌頌漢朝"明主、賢君、忠臣、死義之士"，從中可看出司馬談對漢朝是肯定的。司馬遷當時曾流淚表示：我雖然才幹不高，但一定要把您收集整理的材料細緻完備地寫出來。後來他又向別人表了同樣的態，他說，漢武帝是明君，對漢武帝的盛德和一些王侯將相的功績，自己如不能寫史書記載下來，作為史官是沒有盡責，作為兒子來說是違背了父親的遺志，"罪莫大焉"。無論從司馬談還是司馬遷關於為何寫《史記》的言論，都可看出他們是歌頌漢王朝的。另一方面，更重要的是要看《史記》內容。舉兩個例子。首先，在《自序》中，司馬遷在提到為甚麼要寫漢武帝本紀的時候，說“漢興五世，隆在建元”，“建元”是漢武帝的年號，從劉邦到武帝是五世，這話是說漢武帝功績達到五世最高峰的意思。在此之前，司馬遷對漢朝的皇帝都給了很好的評價，比如說，劉邦，“漢行功德”，所以打敗了項羽。另外又提到了文帝，也用了“天下歸心”。現在說武帝，又超出了前幾任皇帝，歌頌的意思十分明顯。再一個例子，《封禪書》。“封禪”指皇帝有了很大功德，到泰山去祭天地。《封禪書》是八書之一。司馬遷在其中首先表達了一個意思：自古以來受命的帝王都要進行封禪，而這種帝王在受命的時候就會有符瑞，即神秘的徵兆，比如甚麼地方出現麒麟，甚麼地方出現龍，等等。這意味着這個帝王是天滿意的，有大功德，可封禪。《封禪書》接着記載了自古以來封禪的情況，如周成王。下面講到秦漢時，記載了一個鮮明對比的事，一方面說秦始皇很殘暴，沒有功德，硬行登泰山封禪，結果天老爺不滿意，來了大風雨，遭到別人譏笑。另一方面對漢武帝則記載有符瑞：公元前 113 年，在山西出現一個鼎，寶鼎，有關官吏認為這是“受命”的象徵。公元前 110 年漢武帝到泰山封禪，“無風雨災”，天氣很好，從此建立封禪制度。很明顯，《封禪書》表現了對漢王朝肯定、歌頌的態度。更能說明問題的就是司馬談在漢武帝封禪的時候很想去，但沒讓他去，結果一氣得了重病，臨死時抓住司馬遷說：封禪是不容易的，上次封禪是周成王的時候，距今有 1000 年了，今天天子好不容易又去封禪了，而我不能參加，這是命啊！這是司馬遷在《自序》裏寫的。很明顯，這是司馬遷肯定漢武帝功德的一個強證，否則，如果他否定封禪，否定漢帝，又這樣來寫他父親，就是把他父親拿出來充當一個愚蠢可笑的典型。因為在漢代非常重視孝道，皇帝死後謚號都有一個"孝"字，在這個時代，他這樣寫他父親，表明他是絕不可能否定封禪，否定漢武帝的。何況這是他父親臨死的遺囑，誰也不知道，沒有人強迫司馬遷一定要寫出來，如果他對封禪，對武帝的功德持否定態度，又何必把這話寫出來呢？既然寫了出來，在講究"孝"道的漢代，就證明他對此是持肯定態度的。

有很多人說如果司馬遷是肯定漢朝的，那麼《史記》中有不少暴露漢朝君主、武帝的錯誤、罪行的，如何解釋？我以為：司馬遷繼承了先秦史官如實反映歷史真實情況的傳統，後來班固給他的評價是"不虛美，不隱惡"，把抱這種態度寫下來的史書叫作"實錄"。所以儘管司馬遷主觀上要歌頌漢王朝，但對皇帝的錯誤和罪行（如漢武帝好大喜功、窮兵黷武、窮奢極慾、迷信鬼神，甚至於漢高祖劉邦的一些流氓行為）都如實寫了下來。這裏有一強證：凡是屬於君主的一些錯誤和罪行都是在正文裏，作為史料如實記載，凡表示司馬遷自己的看法的，在"太史公曰"裏面，都沒有關於錯誤罪行的敍述，都是肯定漢朝的。通過這一對比，可以看出：主觀上司馬遷是要肯定漢朝的，但又有先秦史官傳統的影響，所以要如實記載，這正是一個偉大史學家的偉大之處，並不因為他想肯定漢朝而隱瞞罪責和錯誤。

司馬遷為甚麼會有這樣一個指導思想？這和他的政治態度分不開，他的政治態度是一貫忠心於漢武帝的，有以下三點證明：第一，司馬遷的家庭和漢王朝的利益是一致的，父子倆先後擔任太史令（是六百石的官），官雖不大，但西漢時官職不多，作為一般士人，能到這個位置就很滿足了。這個位置有些特權，是頗為光榮的，比如：

六百石以上的官，犯了罪不能直接判刑，必須上報給皇帝，叫“先請”，如果皇帝對你有好印象，就可能減刑或免刑了。另外，出門坐車，車上可施轓，即裝車耳，所以司馬談曾說：我死了以後你會當太史令的，這就可以“繼吾祖”。這證明當太史令很光榮，這是一個證明。第二，正因如此，司馬遷對武帝十分感激，曾說自己一直想通過拼命工作，“親媚於主上”，取得武帝歡心。這是自己說的對武帝的態度。後來為甚麼又得罪了漢武帝呢？據史載，司馬遷和李陵並無深交，其所以要替他辯護，主要原因之一是聽到李陵投降消息後，漢武帝食不甘味，非常難過，無心上朝，大臣們不知所為，司馬遷想給漢武帝一點安慰，表達自己一片愚忠之心，所以解釋說李陵過去一直表示忠心於國家，這次打匈奴開始也立了很多大功，最後是不得已才投降的，將來有機會還是會報答漢朝的，意思是勸武帝多從好處着想，別太難過。誰知漢武帝認定他是給李陵辯護，將他處以宮刑，這是他完全沒有料到的。這是漢武帝的錯誤。第三，是不是從此後司馬遷開始反對漢武帝呢？沒有。事實上他又做了地位更高的官吏，中書令是千石之官，相當於皇帝的機要秘書，天天在漢武帝身邊工作，前後七八年，直至死去。如果不是和漢武帝關係好，得到信任，不可能充當這麼久的中書令。從中也可看出他和漢武帝的關係非同一般。而且這是有材料證明的。如班固寫《司馬遷傳》說他當中書令，“尊寵任職”，意思是工作很出色，勝任職務。司馬遷的朋友任安寫信給他，要他以古賢臣來要求自己，大力推薦人才。通過這一要求也反映當時司馬遷在人們眼中地位不低。由於遭受宮刑，具有強烈士大夫精神的司馬遷內心痛苦，但這沒有影響到他在政治上繼續忠心於漢武帝。據史書記載，他是一個正直坦率的人。如果他反對漢武帝的話，而漢武帝晚年是一個喜怒無常的人，把皇后和最大的兒子都逼死了，司馬遷怎麼能在他身旁“尊寵任職”呢？以上三點證明司馬遷在政治上是忠心於漢朝，忠心於武帝的，很多學者把遭受宮刑作為司馬遷對漢武帝態度變化的一個重大轉折點，其實我看來，他的家庭出身，個人經歷都和漢王朝結合在一起，從小受的教育也把他培養成為一個忠君孝親的人，他遭受宮刑的時候已經 40 多歲，思想已定型，雖痛苦，但不可能轉變為反對漢武帝，思想上沒有基礎。何況不久漢武帝又拉了他一把，給他升了官，當的又是皇帝身邊最親信的、相當於機要秘書的官。因為後來漢武帝覺得李陵的投降也是有點原因的。

《史記》的另一個指導思想是為了體現、宣揚儒家思想，實際上也是緊跟時代潮流的。因為漢武帝是獨尊儒術的。這也可從兩方面證明：一方面，從司馬遷的學術流派來看，雖其父是道家學派，但他本人基本是受儒家思想支配的，受春秋公羊學派影響。史書記載，他曾向儒學大師董仲舒請教學問，有人認為他就是董仲舒的弟子，或是漢朝公羊學派的重要人物。司馬遷在《自序》中極力推崇孔子，表示要繼承孔子《春秋》的傳統。為甚麼要寫三千年通史？司馬遷表示主要是為了探討歷代統治成功或失敗的經驗教訓，以“拾遺補藝，成一家之言”。“藝”，指經書。拾遺即收集古史中遺漏的史料，“補藝”即彌補儒家經典不足之處。儒家經書發展到漢武帝時，數量很多，內容煩瑣，多半是抽象、枯燥的原則，仁義禮智信之類，而當時的注釋都是從文字訓詁上解釋，或是從“微言大義”方面注釋，所以有些注釋是越看越糊塗，很難被一般士人理解、吸收。而漢武帝又要廣泛傳播它，司馬遷敏感地感覺到如果能在已有的史料基礎上更廣泛地收集一些史料，即“拾遺”，寫出一部系統的通史，通過生動具體的史實，用儒家思想來指導，來總結歷史上的經驗教訓，就可以更有效地宣傳儒家思想，“成一家之言”即是此意。另一方面，從《史記》的內容來看，也是基本上貫徹儒家思想的，特別是宣揚儒家的“仁義”思想。舉一個例子：比如寫到西周代替商朝，在《殷本紀》裏記載紂王如何殘暴，如何違反仁義，又在《周本紀》裏極力描寫周文王如何推行仁義，“積善累德”，到他兒子周武王又接着推行仁義，結果推翻殷朝。這樣，通過具體生動的事實，就使儒家思想更容易被人接受。不僅是周朝，而且是系統介紹了三千年的史實，這就是他的“拾遺補藝”。到漢代，他記載孝文帝如何廢除肉刑，如何把“夷三族”的刑法廢除了，評論說：“德至盛也，豈不仁哉”，對孝文帝是用儒家的標準去評價的，說明他在宣揚儒家思想，也是歌頌漢家君主。

說《史記》宣揚儒家思想也有些難以解釋的問題，如被很多著作用來作為《史記》否定儒家思想的一個例子：在《遊俠列傳・序》裏，說“竊鈎者誅，竊國者侯，‘侯之門仁義存’，非虛言也”，前三句在莊子的原文裏確是對儒家仁義進行譏諷，意思是當時的社會並沒有甚麼仁義和公理，誰有權力就可以當侯，統治國家，可以自封為“仁義”，而如果沒有實力，偷一個帶鈎就會被處死。莊子的思想是道家的，這話的確是譏諷儒家的仁義道德的，但司馬遷引此句，是不是同一個意思呢？根據上下文全面研究，我個人認為他本意並不反對仁義，而是用來說明他對“仁義”的一個看法。司馬遷對“仁義”理解得很實在，認為在別人有困難（經濟困難、政治困難）時進行幫助，這就是有德，就是仁義，別人也就會讚美他仁義。用這種標準來衡量，司馬遷認為，偷一個帶鈎的人只有他自己得到好處，別人沒有得到好處，所以沒有人支持他，他就被抓來殺了；相反，竊國者，即推翻舊統治，建立新統治，如周武王，在他“竊國”的過程中，跟隨他得到好處的人很多，很多老百姓支持他擁護他，他就可以成為王、成為侯，成為統治者，這就是司馬遷所理解的“竊國者侯”的意思。至於“侯之門仁義存”，是“竊國者侯”在道德上的評價，意思是奪取了政權以後，得到好處的人很多，原來受害的人得到好處，所以讚美新統治者有德。對於這種大力給別人帶來好處的人，司馬遷是肯定的，“竊鈎”“竊國”只是一個比喻，想說明大力幫助別人就是仁義。在序裏說這樣的話，是和後面相呼應的，因為遊俠就是這樣一種人：犧牲自己，幫助別人。所以如果仔細研究這三句話，就可以知道司馬遷不但不否定仁義，而且是讚美仁義的。大家也許要說，那司馬遷引用莊子的話，不是反其意而用之嗎？是的，當時確有這種風氣，在先秦和兩漢，寫史書和寫諸子書很不一樣，寫法不同：寫史書必須如實記載，不能歪曲，不能變動原意；寫諸子書是表達思想，舉個例子涉及到歷史，可以是真的，也可以是歪曲的、揑造的，所以諸子書上很多記載是子虛烏有的，只是為了說明觀點，只要觀點被人接受就行了。這是許多學者，特別是清朝學者早已論述過的，這是當時的風氣。所以司馬遷也不例外。他寫本紀、列傳，寫正文時一點也不敢出錯，而寫序和“太史公曰”的時候，因為是在闡述自己的主觀觀點，所以引用別人的話、引用史實可以任意闡釋，可以根據自己的理解來寫，甚至反其意而用之，這是允許的。如司馬遷在《報任安書》裏舉了七個例子來表達他想寫《史記》的思想，這七個例子並不都對，而且和《史記》正文就有出入。因是寫信，信手寫來也沒有關係。

概括一句：《史記》的內容基本體現了上述指導思想。必須指出一個問題：當時的漢王朝是處在一個上升時期，儒家思想是為鞏固統治服務的，所以《史記》宣傳歌頌帝王將相和儒家思想，絲毫不影響它的偉大，相反，它是高度評價《史記》的一個前提。應看到：司馬遷主觀上是想歌頌肯定漢王朝的，但客觀上又如實地暴露了漢王朝的錯誤和罪行，在某種意義上說，更偉大，更不容易。

下面講第三個問題，也即《史記》的傑出成就，分四個方面來介紹。

第一，《史記》創立了中國史學中的紀傳體體裁。這一體裁的最大特點是以君主為中心來編寫歷史，即：首先將一代代君主在位期間一年年的大事編成本紀，“紀”是綱的意思，“本”是根本，指的是當時皇族中最根本的一支，亦即帝系。本紀記載的內容是全書的綱，圍繞這個綱，再用“世家”（記載貴族、王、侯），“列傳”（大臣），“表”“書”四種形式（“表”是排列時間的，“書”是記載典章、制度和政策的）記載具體細緻的部分，這在後代被叫作“五體”。這五種體裁在司馬遷之前都有萌芽，如《禹本紀》。司馬遷在吸取前人成果的基礎上，把五體集中起來創造了紀傳體。從政治上說，是突出了皇帝至高無上的地位，適合大一統國家的需要；從史學角度說，既用“本紀”突出了全國的大事，又用“列傳”等按照政治、軍事、經濟、文化記載下來各種人物、事件、典章制度以至於細節，容納的內容相當廣泛而又不流於煩瑣，比編年體更適合需要。因編年體全部是按年排下來的，在一年當中不僅記一些大事，連一些具體小事也都記進去，缺點就是重點不突出，有些煩瑣。現在則很好，本紀把大事列出來，列傳、世家等記具體、生動、形象的事，相互配合。這就是為何兩千年來都用紀傳體作正史的原因。

第二，《史記》記載了全國範圍，包括少數民族地區的三千年的通史，這在中國史學著作中是第一部。在司馬遷的時代，社會經濟文化比起過去是進步了，但實際上還很落後，全國的交通聯繫非常不易，所以流傳下來的古代史料相當少，零碎片斷，甚至相互矛盾。少數民族的史料更少。要以一個人的力量，在很薄弱的基礎上寫一部三千年的通史，涉及政治、軍事、經濟、文化，這是非常浩大的工程，在司馬遷時代沒有一個學者敢於提出做這項工作。司馬遷以無比的氣概，給自己提出了這一任務（他父親交代給他的任務主要是讓他寫當代史，而他卻向上延伸，成為三千年通史）。經過司馬遷對史料廣泛地收集和天才地考證、鑒別，《史記》成為信史。如《殷本紀》，記載的世系（當時司馬遷並沒有看到甲骨文，金文也很少見）今天用甲骨文和金文來對照，只有很少的出入，這是非常了不起的。須知，那還是個用竹簡的時代，寫作困難極大。

第三，《史記》如實地反映歷史真實情況。對秦始皇這樣一個被推翻的君主應該採取甚麼態度？當時朝野上下都認為他特別壞，所以秦朝不久滅亡了。光講其壞，不講其好。司馬遷不否認秦始皇的殘暴，並用大量史料證明了這一點，如焚書坑儒等，但他又如實記載了秦國和秦始皇統一全國各方面的巨大功績，讚揚秦的一些好的經驗，這就是實事求是的態度。值得一提的是對待項羽。司馬遷一方面根據儒家思想指出項羽的失敗是由於暴虐，記下了他燒殺搶掠大失民心的罪行，另一方面又記下了他與士卒同甘苦、勇冠三軍，一次次打敗秦軍的汗馬功勞，巨鹿之戰寫得非常有聲有色，體現了對項羽的感情。他寫項羽用了最高規格的“本紀”，這也不容易，因為項羽是被劉邦打敗了的人物，現在他不僅記下了項羽的暴虐，也記載下了他的功績，表明了他對項羽實事求是的態度。不過有一點要指出：在西漢，和三國以後不一樣，“不虛美，不隱惡”，如實記載君主罪行，在當時政治壓力並不很大，司馬遷寫《史記》便是如此。在西漢時代，從來沒有人認為他記載了漢武帝錯誤有甚麼不對。因為先秦史官直筆的影響還存在。而且和後來，特別是紙張出現、印刷術出現以後不一樣，史書傳播範圍小，影響不大，當時統治者還沒來得及考慮抓這個領域。和後代尤其是明清寫史書所受的政治壓力不可同日而語，所以簡單地把司馬遷和後代史學家相比抬高司馬遷，貶低後代史學家是不妥的。當然，儘管如此，還是應該肯定司馬遷敢於記載皇帝和王侯將相的錯誤是了不起的。

第四，《史記》文學造詣非常高，在我國散文史上佔有很高地位。《史記》很多地方文字非常生動，語言精練，刻畫人物形象鮮明，栩栩如生，這也加強了史學效果。舉例：如楚漢相爭時，劉邦曾派韓信獨當一面，韓信佔領山西、河北、山東大片地方，形成強大勢力，在楚漢之間舉足輕重。司馬遷記載：這時韓信派了一個代表回來見劉邦，請求封韓信為"假王"，並說他佔領了這麼大地方，如果沒有王的名義，就不能有效地統治這一地區。當時劉邦正處在困難之時，項羽剛派人射傷他，所以他就罵道："我正困難的時候你不來幫我，反過來要當王。"本來他下面要拒絕封王的，可這時陳平踩了他腳一下，意思是提醒劉邦，這時韓信力量已很大，如不封他為王，他去支持項羽，劉邦就要失敗了。劉邦很機警地意識到這個問題，馬上改口說：大丈夫要當王就當真王，當甚麼假王，立即封韓信為齊王。這段描寫從他開始的態度到陳平踩腳，具體生動，給人印象很深，許多細節加在一起，突出了劉邦的形象。文學水平高了也就加強了史學效果。司馬遷之所以是古代有名文學家，正是因為《史記》文學水平非常高的緣故。

從以上四點可以看出，《史記》是我國第一部採用紀傳體編寫的三千年的通史，這部史書史料翔實、豐富，文筆優美生動，緊跟時代潮流，力圖歌頌漢王朝，力圖宣揚儒家思想，為進一步鞏固大一統的帝國服務，但又實事求是，成為後代史學著作的楷模，所以有人評價它是我國史學著作中光芒四射的明珠，是史學史上光輝的里程碑，從此以後我國古代史書中才有紀傳體，才有三千年的通史。

第四個問題，即《史記》中的某些非正統的思想。一個人的思想不可能是很簡單很單純的，是複雜的，司馬遷也不例外。比如他有肯定追求利、追求財富的思想，集中表現在《貨殖列傳》裏，這思想本來是先秦齊國法家倡導的。在戰國紛亂動蕩時，追求利和財富基本符合各國統治的需要。因為讓老百姓通過商業或手工業富起來，各國稅收也會增加，有利於進行兼併戰爭，統一天下。可是等大一統帝國建立後，特別是西漢文景之治後形勢不一樣了。這時漢王朝的首要任務已不是戰爭，也不是恢復經濟了，而是如何維護大一統帝國的統治秩序，如果繼續宣揚追求利、追求財富，讓百姓經營商業、手工業，農民就會大量湧入城市，統治秩序難以維持，所以漢王朝大力宣揚要"重農抑商"，在思想上倡導"安貧樂道、重義輕利"，遵守儒家道德規範，強調"義"放在"利"的上面。司馬遷寫《貨殖列傳》，鼓勵人們通過手工業、商業去追求利，他也說經營農業最好，這是"本富"，經營手工業和商業是"末富"，但又說末富最容易富，甚至於認為盜墓、賭博是"奸富"，得來的錢，也是動了腦子的。最好是"本富"，"末富"也行，"奸富"他也不反對，而對於貧賤，他則輕視，所以這和正統儒家"重義輕利、安貧樂道"的思想相抵觸，因而後來就受到正統儒家的指責。

第二個非正統的思想就是讚揚欽佩一些遊俠講究義氣、言而有信，肯於救濟幫助別人而不計較個人得失安危，司馬遷在《遊俠列傳》裏對他們基本是持讚賞態度的。這種遊俠也是先秦分裂動亂社會的產物，在經濟發展中逐漸形成一些豪強勢力、集團，重視義氣，稱為“遊俠”。當時各國統治者對此也是默許的，希望他們能支持自己，害怕他們和敵國勾結反過來威脅自己。一度社會上對遊俠的讚許也相當普遍，這是那時的社會風氣。可是大一統帝國形成後，遊俠越來越和當時秩序格格不入了，因為這些遊俠講義氣，但缺乏國家和法律觀念，所重的是私人恩怨，講究義氣，他想要幫助庇護誰，不管他是否觸犯法律，所以一些逃犯也可以庇護，危害了社會秩序。另一方面，他如果和誰結仇，不是請求官府來處理，而是自己私下去報仇。根據史料記載，有時他們為一些很小的事情可以去殺人甚至滅族，無視官府的存在。對於這種遊俠，大一統帝國越來越不能允許，曾給予打擊。《酷吏列傳》主要記的就是打擊地方豪強。正統儒家宣揚任何人都沒有權力包庇罪犯和隨便殺人，生殺大權要掌握在官府手裏，只有這樣才能穩定秩序。就在這個時候，《史記》寫了《遊俠列傳》，對這種遊俠高度讚揚，表示欽佩，因此也受到了正統儒家的指責。

能不能因為《史記》中有這麼兩個非正統的思想就認為司馬遷是站在人民的立場上反對西漢王朝和儒家思想呢？不能簡單下這一結論。就宣揚追求財富、追求利來說，要仔細讀《史記》，可看出司馬遷的動機：原來他的意思是只有大家富了，才有條件推行、接受儒家的仁義思想，還是歸到儒家思想上去的。所以他明確地說：君子富了，“好行其德”，即便於推行儒家道德規範。他還舉了例子：陶朱公是經商的，三次因為手段高明而賺得千金，每次都分給親友，救濟窮人，推行了仁義之道。可見他宣揚賺錢，意思是只有有了錢，才能救濟別人，推行仁義。在《貨殖列傳》裏又說，小人富了，“以適其力”，即恰當使用勞動力，不至於去犯法，也是歸到能接受仁義思想。他說，追求利要“不害於治，不妨百姓”，即以不妨害統治為原則，可見還是考慮到漢王朝利益。另外，從他讚揚遊俠來說，其動機是宣傳仁義思想，他認為肯於幫助救濟別人，言而有信，不惜犧牲個人利益，就符合仁義思想，應加以推廣宣揚，所以他寄託了感情，表示讚許，但對遊俠隨便殺人，觸犯法網也是反對的，在這一方面，他也考慮到了漢朝的統治利益。總之，《史記》的非正統思想主觀上絲毫沒有想要反對西漢統治，而是力圖體現宣揚儒家思想。只不過漢朝的形勢已和先秦不一樣了，而司馬遷在這兩個問題上受到先秦某些法家思想的影響，在新形勢下沒改變過來，在這一方面跟不上形勢，因此和後來的正統儒家思想無法接軌。但這畢竟是在擁護漢朝和儒家思想的大前提下發生的，而不是要反對漢王朝和儒家思想，評價這個問題要全面，不能因此說他已站在漢王朝的對立面，必須全面地進行分析，不能簡單化而走入誤區。

說“史記”
——兼試論司馬遷《史記》的得名問題*

清錢大昕曾說：在司馬遷以前，“古者列國之史，俱稱《史記》”。[1]王利器先生據之，舉證達四十三例之多。[2]可是如將王先生所舉諸例仔細讀之，再聯繫有關史料，便可發現，準確地說，這些例子中的“《史記》”，很可能本應理解為“史《記》”（或“《史〈記〉》”[3]），而不是今人觀念中的“《史記》”。此“史”是史官之“史”，而不是文史之“史”、歷史之“史”。

一

1.《竹書紀年》周穆王“二十四年，王命左史戎夫作《記》”。王國維疏證以為此“王”、此“左史戎夫”，即《逸周書・史〈記〉解》中之“王”與“左史戎夫”。其原文是：“維正月，王在成周。昧爽，

* 原載《田餘慶先生九十華誕頌壽論文集》，中華書局，2014 年。

1 錢大昕《廿二史考異》卷七，商務印書館，1958 年，上冊，第 142 頁。按此《史記》之書名號原無，據上下文補。

2 王利器《〈太史公書〉與〈史記〉》，收入《曉傳書齋集》，華東師範大學出版社，1997 年，第 307—311 頁。

3 準確地說，作為專名，應標點為“《史〈記〉》”，可是為免層層書名號帶給各方面的麻煩，往下論及一律簡稱“史《記》”。

召三公、左史戎夫。曰：今夕朕寤，遂事惊予。取遂事（指歷代亡國者二十八例）之要戒，俾戎夫主之，朔望以聞。”晉孔晁注“集取要戒之言，月朔日望於王前讀之”。[1] 可見此“主之”即當理解為首先要“作《記》”，然後方可“於王前讀之”；而《史〈記〉解》之“史《記》”原本稱《記》，因是“左史”所記，故又稱“史《記》”，其“史”指史官左史戎夫。

2.《春秋公羊傳注疏》僖公二年“宮之奇果諫。《記》曰脣亡而齒寒”。何休解詁“《記》，史記也”。[2] 可見此“史記”本名《記》，據上《竹書紀年》例，自當理解為“史”所記，稱“史《記》”。

3.《墨子・非命下》“昔者紂執有命而行”，周武王“非之”，曰“子胡不尚（上）考之乎商周虞夏之《記》，從《卜簡》之篇以尚（上）皆無之也”。[3] 此《記》自類似上引《竹書紀年》所說寫下歷代“遂事之要戒”之“史《記》”，方能據以對紂之統治“有命”說“非之”。

4.《呂氏春秋・務本》“嘗試觀上古《記》，三王之佐，其名無不榮者”。高誘注“上古《記》，上世古書也”。[4] 從文意看，此古書當是“史《記》”。

5.《韓非子・說疑》凡三見《記》：“其在《記》曰堯有丹朱”云云、《記》曰“周宣王以來”云云，“故《周記》曰無尊大臣以擬其主也”云云。[5] 此三《記》自是“史《記》”。

---

1 《今本竹書紀年疏證》，收入方詩銘等《古本竹書紀年輯證》，上海古籍出版社，1981 年，第 247 頁。又《史〈記〉解》原文及注請參黃懷信等《逸周書匯校集注》卷八，上海古籍出版社，1995 年，下冊，第 1006—1009 頁。

2 中華書局影印阮元校刻《十三經注疏》本，中華書局，1980 年，第 2248 頁上欄。

3 吳毓江《墨子校注》卷九，中華書局，1993 年，上冊，第 425、432 頁。校注引孫詒讓云：“皆無之，謂皆以命為無也”。

4 陳奇猷《呂氏春秋校釋》，學林出版社，1984 年，第二冊，第 713、715 頁。

5 陳奇猷《韓非子集釋》，上海人民出版社，1974 年，第 924—932 頁。

6.《史記・蒙恬列傳》“昔周成王初立”，年幼，“有病甚殆”，周公旦“自揃其爪以沉於河”，向神表示願代成王“受其不祥”，並將此事“(命史官)書而藏之《記》府”。後成王長大，“觀於《記》府”，知周公忠心。[1] 此證周初乃記事於《記》即“史《記》”中，並由專門之“府”收藏。文中“書而藏之《記》府”，自毋須周公親自動手，而是史官之事。《史記・封禪書》秦繆公稱夢見上帝命自己“平晉亂”，於是“史(官)書而記藏之府”(疑當依《蒙恬列傳》作“史書而藏之《記》府”[2])，是其側證。

7.《史記・六國年表》序講到《秦記》共三處，即“太史公讀《秦記》”“獨有《秦記》”“因《秦記》”。索隱“即秦國之史記也”。[3] 這表明秦國史書本稱《記》，為區別他國之《記》則稱“秦《記》”(上引“周《記》”同)，《記》前無“史”字。我這樣說，還有以下強證：首先是《史記・秦始皇本紀》李斯議“臣請史官非秦《記》皆燒之”。[4] 這是上奏文書中的用語，可見無“史”字之“秦《記》”，必為本名或正式名稱。其次，由於與諸侯史書被秦始皇焚毀者不同，秦國史書曾保存到漢晉以後很長一個時期，而見到它的人也一律稱之為“秦《記》”，並無“史”字。甲、《史記・秦始皇本紀》末附漢明帝詔問班固，固答文中有曰：“吾讀秦《紀(記)》，至於子嬰車裂趙高”云

1 《史記》卷八八，中華書局，1962 年，第 2569 頁。

2 《史記》卷二八，第 1360 頁。

3 《史記》卷一五，第 685—686 頁。索隱“史記”二字，此標點本未加書名號，當是為了區別於司馬遷《史記》，我以為當理解為“史《記》”；又“秦記”，標點本俱加書名號為《秦記》，我以為當理解為“秦《記》”(《韓非子集釋》之“周記”，原書加書名號為《周記》，當理解為“周《記》”)。理由均見下。

4 《史記》卷六，第 255 頁。

云。[1] 乙、晉摯虞《決疑錄要》注曰晉武帝問侍臣"旄頭之義"，"侍中彭權對曰秦《記》云……"[2] 丙、晉常璩《華陽國志・蜀志・僰道縣》"故秦《紀（記）》言僰童之富"云云。[3] 由此三例再一次證明流傳到漢晉時的秦史書本名或正式名稱是"秦《記》"，《記》前無"史"字。[4]

以上七點可證錢大昕說不準確，"古者列國之史"本名《記》，[5] 而不是"《史記》"。

二

現在的問題是，為甚麼先秦兩漢史料中大量見到的列國之史被稱引時，卻不是《記》，而往往是"《史記》"，錢大昕說的根據，王利器先生所舉之證，都源於此（往下為了敘述方便，除今版書名外，凡引文稱古列國"《史記》"者，一律依拙說作"史《記》"）。

如泛稱"諸侯史《記》"：《史記・六國年表》序"秦既得意，燒天下《詩》《書》，諸侯史《記》尤甚，為其有所刺譏也。《詩》《書》

1 《史記》卷六，第 293 頁。此班固語，參第 290—291 頁"孝明皇帝十七年……"句下《正義》《索隱》，又梁玉繩《史記志疑》卷五，中華書局，1981 年，第 193 頁。又文中"秦《紀》"當為"秦《記》"。按紀、記本有別（見《王力古漢語字典》，中華書局，2000 年，第 910 頁），但因在"記載"這個意義上二字相通，因而古書校勘上亦有相混者，只能據上下文意確定，此即一例，下同。

2 《太平御覽》卷六八〇，中華書局，1963 年，第 3034 頁。

3 《華陽國志》卷三，《國學基本叢書》本，1958 年，第 39 頁。

4 《史記・秦始皇本紀》末附從秦襄公至秦二世之要事，索隱以為它們"皆當據《秦紀（記）》為說"，也是稱《秦紀（記）》。金德建先生有《〈秦記〉考徵》一文，收入其《司馬遷所見書考》，上海人民出版社，1963 年，第 415—423 頁，請參看。

5 又《周禮・小史》"掌邦國之《志》"。注引"鄭司農云《志》謂《記》也。《春秋傳》所謂《周志》《國語》所謂《鄭書》之屬是也"。《周禮・外史》"掌四方之《志》"。鄭玄注"《志》，《記》也。謂若魯之《春秋》……"以上分別見《周禮正義》，中華書局，1987 年，第 2098 頁及 2137 頁。此二處雖非直接稱《記》，而是稱《志》，但通過二鄭（鄭眾、鄭玄）權威之注，仍間接知古史書稱《記》。

所以復見者，多藏人家，而史《記》獨藏周室，以故滅"。[1]

如"周史《記》"：《春秋公羊傳注疏》隱公第一，《疏》引《閔因敍》"昔孔子……使子夏等十四人求周史《記》"。[2]

如"魯史《記》"：《漢書・司馬遷傳》讚"孔子因魯史《記》而作《春秋》"。[3]

其所以如此，我以為原因有二：

第一，這些《記》乃"史（官）"所記。《史記・秦本紀》文公十三年"初有史，以記事"、[4]前引《竹書紀年》左史"作《記》"、秦繆公事"史（官）書而記藏之府（或'藏之《記》府'）"，均《記》乃"史"所記之證。因而《史記・周本紀》幽王三年"周太史伯陽讀史《記》曰：周亡矣"下《正義》"諸國皆有史以記事，故曰史《記》"。[5]本名《記》，因史所記，有時亦可稱"史《記》"，這是很自然的。前引《竹書紀年》稱左史"作《記》"，《逸周書》篇名作《史〈記〉解》，或即此故。[6]

第二，但是在古代其所以往往將國家史書《記》稱"史《記》"，更重要的原因是為了把國家史書與其他著作、文書區別開來，因為當時《記》之名稱不限史書，使用是很泛的。

一般著作稱《記》。如《老子》稱《記》。《莊子・天地》"《記》曰通於一而萬事畢"。王先謙《集解》"《記》曰"下引《經典釋文》"書

1 《史記》卷一五，第 686 頁。

2 《十三經注疏》，第 2195 頁上欄。

3 王先謙《漢書補注》，商務印書館，1959 年，第 4272 頁。

4 《史記》卷五，第 179 頁。所記之事當即"秦《記》"。

5 《史記》卷四，第 147—148 頁。

6 《逸周書》乃西周初文字，參拙稿《史佚非作冊逸、尹逸考》，《文史》2009 年第 1 輯。可見稱《記》為史《記》，時代是很早的。

名，老子所作”。[1]

《莊子》稱《記》。《韓非子・外儲說左上》“說在宋人之解書，與梁人之讀《記》也”。《記》之文字為“既彫且琢，還歸其樸”，乃出之《莊子・山木》。[2]

《孟子》稱《記》。《韓非子・忠孝》“《記》曰：舜見瞽瞍，其容造（蹙）焉。孔子曰：當是時也，危哉！天下岌岌”。文見《孟子・萬章上》。故陳奇猷曰：“則所謂《記》者，《孟子》書也”。[3]

陰陽家言稱《記》。《呂氏春秋・至忠》“臣之兄嘗讀故（古）《記》曰：殺隨兕者，不出三月”。高誘注“比三月必死，故曰不出也”。楚王令人查找，“於故《記》得之”。同書《貴當》“《志》曰驕惑之事，不亡奚待”。高誘注“《志》，古《記》也”。陳奇猷校釋以為以上兩處“皆陰陽家言”。[4]

按稱《記》之一般著作，兩漢猶有存者。《大戴禮記・保傅》“青史氏之《記》曰古者胎教”云云，[5] 證明戴德所見著作僅稱《記》，為免與他《記》相混，故標明乃“青史氏”之《記》，[6] 而到《漢書・藝文志》中則又被改稱《青史子》，歸入小說家（或許《藝文志》其他以作者名定先秦著作名者，也是這樣由各種古《記》演變的，這應是

1 王先謙《莊子集解》卷三，中華書局，1954 年，第 64 頁。

2 陳奇猷《韓非子集釋》，第 614 、 650 頁，及引王先慎、太田方説。《山木》此文見王先謙《莊子集解》卷五，第 15 頁。

3 陳奇猷《韓非子集釋》，第 1108 、 1112 頁。

4 以上兩篇分別見陳奇猷《呂氏春秋校釋》，第 578 、 584 頁，及第 1629 、 1633 頁。

5 方向東《大戴禮記匯校集解》，中華書局， 2008 年，第 371 頁。

6 這種辦法先秦已有。如《左傳》成公四年有“史佚之《志》”、襄公三十年有“仲虺之《志》”。“《志》謂《記》也”，鄭司農語，見《周禮正義》第 2089 頁引。因當時僅稱《志》或《記》的著作多，故標明作者以別之。

我國書史上的一個進步）。[1]

一般文書、官文書稱《記》。如《戰國策・齊四》“後孟嘗君出《記》，問門下諸客‘誰習計會，能為文（田文）收責（債）於薛者乎？”馮諼署（此《記》）曰能”。[2] 此貴族家文書稱《記》。又《越絕書》卷十吳國左校司馬王孫駱“移《記》於東掖門亭長公孫聖，公孫聖得《記》，發而讀之”。[3] 此官府文書稱《記》。

儒家《禮》書中補其《經》之不備者等，文亦稱《記》。如《儀禮・士冠禮》“《記》：冠義”，賈疏“凡言《記》者，皆是記經不備，兼記經外遠古之言”。[4] 胡培翬引熊伯耒等三家說，指出《儀禮》十七篇中“有《記》十有三篇……必出於孔子之後，子夏之前”。[5] 再如《禮記・曾子問》“孔子曰：‘……《記》曰君子不奪人之親……此之謂乎。’”孔疏“舊《記》先有此文，故孔子引之”。又，《禮記・文王世子》“《記》曰虞夏商周有師保，有疑丞”，疏稱漢代作《禮記》之人“更言‘《記》曰’，則是古有此《記》”，故此處“引之”。[6]《禮記・學記》“《記》曰蛾子時術之，其此之謂乎”，疏謂“舊人之《記》先有此議”，此乃“引舊《記》之言”；又“《記》曰凡學，官先事，士先志，其此之謂乎”，疏引“舊《記》”；又“《記》曰：三王四代唯其

---

1 王先謙《漢書補注》，第 3168 頁。

2 《戰國策》卷一一，《國學基本叢書》本， 1958 年，第 91 頁。

3 《越絕書》卷一〇，《四部備要》本，第 27 頁。

4 《儀禮注疏》卷三，《十三經注疏》，第 958 頁中欄。

5 胡培翬《儀禮正義》二，《四部備要》本，第 34 頁。又《孟子・滕文公上》“且《志》曰喪祭從先祖”。趙岐注“《志》，《記》也”，並引《周禮・小史》為證。焦循以為小史所掌之《志》即《記》，“容有喪禮從先祖云云”，實“不知”出自哪部禮書。見《孟子正義》卷五，世界書局《諸子集成》本， 1934 年，第 193 頁。可為諸《禮》書中之《記》被單獨摘出引用之證。

6 以上分別見《禮記正義》卷一九、卷二〇，《十三經注疏》，第 1401—1402 頁，又第 1407 頁。

師，此之謂乎”，疏引“舊《記》”。[1]

由上可見，在先秦，《記》之名稱滿天飛，故稱引《記》者，一般很難判別其為何書，是否史書，為將作為國家史書之《記》與其他著作稱《記》者區別開來，凡有三法：

一是《記》上冠以國名，如周《記》、秦《記》等，證明是國家之《記》（史書）。

二是另立特殊名稱，如晉史書又名《乘》，楚史書又名《檮杌》，魯史書又名《春秋》。[2] 墨子便引用過“周”“燕”“宋”“齊”四《春秋》，[3] 甚至説過“吾見百國《春秋》”。[4] 但《春秋》一名作為國家史書之義並不明確，私人著作論述歷史者，也有名《春秋》的，如《虞氏春秋》《呂氏春秋》等。[5]

三即稱引者在《記》上加一“史”字，證明乃史官所作之《記》，必為國家史書，而不是私人著作等。開始只是為了與後者區別，“史《記》”二字尚非專名，猶是史官所作之《記》的意思，但行之既久，約定俗成，便與《春秋》等一樣，成為專名了。[6] 由於作為國家史書之意它比《春秋》之名來得明確，所以使用最為廣泛。強證便是司馬遷在《史記》一書中，凡提及古代國家史書，除原名本為《春秋》

---

1 以上三條均見《禮記正義》卷三六，《十三經注疏》，第 1521—1524 頁。

2 《孟子・離婁下》，《孟子正義》卷八，第 338 頁。

3 《墨子・明鬼下》，《墨子校注》卷八，第 337—339 頁。

4 此語《墨子》及先秦兩漢書均不載，最早見於《隋書・李德林傳》轉引，中華書局，1973 年，第 1197 頁。按稱列國之史為《春秋》，除魯《春秋》，其他少見，疑乃墨子個人習慣用語。《公羊傳》莊公七年何休解詁“不修《春秋》，謂‘史《記》’也。古者謂‘史《記》’為《春秋》”（《十三經注疏》，第 2228 頁）。此證一般應稱“史《記》”，司馬遷稱列國之史一般均為“史《記》”可證，見下。

5 《虞氏春秋》見《史記》卷七六《虞卿傳》，第 2375 頁，又卷一四《十二諸侯年表序》，第 510 頁（包括《呂氏春秋》）。

6 何休曰“古者謂‘史《記》’為《春秋》”（《十三經注疏》，第 2228 頁），即一證（準確地説，“史《記》”應標點為《史〈記〉》，參見第 317 頁注 3）。

者（即孔子《春秋》），[1] 因襲稱之不變外，其他皆稱“史《記》”。如前引《周本紀》“太史伯陽讀史《記》”、《十二諸侯年表》序“論史《記》舊聞”、《六國年表》序“諸侯史《記》尤甚”，等等。[2] 這一“史《記》”與單稱秦《記》、周《記》的區別是，後者兼分清史書之國別，而前者則多用於泛指（如上引“諸侯史《記》”等），然而與一般私人著作、文書等有明顯區別，二者則同。

關於前人所稱古之《史記》，實乃“史《記》”，通過司馬遷書之得名《史記》，也可證明。

三

按早在20世紀30年代，楊明照先生在《太史公書稱史記考》一文中，便曾詳盡地考證了此《史記》之名“起自後漢靈、獻之世”，並舉有《武榮碑》等五證；在此之前凡有名稱者五，即《太史公書》《太史公》《太史公記》《太史公傳》《太史記》，[3] 請參看。但他沒有涉及以下這樣兩個問題，即長達三百年時間裏為甚麼司馬遷此書卻沒有“《史記》”之名？而到了東漢末年為甚麼它又得到了“《史記》”之

1　司馬遷和當時人雖高度評價孔子《春秋》，但只把它視為私人著作。如《太史公自序》“壺遂曰孔子之時上無明君，下不得任用，故作《春秋》”，其非國家史書無疑。又《孔子世家》“孔子曰：後世知丘者以《春秋》，而罪丘者亦以《春秋》”，反映問題同，分別見《史記》第3299頁及第1944頁。關於西漢人視《春秋》為孔子私人著作，請參錢穆《孔子與春秋》，收入《兩漢經學今古文平議》，商務印書館，2001年，第263—270頁。

2　王利器先生舉有十四例，此外還舉有其他先秦兩漢著作稱引史《記》者，請參看，見王利器《〈太史公書〉與〈史記〉》五，《曉傳書齋集》第307—310頁。其中所引《史記・孔子世家》“乃因史《記》，作《春秋》”（原文見《史記》，第1943頁），更把“史《記》”與孔子所作《春秋》一公一私的性質區別得很清楚。

3　此文收入楊明照《學不已齋雜著》，上海古籍出版社，1985年，第29—50頁。五個書名號均沿原書之舊。

名？先看第一個問題。

我以為司馬遷此書其所以長期無“《史記》”之名，原因就在於自先秦以來直到東漢末，稱“《史記》”（往下依前例但稱史《記》）便是指國家史書，而司馬遷此書乃私人著作：

1.《史記・太史公自序》司馬談告誡司馬遷，要他成為大孝，務必留下史學著作，“揚名於世”。[1]《漢書・司馬遷傳》載他受宮刑之後在《報任安書》中說，其所以苟活是因為“恨私心有所不盡，鄙沒世而文采不表於後也”，為的就是要完成這一史學著作，“成一家之言”。[2] 兩處皆指揚個人之名的私人著作，甚明。若古“史《記》”，如《禮記・玉藻》所說，天子（國君）“動則左史書之，言則右史書之”，[3] 亦即由史官如實記下每天之統治事務，其《記》如後代的《起居注》，哪裏談得上個人揚名後世？即使如《周禮・宰夫》下之“史”，“掌官書以贊治”，鄭注“贊治，若今起文書草也”，[4] 也只是根據統治者意思起草文書和進行彙編，何能“成一家之言”？

2. 更重要的是，《史記・太史公自序》自稱要將這部書“藏之名山，副在京師”。[5] 如是國家史書，豈能由司馬遷如此支配！

3. 正因司馬遷此書乃私人著作，才僅得到《太史公書》等五個名稱而不是“史《記》”。其中最典型的是《太史公》。如《法言・君

---

1 《史記》，第 3295 頁。

2 王先謙《漢書補注》，第 4270 頁。

3 《禮記正義》卷二九，《十三經注疏》，第 1473—1474 頁。

4 《周禮正義》，第 193 頁。

5 《史記》，第 3320 頁。

子》"《淮南》說之用，不如《太史公》之用也"。[1]《漢書・藝文志》"《太史公》百三十篇"。[2]可見從西漢到東漢，司馬遷此書皆可以名《太史公》。為甚麼？就因為司馬遷曾自稱"太史公"。如《史記・太史公自序》之篇名及其中三稱"太史公曰"均其證。[3]而依先秦漢代之風氣，個人著作往往可以作者之姓名（或尊稱）稱之，如《孟子》《伊尹》《太公（呂望）》《莊子》《毛公》等。[4]以此例之，稱《太史公》自意味其為私人著作無疑。又《太史公書》一名最初乃出自司馬遷自稱，[5]而如前所述，他屢屢稱引古"史《記》"，而對自己著作卻另定此名（意指司馬遷所著之書[6]），其非指國家史書甚明。至於《太史公傳》，其"傳"，意同於"書"。《史記・趙奢傳》奢子趙括，"徒能讀其父'書''傳'，不知合變也"，[7]是"書""傳"同義之例。"傳"古可指個人著作。[8]則《太史公傳》之非國家史書性質同樣很清楚（《太史公記》《太史記》反映問題同，見下）。

固然，司馬遷職太史令，但他主要是"主天官""掌天官（觀察

---

1 汪榮寶《法言義疏》卷一八，中華書局，1987年，第507頁。

2 王先謙《漢書補注》，第3114頁。

3 《史記》，第3285、3296、3299、3321頁。《史記》其他自稱"太史公"處尚多，不贅引。

4 見《漢書・藝文志》，王先謙《漢書補注》，第3132、3140、3140、3143、3156頁。此《志》中此例不勝枚舉。

5 《史記・太史公自序》，第3319頁。

6 很可能還有包括其父司馬談為著書者之意。因司馬遷本稱其父為"太史公"，並說此《書》"悉論先人所次舊聞"，見《史記》，第3295頁。本文不深論。

7 《史記》，第2446頁。

8 晉張華曰："聖人製作曰經，賢者著述曰傳"，見《博物志校證》卷六，中華書局，1980年，第72頁。清趙翼也說："古人著書，凡發明義理，記載故事，皆謂之傳"，"是漢時所謂傳，凡古書及說經皆名之"，見《陔餘叢考》卷五《史記一》，商務印書館，1957年，第85頁。

天象）”，[1] 同時還保管、整理國家文書，[2] 而非記事之史。固然，魏如淳曾說漢太史公“序（敍）事如古《春秋》”；唐劉知幾也以為太史本“記言之司”。[3] 可是首先漢武帝封禪泰山不讓司馬遷父太史公司馬談隨從，如是序事、記言之司，如此大事，豈能不去？其次司馬遷全書包括《自序》無一語及太史公序事、記言之任。可見西漢太史令已無此職任。這就是為甚麼：甲、司馬談臨死叮囑司馬遷“汝為太史（掌握着大量國家文書），無忘吾所欲論著矣（指留下私人著作，揚名於後世）”。如“論著”是太史本身職任，何來忘不忘的問題？乙、司馬遷自稱要繼孔子《春秋》之後留下著作，上大夫壺遂與之討論創作意圖，如是太史公職任，豈有討論之必要！[4] 何況司馬遷所要“繼”的孔子《春秋》正是私人著作。[5]

由於在漢人觀念中，很長一個時期內（大體上直至東漢末年），如前所述，根據古代傳統，稱“史《記》”，便指國家史書，則司馬遷個人著作沒有“史《記》”之名，是必然的。再看第二個問題，為甚麼到東漢末年它又得到了“史《記》”之名了呢？

我以為這和到漢代稱引國家史書之名為“史《記》”已不多見，兩者關聯已逐漸淡化有關。據《漢書・藝文志》，西漢記事之國家

1 《史記・太史公自序》，第 3319 、3293 頁。《史記・天官書》“太史公推古天變”云云，是掌觀察天象之證，第 1344 頁。

2 《太史公自序》“百年之間，天下遺文古事靡不畢集太史公”，《史記》，第 3319 頁。又 3287 頁注引如淳曰“《漢儀注》……天下計書先上太史公”。又第 3296 頁“遷為太史令，紬史《記》石室金匱之書”，索隱“石室金匱皆國家藏書之處”，“紬謂綴集之也”，綴集即保管、整理。又《漢書・司馬遷傳》補注以為“紬”即“籀”，讀書，“言讀而尋繹之也”，亦可通。王先謙《漢書補注》，第 4247 頁。

3 分別見《史記》第 3287 頁注；及浦起龍《史通通釋》卷一一，上海古籍出版社，1982 年，第 307 頁。

4 《史記》，第 3296—3300 頁。

5 參第 325 頁注 1、2。

史書已漸改稱《漢著記》，凡百九十卷，"師古曰若今之起居注"。[1]《漢書・五行志》"凡《漢著紀（記）》，十二世（由高祖至平帝），二百一十二年"。[2]《漢書・谷永傳》成帝時上書言災異，稱"八世《著記》（由高祖至元帝）"。[3]《後漢書・皇后紀》和熹鄧皇后時平原侯劉毅上書稱"漢之舊典，世有《注記》"。[4]《後漢書・文苑李尤傳》載其安帝時"受詔"與劉珍等"俱撰《漢〈記〉》"（後漢應劭《風俗通義》卷八《祀典・灶神》已稱引此"《漢〈記〉》"[5]）。[6]又《風俗通義》"按《明帝起居注》"云云。[7]後漢荀悅《申鑒・時事第二》"先帝故事有《起居注》"。[8]《隋書・經籍志二》著錄《漢獻帝起居注》五卷，並附稱"漢武帝有《禁中起居注》"云云。[9]總之，稱引國家史書，名之為"史《記》"的歷史和影響漸漸成為過去，它被新的各種名稱代替了。這

1 王先謙《漢書補注》，第 3114 頁（請參補注引何焯等語）；又第 3417 頁《劉向傳》載向上奏稱"孝昭帝時"有"特異"現象，"皆著於《漢紀（記）》"，《著記》之"著"，當即此義。此"《漢紀（記）》"正規名稱，應是《漢著記》。

2 王先謙《漢書補注》，第 2541 頁。同書第 1809—1815 頁《律曆志（下）》引《三統曆譜》上有《著紀（記）》漢朝各帝在位年數。如"《著紀（記）》高帝即位十二年""惠帝《著紀》即位七年"等，可與上一史料互證（按此《著紀（記）》下至東漢光武帝，與劉歆《三統曆》時代不合，清姚振宗《漢書藝文志條理》以為"原編至成帝止，其下皆後人所續"。收入《二十五史補編》，中華書局，1986 年，第 1566 頁。

3 王先謙《漢書補注》，第 5008—5009 頁。

4 王先謙《後漢書集解・帝紀》卷一〇上，《萬有文庫》本，1940 年，第 402 頁（請參王先謙集解引惠棟等評）。同前書第 908 頁《馬嚴傳》，有詔命嚴與杜撫等"雜定建武《注記》"，是其證。按"注"與"著"用在《記》前，或説二者義同，或説否，請參王先謙《漢書補注》第 3114 頁補注引何焯等語，本文不論，但國家史書名《記》則同。

5 吳樹平《風俗通義校釋》，天津人民出版社，1980 年，第 302 頁。

6 王先謙《後漢書集解・列傳》卷七〇上，第 2870 頁。又第 2165 頁《蔡邕傳》"撰補《後漢記》"（注引《邕別傳》則作《漢記》）；又第 2306 頁《盧植傳》"補續《漢記》"；又第 2904 頁《侯瑾傳》"按《漢記》，撰《皇德傳》"，均其證。此《漢記》即後代所稱的《東觀漢記》。

7 《初學記》卷三〇《鳥第五》引，中華書局，1962 年，第 732 頁。此文今本《風俗通義》佚。《隋書・經籍志二》也説"後漢明德馬后撰《明帝起居注》"，見《隋書》卷三三，中華書局，1973 年，第 966 頁。

8 《申鑒》，世界書局《諸子集成》本，第 15 頁。晉袁宏《後漢紀序》稱參閲過"《漢靈獻起居注》"，收入《兩漢紀》，中華書局，2002 年。

9 《隋書》卷三三，第 966 頁。

便為司馬遷個人著作得以獲史《記》之名準備了前提。

其演變情況當是這樣的：

前述司馬遷其書還有《太史公記》和《太史記》之名。《太史公記》最早見於《漢書・楊惲傳》"惲始讀外祖《太史公記》"。[1] 按《太史公書》之名乃司馬遷自定，楊惲作為晚輩為何要擅改？我以為很可能是因為當時尚有古來國家史書稱《記》之傳統（前有"秦《記》"，漢有《著（注）記》，均見上），楊惲為突出司馬遷此書乃相當於古來國家史書的史學著作性質，故改"書（無論視為'書'或'《書》'）"為"《記》"（作"書"則此義不顯）。但因畢竟乃個人著作，且為突出司馬遷，故《記》上保留"太史公"三字以別之。這是先秦兩漢書中"史《記》"之"記"本應理解為"《記》"的又一證明。也正因如此，到東漢中後期，當"史《記》"之稱進一步淡化，[2] 而《太史公〈記〉》則因為在突出司馬遷此書相當於國家史書性質上其含義優於《太史公書》《太史公傳》及《太史公》，因而進一步流行，而後三者則漸被冷落。[3]

以下一事最能反映稱《太史公〈記〉》的意圖所在。東漢明帝曾批評司馬遷此書"微文刺譏，貶損當世（指西漢武帝）"；[4] 班固不予理睬，仍然在《漢書・司馬遷傳》讚中高度評價其書"其文直，其事核（實），不虛美，不隱惡，故謂之實錄"。[5] 儘管它違反皇帝意志，可發展到漢末，荀悅在所寫《漢紀》評價司馬遷此書時依然稱

1　王先謙《漢書補注》，第 4427 頁。

2　參第 329 頁注 4、5 "劉毅上書" 等，證明東漢國家史書之名流行《注記》《著記》《漢記》，古來"史《記》"之名始終未見再被稱引。

3　參楊明照《學不已齋雜著》第 47—50 頁（漢末書已不見引此三名）。

4　班固《典引》文引，《文選》卷四八，中華書局， 1977 年，第 682 頁。

5　王先謙《漢書補注》，第 4273 頁。

引《漢書》，照抄這十七個字，這是這一評價早已深入人心，司馬遷此書在人們心目中相當於國家史書之反映。[1] 然而荀悅同時卻將《太史公書》改為《太史公〈記〉》。（按《太史公自序》原文作“遭李陵之禍……乃喟然歎曰”云云，然後發憤寫作，“自黃帝始”，“為《太史公書》”。《漢書》照抄《自序》這一段話，後面也作“自黃帝始”，“為《太史公書》”。而《漢紀》在照抄“遭李陵之禍，喟然而歎”著書之後，卻改作“始自黃帝……為《太史公〈記〉》”。[2] 三者對比，以“《記》”代“書”之跡顯得十分突出。）很清楚，這是藉此再一次強調司馬遷此書相當於國家史書的“實錄”性質，因而其《太史公〈記〉》之“記”，必當為“《記》”，而不是一般理解的記事義之“記”，因為如是後者，改“書”為“記”便無甚意義，荀悅何必要巴巴地通過前述文字排比、對比，突出這一意圖！

正是在這一背景和學術風氣下，漢末另一著名學者應劭在所著《風俗通義》中，不但稱引《太史公〈記〉》，而且時而又將它簡化為《太史〈記〉》。[3] 原因當在於稱此二名重點均在《記》，均在肯定司馬遷所著乃相當於國家史書（“實錄”）的《記》，至於作者稱“太史公”或“太史”是都可以的，大家都知道是指司馬遷。由於此故，當古來作為國家史書的“史《記》”之名及影響進一步淡化、消失，《人

---

1 十七字中之“實錄”，應劭曰“言其錄事實”，王先謙曰“自唐後每帝修實錄，義取於此”，可見二字分量之重，王先謙《漢書補注》，第 4273 頁。又《三國志・王朗附王肅傳》，王肅不同意魏明帝否定《史記》之說，曰“司馬遷記事，不虛美，不隱惡……謂之實錄”（《三國志》，中華書局，1962 年，第 418 頁），可見影響之深遠。

2 荀悅、袁宏《兩漢紀》第 247 頁。《太史公自序》原文見《史記》第 3300 、3319 頁。《漢書》照抄《自序》語，見王先謙《漢書補注》，第 4252—4253 、4257 頁。

3 吳樹平《風俗通義校釋》，稱《太史公〈記〉》見卷一第 15 、32 頁，稱《太史〈記〉》見卷二第 69 、89 頁。

史公〈記〉》《太史〈記〉》便在不知不覺中又簡化為“史《記》”了。[1]這“史《記》”與古來列國“史《記》”的共同點是，其《記》，全不是義指記事之“記”，而是指史學著作之《記》；區別是後者之“史”是國家記事史官之“史”，而前者之“史”則非國家記事史官之“史”，而是“世主天官”的“太史公”之“史”，因而後者之《記》雖自來是指國家史書，而前者之《記》則化為指司馬遷的個人著作了。

綜上所述，結論是，從史學史角度言，錢大昕所說“古者列國之史，俱稱《史記》”，其《史記》當理解為“史《記》”，指國家史書。其“《記》”是專名，其“史”是官名。而司馬遷之《史記》，大約在漢末開始一般還同樣被理解為“史《記》”，是指個人著作。其“《記》”也是專名（儘管古列國“史《記》”之《記》與之有公私之別），其“史”乃指司馬遷。至於約自漢末起，對“史《記》”的理解逐漸發生變化，主要是將此“史”理解為文史之“史”，歷史之“史”，而非史官之“史”，[2]又將“《記》”僅理解為記事義之“記”，司馬遷“史《記》”自然也就成了今天一般所理解的“《史記》”；後代又將它們發展成為一些新的專名，[3]則屬發展變化問題。從史學史的角度，這是不能不分別清楚的。

1　參楊明照《學不已齋雜著》，第 34—38 頁。

2　在這之前，先秦兩漢史料中之“史”，僅指史官。關於“史”義這一變化，將另文詳考。此處僅舉一例，東漢末（192）王允將治蔡邕罪。因邕前曾撰補《後漢記》，未成，故此時刺史馬日磾救邕，向允提出的理由是邕乃“曠世逸才”，“當續成漢史”。此“史”自是歷史之“史”，而非史官之“史”，見《資治通鑑》卷六〇靈帝初平三年，古籍出版社，1957 年。

3　如《五代史記》《宋史記》《蒙兀兒史記》等其作者無疑便是這樣理解先秦兩漢《史〈記〉》，仿效定專著之名的。

有關《史記》崇儒的幾個問題 *

《史記》崇儒，抑或以正相反的"異端思想"為指導，[1] 至今學術界未能取得一致意見，看來猶有剩義可探，茲不揣簡陋，就崇儒的幾個問題，作一嘗試。

一

人所共知《史記》對歷史編纂學的巨大貢獻之一，就是建立了由上古至西漢三千年的通史系統。它受甚麼思想支配？主旨為何？這應是了解《史記》政治、學術傾向的一個關鍵。可是對此似乎未見有人留意。

我以為，《史記》通史系統之建立，反映了儒家思想的需要，其主旨在為西漢獨尊儒術的政策張目。

早在春秋戰國之時，隨着學在官府局面的打破，文化學術下移，諸子百家中越來越多的士人明白，要想使自己的學說有說服力，能為各國統治者採納和實行，除了理論本身的成熟外，還需要古史，尤其是系統古史的羽翼。孔子為恢復"禮樂征伐自天子出"

* 原載《國學研究》第 2 卷，北京大學出版社， 1994 年。

1 侯外廬等《中國思想通史（第二卷）》，第四章第一節，人民出版社， 1957 年。

的理想天下，從古史中找出夏、商、周，特別是周代歷史、文化，進行反思，予以宣揚。[1]希望說服各國統治者“克己復禮”。商鞅在批駁“法古無過，循禮無邪”觀點時說：“伏羲、神農教而不誅，黃帝、堯、舜誅而不怒。及至文、武，各當時而立法，因事而制禮。”[2]是用系統古史來證明變法正確，打消秦孝公顧慮。所以到戰國中、後期出現了《竹書紀年》《世本》這類史書。《竹書紀年》乃魏國官修史書，可是體裁卻與過去魯國官修史書《春秋》有所不同，它不僅記戰國魏事，而且上溯至遠古，從五帝記起，歷夏、商、周、晉，然後歸到魏事，用以證明魏國統治淵源有自。《世本》可能是戰國末年趙人作品，[3]雖形式上與《竹書紀年》不同，似非官修，因而不專主某一國之編年，而是分成帝系、王侯及卿大夫世系、氏姓篇、作篇、居篇、謚法等分別記事，但也是上溯至五帝，由此一直記到六國統一前十餘年，具有通史性質，目的當亦在於為當時各國統治集團家族樹碑立傳，尋找統治的歷史根據。但所有這類史書，由於割據局面的障礙，資料無法全面系統搜集，全都存在重大缺陷，或偏於某一國（如各國官修史記），或偏於某些方面（如《世本》主要限於世系，史實闕如）等，因而還談不上構成一個完整的通史系統。秦漢大一統以後，割據障礙打破了，時代為全面、詳盡搜集資料，建立三千年完整通史系統，提供了前所未有的優越條件。同時，為鞏固這大一統帝國，防止分裂割據之恢復，時代也比以前更強烈地要求系統、具體了解古史，特別是在大一統帝國進一步鞏固

1　參馮友蘭《中國哲學史新編》第一冊第四章第一節，人民出版社，1982 年。

2　《商君書》第一《更法》。

3　此據陳夢家說，見《六國紀年》附“世本考略”，學習生活出版社，1955 年。

的漢武帝之世。這便涉及前面所說，建立通史系統乃適應儒家思想需要的問題。

我們知道，自漢武帝獨尊儒術開始，儒家揚眉吐氣，經學得到大發展。可是如何讓士人進一步理解、掌握、應用，則還存在障礙。因為經傳數量龐大，"博而寡要，勞而少功"，[1] 精神很難貫通。其基本觀點仁義禮智之說，君臣父子之道，都是抽象原則，枯燥乏味；涉及微言大義，更是深奧莫測。固然，自先秦以來，經傳和百家著作中已積累了不少古史資料，可以用來作為經學之羽翼，但又往往片斷零亂，不系統，不具體，甚至相互矛盾。[2] 這樣，在已有古史資料基礎上，再進行廣泛搜集，去偽存真，以儒家思想為指導，編寫一部系統、具體、內容充實的三千年通史，就成為發展經學的重要環節。它不但可使抽象、枯燥原則變得容易為士人理解和接受，更重要的是，還可以通過系統總結歷史經驗教訓，用以證明儒家思想的正確和尊崇它的必要。

《史記》正是適應這一需要的崇儒之作。試觀下證：

（一）司馬遷關於撰寫《史記》指導思想的自白。

1. 在《史記》卷一三〇《太史公自序》中，司馬遷除了多處盛讚孔子及六經，以至清王鳴盛據此認定他"尊儒""隱隱以己上承孔子"外，[3] 還直接闡述撰寫《史記》主旨是："網羅天下放失舊聞，王跡所興，原始察終，見盛觀衰，論考之行事……為《太史公書》，序

1 《史記》卷一三〇《太史公自序》。

2 如"三皇異說有六，五帝異說有三"，見呂思勉《三皇五帝考》，載《古史辨》第七冊中，上海古籍出版社，1982 年。雖然這些異說有的見於司馬遷之後的緯書。另請參劉起釪《幾次組合紛紜錯雜的"三皇五帝"》，載《古史續辨》，中國社會科學出版社，1991 年。

3 《十七史商榷》卷六。

略，以拾遺補藝，成一家之言，厥協六經異傳，整齊百家雜語……”

這一段話，經常為人們引用，惜理解都不夠準確。這裏有幾個關鍵地方，必須句斟字酌：

甲、“拾遺補藝”之“藝”。《集解》引李奇曰“六藝也”，證以司馬遷慣用“六藝”指“六經”，[1] 李奇之說極是。所謂“拾遺補藝”，便是說要為“六經”彌補缺憾、不足。

乙、用甚麼去彌補？便是系統通史。“(各朝)王跡所興”四句含義即此。其中前三句，在《文選·報任少卿書》中改為“綜其終始，稽其成敗興壞之紀”兩句，置於“略考其行事”之後，意思不變。“行事”，《文選》六臣注以為指“古人行事”，誤。它與“天下放失舊聞”對舉，蓋指西漢當時正在進行之事，猶如《天官書》“余觀史記，考行事，百年之中”五星變動云云，“放失舊聞”大體便是此處“史記”，指古史資料；“行事”略相當於西漢當代史料。二者兼顧，方能對三千年通史“綜其終始”，或對百年來五星變動有所了解。

丙、對“厥協六經異傳，整齊百家雜語”兩句，絕不能從字面簡單理解。所謂“六經異傳”，主要不應指對經文的不同文字訓詁和大義，而應指各傳記中用以詮釋經文的不同古史傳說，因為《史記》絕不可能，事實上也並沒有去“協”六經的不同文字訓詁與大義，而僅僅統一了不同古史傳說。同樣，所謂“百家雜語”，當亦就其中各種古史傳說而言，並非泛指諸子百家的不同學說，因為後者除了政治上可以宣佈罷黜，是沒有辦法，也沒有必要去“整齊”的。

---

1 參《史記》卷一二一《儒林列傳》、卷六一《伯夷列傳》、卷八七《李斯列傳》、卷四七《孔子世家》、卷一三〇《太史公自序》。

丁、必須強調，所謂“成一家之言”，根據上下文氣，主要不是泛指，不是與一般史書和著作相比；而着重是在“拾遺補藝”，羽翼經學上，是和僅注重文字訓詁和微言大義，而古史傳說卻相當零亂、矛盾的“六經異傳”相比。意思就是，《史記》以前所未有的系統通史，包括紀傳體等，來羽翼經學，有獨特風格，不同凡響。

這樣，《自序》中那一段話的基本意思便是：通過廣泛搜集、考訂古今史料，撰寫一部“成一家之言”的，即“綜其終始”而又統一“六經異傳”“百家雜語”中不同古史傳說的通史，來“拾遺補藝”，羽翼經學。在司馬遷心目中，《史記》恐無異於一部有獨特風格的“六經”新傳記。這是當時經學尚缺乏一部系統通史作為羽翼，司馬遷敏感認識到這一點，力圖以《史記》滿足這一需要的反映。

2.《史記》卷一四《十二諸侯年表・序》：“太史公曰：儒者斷其義，馳說者騁其辭，不務綜其終始……於是譜十二諸侯，自共和訖孔子，表見《春秋》《國語》學者所譏盛衰大指著於篇，為成學治古文者要刪焉。”“綜其終始”四字，又見上引《報任少卿書》，指系統掌握或撰寫古史。所謂“儒者斷其義”兩句，是緊接此序前文而言。在前文中，司馬遷高度評價孔子撰《春秋》，又說：“及如荀卿、孟子、公孫固、韓非之徒，各往往捃摭《春秋》之文以著書，不可勝紀。漢相張蒼歷譜五德，上大夫董仲舒推《春秋》義，頗著文焉。”[1]這之後，方慨歎“儒者斷其義”云云。按斷，判也；義，宜也，理也。[2]“儒者斷其義”，當指荀子、孟子等著書立說，“據《春秋》

1 在這段話之前，還有“魯君子左丘明……成《左氏春秋》”等126字，崔適舉七證以為乃“劉歆之學者所竄入”，似是，茲從之。載《古籍考辨叢刊》，中華書局，1955年，第626頁。

2 分別見《經籍纂詁》去聲十五翰及四寘。

之文"，僅旨在宣揚、吸取其義理、原則。"馳說者聘其辭"，當指韓非等著書立說，其"據《春秋》之文"，又僅旨在利用其文辭、內容。[1] 意思是，他們全都不肯在掌握或撰寫"綜其終始"的歷史方面下工夫，所以自己要譜《十二諸侯年表》，幫助人們學習和掌握《春秋》之要領。[2] 這個評論，雖然涉及的只是由西周至孔子這一段時間和《春秋》這一部經書，但聯繫上引《自序》，就不難看出，兩處思想完全一致。《自序》是說，撰寫全部通史旨在"拾遺補藝"；此處是說，譜《十二諸侯年表》旨在從一個角度幫助人們掌握《春秋》。後者等於給全部通史如何"拾遺補藝"提供了一個具體範例，而成為《史記》崇儒的又一證。

3.《自序》又說："先人有言：'自周公卒五百歲而有孔子，孔子卒後至於今五百歲，有能紹明世，正《易傳》，繼《春秋》，本《詩》《書》《禮》《樂》之際？'意在斯乎！意在斯乎！小子何敢讓焉。"《正義》："先人，司馬談也。"是。按司馬談雖然原則上崇道，但在此處卻是崇儒的。推其意，就是叮囑司馬遷必須撰寫史書，[3] 並以六經精神為指導。這是《史記》原則上必不可能推崇與正統儒學對立的"異端思想"的強證。否則就等於表明司馬遷違背了父親的意願，在他那個十分重視孝道的時代，將會承受極大的壓力。即使確如有些學者所說，需要表面上應付一下來自某些方面的指責，那麼，用

1 《史記》卷六三《韓非列傳》稱他有《說林》《說難》之作，並全文載《說難》，所以此處將韓非包括在"馳說者"中，可能性極大。又《春秋》文極簡略，無法捃摭。司馬遷此處所謂《春秋》乃指《左傳》，見金德建《司馬遷所見書考》，上海人民出版社，1963年，第105頁。

2 在"要刪焉"下《索隱》曰："言表見《春秋》《國語》，本為成學之人欲覽其要，故刪為此篇焉。"按"儒者斷其義"等三句之"其"，均指《春秋》，與此處"欲覽其要"之"其"同。意思是，譜此年表是為幫助人們掌握《春秋》等。

3 司馬談本來僅要求司馬遷撰寫"繼春秋"的西漢近現代史，司馬遷進而擴展為三千年通史，但以六經思想為指導，則同，見《自序》。

他自己的話敷衍一下就行了，何必端出父親來？端出司馬談的話，就表明司馬遷是真心誠意地崇儒。

（二）從貫串《史記》的歷史觀，也可看出其通史系統之建立，適應了儒家思想的需要，特別是配合春秋公羊學和董仲舒的三統說，為西漢統治尋找理論根據。

按三統說是一種唯心主義歷史觀，戰國末年已經出現，係由五德終始說蛻化而成。[1] 漢武帝時，春秋公羊學大師董仲舒宣揚三統說，主張歷史上王朝之遞嬗，按黑統、白統、赤統三統依次循環。如夏代為黑統，殷代為白統，周代為赤統。每一統都有它自己獨特的禮樂制度（正朔、服色等）。赤統以後注定必由黑統來統治天下。那麼誰是繼周代的黑統呢？就是漢王朝。[2] 很明顯，這一學說是在為漢王朝統治的合理性提供理論根據。為了完備這個三統說，董仲舒構築了一個獨特的通史框架（見下）。但因為只是框架，缺乏具體史實，因而雖起了一定作用，仍缺乏足夠說服力。要有足夠說服力，就需要在這通史框架中填進具體史實。《史記》正好適應了董仲舒這一需要。

1. 董仲舒在《春秋繁露・三代改制質文》中提出一種理論，構築了一個獨特的通史框架。據此理論，古代存在"三王""五帝""九皇"這些名號。以周為例，"三王"便是夏、殷，加上周自己，均為大國；"五帝"便是黃帝、顓頊、帝嚳、堯、舜，因時代離周已遠，故其後裔均降為小國。"九皇"並不是九個皇，而是順三王、五帝

1 參顧頡剛《五德終始説下的政治和歷史》六，載《古史辨》第五冊，上海古籍出版社，1982 年；楊向奎《中國古代社會與古代思想研究》上冊，上海人民出版社，1964 年，第 258—265 頁。

2 參《春秋繁露・三代改制質文》。主漢為黑統，考見顧頡剛文、楊向奎文，出處見前注。

向上數的第九個朝代，它便是神農，後裔更降為附庸。但這些名號不是固定的，而是變動的。如時代由周進展到春秋，“三王”便改成春秋（魯）、周、殷；夏則轉為“五帝”之一，後裔降為小國。這叫“王魯，尚黑，絀夏，親周，故宋（即殷，宋為殷後裔）”。原“五帝”中的“黃帝”轉為“九皇”，後裔降為附庸，而原“九皇”神農之後裔，則由附庸下降為民了。[1]

《史記》的通史系統的框架基本採用董仲舒此說。除了“三王”為夏、殷、周，“五帝”正好是黃帝、顓頊、嚳、堯、舜，與董說全同外，更能說明問題的是，《史記》卷一《五帝本紀》敘述五帝以前歷史，恰恰只記了一個“神農氏”，同於董說的“九皇”。不僅如此，《三代改制質文》據五行相生說，稱神農為代表火德的“赤帝”，意思是注定要由代表土德的“黃帝”取代；而《史記》正好也隱以神農為“炎帝”，即“赤帝”。[2] 大家知道，在司馬遷時代，“三皇五帝”是眾說紛紜的，[3] 而《史記》偏偏同於董仲舒說，不但撇開“三皇”諸說，在《五帝本紀》中連當時頗為時髦的“伏羲氏”也一字不提。[4] 如果再聯繫司馬遷曾向董仲舒請教過《春秋》，有人甚至以為司馬遷乃春秋公羊學的主要傳人，[5] 則說《史記》通史系統框架基本採董仲舒說，旨在通過充實大量史料，彌補三統說的不足，為三統說服

1　參顧頡剛等《三皇考》七，載《古史辨》第七冊中。

2　此據三家注，不從崔述說。《史記》卷一《五帝本紀》，《正義》引《帝王世紀》，神農“以火德王，故號炎帝”。在五行中，火屬赤色，故也可叫“赤帝”。

3　參呂思勉《三皇五帝考》，劉起釪《幾次組合紛紜錯雜的“三皇五帝”》。

4　至於在《封禪書》《日者列傳》《自序》三處提到伏羲，是作為史料記載。這和《五帝本紀》中未把它歸入通史系統，性質是不同的。

5　參鄭鶴聲《司馬遷生平及其在歷史學上的偉大貢獻》，載《中國史學史論集（一）》，上海人民出版社，1980 年，第 139—140 頁。又，楊向奎《司馬遷的歷史哲學》，載《繹史齋學術文集》，上海人民出版社，1983 年。

務，恐怕並非毫無根據的。當然這裏有兩點需說明：甲、《五帝本紀》不以"九皇"名神農。這當因"九皇"的提法容易與當時流行的"三皇""二皇"混淆（"九"表順序，而"三""二"表數量），但在"三王""五帝"之上再單獨提出一個神農，實際上不還是"九皇"嗎？乙、按上引《三代改制質文》，"三王"等名號不是固定的，發展到漢代，"三王"應是殷、周、漢，[1] 而《史記》卻將"三王""五帝"固定下來，"三王"仍是夏、殷、周，未將漢歸入"三王"。顯然這有很大不同。但這個變化並非始於司馬遷，董仲舒早已開了頭。如在《天人三策》中說："遍得天下之賢人，則三王之盛易為，而堯舜之名可及也。"此"三王"在堯舜以下，漢代以上，按當時習慣，只能指夏、殷、周。[2] 其所以會發生這個變化，當因長期以來經過戰國諸子百家之宣傳，"三王"已約定俗成，固定為夏、殷、周，致使董仲舒最後不得不適應這一現狀。由於它對三統說並無大的妨礙（如仍可宣揚漢為黑統，繼周之赤統等，見下），所以做了讓步。可見，《史記》遵循的仍是董仲舒說。

2. 更重要的是，《史記》還努力宣揚三統說。《高祖本紀》論讚表述得最清楚："太史公曰：夏之政忠，忠之敝，小人以野，故殷人承之以敬。敬之敝，小人以鬼，故周人承之以文。文之敝，小人以僿（指輕薄），故救僿莫若以忠。三王之道若循環，終而復始。周秦之間，可謂文敝矣，秦政不改，反酷刑法，豈不繆乎！故漢興，承

1　殷周之後本為春秋（王魯），但因按春秋公羊學，孔子只是"素王"，未能實行春秋的原則和制度，但他又"奉天命"為漢制法，這些原則、制度應在漢代實行，所以本由春秋繼周，當時也說成由漢繼周。參《三皇考》，載《古史辨》第七冊中。

2　《春秋繁露》"仁義法""對膠西王越大夫不得為仁""循天之道"各篇之"三王"，甚至漢武帝詔書中之"三王"，均指夏、殷、周。參《漢書》卷五六《董仲舒傳》。

敝易變，使人不倦，得天統矣。”“天統”，這時意指合乎天意的原則、綱紀，也就是三統中的一統，董仲舒常用此詞。所謂“三王之道若循環”，顯然指的正是三統之循環。董仲舒在《天人三策》中早已提出，對“三王之道”出現的“弊”，必須補救：“夏上忠，殷上敬，周上文，所繼之捄（通救字。師古曰：‘繼，謂所受先代之次也；救，謂救其弊也’），當用此也。”又說：“今漢繼大亂之後，若宜少損周之文致，用夏之忠者。”這裏沒有提到秦，這是因為董仲舒不把秦看成一統。所以他在該文另一地方說：“至周之末世，大為亡道，以失天下。秦繼其後，獨不能改，又益甚之。”結果“以亂濟亂”，成為“腐朽之木”“糞土之牆”。意思就是，秦從未構成“上忠”“上敬”或“上文”的任何一統。[1] 司馬遷這裏所遵循的正是這一思想。上文大意便是，經過夏、殷、周三統循環，已達到“文敝”階段。[2] 秦承其後，不但不救弊，反而加強刑法（即擴大“文敝”），結果短命。而西漢繼之，卻能改變政策措施，使人民從酷政下復甦，證明合乎“天統”。這不是和董仲舒一模一樣，認為秦並沒有成為一統，而漢則越過秦，直接繼周，而成為一統嗎？正因這段話精闢地闡述了三統說，並為漢代統治找到理論根據，所以後來進一步宣揚董仲舒學說的《白虎通義・三教》、緯書《春秋元命包》，[3] 幾乎全文照抄《高祖本紀》這段話。

當然，這裏討論的是指導思想。但由於《史記》是史學著作，而不像《春秋繁露》等是哲學著作，司馬遷又是一位實事求是、秉

1 《漢書》卷五六《董仲舒傳》。

2 “文敝”，指政刑過於煩瑣，人們疲於應付，而內心對君上並無忠誠之心。

3 《禮記・表記》“賊而敝”句下孔疏引。

筆直書的史學家，忠於史料，這樣，所撰寫內容便不可能與當時的三統說，與正統儒家思想完全合榫。所以他在《高祖本紀》雖如是說，而到寫秦始皇時在充分記述暴政、“反酷刑法”史實的同時，又歷載其統一功績，並將他列入“本紀”。特別是在《六國年表》序中又說：“秦取天下多暴，然世異變，成功大。傳曰‘法後王’，何也？以其近己而俗、變相類，議卑而易行也。學者牽於所聞，見秦在帝位日淺，不察其終始，因舉而笑之，不敢道，此與以耳食無異，悲夫。”這些均與《高祖本紀》的三統說似乎有些矛盾，常被引用作為他不承認三統說的證據。其實，這不夠全面。因為《高祖本紀》上明明白白宣揚三統說的話，絕對無法作別的解釋；又是對漢代開國君主的論讚，書中地位極其重要，不能視為偶爾失言。而《六國年表》序的話卻不同，在司馬遷身上，是可理解為與三統說並存的，而構成他的思想特色，即司馬遷一方面如前所考，從總體上、指導思想上是崇儒的，遵循三統說的；另一面在實際寫作中，他又與一般儒家對秦一味詆毀不同，從大量具體史料出發，經過“察其終始”，認為既要記載、批評秦之暴政，證明它不足以成為三統中的一統，又要看到秦“成功大”，有些大一統政策與制度，漢代容易接受、推行，應予繼承，因而譏笑將秦全面否定的儒家是“耳食”。由此可見，《高祖本紀》論讚與《六國年表》序實際上並沒有矛盾。當然，司馬遷高度讚許秦“成功大”，宣揚向它學習一些東西，將秦及秦始皇列入“本紀”，這與董仲舒將秦視作“朽木糞牆”，一無是處相比，作為三統說者，是不夠正統的；而宣揚秦、漢某些繼承關係，甚至有否定三統說的危險。同時他所譏笑的、對秦功績“不敢道”的學者，實際上也包括了董仲舒，不管司馬遷主觀上是否意識到了這一點。這是崇儒的司馬遷的悲劇所在，也是一代史學宗師的偉大所在。關於司馬遷這一特色，後面還要講到。

在歷史觀上，除了三統說，《史記》還受春秋公羊學和董仲舒其他思想影響，同樣不能忽視。試舉下例：

《史記》將匈奴、南越、東越、朝鮮、西南夷、大宛歸入七十列傳。按《自序》，三十世家寫的是"輔拂（弼）股肱之臣"，七十列傳寫的是"立功名於天下"的人物。它們就像"二十八宿環北辰，三十輻共一轂"一樣，是"尊輔天子"的"文武之臣"。[1] 而匈奴等是"夷狄"，歷來為中原王朝或華夏諸國排斥，為甚麼也被歸入七十列傳，有似於"文武之臣"了呢？這當與受《公羊傳》和董仲舒思想影響分不開。大家知道，公羊家對待"夷狄"，強調它與中國的區別，並不在種族的不同，而在文化的有無高低。如果"夷狄"吸收、提高了文化，不管它原來的種族是甚麼，也就成了中國，應與原來的中國一視同仁。[2] 同時，公羊家主張大一統，又有"三世"之說。"三世"即"所傳聞之世""所聞之世""所見之世"。在前二世，夷夏之別很嚴格，即便"所聞之世"，仍需"內諸夏而外夷狄"。[3] 在這個過程中，需對"夷狄"教育，"正夷狄以漸治之"。隨着"夷狄"文化提高，達到"所見之世"，"著治太平"，於是"夷狄進至於爵（成為尊天子的諸侯），天下遠近小大若一"，[4] 形成大一統的"太平世"。漢武帝時是哪一世？董仲舒在《天人三策》中以為是太平世。他對漢武帝說："今陛下併有天下，海內莫不率服……至德昭然，施於

1 《漢書》卷六二《司馬遷傳》"運行無窮"句下師古曰："言眾星共繞北辰，諸輻咸歸車轂，若文武之臣，尊輔天子也。"

2 參馮友蘭《中國哲學史新編》第三冊第二十七章第三節，人民出版社，1985 年。

3 《春秋公羊傳注疏》隱公元年"所傳聞異辭"下何注、《春秋繁露・王道》。

4 參《春秋公羊傳注疏》隱公元年"所傳聞異辭"、成公十五年"言自近者始也"下何注。

方外。夜郎、康居，殊方萬里，說德歸誼，此太平之致（至）也。”[1] 司馬遷正是本着公羊家、董仲舒這些思想來處理“夷狄”問題的。在《史記》中，除了記載匈奴行文有些特殊，似乎把它當作個別的、上一世遺留的問題外，記載其他“夷狄”，全都把它們看作“進至於爵”的諸侯。如《自序》稱南越“納貢職”，東越“葆守封禺（區）為臣”，朝鮮“葆塞為外臣”，西南夷“請為內臣受吏”，大宛“引領內鄉，欲觀中國”；各傳、論讚中說得更明確，如南越“列為諸侯”“比內諸侯”，東越“世世為公侯矣”等。而且在列傳的排列次序上，將“夷狄”與華夏諸傳錯出，而不是放在最後，似乎也是出於“太平世”華夏夷狄一視同仁的思想。

綜上所述，《史記》在歷史編纂上的一大貢獻，即建立通史系統，無論從司馬遷自己的介紹，或者從他的歷史觀分析，其指導思想，歸根結底全都和正統儒學，特別是春秋公羊學緊密關聯，實際上是適應了獨崇儒術這一政策的需要，用獨特的通史系統、豐富的史實為它張目，為漢王朝歌功頌德，起到了單純經書所起不到的作用。“成一家之言”，其實質就在這裏。

二

《史記》崇儒說如想成立，至少還有兩個看似否定儒家思想的問題，需要認真對待、解釋，絕不能繞開。

（一）《史記》卷六一《伯夷列傳》：“或曰：‘天道無親，常與善人。若伯夷叔齊可謂善人者非耶？積仁絜行如此而餓死。且七十子

1　《漢書》卷五六《董仲舒傳》。

之徒，仲尼獨薦顏淵為好學，然回也屢空糟糠不厭，而卒蚤夭。天之報施善人，其何如哉！盜蹠日殺不辜，肝人之肉，暴戾恣睢，聚黨數千人，橫行天下，竟以壽終，是遵何德哉！……若至近世……（類似情況）不可勝數也。余甚惑焉，倘所謂天道，是邪非邪？”

人們常舉此例證明司馬遷否定天命，持無神論觀點，因而與儒家唯心論，特別是董仲舒天人感應說對立。就這一例孤立地看，似乎有些道理，但如聯繫《史記》中更多關於“天”的言論觀察，就不然了。

首先來看“天人之際”。

《自序》曰：“禮樂損益，律曆改易，兵權、山川、鬼神，天人之際，承敝通變，作八書。”據王先謙理解，“天人之際謂《天官書》，承敝通變謂《平準書》也”。[1] 而《天官書》中記具體天人感應之事極多。如“熒惑（星）……出則有兵，入則兵散”；“五星色白圜（外有白邊），為喪、旱；赤圜……為兵”；“漢之興，五星聚於東井。……諸呂作亂，日蝕，晝晦。吳楚七國叛逆，彗星數丈。……由是觀之，未有不先形見而應隨之者也”；“日變修德，月變省刑，星變結和……日月暈適，雲風，此天之客氣，其發見亦有大運，然其與政事俯仰，最近天人之符。此五者，天之感動”。固然在《自序》中他曾說：“星氣之書，多雜禨祥，不經；推其文，考其應，不殊。比集論其行事，驗於軌度以次，作《天官書》”，似乎相互有些矛盾。實際不然。“多雜禨祥”是指將天人感應搞得太瑣碎，也就是《天官書》所輕視的“占驗凌雜米鹽”，《正義》“凌雜，交亂也；米鹽，

1 《漢書》卷六二《司馬遷傳》“作八書”下補注。又參《太史公書亡篇考》，載《余嘉錫論學雜著》，中華書局，1963 年。

細碎也”，意思就是將歷史上每一具體災異都和特定的人事聯繫起來。故司馬遷認為“不經”。但原則上他並不反對天人感應，所以又說：“推其文（指星氣書中不雜禨祥的內容），考其應（感應），不殊（不異，不差，即不錯）”，因而據以作《天官書》。[1] 馮友蘭先生說：“司馬遷在原則上承認所謂‘天人之符’。但是他認為，占星術家把每一個具體天象的變化都跟特定的政治上的事件聯繫起來……這就不足為法了。”[2] 馮先生這個觀點是比較全面、準確的。如果將《天官書》如此大量、集中、鮮明地宣揚天人感應，亦即承認有意志的“天”存在的記載、言論撇在一邊，反而把其他在行文中偶爾涉及“天”，很難準確把握，似是而非的片斷言論，硬按否定“天”的唯物論去解釋，認定是司馬遷天道觀的主流，怎能令人信服呢！

《天官書》以外偶爾涉及肯定有意志“天”的言論，還有一些。如《六國年表》序：秦統一天下“蓋若天所助焉”。《魏世家》論讚：“天方令秦平海內，其業未成，魏得阿衡之佐，曷益乎。”《秦楚之際月表》序：漢高祖出身低微而能統一天下，“豈非天哉，豈非天哉，非大聖孰能當此受（天）命而帝者乎”。孤立地看，這些地方的“天”，也未嘗不可作唯物的解釋，就像東漢王充的“天”一樣。有些學者正是這樣理解的。但是如果與《天官書》言論，以及三統說聯繫起來分析，就很難說不是有意志的“天”了。這和王充堅決批判天人感應說基礎上提出的“天”，物質的“天”，是根本不同的。

---

1 《天官書》另一處說，幽、厲以往天變，因時間距今太遠，故說法各不相同，有關星占書“其文圖籍禨祥不法”，即此處“多雜禨祥，不經”之意。又說“是以孔子論六經，紀異而說（對災異的解釋）不書”。意即由於缺乏可靠依據，孔子雖記災異，但不解釋它們和甚麼人事相感應。這並不意味原則上不承認天人感應。

2 馮友蘭《中國哲學史新編》第二冊，人民出版社，1964 年，第 178—179 頁。

如果以上看法不錯，則上引《伯夷列傳》的話也就不難解釋了。它只不過表明，司馬遷本來相信"天"有意志和"天道"福善禍惡之說，可是伯夷、叔齊、顏淵、盜蹠等例子又擺在那裏，與之抵觸，因而感到惶惑，信口發出慨歎"倘所謂天道，是邪非邪"。請注意，這裏的"天道"是與前面"天道無親，常與善人"之"天道"相呼應的，也可以說是那兩句話的節略。所以下面用"是邪非邪"（這話對還是不對），懷疑的僅是天道福善禍惡的這一說法，[1]而不是"天""天道"本身。如是後者，下面就應用"有邪無邪"了。換言之，只要全面考察司馬遷關於"天人之際"的思想，則根據《伯夷列傳》，是絕對得不出司馬遷否定天命，與董仲舒儒家唯心論對立之結論的。

上面講到《史記》的"天人之際"乃指《天官書》，其他地方的"天"，都是行文中偶爾涉及，不足以作為研究司馬遷天道觀的主要依據，由於對這個問題本身也有不同看法，而它又對正確理解《伯夷列傳》關係至巨，所以在這裏一並考證。

按《報任少卿書》："網羅天下放失舊聞……凡百三十篇。亦欲以究天人之際，通古今之變，成一家之言。"由於是在"凡百三十篇"之後講"亦欲以究天人之際"等三句話，如果嚴格按文字邏輯，似乎"究天人之際"與"通古今之變"，應是通貫《史記》百三十篇的兩方面問題，就像"成一家之言"，乃撰述整個《史記》的個人目的一樣。事實上這樣理解的人不少。有人甚至進而認為"究天人之際"指的是探討古來天人關係上是否天神決定人間一切，而"通古今之變"則指考究古今歷史演變的因果關係和規律為何，全是根本原則問題。如果這樣理解，這個"天人之際"就與《自序》所講

1　馮友蘭《中國哲學史新編》第二冊，180 頁。

百三十篇以內，限於指八書之一《天官書》的“天人之際”不同了。

然而此說難通之處頗多：

1. 司馬遷是史學家，又懂天文曆法，為了“拾遺補藝”，他重視具體史實包括古今天文變化資料之網羅，以及歷史上各王朝盛衰興亡具體經驗教訓之探討，像上述高度概括的兩大哲學問題，他會作為基本任務給自己提出來嗎？

2. 如果司馬遷提出的確是兩大哲學問題，以“究天人之際”而言，自必要在《史記》中較多部分涉及，特別是應給予系統、明確論述。可是事實是除《天官書》外，其他地方涉及不多，偶有議論，也語焉不詳，意思難以準確把握。而且即使《天官書》，也是排比資料多，論述少，特別是想找明確反對天神決定人事的言論，總有沙裏淘金之感，好容易找到一兩句，又有些似是而非，這又為甚麼？

3.《報任少卿書》在“亦欲以究”等三句話前，已經講過根據古今史料，“稽其成敗興壞之紀”，如果“通古今之變”是指探討古今歷史演變的因果關係和規律，則已把“成敗興壞之紀”包括了進去，至少性質相近，為甚麼要分為兩橛，前後重複？

4. 更重要的是“古今之變”何所指？是指抽象的古今歷史演變規律嗎？這就需要仔細探究“變”的含義。

《史記》之“變”，固然往往作一般的變化發展解，但在不少地方還指情況變化發展之後，各王朝相應地在政策措施與典章制度上所作的變動，或者說採用了不同的政策措施與典章制度，指的都是具體的東西。請看下例：

《高祖本紀》論讚：“故漢興，承敝易變，使民不倦。”“變”為“易”之賓語，指與周末、秦代不同的政策、制度。

《平準書》論讚：“湯武承弊易變，使民不倦。”“變”，指與夏末不同的政策、制度。

《六國年表》序：“秦取天下多暴，然世異變，成功大。傳曰‘法後王’，何也？以其近己而俗、變相類，議卑而易行也。”前一“變”乃“異”之賓語。“世異變”指不同時代所採政策、制度也不同。後一“變”與“俗”（風俗習慣）並舉，亦指政策與制度。“俗、變相類”是其所以要“法後王”的理由之一。

《自序》：“八年之間，天下三嬗，事繁變眾，故詳著《秦楚之際月表》。”“變”與“事”並舉，又成為由形容詞“眾”作謂語的主語。“事繁變眾”指情況複雜，相應政策與制度變化甚多。同上“作《平準書》，以觀事、變”。“事”“變”與此處意同。《平準書》中所載“變”，即漢武帝適應“事繁”所採種種新的政策、制度。

另外，《史記》和漢人常用的“權變”“天變”之“變”，也指具體的東西，而不是泛指變化。如《六國年表》序：“然戰國之權變亦有可頗採者。”“權變”而用一“採”字，自指具體策略。

現在再讓我們來考察“通古今之變”何所指。

《自序》：“……天人之際，承敝通變，作八書。”“承敝通變”與上引兩處“承敝易變”意思相同。有一個可能，即“通”本為“易”字，後人據《報任少卿書》“通古今之變”之“通”而擅改（因正好在“究天人之際”下，句序與此處相同）。不過，據《周易・繫辭上》“推而行之謂之通”，則按“通”字亦可解；“變”則都指具體政策與制度。

既然《報任少卿書》“究天人之際”等十個字，與《自序》等八個字，文字和意思頗相同，“變”字指的又是政策與制度，而《史記》八書又正好是講政策與制度的，那麼有沒有可能，“通古今之變”僅僅指司馬遷想要系統記下和考察古今一切經常變化的具體政策和制度，而不是泛指探討抽象的古今歷史演變的因果關係和規律呢？很有可能。當然，如這樣理解，“通古今之變”的“通”，乃貫通、通徹之“通”，主體是司馬遷，而與“承敝通變”作“推而行之”解釋，主體是漢王朝之“通”不同。

這也就是說，“通古今之變”是與《自序》“禮樂損益，律曆改易，兵權、山川、鬼神……承敝通變”，即八書中之七書相當。因為都講政策措施與典章制度，所以在與任少卿書信中就概括地用“通古今之變”來表述。按《自序》，曾稱“略協古今之變，作禮書”。可見司馬遷確有將古來政策措施與典章制度稱“古今之變”的習慣與可能。至於“天人之際”，因為主要講天象和“天人之符”，和其他七書有所不同，所以單獨出來，用“究天人之際”表述。

如果以上考證不錯，則《報任少卿書》中關於撰述《史記》之意圖，便與《自序》的敍述完全一致。“凡百三十篇”以前所講根據舊聞、行事，“稽其成敗興壞之紀”，這就是《自序》所說撰述本紀、世家、列傳、年表，對古來王朝“原始察終，見盛觀衰”之意。“亦欲以究”兩句話，就是《自序》“禮樂損益”等等至“承敝通變，作八書”之意。前者重點在各王朝盛衰興亡具體經驗教訓之總結，後者重點在古今經常變化的具體政策措施和典章制度，以至“天人之際”的考察。這應是司馬遷自我認定的《史記》兩大特色。固然，信中於“凡百三十篇”後再用“亦欲”云云，使文氣不很規範，但也不是完全不可這樣理解，因為在此處有關本紀、世家、列傳、書、表等百三十篇的具體列舉並不重要，[1] 放在哪裏，作者未必會留意。當

1 《漢書》卷六二《司馬遷傳》所載《報任少卿書》。此處但言“凡百三十篇”，本紀、世家、列傳、書、表均不提，《文選》同書有“本紀十二”等，或許是後人據《自序》補的。

然，也不排除司馬遷另有意圖，即為了突出“稽其成敗興壞之紀”，而把“究天人之際”兩句，放在“亦欲”以後的次要地位。

這樣一來，前述難通之處全可通了：

“究天人之際，通古今之變”不是講兩大抽象哲學問題、根本原則問題，而僅指記下和考察古今具體天象、政策、制度，這和司馬遷漢代史學家的身份便一致了。同時“通古今之變”也與“稽其成敗興壞之紀”的內涵，不相重複。而由於“究天人之際”與《自序》“天人之際”指的是同一事，所以除《天官書》外，其他地方關於天人關係皆語焉不詳，也就毫不奇怪了。

（二）《貨殖列傳》：“富者，人之情性，所不學而俱欲者也。”“天下熙熙，皆為利來；天下壤壤，皆為利往。”再加上《史記》其他一些地方被認為是揭露、批判“仁義”虛偽性的言論（如《遊俠列傳》“侯之門仁義存”云云，見後），這與董仲舒“正其誼不謀其利”的儒家思想不是明明白白對立嗎？

問題沒有這麼簡單。

1. 不能否認，司馬遷受到先秦法家，特別是齊法家思想之影響。齊法家於重農之外，還照顧商業漁鹽之利，[1] 所以司馬遷也大量論述“富”“利”，甚至認為“奸富”（盜墓、賭博等）雖不如“本富”“末富”，也是“用奇勝”，“皆誠一之所致”，可備一格。但是如所周知，重視物質生產、財富的思想，儒家並非闕如。《尚書・洪範》：“八政：一曰食，二曰貨。”《論語・子路》：衛國人口增多，“冉有曰：既庶矣，又何加焉”。孔子曰：“富之。”《荀子・富國》：“下貧則上貧，下富則上富……上下俱富……是知國計之極也。”

1　參前揭《繹史齋學術文集》，第 119 頁。馮友蘭《中國哲學史新編》第一冊，第 238 頁。

固然，荀子重本抑末，但齊法家也重本抑末，[1] 司馬遷原則上也承認“本富為上”，所以他的經濟思想與儒家基本一致，並不對立。

2. 更重要的是，司馬遷絲毫沒有只強調“富”“利”，而否定儒家“仁義”，把它看成虛偽的這一思想。相反，他十分重視並努力宣揚“仁義”。《孝文本紀》：“專務以德化民，是以海內殷富，興於禮義。……太史公曰：孔子言‘必世然後仁’。……漢興，至孝文四十有餘載，德至盛也。……豈不仁哉。”《漢興以來諸侯王年表》序：譜此年表，“令後世得覽，形勢雖強，要之以仁義為本”。《伯夷列傳》引孔子語讚美伯夷、叔齊“求仁得仁”；引姜太公語稱許二人“義人也”；記二人“義不食周粟”，是“積仁絜行”。

司馬遷之所以要強調“富”“利”，是因為他主張只有人們生活富裕了，才會接受仁義思想，見諸行動。所以他引《管子・牧民》語“倉廩實而知禮節，衣食足而知榮辱”。又說“禮生於有而廢於無。故君子富，好行其德（仁義）；小人富，以適其力（恰當地使用力量，不違反仁義）”。因而說“人富而仁義附焉”。附，依也，隨也。聯繫上下文，此話不能誤解為：人一富，不論行為好壞，仁義也就加在他頭上了，故這仁義是虛偽的；而是說，人富了，才有條件推行仁義。如他說：陶朱公“三致千金”，方有可能救濟他人，“此所謂富好行其德者也”。司馬遷又說“富者得勢益彰”，子貢即其例。子貢經商致富，“所至國君無不分庭與之抗禮”，然後方“使孔子名佈揚於天下”。至於司馬遷說“無岩處奇士之行，而長貧賤，好語仁義，亦足羞也”，其意不過是說，除極少數有“岩處奇士之行”的人（指伯夷、叔齊、顏淵這些“岩穴之士”，即真正力行仁

1　馮友蘭《中國哲學史新編》第二冊，第 223 頁。

義之人，見《伯夷列傳》）外，就絕大多數士民言，沒有本事在競爭中致富，長年貧賤，卻空談仁義，實際上無法推行仁義，這是可恥的。中心在於強調首先要富起來。班彪曾批評司馬遷"序貨殖，則輕仁義而羞貧窮"。班固將後一句改為"則崇勢利而羞賤貧"。[1] 改得好！好就好在把"輕仁義"刪落了。班固大概覺得批評司馬遷"輕仁義"有些牽強，所以含糊地改為"崇勢利"。後者確是司馬遷的問題。但如前所述，它恰恰着眼於"仁義"之推行，雖然班固未必這麼考慮。

關於司馬遷重視"富""勢""利"而不"輕仁義"，還有一些證據。據《伯夷列傳》，司馬遷雖肯定伯夷、叔齊、顏淵等"岩穴之士"，但又說"伯夷、叔齊雖賢，得夫子（稱揚）而名益彰；顏淵雖篤學，附驥尾而行益顯"，如無此機遇，就將青史無名，品行再高也無人了解。結論是："閭巷之人，欲砥行立名者，非附青雲之士，惡能施於後世哉。"這等於說，仁義之名，仁義之行，需靠"青雲之士"方能廣泛傳播。所以他在《貨殖列傳》中又將"不厭糟糠，匿於窮巷"的原憲，與既"富"又"得勢"的子貢相比，儘管司馬遷讚許原憲高行，[2] 但仍肯定"使孔子名佈揚於天下者"，是子貢。言下之意，原憲起不了這作用。[3] 這可能就是班固心目中"崇勢利而羞賤貧"

1 分見《後漢書》卷四〇《班彪傳》、《漢書》卷六二《司馬遷傳》。

2 見《史記》卷六七《仲尼弟子列傳》。

3 同傳後文認為季次、原憲如與"鄉曲之俠"（相當於漢之遊俠）就"比權量力，效功於當世"這一點言，"不同日而論矣"，言下之意是不如的，自然這不是全面比。季次、原憲乃屬極少數"岩處奇士之行"的人，與遊俠不是一個層次，但從司馬遷提出這一點相比較，也可推出，如在同一層次中，他必然偏向"青雲之士"。事實正是如此，他在《遊俠列傳》序中將"儒"實際分為兩類：一類"以術取宰相卿大夫"，即"青雲之士"；一類"閭巷人也"，指季次、原憲，即《伯夷列傳》之"閭巷之人"。對後一類，他雖然也肯定"弟子志之不倦"，然又說"當世亦笑之"；而對前一類則不同，說他們"輔翼其世主，功名俱著於春秋"，讚許進取的態度是清楚的。

的一例。可是事情很清楚，這種“崇勢利而羞賤貧”，是在同樣被肯定的儒家高行人士之中進行比較的，人們可以說司馬遷此思想不很正統，但與“輕仁義”卻毫不相干。

由此也就不難明白，司馬遷《貨殖列傳》的言論與儒家思想並不對立，與董仲舒“正其誼不謀其利”的思想也沒有根本矛盾。董仲舒便說：“天之生人也，使之生義與利。利以養其體，義以養其心。心不得義不能樂，體不得利不能安。”可見他也把“利”看成人不可或缺的，只不過和“義”比起來，認為“義”更重要而已。[1]

3. 現在來考察常被引用作為司馬遷否定儒家仁義之強證的一段話，見《遊俠列傳》(用甲乙丙丁分段)：

> (甲) 鄙人有言曰：何知仁義，已饗其利者為有德。(乙) 故伯夷醜周，餓死首陽山，而文、武不以其故貶王；(丙) 蹠、蹻暴戾，其徒誦義無窮。(丁) 由此觀之，竊鉤者誅，竊國者侯，侯之門仁義存，非虛言也。

這段話絕不能孤立地看，必須聯繫上下文方能得正解。

甲句是說，普通人都認為，凡本來處於困境，後來得到某人救助，便自然讚他“有德”，行為合乎仁義。“為”，謂也。“為有德”即謂之有德。司馬遷實際上肯定這個“鄙人”之言。

乙句是說，伯夷蔑視周武王“以臣弒君”而餓死首陽山，雖為“義人”，可是因為本處困境，後從武王伐紂中得到拯救的人極多，

1 參馮友蘭《中國哲學史新編》第三冊，第 78 頁。

讚他仁義，故武王繼續被擁為王，文王的謚號也因之不變。

丙句是說，盜蹠、莊蹻雖暴戾，但追隨他們的大量徒眾，因“已饗其利”，故仍極力讚頌他們仁義。

丁句是說，竊國者因為涉及面寬，從其舉事中得到利益的人極多，稱讚這一行動合乎仁義，故被擁為諸侯。而竊鈎者因無人得到好處，讚其仁義，故一犯法即被殺。此即“侯之門仁義存”。[1]

司馬遷講這些話，是否在諷刺儒家仁義呢？否。

我以為這些話中心是在闡述他對儒家仁義的理解。他理解得很實在，認為幫助他人，使之得到利益，行為就合乎仁義。對此，他是肯定的、讚頌的，絲毫沒有諷刺味道。我這樣看，和《遊俠列傳》這段話的上文精神是一致的。上文是說，人總有緩急之需，要人幫助，即使虞舜、伊尹等“有道仁人”也難免，一般人自然更不能例外。由此證明幫助他人具有極大社會意義，這樣便與我們討論的這段話中，把這種行為視為“有德”“仁義”的意思相互銜接。

我這樣看，和這段話下文精神也是一致的。下文主要有兩個意思。一是輕視“抱咫尺之義，久孤於世”，對他人毫無幫助的“拘學”，要求他們改變態度，積極助人，為社會做貢獻，以取仁義之“榮名”。另一意思是，“遊俠”與“暴豪之徒”（真正的惡霸、暴徒）不同，雖然“時扞當世之文網”，但既然肯急人之難，就某種程度合乎仁義，值得歌頌。所以司馬遷便在《自序》中說：“救人於厄，振人不贍，仁者有乎；不既信，不倍言，義者有取焉。”這兩個意思與我們討論的這段話隱含急人之難、濟人緩急之需合乎仁義的

1　“竊鈎者誅”三句見於《莊子・胠篋》。原話確是對“仁義”的批判，但司馬遷引之，含義卻不同，而是與《貨殖列傳》“人富而仁義附焉，富者得勢益彰”相呼應的。

思想，也是相互銜接的。而且這段話還有一個思想，即如能急人之難，縱使在別的方面有錯誤（如周武王被認為“以臣弒君”，春秋戰國一些大夫被認為“竊國”），畢竟產生正面的社會效果，仍值得肯定，這正好為下文歌頌雖時扞法網，又救人於厄、振人不贍的遊俠做了鋪墊。

當然，在這段話中舉蹠、蹻之例，將“其徒誦義無窮”與周文王、武王得人擁立為王相提並論，是不妥當的，[1]再加上引了一句《莊子・胠篋》譏諷仁義的話作正面理解，很容易將人的思路引入誤區。可是只要聯繫上下文，聯繫司馬遷整個思想，仔細剖析，既然《史記》多處宣揚仁義，既然《遊俠列傳》又歌頌遊俠，且把他們的行為視為合乎仁義，怎麼可能忽然又出來一段譏諷、否定仁義的話呢？如再進一步探討，自然會明白這段話的真正含義所在了。

總之，無論強調“富”“勢”“利”也好，或者肯定“遊俠”也好，司馬遷的主旨不但不想否定儒家思想，恰恰相反，是在極力宣揚、體現儒家思想，雖然有些偏離正統。

1　因《史記》對盜蹠的評價，大體相當於被完全否定的“暴豪之徒”。他們和在司馬遷筆下行為有正確，有錯誤，正確佔主要地位的周武王、遊俠等，類型不同。不過此處是“序”，中心在闡明“已饗其利者為有德”這一觀點，對所舉之例是否恰當，司馬遷未必留意。此乃當時風氣。清人朱一新《無邪堂答問》卷四曰：“諸子書，發攄己意，往往藉古事以申其説，年歲舛謬，事實顛倒，皆所不計。或且虛造故事……”還舉漢人例：“至劉子政（向）作《新序》《説苑》，冀以感悟時君，取足達意而止，亦不復計事實之舛誤。”又説，其所以如此，“蓋文章體制不同。議論之文，源出於子，自成一家，不妨有此。若紀事之文，出於史……則固不得如此也”。司馬遷此傳之序，蓋承襲先秦諸子遺風，“取足達意而止”，舉例不當，並不足怪。正如《自序》所列周文王等古代發憤著書七例，崔述《豐鎬考信錄》卷二以為史實全誤；《遊俠列傳》所引《莊子》，乃反其意而用之，見前注。我們千萬不可因此走入誤區。

三

《史記》旨在崇儒，其所以早在漢代即被批評為“是非頗謬於聖人”，除“先黃老而後六經”一事乃將司馬談思想當作司馬遷思想，出於誤解外，如就“崇勢利而羞賤貧”“退處士而進奸雄”言，基本合乎事實，不過還必須對這些觀點形成的時代背景和個人原因進行具體分析，方能真正把握住司馬遷某些思想的特質。

漢武帝之時，政治上的中央集權君主專制制度和大一統局面，已經建立了七八十年，完全穩定下來，可是思想上則尚處在一個過渡時期，儒學受到推崇，司馬遷緊跟這個潮流；然而春秋戰國以來，適合分裂割據時代需要的某些思想，在他頭腦中又打下相當深的烙印。

春秋戰國之際，從古代農村公社中解放出來的勞動者，拼命追求財富，努力發展生產，以求擺脫貧困處境；而各國統治者，為了增加國力和稅收，保證兼併戰爭勝利，也大力予以提倡或默許，從而在以農為本基礎上，使工商、漁鹽等末業也全都不同程度地繁榮起來，以至與統治者重本抑末政策相反，出現“用貧求富，農不如工，工不如商”的諺語。[1] 對這種狀況，一般說各國統治者無意也無法有效解決，儘管戰國後期一些政治家、思想家一直大聲疾呼。[2] 然而等秦統一後，特別漢武帝以後形勢便不同了。統治者最迫切的任務，不再是進行兼併戰爭，而是如何千方百計維護大一統帝國社

1　《史記》未點明此諺時間，據上下文，當在戰國末至漢代。《商君書・外內》：“故農之用力最苦，而贏利少，不如商賈、技巧之人。”可見萌芽當更早。

2　參吳慧《中國古代商業史（第一冊）》第三章第四、五、六節，中國商業出版社，1983 年。

會秩序之穩定。而廣大農民離開土地，從事末業，到處流動，既難有效控制，又極易出現違法犯罪之事，所以除政策上的重本抑末努力推行外，在思想上便是依正統儒家觀點，重視教化，宣揚安貧樂道，重義輕利，遵紀守法，並推崇歷史上典型人物顏淵、季次、原憲等。就在這個時候，司馬遷跑出來強調"人富而仁義附焉""禮生於有而廢於無"，鼓勵追求財富，連"奸富"也不堅決反對，而對"長貧賤好語仁義"者則加以譏諷，甚至對"處士"也略有微詞，這怎能不遭後來正統儒家的批判呢！

同樣，農村公社瓦解後湧出的"士"，在全國分裂形勢下，大顯身手。誰豢養他，便為誰效死，陰謀詭計，暗殺狙擊，無所不用其極。有些人由於種種機緣，本身也形成一股勢力，號為遊俠。他們招募賓從，稱霸鄉里，雖急人之難，同情弱者，同時又對追隨者、氣味相投者加意包庇，而不管他們是否違法犯罪。所有這些行為，還都被視為合乎"信""義"，受到鼓勵。如果說這些行為在全國統一前尚有一定積極意義，[1] 而且在戰亂中也難以盡行禁止的話，那麼到漢武帝以後就越來越不被允許了。西漢王朝委派酷吏對地方豪強和遊俠加以嚴厲打擊，正統儒家強調不管是誰，都必遵奉天子法令，反對臣下、匹夫專擅生殺之權，都是明證。就在這個時候，司馬遷跑出來，歌頌遊俠"已諾必誠，不愛其軀，赴士之厄困"，宣揚"俠客之義又曷可少哉"，而且還欣賞可以說是位居"卿相"的"遊俠"——孟嘗、春申、平原、信陵君，在他們的列傳中給予相當高的評價，包括信陵君"竊符矯命，戮將專師"（此班固語）。這自然

1　通過這些行為，緊緊維繫一些集團勢力，在一定時期內，可支持各國君主鞏固統治，發展生產，爭奪天下。

也為正統儒家所不滿。[1]

所有這些，某種意義上的確可以說是“異端”思想。但是必須看到，司馬遷的主觀意圖還是想緊跟尊儒潮流，而且《史記》總體上也起到了這個作用，只不過由於他處在一個思想上的過渡階段，還受着舊時代不少思想相當大的影響，以至於在某些方面偏離了正統儒學的軌道。這是司馬遷的悲劇。他自以為是在“拾遺補藝”，為“仁義”大聲疾呼，而正統儒家卻抓住某幾個問題說他“是非頗繆於聖人”。可是如果把這種“異端”思想誇大到不適當程度，看不到這是在崇儒大前提下的“異端”，而不是與儒家思想對立的“異端”，從而把司馬遷的形象無限拔高，就未必妥當了。

最後，還想就司馬遷之所以形成某些“異端”思想，從其個人來說的另一個重要因素，贅述兩句，這就是他積極進取的人生哲學。

司馬遷“恆克己而復禮，懼志行而無聞”，即使慘遭宮刑，仍“鄙沒世而文采不表於後”，“思垂空文以自見”，以至官中書令而“尊寵任職”。[2] 在還不很重視史學的西漢，之所以只有司馬遷能夠留給後世千古傑作《史記》，應該說也得力於他積極進取的人生哲學。這樣的人，對歷史上有所作為、留下業績的人，同情、歌頌，縱然他們存在這樣那樣的問題；同時輕視、貶低那些消極無為、獨善其身、“久孤於世”之輩，即便他們名氣很大，這是很自然的。把握住這一點，對他某些”異端“思想，也就可以加深理解。如所周知，司馬遷不以成敗論英雄：他讚許項羽功績“近古以來未嘗有也”，寫下《項羽本紀》；讚許陳涉功績，肯定“亡秦，由涉首事也”，寫下《陳涉世

1　參《漢書》卷九二《遊俠傳》。

2　見《藝文類聚・人部十四》司馬遷《悲士不遇賦》、《漢書》卷六二《司馬遷傳》。

家》。過去往往把這看作是司馬遷歌頌農民起義領袖。其實，客觀上或許可以這樣說，可主觀上他何來這種思想基礎！他不過是高度評價二人亡秦功績，加上一度天下"政由羽出"，陳涉立為張楚王，響應者廣泛，故一入《本紀》，一入《世家》而已。在他眼中，二人與其他滅亡前一朝代的帝王將相並無分別。這和他雖不承認秦為三統中之一統，仍肯定秦取天下"成功大"，譏笑不敢道其功績的人是"耳食"，以及肯定遊俠"救人於厄"等，思路全是一致的。這種思想與董仲舒"明其道不計其功"的觀點確有差距，[1]但要看到，司馬遷似乎已意識到了這個差距，而在努力縮小。試看他在《貨殖列傳》中，用大量篇幅肯定對"富""利"之追求，可到後來《自序》中，又限定這種追求要以"不害於政，不妨百姓"為原則。他在《遊俠列傳》中，用充沛的感情歌頌朱家、郭解等人，而到《自序》中，又強調遊俠其所以應歌頌，是因為其行為合乎"仁""義"。在《項羽本紀》中，他對項羽功業充滿敬佩之情，鉅鹿之戰寫得何等有聲有色，垓下賦詩又寫得何等悲壯動人，可是同時又根據儒家仁義觀點，在論讚及《自序》中批判項羽"欲以力征經營天下"，"誅嬰背懷，天下非之"，認為"子羽暴虐，漢行功德"，故項羽失敗並非天意，而是個人的錯誤，實即指他違悖仁義。這些，和董仲舒"明其道"的原則，不也相差不太遠了嗎！所以後來班固作為正統儒學之代表，在《漢書》卷三一《項籍傳》論讚中照抄《史記》，這絕不是偶然的。

由此可見，我們應該看到司馬遷思想的複雜性，對《史記》必須句斟字酌，仔細琢磨，然後方能在撲朔迷離、似是而非的文字中，既把握住其主旨，又不忽略其特色。

1　參馮友蘭《中國哲學史新編》第三冊，第 76 頁。

有關《史記》歌頌漢王朝的幾個問題 *

早在東漢初年，漢明帝已批評司馬遷著《史記》，“至以身陷刑之故，微文刺譏，貶損當世，非誼士也”。[1] 三國之世，魏明帝更說：“司馬遷以受刑之故，內懷隱切，著《史記》非貶孝武，令人切齒。”[2] 直到今天，仍有一些學者主張司馬遷具有“叛逆”性格，《史記》乃旨在揭露、批判漢武帝，反對漢代專制統治之作。事實是不是這樣的呢？司馬遷具備這一思想基礎嗎？

一

首先來探討司馬遷的人生觀與政治態度。二者雖然不能等同，但緊密關聯。一般說，前者對後者不同程度地起着制約作用，同時又一起對學術思想發生重大影響。

司馬遷的人生觀，和他同時代的士大夫比，有沒有十分特殊的地方，以至於可看成是叛逆性格呢？沒有。他的人生目的就是要事

* 原載《國學研究》第 3 卷，北京大學出版社，1995 年。

1 班固《典引》一文引明帝詔，載《昭明文選》卷四八。

2 《三國志》卷一三《王朗傳附子肅傳》。

親孝，事君忠，並通過撰寫一部高水平的通史著作，揚名於後世。

試看以下證明：

1. 據《史記》卷一三〇《太史公自序》，司馬談臨終叮囑司馬遷："夫孝始於事親，中於事君，終於立身，揚名於後世，以顯父母，此孝之大者。"[1] 他要司馬遷繼任太史後，以孔子為榜樣，無忘"論著"，成為大孝。司馬遷流涕曰："小子不敏，請悉論先人所次舊聞，弗敢闕。"這是儒家思想和父親遺囑對他的影響，證以後來所寫《悲士不遇賦》，表示"恆克己而復禮，懼志行而無聞"，"沒世無聞，古人惟恥"，[2] 可見他的人生觀的確是依照這個路子發展的。

2. 據《漢書》卷六二《司馬遷傳》，他遭李陵禍，下蠶室，後在《報任少卿書》中說，其所以當時不"引決"，是因為"恨私心有所不盡，鄙沒世而文采不表於後也"。又說"古者富貴而名摩滅，不可勝記，唯倜儻非常之人稱焉"，全靠留下論著，"垂空文以自見"。他自己也是如此，為把草創未就的《史記》最後完成，"是以就極刑而無慍色"。這一思想與上述懼沒世無聞的人生觀，以及同書中"成一家之言"的願望，完全一致。

3. 這一人生觀也反映在司馬遷忠於漢武帝的政治態度上。在《報任少卿書》中，他說，繼任太史令後，對武帝感激涕零，"日夜思竭其不肖之材力，務一心營職，以求親媚於主上"，其所以要替李陵辯護，首先是"陵敗書聞，主上為之食不甘味……"，自己"見主上慘淒怛悼，誠欲效其款款之愚……以廣主上之意"。其次是認

1　此乃儒家思想，見《孝經・開宗明義》引孔子語，次序略有出入。

2　《藝文類聚・人部十四》。此乃先秦兩漢士人一般思想。《論語・衛靈公》"子曰：君子疾沒世而名不稱焉。"《史記》卷六二《管晏列傳》："鮑叔……知我不羞小節，而恥功名不顯於天下也。"揚雄《法言・問神》："或曰：君子病沒世而無名。"

為李陵一向忠心，“常思奮不顧身，以徇國家之急”，這次不得已降匈奴，“彼觀其意，且欲得其當而報於漢”，[1] 意思是，李陵投降是策略，遲早會得機“報漢”。一句話，司馬遷的辯護，全為漢武帝及漢室着想。可是他沒料到，“事乃有大謬不然者”，由於“明主不深曉……拳拳之忠，終不能自列”，致遭宮刑。很明顯，這個後果，和他忠心於武帝的動機毫不矛盾。

那麼，受宮刑後，他的政治態度是否改變了呢？否！據《漢書》本傳，漢武帝不久用司馬遷為中書令，他“尊寵任職”。這個評價有兩點證明：

第一，武帝晚年“遊宴後庭”，不去未央宮前殿朝會。由於百官包括尚書一般不能出入後庭，所以文書（有時是口信）上下要靠中書令傳遞。司馬遷能任此職，雖然地位不算高，但這是樞機之任，必得武帝信任則無疑。同時他天漢三年（前 98）被刑，不久為中書令，自此至太始四年（前 93）報任少卿書，[2] 時間少說也有三四年，如不稱職，定遭斥責、免黜，而史書無此記載，則班固稱他“尊寵任職”，顯然不是誇張。

第二，益州刺史任安（少卿）致書司馬遷“責以古賢臣之義”，要他“慎於接物，推賢進士”，也可能有怨他不在武帝面前薦舉自己之意。這就從另一角度反映當時人們對司馬遷的觀感。如果他不得武帝信任，從未有人出入他門下鑽營，則“慎於接物”何從談起，更不用說“推賢進士”了。任安的話肯定有所指，而這也和“尊寵

1　此兩句《文選》五臣注：“良曰：‘彼觀猶‘觀彼’也。”《漢書》卷五四《李廣附李陵傳》則作“彼之不死，宜欲得當以報漢也”。

2　據王國維説，見《太史公行年考》，載《觀堂集林》。

任職”的評價一致。

固然，從司馬遷給任安回信的行文看，似乎與“尊寵任職”有些矛盾，這就需要分析。對他某些話，我們不能不信，但也不能理解得太實，特別是涉及他在朝廷中的地位問題。先看太史令。當司馬遷將太史令與“已虧形”的中書令對比時明明說“鄉者僕亦嘗廁下大夫（指太史令）之列，陪外廷末議”，有資格“引維綱，盡思慮”，似乎頗以為榮。可是到下文想說明為何接受宮刑而不引決時卻又強調，太史令地位低微，“文史星曆，近乎卜祝之間，固主上所戲弄，倡優畜之，流俗之所輕也”。死了“與螻蟻何異”，所以不如活下來完成《史記》。兩種不同說法，哪個對呢？顯然前一個對。依漢制，太史令秩六百石，地位相當於大夫，有罪上請，乘車可施轓（裝車耳），極受時人羨慕，有“作吏高遷車生耳”之諺。[1] 何況據《自序》，司馬談臨死曾說：司馬氏先世一直為太史，“嘗顯功名”於古代，後中衰，他自己也無甚成就，死後司馬遷必為太史，“汝復為太史，則續吾祖矣！”如果太史令真是“倡優畜之”的賤官，司馬談豈會寄予那麼大的期望？[2]

再看中書令。司馬遷還宣稱受宮刑後“為掃除之隸，在闒茸之中”，內心極其痛苦，已無法再“仰首信眉，論列是非”，更談不上“推賢進士”。似乎地位極其低下。其實，中書令由宦官充任，這是事實。但在官制上，它畢竟秩千石，地位高過太史令，且為武帝近臣，豈能再是“掃除之隸”？說這話，如果不是有意自貶，便是把

1 參羅振玉《古鏡圖錄》卷中；孫機《漢代物質文化資料圖說》，文物出版社，1991年，第93頁。

2 《史記》卷一三〇《太史公自序》司馬談“為太史公”下集解引如淳曰“《漢儀注》：太史公，武帝置，位在丞相上”。又《正義》引虞喜《志林》：漢太史公，朝會座位“居公上”。關於這些記載，雖有不同看法，但據此卻可以肯定，對所謂史官為主上“倡優畜之”的話，決不能理解得太實。

受宮刑後任中書令前的一段經歷，當作現狀描述了。[1] 後來漢元帝寵任中書令石顯，“事無大小，因顯白決，貴幸傾朝”。[2] 證明中書令有時權勢極重。固然，漢武帝精明，司馬遷品質也與石顯大不相同，不能簡單類比，但聯繫任安“責以古賢臣之義”分析，無論如何，司馬遷當時擁有一定權勢，卻可以肯定。至於因內心痛苦而很少行使，“與時俯仰”，那是另一回事。

順便一說，郭沫若先生曾主司馬遷受宮刑後為中書令，再度下獄死，[3] 其說未被學術界接受，此處亦不擬評論。只想就其中引用的一條史料略加分析，因為如依郭文考證，它恰好可證明司馬遷晚年很得寵。這條史料見於《鹽鐵論・周秦》。原文是：“文學曰：……古者君子不近刑人，刑人，非人也……故無賢不肖，莫不恥也。今無行之人貪利以陷其身，蒙戮辱而捐禮義，恒於苟生。何者？一日下蠶室，創未瘳，宿衛人主，出入宮殿，得由受奉祿，食大官享賜，身以尊榮，妻子獲其饒。故或載卿相之列，就刀鋸而不見閔，況眾庶乎？夫何恥之有！（後九字郭文未引）”郭文以為此處即指司馬遷。因為鹽鐵會議召開於昭帝初，離司馬遷去世不遠。這段時間裏，既“下蠶室”，又“載卿相之列”的人，只有司馬遷（郭文將中書令歸入“載卿相之列”）；而他後來又“就刀鋸”，“不就是暗指司馬遷的再度下獄致死嗎？”

其實，這個“下蠶室”的人指司馬遷，雖不無可能，[4] 但絕對得

1 《漢書》卷九三《佞幸・石顯傳》：顯任中書令，遭劾，上書表示“臣願歸樞機職，受後宮掃除之役”。此證當中書令時絕無掃除之役。

2 《漢書》卷九三《佞幸・石顯傳》。

3 郭沫若《關於司馬遷之死》，《歷史研究》1956 年第 4 期。

4 馬非百《鹽鐵論簡注》，中華書局，1984 年，第 406 頁，亦主指司馬遷，另有理由。

不出郭文的結論。因為據上下文意，“文學”只是想說，由於下蠶室後可以尊榮，影響所及，連“載卿相之列”的大臣，也“就刀鋸”而不在乎，並不以為恥辱，何況“眾庶”？“載卿相之列”與“下蠶室”後尊榮者，並非一人；“就刀鋸”也不是指下獄死，恰恰是指受肉刑後活下來。所以縱使郭文關於“下蠶室”者指司馬遷之考證無誤，也只能證明司馬遷晚年確實“身以尊榮”，且極受時人羨慕，而不是其他。

總之，我們決不能毫無分析地根據《報任少卿書》，把司馬遷在朝廷中的地位估計太低，更不能進而據此推斷他具有叛逆性格。因為如上所述，不用說千石的中書令，即使六百石的太史令，也是一個比上不足、比下有餘的官吏。這就是說，除了宮刑，司馬遷與漢王朝沒有任何重大利害衝突；就宮刑言，由於長期孝親忠君教育的影響，司馬遷早已定型的人生觀已不可能因此有多大改變，而且其政治上的損失已在隨後幾年“尊寵”的中書令任上得到補償。而司馬遷也以“任職”，基本上表明了自己繼續忠於漢武帝的政治態度。這也就是說，我們從家世、教育、仕進上，找不到《史記》旨在揭露、反對漢朝統治的思想基礎。當然，遭到宮刑後的內心創傷，對士大夫出身的司馬遷來說，終生無法愈合。所謂“居則忽忽若有所亡，出則不知所如往”，但它不應是司馬遷當時的主導思想，否則便無法解釋處在晚年喜怒無常的武帝身旁，為何他仍可當樞機之任，且一直“尊寵任職”。人的思想形成原因是複雜的，要受多方面因素制約，以司馬遷的家世、教育、仕宦經歷，僅憑宮刑一個因素，是無法導致他成為“叛逆”之人的。

二

再來研究《史記》的基本政治傾向。

《平準書》《封禪書》等記下不少漢武帝窮兵黷武、窮奢極慾、迷信鬼神、橫徵暴斂、人民遭難之事；《酷吏列傳》暴露酷吏殘酷鎮壓、冤殺無辜的罪行；等等。如《平準書》曰："自是之後，嚴助、朱買臣等招來東甌，事兩越，江淮之間蕭然煩費矣。唐蒙、司馬相如開路西南夷，鑿山通道千餘里以廣巴蜀，巴蜀之民罷焉。彭吳賈滅朝鮮，置滄海之郡，則燕齊之間靡然發動。及王恢設謀馬邑，匈奴絕和親，侵擾北邊，兵連而不解，天下苦其勞，而干戈日滋。行者齎居者送，中外騷擾而相奉，百姓抗弊以巧法，財賂衰耗而不贍。入物者補官，出貨者除罪，選舉陵遲，廉恥相冒……"

人們常愛引用這一類材料，用以證明司馬遷站在專制政權對立面，揭露、批判漢武帝的立場。粗粗一看，未始不可以同意這個觀點；但深入一研究，又感到問題並不這麼簡單。因為司馬遷還有大量對漢王朝、漢武帝歌功頌德的言論和史實記載，與此觀點抵觸。例如：

《自序》："漢興五世，隆在建元，外攘夷狄，內修法度，封禪，改正朔，易服色。作《今上本紀》。""隆在建元"，這是很高的評價。其中改正朔，據《漢書》卷二一《律曆志》，還是司馬遷親自參與奏請和測算定下來的。

《自序》："漢興以來，至明天子（指武帝）……臣下百官力誦聖德，猶不能宣盡其意。""明天子"，與"隆在建元"的意思一致。

《漢興以來諸侯王年表》序：漢武帝行推恩之令，形成"強本幹，弱枝葉之勢，尊卑明，而萬事各得其所矣"，這是對漢武帝加強中央集權政策的肯定。

《建元以來侯者年表》序：自三代以來一直以臣服戎狄為務，"況乃以中國一統，明天子在上，兼文武，席捲四海，內輯億萬之眾，豈以晏然不為邊境征伐哉！自是後，遂出師北討強胡，南誅勁越，將卒以次封矣"。這是對漢武帝開邊政策的肯定，而且似乎用的是批駁反對者的口氣。固然，在《匈奴列傳》論讚中司馬遷曾認為北伐匈奴"建功不深"，但他又將它主要歸罪於有關臣下"諂納其說"，而未能全面謀劃，將帥又乏遠慮，"人主因之以決策"，故有其失。所以司馬遷對討伐匈奴仍然支持，"堯雖賢，興事業不成，得禹而九州寧，且欲興聖統，唯在擇任將相哉，唯在擇任將相哉"。可見，他希望漢武帝成為"堯"，稱讚其各項措施是"欲興聖統"，這和上引"明天子"豈能"不為邊境征伐"的看法，基本精神完全一致。

《封禪書》序："自古受命帝王，曷嘗不封禪。"清梁玉繩以為司馬遷是否定封禪的，寫封禪諸事，"正以著其妄"。[1] 可是《封禪書》明明稱讚周文王"受命"，至成王有功德，因而封禪；記載齊桓公因無"受命"徵兆，為管仲所沮，封禪作罷；譏諷秦始皇"無其德"，登上泰山，硬行封禪，結果"遇暴風雨"，遭儒生笑；然後詳載漢武帝封禪經過，從得寶鼎，有司以為是"受命而帝"的符瑞，到武帝封禪泰山，"無風雨災"，於是"建漢家封禪，五年一修封"。如果認為這些只是如實反映史實經過，不足以說明司馬遷態度，那麼上引《封禪書》序，一上來便稱封禪是"受命帝王"的事，接着又說，受命帝王"未有睹符瑞見，而不臻乎泰山者也"。這顯然是與得寶鼎一事相呼應，而把漢武歸入"受命帝王"行列；不僅此也，在《自

1 《史記志疑》卷一六"封禪書第六"附案。

序》中他又再一次強調“受命而王”，封禪“則萬靈罔不禋祀”，指的也是漢武帝“巡祭天地諸神、名山川”之事，[1] 在本來可以不提“受命”的序、論中，一再點明漢武是“受命帝王”，這不是直接表示對漢武封禪的基本肯定又是甚麼？何況《自序》還記載司馬談因未能參與封禪而痛哭流涕：“今天子接千歲之統，[2] 而余不得從行，是命也夫，命也夫。”如果司馬遷確對封禪持否定態度，不就等於把父親端出來，充當愚蠢可笑的典型嗎？在極重孝道的先秦兩漢，這也是司馬遷絕不可能否定封禪之強證。

《自序》《儒林列傳序》讚揚孔子及“六藝”，讚揚漢武帝批准置五經博士弟子等，“自此以來，則公卿大夫士吏斌斌多文學之士矣”；並表示著《史記》是為了“拾遺補藝（六經）”。這些是對漢武帝尊崇儒術政策的肯定。[3]

以上全是司馬遷的論述。至於他在《史記》中所記史實，有關漢王朝、漢武帝偉大功績的內容，更不勝枚舉。

這樣，我們便不能不產生疑問：《史記》對漢王朝、漢武帝究竟是旨在揭露、批判呢？還是歌頌、肯定呢？

是歌頌、肯定。

因為凡是暴露漢王朝、漢武帝殘暴、腐朽的內容，都是以記述史事的形式出現的。如上引《平準書》“江淮之間蕭然煩費矣”“巴蜀之民罷焉”；《酷吏列傳》諸酷吏殺人如麻，或“專以人主意指為獄”；《汲黯列傳》稱其面斥漢武帝“內多慾而外施仁義”；等等。而

---

1 見《封禪書》末“太史公曰”。

2 “接千歲之統”，當從周成王封禪算起，和司馬遷敍述一致。看來這是當時人們的一般看法。

3 關於《史記》崇儒，詳參拙作《有關〈史記〉崇儒的幾個問題》，載《國學研究》第二卷，北京大學出版社，1994 年。

凡是《史記》的序、傳論，也就是直接表述司馬遷觀點的地方，如果涉及對漢王朝、漢武帝的評价，絕大多數是毫不含混的歌頌、肯定（某些部分有點批評，如《平準書》末議論，其解釋見後）。[1]

這樣就不能不使我們考慮：與其撇開大量明確地歌頌、肯定的論述和史實記載不提，或放在次要地位，而一味強調《史記》的揭露、批判和"叛逆"立場，是不是倒不如聯繫司馬遷的人生觀和政治態度，採用以下看法更全面些：

司馬遷確把漢武帝看成"明天子"，對他和漢王朝旨在歌頌、肯定。這樣，《史記》的有關史實記載，特別是序、傳論中具有這一傾向的大量論述，便找到思想基礎了。但作為一個繼承古代"直筆"光榮傳統的史官，司馬遷同時又不得不如實記載下漢武帝和漢王朝的錯誤與失策，及其帶給人民的災難，並基本上根據儒家觀點，給予批評，總結經驗教訓，而體現《史記》的基本指導思想："稽其成敗興壞之理。"[2] 這正是一個正直史學家的偉大所在。但由於這些錯誤與失策，在司馬遷看來，是"明主"所犯的，[3]"明主"功大於過，瑕不掩瑜，與秦始皇不同，所以除不得不以記述史事的形式反映外，在序、傳論中很少再提及它們，也就是毫不奇怪的。如果這一看法不錯，則《史記》的基本政治傾向，就絕不可能是反對當時專制政權的，恰恰相反，正是擁護這一政權的。

為證明《史記》這一基本政治傾向，試再以人們不太留意的《司

1　有的傳論則是對正文所暴露的史實，給予全面的評論。如《酷吏列傳》雖列舉他們"慘酷"的史實，但在傳論中卻説，採用這種手段，足以"禁奸止邪"，"雖慘酷，斯稱其位矣"；特別是在《自序》中説："民倍本多巧，奸軌弄法，善人不能化，唯一切嚴削為能齊之。"更從維護統治秩序角度，明確給予肯定。

2　《漢書》卷六二《司馬遷傳》。參前揭拙作《有關〈史記〉崇儒的幾個問題》。

3　"明主"乃司馬談的評價，而為司馬遷所接受，見《自序》。

馬相如列傳》證之。

如所周知，《史記》與《漢書》不同，很少全文刊載有關文章、奏疏，而往往是摘錄或縮寫。然而《司馬相如列傳》例外，它是列傳中刊載全文最多的一篇。為甚麼呢？除了《子虛》諸賦文筆靡麗，特別是傳論所說，“其要歸引之節儉，此與《詩》之風諫何異”，符合儒學精神外，還因為另外兩篇政治性文章也和司馬遷觀點一致。

一篇是《喻巴蜀檄》。此檄的緣起是：唐蒙通西南夷，“發巴蜀吏卒千人，郡又多為發轉漕萬餘人，用興法，誅其渠帥，巴蜀民大驚恐。上聞之，乃使相如責唐蒙，因喻告巴蜀民以非上意”。這和前引《平準書》唐蒙等開路西南夷，“巴蜀之民罷焉”，說的是一回事。而在此處明確記載是唐蒙之過，而“非上意”。檄文被全文刊載，除喻告此意圖外，還有一重要內容，即強調漢武帝開邊和通西南夷的意義，勸導百姓不要對抗、逃亡或自殺。意思是：唐蒙搞過頭了，不對；但西南夷還要通，百姓對抗也不對。

另一篇是《難蜀父老》文。這可以說是一篇典型的歌頌和宣揚漢武帝開邊政策的文章。內容先設蜀父老反對通西南夷的理由，如“士卒勞倦，萬民不贍”，而其地“無用”等，然後藉“使者”之口，歌頌漢武帝開邊是“非常之人”行“非常之事”，成“非常之功”；歌頌漢武帝作為“賢君”，不甘心寂寞，而要“創業垂統，為萬世規”，對“夷狄”政策是“兼容並包”，“遐邇一體”。“故北出師以討強胡，南馳使以誚勁越”，並通西南夷。認為雖然推行這些措施“始於憂勤”，會帶給人民一些困難，但最終必使天下“佚樂”。“然則受命之符，合在於此矣。”這篇文章的意圖和作用十分清楚。雖然司馬遷說，司馬相如撰此文是為了諷諫天子（當指反映蜀父老的痛苦、不滿情緒），但又說另一面此文還想“令百姓知天子之意”（當指要求支持開邊政策)。然而讀罷全文,便會發現,文章開頭的那一點點諷諫,幾乎全被"使者"駁倒了,所能起的只是歌頌開邊政策、並鼓動蜀人支持的作用。如果司馬遷對開邊政策抵觸,他完全可以只摘錄蜀父老的反對理由,強調司馬相如諷諫天子的一面,不必刊載全文;或者原文一字不登,只講司馬相如曾有諷諫天子的《難蜀父老》之作,不也就可以了嗎?[1] 既刊載全文,又未另加評語,自表明其基本讚許的態度。

值得注意的是,司馬相如此文,還是前引《建元以來侯者年表》序中肯定漢武帝開邊那一大段論述之所本;不但是基本精神,連"北討強胡,南誅勁越"的文字,似乎也是脫胎於此文。[2] 這就再一次表明,是由於基本觀點一致,《史記》方才予以全文刊載的。

還有一點重要補充:司馬相如臨死又撰文"言封禪事"上奏,《史記》也全文刊載。此文只有一個內容,就是竭力吹捧漢武帝"諸夏樂貢,百蠻執贄,德侔往初,功無與二",因而"符瑞"眾多,相繼而至,必須"奉符以行事",進行封禪壯舉。[3] 對這篇連《子虛》諸賦一點點可憐諷諫都付之闕如的文章,《史記》竟然也全文刊載,聯繫司馬遷對漢武帝封禪的肯定態度,除了說明他是因為欣賞或至少不反對其內容觀點,方才如此處理,還能說明甚麼呢?[4]

---

1 《商君列傳》末評論,雖稱讀過商君《開塞》《耕戰》之文,但原文一字不登,只在商鞅事跡中通過簡略敍述變法措施,體現其精神,原因是司馬遷根據儒家學說,對商鞅及其文章持否定態度。此證是否刊登文章,司馬遷可以以意取捨。

2 八字又見《自序》述作《建元以來侯者年表》緣起之文。兩處僅將司馬相如此文之"誚"字,改為"誅"字,當因司馬相如撰此文時尚未用兵南越等地,而司馬遷撰《史記》時越地已平定之故。

3 《論衡・須頌》舉歌頌"漢家功德",首列此"封禪文"。

4 在《司馬相如列傳》末,司馬遷説,其所以刊載司馬相如這幾篇文章,是因為它們"尤著公卿者云"。"尤著公卿者",只能是歌功頌德之作。這就從另一角度反映了司馬遷的觀點。《習學記言序目》卷二〇曰:"若相如之文,不則於義,不當於用,而盡載之,亦不可曉。"《十七史商榷》卷六進了一步,看出《史記》載相如之文,欣賞、肯定佔了一半成分,但又説"譏之之意"也佔一半,仍然未達一間。

以小喻大，僅通過《司馬相如列傳》，《史記》的基本政治傾向是對漢王朝、漢武帝的歌頌、肯定，已可得其仿佛了，何況還有前述大量相同傾向的序、傳論和史事記載在？

三

還有兩個問題需要回答。

一、有沒有可能《史記》序、傳論，凡涉及對漢王朝、漢武帝總的評價之處，全都言不由衷，是為了敷衍當局，而將真正的揭露、批判和反對派的立場，通過記述史事的形式曲折體現呢？

沒有可能，也沒有必要。

首先是沒有可能。最有力的反證就是《自序》記司馬談臨死叮囑司馬遷的一番話。他說："今漢興，海內一統，明主、賢君、忠臣、死義之士，余為太史而弗論載，廢天下之史文，余甚懼焉，汝其念哉。"如果司馬遷著《史記》的真實意圖與這一遺囑正好相反，他何必要在《自序》中端出這段話來？須知這是遺囑，他不說，誰也不知道，也沒有人強迫他說。現在一說，後人如認定他肯定遵行遺囑（《自序》後文還說過如不能對漢歌功頌德，"墮先人之言，罪莫大焉"之類的話），則苦心孤詣著《史記》的真實意圖豈不因此被埋沒了？後人如看破他的真實意圖，則也必然會明白，這一遺囑實際上等於《史記》暗中批駁的一個靶子，豈不要把他司馬遷看成不孝的典型？甚至是賣父立論、不擇手段的卑鄙小人？司馬遷為甚麼要給自已找這個麻煩呢！

其次是沒有必要。因為當時先秦史官"直筆"的傳統猶存，在史書中如實反映漢代諸帝包括漢武帝的錯誤與失誤，並依據儒家觀點予以批評，在司馬遷心目中，以及當時和後來很長一個時期士大夫心目中，並不認為有甚麼不對，更談不上是誹謗了。這裏有一個強證，就是儘管東漢明帝因《史記》記下漢武帝的錯誤、失策，指責司馬遷“微文刺譏，貶損當世”，但明帝以前，卻從來沒有人就此問題批評《史記》。

《漢書》卷六二《司馬遷傳》：“遷既死後，其書稍出。宣帝時，遷外孫平通侯楊惲，祖述其書，遂宣佈焉。”如果楊惲認為有“誹謗”內容，他敢於“宣佈”嗎？

《史記》卷一三〇《太史公自序》集解引張晏曰：司馬遷死後，《史記》有十篇亡佚，“元成之間，褚先生補缺”。如果褚少孫把反映漢統治者錯誤等內容看成是“誹謗”，他怎麼會去“補缺”呢？特別是《封禪書》，涉及武帝迷信鬼神，為方士愚弄等醜事頗多，他竟把它補為孝武本紀，他的膽子何以有那麼大？[1]

《史通・古今正史》：“《史記》所書，年止漢武，太初以後，闕而不錄。”其後劉向、劉歆、馮商、揚雄等十五人“相次撰續”。其中劉向對漢室十分忠心。如果當時人們視《史記》某些記載是“誹謗”，劉向等人為甚麼要替這部“謗書”寫續篇？[2]

《後漢書》卷四十《班彪傳》對《史記》學術思想不滿，給予尖銳批評，還說：“此其大敝傷道，所以遇極刑之咎也。”如果他認為《史記》政治上有“誹謗”內容，至少總得與“遇極刑之咎”聯繫吧？可是不但批評內容一個字也未涉及“誹謗”之事，而且在肯定

---

1 也有人主張《孝武本紀》非褚少孫所補，如張照、錢大昕，此處不深考，參《太史公書亡篇考》，載《余嘉錫論學雜著》，中華書局，1963 年。

2 劉向《別錄》甚至直接用《史記》原文，參陳直《漢晉人對〈史記〉的傳播及其評價》，載《中國史學史論文集（一）》，上海人民出版社，1980 年，第 236 頁。

《史記》優點之後，還為其“作《後傳》數十篇”。更值得注意的是，班彪之子班固繼承其觀點，在《漢書》卷六二《司馬遷傳》論讚中，一面重複班彪的批評，但另一面又極力讚許《史記》“不虛美，不隱惡，故謂之實錄”，在《漢書》有關各紀、傳中幾乎照抄《史記》內容無誤。如抄《封禪書》入《漢書》之《郊祀志》，抄《平準書》入《漢書》之《食貨志》等，這又是甚麼道理呢？

回答只能有一個，就是因為在這一段時期內，從未有人把《史記》有關記載視為“誹謗”，更沒有人加《史記》以“謗書”之名。《史記》的“實錄”，被認為是史官的美德，是理所當然的。正因如此，當東漢明帝在歷史上第一次批評司馬遷“微文刺譏，貶損當世，非誼士也”之後，班固作為當時親自讀到詔書的一員，最後到章帝時完成《漢書》，對司馬遷的評價依然如故，這絕不是偶然的。

為了進一步證實上述判斷，我們還必須弄清，在後代往往會興起文字獄的內容，這時則被譽為“實錄”，其原因何在？

原因恐在於時代不同。先秦史官晉董狐、齊太史兄弟秉筆直書的光榮傳統，在兩漢尚在延續。當時，中央集權君主專制主要尚停留在政治領域：漢高祖鎮壓造反功臣，自不用說；漢武帝果於屠戮大臣，也都是那些涉及現實政治上反抗他，觸犯法律，或執行政策不力的人。[1] 思想領域雖已提倡獨尊儒術，但對“百家”並未在法律上給予打擊。由於當時社會、政治、經濟和文化條件的限制，統治者還沒有來得及，或尚未感到有必要，要控制史學等意識形態領域，改變舊的秉筆直書傳統，來維護自己的利益。試舉一例：

1　司馬遷之遭宮刑，並不是因為《史記》記太初以前的錯誤與失策，而是因為李陵問題。在漢武帝看來，這是犯了“誣罔”罪，“欲沮貳師（指大將李廣利），為陵遊説”，見《資治通鑒》卷二一天漢二年條。

《漢書》卷八〇《東平思王宇傳》：宇上書求《太史公書》（東漢末始稱《史記》），[1]王鳳建議漢成帝予以拒絕，理由是："《太史公書》，有戰國從橫權譎之謀，漢興之初謀臣奇策，天官災異，地形阨塞，皆不宜在諸侯王，不可予。"

這條史料可說明兩個問題：首先王鳳作為領尚書事和幫助成帝決策的輔政大臣，審查《史記》，對司馬遷秉筆直書以往漢帝的錯誤、失策，不但和一般士大夫褚少孫、劉向等人一樣，並不認為是"誹謗"，而且竟然也沒有從這個角度考慮如果此書落入諸侯王手中會帶來甚麼危害。他關心的全是《史記》中一些外交權謀、軍事策略、天變災異以及與戰爭勝負關係密切的地形、關塞狀況等史料記載，因為這些內容如被諸侯王了解，可能被利用來對抗漢中央。這是漢統治者審查史學著作，僅着眼於其與現實政治有無直接利害關係等具體內容的一個證明。至於史學作為一種意識形態，如總結歷史經驗教訓等，將它們看成一種鞏固統治的重要工具，進行控制和防範，則尚未提上議事日程。兩漢史學不發達，這也是重要原因。[2]其次，東平王宇作為一個諸侯王，竟然連一部《史記》也得向皇帝求取，其書流傳之少、影響之小可知。這在竹簡、絹帛為書的時代，是可以理解的。恐怕這也是為甚麼統治者對控制史學意識形態未感到很迫切，和紙張特別是印刷術流行的後代大不相同的一個原因。

通過王鳳的指導思想，我們就不難看出，先秦秉筆直書的光榮

---

1 參陳直《漢晉人對〈史記〉的傳播及其評價》，載《中國史學史論文集（一）》，第 240 頁。又楊明照《太史公書稱史記考》，載《學不已齋雜著》，上海古籍出版社，1985 年。

2 據《漢書》卷三〇《藝文志》，《七略》無"史學"，每一"略"下的小類（"種"）中也沒有。而王鳳關心的權謀等內容，卻有"諸子略""兵書略""數術略"包容之。由此可見，學術的發展與否，與統治集團是否重視，關係極大。

傳統為何在漢代仍然延續了。一句話，統治者還沒有必要，也沒有想到要改變這個傳統。在這種政治環境和文化氣氛中，《史記》自然不會被貶為“謗書”，而要褒為“實錄”。由此我們還可聯想到：當時司馬遷“不虛美、不隱惡”，敢於實錄，固是高尚史德，但要說需頂住多大政治壓力，冒着多大殺身風險，則未必是事實。因為他和董狐、齊太史的情況不同。嚴格地說，董狐、齊太史的直筆並不僅是史官記事問題，而首先是直接在政治上與執政趙盾、崔杼對抗。趙盾弟趙穿殺晉靈公，崔杼殺齊莊公，董狐、齊太史立即斥為“弒君”，並“以示於朝”，這不是赤裸裸的現實政治鬥爭又是甚麼？遭到鎮壓，自不奇怪。至於趙盾寬容，崔杼中途罷手，是另有原因，這裏不擬細論。古來有幾個統治者肯放過現實政治鬥爭中與他對抗的人？但撰史書則有所不同。由於前述先秦兩漢社會種種條件，對於歷史上的是非功過，一般說是允許“實錄”的。漢武帝剛死不久，鹽鐵會議上賢良、文學對他以往政策尖銳批評，就是明證（參《鹽鐵論》）。甚至當代皇帝的是非，只要事情已經過去，也可以“實錄”。司馬遷明明因為替李陵辯護，被看成現實政治上對抗武帝政策，犯誣罔罪，而遭宮刑，可是為甚麼在《報任少卿書》中還敢感情充沛地再次申述和堅持自己的觀點，實即指責武帝措施失當呢？任少卿當時已是重犯，書信寄去，難道不怕有關官吏審查，送交武帝嗎？恐怕就因為這已是歷史上的是非，沒有多少風險了。由此可以推定，《汲黯列傳》敢於記汲黯指責漢武帝“內多慾而外施仁義”，當亦如此。既然汲黯當面批評，都安然無恙，則事後作為史事記下來，遭到打擊的可能性自然極小。把這些“實錄”的無畏精神估計過高，簡單地與魏晉以後不同歷史條件下，對某些問題不得已而曲筆阿世的史官相比，是未必公正的。

不但記述史事如此，即使在序、傳論中評論史事，有所非議，也不會有甚麼風險。《平準書》末"太史公曰"，曾提到秦始皇"外攘夷狄，內興功業，海內之士力耕不足糧餉，女子紡績不足衣服。古者嘗竭天下之資財以奉其上，猶自以為不足也"。這是《史記》諸傳論中個別涉及可能對漢武帝政策有所非議的一個地方。人們愛引用這段話，企圖證明司馬遷將漢武帝與秦始皇等同，暗示其統治已瀕臨崩潰邊緣，認為這就是對漢武帝內外政策的全面否定。

其實，其一，這段話的原意究竟為何，尚待探究。[1] 其二，縱使這段話確有批評漢武政策之意，也不意味着司馬遷以此基本否定漢武，因當時上書以秦為鑒，已成慣例。《漢書》卷六四上《嚴助傳》：淮南王安上書諫伐閩越，便舉秦伐南越，"士卒勞倦"，促成"山東之難"（指陳勝起義），作為理由。書中還直接批評如堅持伐閩越，會導致"男子不得耕稼種樹，婦人不得紡績織紝……盜賊必起"。

《漢書》卷六四上《主父偃傳》：主父偃上書諫伐匈奴，也以秦為鑒戒。稱秦伐匈奴"暴兵露師，十有餘年"，導致"男子疾耕，不足於糧餉；女子紡績，不足於帷幕"。[2]

---

1 有一可能，即此傳論乃傳序，因傳論佚失，故後人移於傳末，見《史記志疑》卷一六《平準書》後引明柯維騏《史記考要》説。如果這樣，"外攘夷狄"云云這段話，只是敍述、批評秦朝之政，與漢武帝無涉。我以為柯説有可能性。第一，《平準書》一上來就説"漢興，接秦之弊"云云，很突然，不像其他七《書》均先交代漢以前歷史狀況（《天官書》一上來雖記載星宿、天人感應，但在一千多字的大段傳論中依然先交代歷史然後敍述漢代，與《平準書》傳論只講歷史，不涉及漢代，顯然不同）。如傳論為傳序，正好使體例劃一。第二，《平準書》在敍述漢承秦之弊後，接着説"於是為秦錢重難用，更令民鑄錢"，可秦錢怎麼重，無從得知。如傳論為傳序，則傳論所説秦下幣銅錢重半兩，與正文正好相互銜接。第三，傳論全文中心似乎在敍述歷史上財政經濟的一種規律：物盛則衰。它説："物盛則衰，時極而轉，一質一文，終始之變也。"下面敍述湯武、齊、魏，皆隱含此意。於秦代在最後也説："事勢之流，相激使然，曷足怪焉。"意思是秦統一貨幣等是"盛"，但事物發展，相互衝激，一定導致資財不足，而走向"衰"。所以在正文敍述漢武帝後期，也出現"物盛而衰，固其變也"的話。如果這一看法不錯，則先敍述歷史，然後落腳到漢代，文氣方順；正文中"物盛而衰"，也就容易理解了。第四，《漢書》卷二四《食貨志》照抄《平準書》部分，正是將秦的這段話放在漢代之前，"物盛而衰，固其變也"，則在後。

2 《漢書》卷四五《伍被傳》提到秦之暴政，也説"男子疾耕，不足於糧饋；女子紡績，不足於蓋形"（"糧饋"，《史記》卷一一八《淮南王安傳》作"糟糠"）。可見，它們已成套語，不會給人多大刺激。

《漢書》卷六四下《嚴安傳》：安上書諫開邊，也以"秦禍北構於胡，南掛於越"，人民"苦不聊生"，"天下大畔"為鑒戒。還指責漢之開邊，"非天下之長策"，只會"靡敝國家"。

對這些諫諍、批評，漢武帝態度為何？對前一上書是"上嘉淮南之意"；對後兩上書是立即召見他們說："公皆安在，何相見之晚也。"既然直接上書將漢武與秦皇聯繫起來，都未被看成"誹謗"，則司馬遷在史書傳論中幾乎是照前人套語批評幾句，又會有甚麼風險，又怎能是基本否定漢武帝？

以上瑣碎考證和分析表明，在西漢，史官"直筆"傳統和風氣，彌漫於朝野上下，史書記事、評論都還比較自由，[1] 既然如此，司馬遷有甚麼必要，要在序、傳論中言不由衷，弄虛作假呢？

由此可見，司馬遷歌頌、肯定漢武，只能是發之肺腑的由衷之言。

二、關於《史記》的上述基本政治傾向，還有一條似乎很不利的史料，經常為人們援引。這就是在《自序》和《報任少卿書》中，司馬遷舉周文王、孔子、屈原、左丘、孫臏、呂不韋、韓非七人遭受挫折與打擊，而發憤著書之例，來比喻自己為何要撰寫《史記》。這不就是暗示，因李陵之禍，所以要通過著書，進行揭露、批判、發泄對漢武帝的怨氣嗎？何況漢明帝、魏明帝早已說司馬遷因受宮刑，心懷不滿，而"非貶孝武"。

然而事實並非如此。

司馬遷所舉七例，的確說到他們"意有所鬱結"而"發憤"寫

1　雖然春秋公羊學的"為尊者諱"思想（見《春秋公羊傳注疏》閔公元年）以後逐漸發展，並隨統治者開始注意史學意識形態，而出現漢明帝對司馬遷的批評，至東漢末又有王允斷言《史記》為"謗書"（《後漢書》卷六〇下《蔡邕傳》），但這是史學史上的一個規律，此處從略。

作，可是仔細琢磨上下文，便可發現，其意僅在說明人只有遭到挫折、打擊，處於逆境，其他上進、留名後世之路堵塞了，才會轉而著書，以此發泄鬱結之氣，並藉以留名後世。在《報任少卿書》中，司馬遷且明確表達此意："及如左丘明無目，孫子斷足，終不可用，退論書策以舒其憤，思垂空文以自見。"所謂"垂空文"，是對幹一番事業而言，既已無目、斷足，實事無法幹了，所以不得不通過著書即"垂空文"來揚名後世。正因如此，所舉七例，有五例其著書內容均與本人遭遇無關。他們只是想用"垂空文"來發泄暫時或永遠不能幹一番事業的內心鬱結，實現自己的人生價值，而不是想在著作內容上向誰發泄怨氣。如《周易》內容與文王拘押無關，《國語》內容與左丘失明無關，《孫臏兵法》內容與他被龐涓陷害無關，《呂覽》內容與呂不韋流放無關，《孤憤》內容與韓非幽囚無關。只有兩部著作內容與作者遭遇有點關係。《春秋》涉及陳國、蔡國，孔子受厄，也確由於陳、蔡大夫的包圍，見《史記》卷四七《孔子世家》，但《春秋》並無向陳、蔡發泄怨氣的意圖和內容。《離騷》內容涉及放逐，但也不是向楚懷王發泄怨氣，據《屈原列傳》，其創作"蓋自怨生也"。他依然"眷顧楚國，繫心懷王"。所以以上七例，無論從整體言，或從個別言，全部不能成為司馬遷以此暗示因受宮刑，而發憤撰寫《史記》，"非貶孝武"的證據。它們僅僅能說明，司馬遷受宮刑後很痛苦，覺得從此與古來士大夫的理想，出將入相，建功立業絕緣，只得像這七人一樣，"思垂空文以自見"。而這正和他揚名後世的人生觀，及位中書令"尊寵任職"的政治態度是一致的。

也正因此故，所舉七例，史實並不都準確。崔述在《豐鎬考信錄》卷二曾全部予以駁斥（駁得並不全對，此處不擬涉及），古今不少學者也反復考辨，爭長論短，他們蓋未深思，以司馬遷之博學，何至於一再疏舛呢？原來，古人撰寫書信、序讚、發表議論，猶如諸子著書，中心只在闡明思想觀點，而對所舉事實則不甚經意。這和撰寫史書，無論紀、傳、表、書（志）都需仔細考證歲月、事實，是不同的。[1] 司馬遷正是如此。他在《自序》和《報任少卿書》中，一心只在表述“思垂空文以自見”，不得已而著《史記》的悲愴心情，至於所舉比喻，史實有些出入，他是不會在意的。崔述批駁七例中之四例，史料根據就是《史記》列傳正文的記載，因而他還奇怪，為甚麼司馬遷要“自反”其說。殊不知這正好表明，在寫《自序》和《報任少卿書》時，司馬遷並沒有把心思用在有關史實的使用確切與否上，因而我們今天應該把握的，不是別的，而只是他想藉以表明的思想意圖。東漢班固在《漢書》卷六二《司馬遷傳》論讚中說：“既陷極刑，幽而發憤，書亦信矣。跡其所以自傷悼，《小雅》巷伯之倫。”提巷伯，似着眼於司馬遷受宮刑（因巷伯即宦者）。而“自傷悼”，應對我們理解司馬遷其所以堅持完成《史記》，有所啟發。

至於漢明帝、魏明帝，雖然離司馬遷比我們近得多，但時代和地位決定，他們恐怕未必認真讀過《史記》，很可能是碰到幾處記事，與當時流行不久的“為尊者諱”觀點不合，便人云亦云，亂加評論而已。試看班固並不理會漢明帝評論而據以修改《司馬遷傳》，王肅當面駁斥魏明帝，指出《史記》是“實錄”，而不是“非貶”。[2]

1　朱一新《無邪堂答問》卷四曰：“諸子書，發攄己意，往往藉古事以申其説，年歲舛謬，事實顛倒，皆所不計。或且虛造故事……”“若紀事之文出於史……則固不得如此也。”蒙文通《周代學術發展論略》也說：諸子雖也徵引史事，“但其目的只是為了闡明其思想理論。以致常常出現用自己的思想、觀點來把歷史加以改造，而使它背離了歷史的真實”。見《古學甄微》，巴蜀書社，1987 年，第 15 頁。

2　《三國志》卷一三《王朗傳附子肅傳》。

不亦可以了然了嗎？

最後，要說明的是，認定《史記》基本政治傾向是旨在歌頌、肯定漢代統治者，並無損於它的輝煌。誰也無法否認司馬遷是我國古代最傑出、最偉大的史學家、文學家。恩格斯高度讚揚19世紀文學家巴爾扎克是一位偉大的現實主義大師，但同時又指出他"在政治上是一個正統派（指保皇派）"。[1] 這種評價歷史人物的方法，我們必須好好學習。何況在司馬遷的時代，漢王朝正處在上升時期，與19世紀沒落的波旁王朝不可同日而語！

---

1 《馬克思恩格斯選集》第四卷，人民出版社，1972年，第462—463頁。